五年制高职专用教材

高等职业教育商务类专业精品课程系列规划教材

市场营销

（第3版）

Marketing

主　编　杨晓敏

苏州大学出版社
Soochow University Press

图书在版编目(CIP)数据

市场营销/杨晓敏主编.——3版.——苏州：苏州大学出版社,2023.1(2024.12重印)
高等职业教育商务类专业精品课程系列规划教材
ISBN 978-7-5672-4287-6

Ⅰ.①市… Ⅱ.①杨… Ⅲ.①市场营销－高等职业教育－教材 Ⅳ.①F713.50

中国国家版本馆 CIP 数据核字(2023)第 012241 号

市场营销(第3版)
SHICHANG YINGXIAO
杨晓敏　主编
责任编辑　施小占

苏州大学出版社出版发行
(地址：苏州市十梓街1号　邮编：215006)
镇江文苑制版印刷有限责任公司印装
(地址：镇江市黄山南路18号润州花园6-1号　邮编：212000)

开本 787 mm×1 092 mm　1/16　印张 19　字数 461 千
2023 年 1 月第 3 版　2024 年 12 月第 3 次印刷
ISBN 978-7-5672-4287-6　定价：55.00 元

图书若有印装错误，本社负责调换
苏州大学出版社营销部　电话：0512-67481020
苏州大学出版社网址　http://www.sudapress.com
苏州大学出版社邮箱　sdcbs@suda.edu.cn

出版说明

市 场 营 销
SHI CHANG YING XIAO

五年制高等职业教育（简称五年制高职）是指以初中毕业生为招生对象，融中高职于一体，实施五年贯通培养的专科层次职业教育，是现代职业教育体系的重要组成部分。

江苏是最早探索五年制高职教育的省份之一，江苏联合职业技术学院作为江苏五年制高职教育的办学主体，经过20年的探索与实践，在培养大批高素质技术技能人才的同时，在五年制高职教学标准体系建设及教材开发等方面积累了丰富的经验。"十三五"期间，江苏联合职业技术学院组织开发了600多种五年制高职专用教材，覆盖了16个专业大类，其中178种被认定为"十三五"国家规划教材，学院教材工作得到国家教材委员会办公室认可并以"江苏联合职业技术学院探索创新五年制高等职业教育教材建设"为题编发了《教材建设信息通报》（2021年第13期）。

"十四五"期间，江苏联合职业技术学院将依据"十四五"教材建设规划进一步提升教材建设与管理的专业化、规范化和科学化水平。一方面将与全国五年制高职发展联盟成员单位共建共享教学资源，另一方面将与高等教育出版社、凤凰职业教育图书有限公司等多家出版社联合共建五年制高职教育教材研发基地，共同开发五年制高职专用教材。

本套"五年制高职专用教材"以习近平新时代中国特色社会主义思想为指导，落实立德树人的根本任务，坚持正确的政治方向和价值导向，弘扬社会主义核心价值观。教材依据教育部《职业院校教材管理办法》和江苏省教育厅《江苏省职业院校教材管理实施细则》等要求，注重系统性、科学性和先进性，突出实践性和适用性，体现职业教育类型特色。教材遵循长学制贯通培养的教育教学规律，坚持一体化设计，契合学生知识获得、技能习得的累积效应，结构严谨，内容科学，适合五年制高职学生使用。教材遵循五年制高职学生生理成长、心理成长、思想成长跨度大的特征，体例编排得当，针对性强，是为五年制高职教育量身打造的"五年制高职专用教材"。

江苏联合职业技术学院
教材建设与管理工作领导小组
2022年9月

前　言

市　场　营　销
SHI CHANG YING XIAO

　　本教材是为适应五年制高等职业教育市场营销专业精品课程建设需要，由江苏联合职业技术学院商务类专业协作委员会组织各分院部分市场营销专业教师，根据最新的江苏省五年制高等职业教育市场营销专业人才培养方案和市场营销课程标准，并在原五年制高等职业教育财经商贸类专业精品课程系列教材《市场营销》（2018版）基础上共同修订完成的院本教材。

　　本教材在修订过程中坚持"以就业为导向、以能力为本位"的职业教育目标，"以学生职业能力培养为主"的职业教育课程目标，"以学生为主体、教师为主导"的职业教育课堂教学目标，教材内容紧扣课程性质和特点，使教材既能有利于教学的组织与实施，又能充分展现五年制高职课程的特色。

　　本教材以营销实战为背景，以经典案例为支点，以工作过程为基础，以工作任务为主要内容，以学生职业能力培养为目标，通过将职业的工作过程与专业的学习过程有机结合，构筑有利于学生学习的情景。

　　本教材共分十个学习单元，每个学习单元下又设立了若干个学习任务和工作任务。教材由江苏省五年制高等职业教育市场营销专业人才培养方案牵头制订者、江苏联合职业技术学院市场营销专业带头人、徐州经贸分院杨晓敏教授提供整体修改思路和具体编写方案，徐州经贸分院、徐州财经分院、常州旅游商贸分院、南京金陵分院、江苏省相城中等专业学校、江苏省吴中中等专业学校等学校部分专业教师共同参与编写和修改工作。其中：徐州经贸分院杨晓敏负责第一、二单元；南京金陵分院甘迎春负责第三单元；徐州经贸分院曾华娟负责第四单元；徐州财经分院贺满平负责第五单元；江苏省相城中等专业学校马张霞负责第六单元；常州旅游商贸分院俞翔负责第七单元；江苏省吴中中等专业学校钱惠琴负责第八单元；徐州经贸分院尹彬负责第九单元；徐州经贸分院王倩负责第十单元。教材能力训练项目部分即工作任务的构思与编写由徐州经贸分院杨晓敏，会同徐州金鹰国际购物中心、徐州鸿越营销策划有限公司、徐州梦动营销策划有限公司等多家企业的专业人士共同合作完成。

  本次教材修订由杨晓敏教授负责组织协调、总纂定稿。江苏省职业教育"杨晓敏营销工作室"全体成员通力合作完成全部案例的整理工作。全书由江苏师范大学管理学院贾平教授负责主审。

  本教材在修订过程中得到了江苏联合职业技术学院领导的关心和支持，也得到了徐州经贸分院各位领导的大力支持，在此一并表示衷心感谢！

  本教材主要适用于五年制高等职业教育财经商贸类专业市场营销课程教学，也可以用于三年制高等职业教育和中等职业教育市场营销专业教学。

  由于时间仓促，编者水平有限，不足之处在所难免，恳请各位同行和读者批评、指正。

编　者

CONTENTS

目录

第一单元　认识市场　感知营销　　001

　　学习任务一　认清市场本质与营销特质　　002
　　学习任务二　洞悉营销观念演变过程　　004
　　学习任务三　回眸与展望营销理论发展　　008
　　工作任务一　认知营销职业　　011
　　知识宝典　　012
　　单元综合练习　　013

第二单元　熟悉环境　探寻市场　　015

　　学习任务一　分析市场环境变化　　016
　　学习任务二　辨析消费者需求　　021
　　学习任务三　识别消费者购买动机与行为　　025
　　学习任务四　开展市场调查与市场预测　　029
　　工作任务二　现场观摩与剖析消费者购买行为　　041
　　知识宝典　　041
　　单元综合练习　　043

第三单元　找准商机　进入市场　　046

　　学习任务一　厘清商机与把握机会　　047
　　学习任务二　区分市场细分与细分市场　　051
　　学习任务三　寻找目标市场　　057

学习任务四　开展市场定位　　　　　　　　　　　　　062
　　学习任务五　纵观营销组合　　　　　　　　　　　　　066
　　工作任务三　编制产品市场开发计划书　　　　　　　　069
　　知识宝典　　　　　　　　　　　　　　　　　　　　　070
　　单元综合练习　　　　　　　　　　　　　　　　　　　071

第四单元　立足市场　策划产品　　　　　　　　　　　　074

　　学习任务一　把握整体产品与产品组合　　　　　　　　075
　　学习任务二　探寻产品生命周期规律及策略　　　　　　082
　　学习任务三　揭示品牌的奥秘　　　　　　　　　　　　090
　　学习任务四　探索包装新功能　　　　　　　　　　　　099
　　工作任务四　TCL公司的品牌设计与评价　　　　　　　105
　　知识宝典　　　　　　　　　　　　　　　　　　　　　106
　　单元综合练习　　　　　　　　　　　　　　　　　　　107

第五单元　精心定价　合利而动　　　　　　　　　　　　110

　　学习任务一　明确定价依据与目标　　　　　　　　　　111
　　学习任务二　探究定价影响因素　　　　　　　　　　　114
　　学习任务三　灵活运用定价方法　　　　　　　　　　　118
　　学习任务四　巧妙构思定价策略　　　　　　　　　　　125
　　工作任务五　制定企业目标利润任务书　　　　　　　　132
　　知识宝典　　　　　　　　　　　　　　　　　　　　　132
　　单元综合练习　　　　　　　　　　　　　　　　　　　134

第六单元　设计通路　踏雪寻梅　　　　　　　　　　　　138

　　学习任务一　认知分销渠道　　　　　　　　　　　　　139
　　学习任务二　识别中间商的类型　　　　　　　　　　　142
　　学习任务三　探秘产品分销路径　　　　　　　　　　　150
　　学习任务四　开展分销渠道管理　　　　　　　　　　　156
　　工作任务六　设计分销渠道方案　　　　　　　　　　　161
　　知识宝典　　　　　　　　　　　　　　　　　　　　　162
　　单元综合练习　　　　　　　　　　　　　　　　　　　163

第七单元　巧用促销　鲜招夺人　　　　　　　　　　　　166

　　学习任务一　理解促销与促销组合　　　　　　　　　　167

学习任务二　揭秘人员推销策略　　173
　　学习任务三　透析广告宣传策略　　179
　　学习任务四　鉴赏营业推广策略　　191
　　学习任务五　品味公共关系策略　　195
　　工作任务七　设计产品促销方案　　199
　　知识宝典　　200
　　单元综合练习　　201

第八单元　规划未来　未雨绸缪　　205

　　学习任务一　谋划企业营销战略　　206
　　学习任务二　巧用战略分析工具　　217
　　学习任务三　实施营销竞争战略　　228
　　工作任务八　制定个人职业生涯规划　　240
　　知识宝典　　240
　　单元综合练习　　241

第九单元　运筹帷幄　决胜千里　　244

　　学习任务一　编制市场营销计划　　245
　　学习任务二　构建市场营销组织　　255
　　学习任务三　进行市场营销控制　　262
　　工作任务九　编制企业市场营销计划书　　271
　　知识宝典　　271
　　单元综合练习　　272

第十单元　与时俱进　拓宽视野　　275

　　学习任务一　了解不一样的营销　　276
　　学习任务二　以新手段敲开企业与消费者的沟通大门　　280
　　工作任务十　模拟编写公司网络营销实施方案　　285
　　知识宝典　　286
　　单元综合练习　　287

参考文献　　292

第一单元

认识市场 感知营销

学习目标

【知识目标】
1. 正确认识市场的本质；
2. 理解并掌握市场营销的基本概念；
3. 准确表述各种不同营销观念的实质，树立科学的营销观念。

【能力目标】
1. 能根据市场营销相关核心概念，正确区别推销与营销的不同；
2. 能分析不同营销观念的优劣；
3. 能够准确认知营销职业，对营销工作前景有一个正确的判断。

学习任务提要

★ 市场与市场营销
★ 营销观念及其演变
★ 现代营销理论的发展

工作任务提要

★ 运用对营销职业的认知，完成情景对话，提高营销职业的判断力。

建议教学时数

★ 8学时

学习任务一　认清市场本质与营销特质

案例导入

【看一看】 某鞋业公司为了开拓海外市场，先后派了三位业务人员去南太平洋某岛国进行市场开发的调研。第一位业务人员去后，很快就回来向公司汇报：经考察，该岛国由于常年天气炎热，当地居民没有穿鞋的习惯，对于本公司而言，没有市场开发价值。公司随后又派了第二位业务人员前去调研，回来后汇报：由于气候的原因，当地居民的确常年不穿鞋，正因为如此，对于本公司而言，市场开发的价值非常大。这时，公司高层果断地派出了第三位业务人员，回来后的汇报是：该岛国的确由于常年天气炎热，当地居民习惯了光脚走路，如果我们能够使他们改变这种习惯，这将给本公司带来无限的商机。但是，据仔细观察，岛上居民因长期光脚走路，导致脚型严重变形，脚底变平有茧，脚面变宽增厚。如果我们的产品调整设计思路，那么我们公司在该岛国的市场开发将非常有前景。

【想一想】 公司同样派去的三个业务员，去的又是同一个地方，但得出的结论却截然不同，这究竟是什么原因呢？

【说一说】 如果你是公司最高决策层，你会采纳哪一种调研结论？为什么？

一、市场与市场营销

（一）什么是市场

市场是商品经济的产物，只要存在着商品生产和商品交换，市场就必然存在。

1. 从理论市场的角度看，市场有狭义和广义之分。狭义的市场是指在一定时间、一定地点条件下，用于进行商品交换的场所。广义的市场是指在一定经济范畴中，全社会商品交换关系的总和，其中包括着生产者、经营者、消费者之间的关系。社会各部门之间的经济联系也是通过广义市场来实现的。

2. 从营销市场的角度看，市场是由购买者、购买力和购买欲望三要素所构成的有机整体。即：

市场 = 购买者 + 购买力 + 购买意愿

其中：购买者（包括个人和组织）是构成市场的最基本条件；购买力（货币支付能力）是形成市场的最重要因素；购买意愿（购买动机和购买欲望）是决定市场容量的最威胁因素。

3. 从现实市场的角度看，市场上必须存在着买方和卖方；必须具有可供交换的商品；必须具备买卖双方都能接受的交易价格及其他条件。只有同时具备了上述三个条件，才能实现真正意义上的商品让渡和转手，形成现实的市场。

（二）市场营销的定义

市场营销又称为营销（Marketing），是以满足人们需求和欲望为目的，通过市场交换将潜在需求转变为现实需求的一切活动。目前，理论界有关市场营销概念的表述不一。

传统定义：

市场营销是"引导物品及劳务从生产者至消费者或使用者的企业活动，以满足顾客并实现企业的目标"。——尤金·麦卡锡（美国）

市场营销"是一种通过出售并换取别人产品和价值，以满足自身需要的社会和管理过程"。——菲利普·科特勒（美国）

经典定义：

"市场营销是对思想、产品及劳务进行设计、定价、促销及分销的计划和实施的过程，从而产生满足个人和组织目标的交换。"——美国市场营销协会（AMA）定义委员会

我国通用表述：市场营销是指在复杂的市场环境中，企业为了实现自身的利益目标，以消费者需求为中心所开展的一系列与市场相关联的经营活动。具体包括：市场调研、目标市场选择、产品开发、产品定价、渠道选择、产品促销、产品物流、售后服务等。

二、营销与推销

通常推销是指企业从自身利益出发，围绕商品销售所展开的各项业务活动，它是市场营销的基础，也是市场营销的一个重要组成部分。

很显然，营销不是推销。营销早在产品制成之前就开始了。企业营销部门首先要确定哪里有市场，市场规模如何，有哪些细分市场，消费者的偏好和购买习惯如何等。其次，营销部门必须把市场需求情况反馈给研究开发部门，让研究开发部门设计出适应该目标市场的最好的可能产品。然后营销部门还必须为产品走向市场而设计定价、分销和促销计划，让消费者了解企业的产品，方便地购买到产品。最后，在产品售出后，营销部门还要考虑提供必要的服务，让消费者满意。所以说，营销不是企业经营活动的某一方面，它始于产品生产之前，并一直延续到产品售出以后，贯穿于企业经营活动的全过程。

尽管以上有关市场营销的定义不尽相同，但从这些定义中可以归纳出以下几点：

（1）市场营销是一个综合的经营管理过程，贯穿于企业经营活动全过程。

（2）市场营销是以满足消费者需要为中心来组织企业经营活动，通过满足需要而达到企业获利和发展的目标。

（3）市场营销以整体性的经营手段来适应和影响需求。

综上所述，我们可以对市场营销做出这样的概括：市场营销是企业以消费者需要为出发点，有计划地组织各项经营活动，为消费者提供满意的商品和服务而实现企业目标的过程。

因此，推销与营销的区别主要表现在以下方面：

1. 理念上不同

推销一般是从企业自身利益出发，主动采取措施去销售现实的产品，企业过多地关

注商品的销售结果和近期的获利情况，不太注意去关心消费者的需求和利益。

营销则是企业以市场为出发点，以消费者需求为中心，通过传递信息、诱发欲望、创造需求等形式来进行扩大销售、拓展市场的一系列活动。营销更注重的是市场调研和创造消费者。

2. 方式上不同

推销一般采用的手段比较简单，力求以快取胜、以新取胜，方式上也主要采取短期进攻性的战略和策略。

营销则通常会利用比较先进的手段去推动产品信息的传递，力求以质取胜、以优取胜、以全取胜、以信取胜，具有更强的长期攻击性。因此，营销在市场占有和市场拓展上更具竞争力，在经济效益和社会效益方面更加显著。

3. 结果上不同

推销，一般从近期目标出发，仅仅注重追求眼前的最大利益，而往往忽视了长远利益。

营销虽然也注重每一次交易的成功，但是，它更看重于长期的和稳定的成果，即使是暂时无利或亏损，只要有利于产品今后能够扩大销售和拓展市场，企业也会有意而为之。

案例赏析

说到酱油，大家并不陌生，它是百姓厨房中的常用调味品。但是，1997 年一种名为香港"加加"牌的酱油，在市场上异军突起，大受消费者的青睐。究其原因，并非其产品品质有过人之处，而是厂家在产品包装的造型设计方面稍微作了些改变。市场上原有的酱油瓶设计千篇一律，家庭主妇们在炒菜时往往因为难以控制它的用量，而影响菜品的口味。于是，厂家在发现了这个"小秘密"后，悄悄地在瓶口侧面加了个"壶嘴"，用于倾倒时控制它的流量。正是由于厂家的这一小小举动，使得其产品声名鹊起，最终"加加"牌商标也成了中国驰名商标。

这则经典案例给我们的启示是：只要时时关注消费者的需要，把满足消费者需要作为己任，营销其实并不难。

学习任务二　洞悉营销观念演变过程

案例导入

【看一看】　美国有一家名叫皮尔斯堡的著名粮食生产企业，该公司从 1869 年创立开始，一直生产面粉，其产品在市场上供不应求。20 世纪 30 年代之前，公司始终提出"本公司只生产面粉"的口号。20 世纪 30 年代之后，由于美国的面粉企业生产规模不断扩张，企业之间的竞争日益激烈，皮尔斯堡公司的经营口号悄然发生了变化，提出了"本公司旨在推销面粉"的口号。第二次世界大战后，美国大多数家庭主妇都一改以往购买面粉回家自己加工食品的习惯，直接购买面粉制成品或半成品。对此，皮尔斯堡公司果断提出：只要消费者需要，面粉、面粉制成品、半成品我们都供应。

【想一想】 为什么皮尔斯堡公司在几十年的经营过程中，经营口号会几经变化呢？
【说一说】 皮尔斯堡公司经营口号的变化说明了什么问题？

一、营销观念及其演变

营销观念是指企业在一定的时期和一定的市场环境条件下，开展生产经营活动的基本指导思想。换言之，就是企业在开展生产经营活动过程中，面对企业利益、消费者利益和社会利益的抉择，企业究竟以什么为中心的问题。

营销观念在西方国家又被称为"经营哲学"。近百年来，西方国家的营销观念经历了一个相当漫长的演变过程，形成了生产观念、产品观念、推销观念、市场营销观念、社会营销观念等五个颇具代表性的企业生产经营观念。

（一）生产观念

生产观念是一种以企业利益为中心，企业的一切活动围绕着生产来展开的经营指导思想。这种观念倡导的是一种"能生产什么，就卖什么"，"能生产多少，就卖多少"的理念。很显然，这种观念是在"卖方市场"占绝对优势的情况下形成的。从19世纪末资本主义工业化初期开始，由于农业人口大量流入城市，导致市场物资短缺，消费需求旺盛，出现了市场供不应求的卖方市场。在卖方市场情况下，消费者购买商品没有太多的选择余地，生产者只要能将产品生产出来，就不愁没有销路。因此，此时企业需要关注的根本问题是增加产量，降低成本，以满足市场的需求。

随着生产力的不断发展，企业的生产效率有了明显的提升，整个社会的生产能力增速大有超过市场需求增速的可能，商品供给将日趋增多，市场竞争将日渐激烈。因此，必然要有一种更新的观念取而代之。

（二）产品观念

产品观念也是一种以企业利益为中心，企业的一切活动围绕着产品质量来展开的经营指导思想。这种观念认为只要企业的产品质量好，就不怕消费者不来光顾。"酒香不怕巷子深"就是属于一种典型的产品观念。

当然，由于市场竞争的日渐激烈，产品观念的出现，在当时有其存在的实际意义。这一时期，企业把精力更多地放在了企业内部，注重提高产品的质量、性能和特征，并不关注外部市场的需求变化，最终导致"营销近视症"的产生。

随着市场动态及消费者需求日益呈多样化发展的变化，产品观念逐渐显现出由于营销者的目光短浅，导致整个行业经营状况下滑的结果。从而，迫使原本奉行产品观念的企业纷纷放弃了这种观念。

（三）推销观念

推销观念同样是一种以企业利益为中心的观念，是企业把经营的重点由原来的生产、产品转为突出销售，重在引导消费者购买产品的经营指导思想。这种观念奉行的是"企

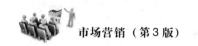

业卖什么，消费者就买什么"，是一种典型的重推销、轻市场的理念。

推销观念是在"卖方市场"向"买方市场"转型过程中逐渐产生的观念。从20世纪20年代开始，以美国为主的西方国家，通过企业科学管理和大规模生产的推广，产品生产产量迅速增加，整个社会的商品供给能力明显高于市场的实际需求能力，逐渐出现了产品供过于求的市场格局。尤其是1929—1933年，全球范围内爆发的世界经济危机，首先波及流通领域，产品严重积压，企业为了在竞争中赢得市场，求得生存，不得不加强产品推销部门的设置和管理，重视产品广告宣传与销售渠道的管理，通过"强行推销"，促进消费者购买自己的产品。

（四）市场营销观念

市场营销观念是一种将消费者利益放在首位，"消费者需要什么，就生产什么"，一切以消费者需求为中心的企业经营指导思想。这种观念认为：在市场需求瞬息万变、产销矛盾日益突出、市场竞争不断加剧的情况下，企业要考虑的不是从生产者自身出发，以现有产品吸引消费者，而是从消费者需求出发，如何更有效地组织生产和销售的问题。同时认为：企业的主要目标不是单纯追求销售量的短期增长，而是着眼于长久性的占领市场，实现企业目标的关键在于切实掌握目标消费者的需求与愿望，一切以消费者需求为中心，站在消费者立场上统筹企业的所有经营活动。

市场营销观念是第二次世界大战之后，西方企业所普遍持有的观念，它将以往生产观念、产品观念和推销观念中的上、下位逻辑关系进行了彻底的颠覆。"消费者至上""消费者就是上帝"就是这一时期最具代表性的流行口号，它的出现是企业经营指导思想上的一次重大变革。因此，我们通常又将"市场营销观念"称为新观念。

（五）社会营销观念

社会营销观念是一种在强调社会利益的同时，又把消费者利益、企业利益和社会利益结合起来，进行通盘考虑的观念。这种观念认为：企业在经营决策过程中，必须全面兼顾各方的利益关系，既要满足消费者的需要，又要考虑企业的经济效益，同时，还要符合社会的利益。

从严格意义上讲，社会营销观念是在第二次世界大战后，各种反映消费者利益和要求的组织，在一些发达国家相继出现，全球"消费者权益运动"日趋盛行的压力下形成的。20世纪70年代中后期，由于当时西方国家的企业为了获取最大限度的利益，不惜损害社会公众利益，进而导致能源危机频发、环境污染严重、失业率居高不下等社会问题的日渐加剧，商业行为中的坑蒙拐骗现象也屡见不鲜。于是人们提出了社会营销观念这一新观念。在这种观念的指导下，企业比较注重与社会环境的相互依存关系，会在满足消费者个体需求的同时，更多地去考虑消费者长远利益和社会公众利益，对市场过度的需求，实行削减的营销手段，对市场无益的需求，实行牵掣的营销手段。

二、营销观念分类及其区别

按照营销观念的演变过程，我们通常将生产观念、产品观念和推销观念归类为"旧观念"，将市场营销观念和社会营销观念归类为"新观念"。

第一单元　认识市场　感知营销

新、旧观念无论从形式，还是从内容上说都是有区别的，它们之间的不同主要表现在以下几个方面：

1. 经营活动的目的不同

旧观念都是围绕着企业自身，以增加产量、提高质量、强化推销、扩大销量，进而达到增加企业利润的目的。

新观念则把生产和销售作为手段，以满足消费者需要、增强企业的社会责任，来实现增加企业利润的目的。

2. 经营活动的重点不同

旧观念都是围绕着产品这个中心，将经营活动的重点放在产品生产和产品销售上，忽视了消费者的根本利益。

新观念则是将企业的一切经营活动落脚在满足消费者需求方面，强调消费者利益与企业利益、社会公众利益的一致性。

3. 组织经营的程序不同

旧观念的经营程序都是以产品为出发点，采用"产品—市场"模式进行的。

新观念的经营程序是以市场为出发点，最终又回归市场，即采用"市场—产品—生产"模式。

4. 获取利益的方式不同

旧观念情况下，企业目光短浅，往往着眼于每一笔交易，看重的是一城一地的得失。

新观念则着眼于整体市场，在具体的交易行为中，有赔有赚，赔是为了更好地赚。

5. 企业内部的组织不同

旧观念在企业内部组织机构设置上表现为：只考虑企业现有职能部门的设置和具体的工作职责，忽略了从消费者角度去考虑设置相应的工作机构。

新观念则要求企业所有职能部门的建立必须要以消费者为中心，特别是要设置一些与消费者利益息息相关的部门。如公共关系部、客户服务部等。

表 1-1　新、旧营销观念对比表

营销观念		营销出发点	营销目的	基本营销策略	侧重方法
旧观念	生产观念	产品	通过大批生产产品获利	以增加产量、降低价格竞争	坐店等客
	产品观念	产品	通过改善产品获利	以提高产品质量竞争	坐店等客
	推销观念	产品	通过大量推销产品获利	以多种推销方式竞争	派员销售、广告、宣传
新观念	市场营销观念	消费者需求	通过满足消费者、用户需求达到长期获利	以发现和满足需求竞争	实施整体营销方案
	社会营销观念	消费者、企业和社会公众的共同利益	通过满足三方需要达到长期获利	以获取消费者信任、兼顾社会利益影响消费者竞争	与消费者及有关方面建立良好的关系

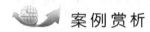

案例赏析

《中国经营报》曾有报道：20世纪80年代某年的秋冬季节，有一天，江苏宜兴某供销商场的经理室里，来了两位客人，他们是浙江湖州某啤酒厂的业务厂长。两位厂长向商场经理们说明了来意：目前，啤酒厂正在利用市场淡季进行生产设备的技术改造，但由于产品库存积压严重，导致资金紧张。希望商场领导能够购进一批库存啤酒，帮助企业渡过资金不足的难关。明眼人都知道，此时购进这批啤酒，必然亏损。可是商场经理们经过一番简短的商量后，欣然决定全部购进这批库存产品，但同时，也向厂方提出了一个并不苛刻的条件：当明年啤酒销售旺季来临时，供销商场将从厂家中取得啤酒进货的最优先权。两位厂长听后非常高兴，爽快地答应了经理们的条件……

果不其然，在供销商场销售这批啤酒时，亏损金额达到了20多万元。但是，随着第二年啤酒销售旺季的到来，当其他商家苦于进不到货时，该供销商场却能源源不断地从湖州某啤酒厂取得货源，当年，仅啤酒一项就使企业获利40多万元，一举扭亏为盈。

这则案例告诉了我们：在企业经营过程中，企业的获利方式应该更多地着眼于长远，而不在于每一笔交易是否必须有盈利，这才是新营销理念的真正体现。

学习任务三　回眸与展望营销理论发展

 案例导入

【看一看】

"现代营销学之父"——菲利普·科特勒（Philip Kotler）

菲利普·科特勒生于1931年，是美国西北大学凯洛格管理学院终身教授、西北大学凯洛格管理学院国际市场学S.C.强生荣誉教授，是麻省理工学院博士、哈佛大学博士后，拥有苏黎世大学等其他8所大学的荣誉博士学位，现任美国管理科学联合市场营销学会主席，美国市场营销协会理事，营销科学学会托管人，管理分析中心主任，杨克罗维奇咨询委员会成员，哥白尼咨询委员会成员。除此以外，他还是许多美国和外国大公司在营销战略和计划、营销组织、整合营销上的顾问。同时他还是将近二十本著作的作者，曾为《哈佛商业评论》《加州管理杂志》《管理科学》等第一流杂志撰写了100多篇论文。他亦曾担任许多跨国企业的顾问，这些企业包括：IBM、通用电气、AT&T、默克、霍尼韦尔、美洲银行、北欧航空、米其林等。此外，他还曾担任美国管理学院主席、美国营销协会董事长和项目主席以及彼得·杜拉克基金会顾问。

菲利普·科特勒先生与我国市场营销的发展有着不解之缘。从1986年在我国对外经济贸易大学发表演讲以来，菲利普·科特勒先生逐渐将他的事业重点转到了中国，他多次来华访问，曾为平安保险、TCL、创维、云南药业集团、中国网通等公司作咨询。1999

年年底,科特勒咨询集团(KMG)又在中国设立了分部,为中国企业提供企业战略,营销战略和业绩提升的咨询服务。

菲利普·科特勒先生之所以被誉为"现代营销学之父",是因为他对于现代营销理论发展的杰出贡献。

【想一想】 菲利普·科特勒为何会受到那么多企业的追捧?

【说一说】 请学习本任务后说一说菲利普·科特勒在现代营销理论上的贡献。

一、市场营销的"4P"理论

"4P"是指产品(Product)、价格(Price)、分销渠道(Place)和促销(Promotion)四个概念的组合,由于它们的英文字母均以"P"开头,因此,人们通常将这一组合称为"4P"。

市场营销"4P"理论,首先是由美国著名学者尤金·麦卡锡于1960年提出的,这一理论的提出,为现代市场营销学的进一步完善奠定了理论基础。该理论认为影响企业市场营销活动的因素主要有两种:一是存在于企业外部,是企业不可控的因素,如政治、法律、经济、人文与地理等环境因素;二是存在于企业内部,属于企业可控的因素,如产品、定价、分销渠道与促销等内部因素。市场营销活动实质上就是企业利用内部可控因素去适应外部环境的过程,即通过对"4P"(产品、价格、分销渠道、促销)的计划和实施,对外部不可控因素做出积极动态的反应,从而促成交易的实现和满足个人或组织目标的过程。

1967年美国著名营销大师菲利普·科特勒进一步确认了以"4P"为核心的营销组合方法,同时将"4P"组合作为企业进行市场营销活动的基本手段。

二、"大市场营销"理论

"大市场营销"理论又称为市场营销的"6P"理论,它是由菲利普·科特勒于1984年在"4P"理论的基础上提出的最新营销战略思想。该理论将市场营销组合从"4P"发展到了"6P",增加了"权力"(Power)和"公共关系"(Public Relations)。

"大市场营销"理论作为一种营销策略,明确提示了在实行贸易保护主义条件下,企业开展市场营销活动时,一定要运用政治力量和公共关系等有效手段,去改善和适应内外营销环境,打破国际市场和国内市场上的贸易壁垒,使自身能够在市场中顺利地从事营销活动。

"大市场营销"理论的提出,是对现代营销理论的新发展,大大开阔了营销人员的视野。

三、菲利普·科特勒的"11P"理论

随着人们对营销战略计划过程越来越重视,菲利普·科特勒于1986年在原先"6P"

理论的基础上，又提出了战略营销计划过程的"4P"理论，又称"战略4P"，即：市场调研（Probing），就是在市场营销观念的指导下，以满足消费者需求为中心，用科学的方法，系统地收集、记录、整理与分析有关市场营销情报资料。市场细分（Partitioning），就是根据消费者需求的差异性，运用系统的方法，把整体市场划分为若干个消费者群的过程。目标市场选择（Prioritizing），就是在市场细分的基础上，对企业要进入的那部分市场，或要优先最大限度满足的那部分消费者进行分析、选择的过程。市场定位（Positioning），就是根据竞争者在市场上所处的位置，针对消费者对产品的重视程度，强有力地塑造出本企业产品与众不同、给人印象鲜明的个性或形象，从而使产品在市场上、企业在行业中确定适当的位置。后来，菲利普·科特勒充分考虑到企业人员在市场营销中的关键作用，又增加了一个"人员因素"（People）。

总之，菲利普·科特勒认为：要更好地满足消费者的需求，并取得最佳营销效益，营销人员除了必须精通产品、定价、分销渠道和促销四种营销策略外，还必须运用好市场调研、市场细分、目标市场选择和市场定位四种营销战略，同时，还要求营销人员必须具备灵活运用公共关系和政治权力两种营销技巧的能力，再加上"人员因素"，这就是菲利普·科特勒"11P"理论的精髓。

四、基于消费者利益的"4C"理论

20世纪90年代以后，市场环境不断变化。特别是由于计算机的广泛应用和生产技术水平的普遍提高，使得竞争者在产品与技术方面同质化。产品营销链中的售前、售中、售后服务如出一辙，消费者很难分出优劣。在这种情况下，企业如何通过实现差异化，赢得更多的消费者就显得非常重要。1990年，美国营销学家罗伯特·劳特伯恩从消费者角度出发，提出了与传统营销的"4P"理论相对应的"4C"理论。"4C"是指消费者的需要与欲望、消费者愿意付出的成本、消费者购买商品的便利性和与消费者沟通。"4C"理论的提出引起了营销界及工商界的极大反响，从而也成为后来整合营销传播的核心。

从关注"4P"转变到注重"4C"，是许多大企业全面调整市场营销战略的发展趋势，它更应为零售业所重视。"4C"理论强调消费者是企业一切经营活动的核心，既要开发产品，更要注重消费者欲望和需求的满足，同时，还要密切与消费者沟通。

（一）消费者的需要与欲望

企业的营销活动，应更多考虑消费者的需要和欲望，建立以消费者为中心的营销观念，以"消费者为中心"贯穿于市场营销活动的整个过程。企业应站在消费者的立场上，研究消费者的购买行为，更好地满足消费者的需要。

（二）消费者愿意付出的成本

消费者在购买某一商品时，除耗费一定的资金外，还要耗费一定的时间、精力和体力，这些都构成了消费者的总成本。所以，消费者的总成本包括货币成本、时间成本、精神成本和体力成本等。由于消费者在购买商品时，总希望把有关成本包括货币、时间、精神和体力等降到最低限度，以使自己得到最大限度的满足，因此，企业必须考虑消费者为满足需求而愿意支付的"消费者总成本"。努力降低消费者购买的总成本，如：降低商品进价成本和市场营销费用从而降低商品价格，以减少消费者的货币成本；努力提高工作效率，尽可能减少消费者的时间支出，节约消费者的购买时间；通过多种渠道向消费者提供详尽的信息，为消费者提供良好的售后服务，减少消费者精神和体力的耗费。

（三）消费者购买商品的便利性

最大程度地便利消费者，是目前处于过度竞争状况的企业应该认真思考的问题。如上所述，企业在选择地理位置时，应考虑地区选择、区域选择、地点选择等因素，尤其应考虑"消费者的易接近性"这一因素，使消费者容易到达商店。即使是远程的消费者，也能通过便利的交通接近商店。同时，在商店的设计和布局上要考虑方便消费者进出、上下，方便消费者参观、浏览和挑选，方便消费者付款结算等。

（四）与消费者沟通

企业为了创立竞争优势，必须不断地与消费者沟通。与消费者沟通包括：向消费者提供有关售货地点、商品、服务、价格等方面的信息；影响消费者的态度与偏好，说服消费者购买商品；在消费者的心目中树立良好的企业形象。在当今竞争激烈的市场环境中，企业的管理者应该认识到：与消费者沟通比选择适当的商品、价格、地点、促销更为重要，更有利于企业的长期发展。

然而，自从"4C"理论创立以来，人们在充分肯定其理论价值的同时，也指出了它的诸多不足，如：

1."4C"是以消费者为导向的，企业不仅要看到消费者需求，还要注意竞争对手状况，冷静分析自身在竞争中的优、劣势并采取相应的策略，企业的市场营销就是要比竞争者以更低成本、更多价值的差异化产品来满足目标市场中消费者的需求。如果在市场营销中，企业不考虑竞争者的因素，那是相当错误和危险的。

2."4C"仅仅关注消费者短期价值需求的满足问题，回避了消费者现实需要、消费者长远利益和长期社会福利相互之间隐含的冲突。

3."4C"总体上虽是"4P"的转化和发展，但被动适应消费者需求的色彩较浓。

4."4C"是注重以企业内部力量的整合来满足消费者价值需求。

因此，我国营销界的一些人士认为，"4C"缺乏可操作性，企业在营销实践过程中应该用"4C"来思考，用"4P"去行动。"4C"是站在消费者的角度上来看营销，决定了企业的未来；"4P"是站在企业的角度来看营销，把握着企业的现在。

工作任务一　认知营销职业

【任务要求】　运用对营销职业的认知，完成情景对话。

【情景设计】　假设在你进入职业院校后的某一个假期，你和你初中同学相约在一个茶馆里聚会，大家相谈甚欢。当他们问你在学校里学的是什么专业时，你坦言道："市场营销专业。"你的同学听了十分羡慕，但又不解，于是纷纷向你打听。一个问："市场营销是做什么的？有意思吗？"另一位问道："我听说学市场营销，将来毕业出来就是去推销产品，是这样的吗？"

营销究竟是什么？请你运用所学知识准确回答上述的问题。

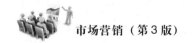

【任务实施】 根据设计的情景，学生分组，通过不同角色的扮演，准确地表达对市场营销的认知，以及个人对营销工作市场前景与吸引力的判断。

【任务实施应具备的知识】 市场营销的概念；营销与推销的区别；新旧营销观念的不同；对营销职业的基本认识。

【任务完成后达成的能力】 能正确认识市场，识别营销与推销、新观念与旧观念的不同，对自己今后所从事的营销工作有一个正确的认识。

【任务完成后呈现的结果】 写一篇个人对于营销职业认知的报告，字数不低于500字。

知识宝典

【商品生产】 用来进行交换的劳动产品叫作商品，以交换为目的而进行的产品生产就是商品生产。商品生产是一个历史范畴，只同生产发展的一定历史阶段相联系。

【商品交换】 商品交换就是商品所有者按照一定的原则，相互自愿让渡或者转手商品所有权的经济行为。

【购买力】 购买力是指人们对商品的购买能力，即在一定时期内可以用于购买商品的货币总额。购买力是通过社会总产品和国民收入的分配和再分配形成的。购买力的大小，取决于社会生产的发展和国民收入的分配。但它同时又反映了该时期全社会市场容量的大小。

【AMA】 "AMA"是美国市场营销协会的英文字母缩写，其全称是：American Marketing Association。美国市场营销协会成立于1937年，是由经济学家、企业家和专业教学人士所组成的非营利性质的专业组织。目前，该协会在世界范围内拥有38 000名会员。

【卖方市场】 卖方市场是买方市场的对称，是指市场商品供给小于需求、价格呈上涨趋势，卖方在交易上处于有利地位的市场。在卖方市场情况下，买方对商品没有选择的主动权，卖方只关心产品数量，很少考虑市场需求。

【买方市场】 买方市场是卖方市场的对称，是指市场商品供给大于需求、价格呈下降趋势，买方在交易上处于有利地位的市场趋势，买方有任意选择商品的主动权。买方市场意味着商品交换中买卖双方之间的平等关系，由于商品的供大于求而被打破。

【营销近视症】 它是由美国著名的市场营销专家、哈佛大学管理学院西奥多·莱维特教授在1960年提出的一个理论，是指企业不适当地把主要精力放在产品上或技术上，而不是放在市场需要（消费需要）上，其结果导致企业丧失市场，失去竞争力。这是因为产品只不过是满足市场消费需要的一种媒介，一旦有更能充分满足消费需要的新产品出现，现有的产品就会被淘汰。同时消费者的需求是多种多样的并且不断变化，并不是所有的消费者都偏好于某一种产品或价高质优的产品。莱维特教授断言："市场的饱和并不会导致企业的萎缩。造成企业萎缩的真正原因是营销者目光短浅，不能根据消费者的需求变化而改变营销策略。"

第一单元 认识市场 感知营销

单元综合练习

一、填空题

1. 从营销市场的角度看，市场是由（　　　）、（　　　）和（　　　）三要素所构成的有机整体。
2. 购买者是构成市场的（　　　），购买力是形成市场的（　　　），购买意愿是决定市场容量的（　　　）。
3. 美国市场营销协会的英文缩写是（　　　）。
4. 营销观念的实质就是企业在开展生产经营活动过程中，面对（　　　）、（　　　）、（　　　），究竟选择以什么为中心的问题。
5. 根据营销观念的分类，"旧观念"主要指（　　　）、（　　　）、（　　　），"新观念"主要指（　　　）、（　　　）。

二、辨析题（判断正误，并说明理由）

1. 从现实市场的角度看，只要存在着买方和卖方，有可供交换的商品，就能构成市场。（　　）
2. 人口是构成市场的最基本条件，人口越多，市场容量就越大。（　　）
3. 对于企业而言，消费者需求并非是唯一的市场机会。（　　）
4. 市场营销观念的出现是企业经营理念上的一次重大变革。（　　）
5. 市场营销是一个综合的经营管理过程，贯穿于企业经营活动全过程。（　　）

三、问答题

1. 如何理解市场的概念？
2. 营销和推销有什么样的本质区别？
3. 新旧营销观念的区别主要表现在哪些方面？

四、案例分析题（运用所学知识，进行分析）

【案例】 香格里拉是国际著名的酒店集团，其业务是从1971年新加坡香格里拉饭店开业真正起步。但是，它很快便以标准化的管理及个性化的服务赢得了国际社会的广泛认同，在亚洲的主要城市得以迅速发展。香格里拉酒店集团总部设在香港，是亚洲最大的豪华酒店集团，多年来，它始终如一把顾客满意当成企业经营思想的核心，并将其"经营哲学"浓缩为一句话，即"由体贴入微的员工提供亚洲式的接待"。

归纳起来，香格里拉酒店集团主要有以下八项经营原则：

1. 我们将在所有关系中表现出真诚与体贴；
2. 我们将在每次与顾客接触中尽可能为其提供更多的服务；
3. 我们将保持服务的一致性；
4. 我们确保我们的服务过程能使顾客感到友好，员工感到轻松；
5. 我们希望每一位高层管理人员都尽可能地多与顾客接触；
6. 我们确保决策点就在与顾客接触的现场；

7. 我们将为我们的员工创造一个能使他们的个人、事业目标均得以实现的环境；

8. 客人的满意是我们事业的动力。

除此之外，与航空公司合作是香格里拉酒店集团促销的重要手段之一。于是推出了"频繁飞行旅行者计划"。凡是参与此项计划的客人，入住香格里拉酒店时，只要出示会员证，每晚住宿除了享受特惠价外，还可以得到航空公司给予的免费公里数或累计点数，如：入住酒店一晚便可得到德国汉莎航空公司、美国西北航空公司、联合航空公司等提供的500英里的免费优惠。

在顾客服务方面，香格里拉酒店集团坚持以"承诺和信任"为原则，因此，"回头客"很多。企业鼓励员工与客人交朋友，员工可以自由地同客人进行私人的交流。酒店建立了一个"顾客服务中心"，客人只需打一个电话就可解决所有的问题。在对待顾客投诉时，绝不说不，全体员工达成共识，即"我们不必分清谁对谁错，只需分清什么是对什么是错"，让客人在心理上感觉他"赢"了，而我们在事实上做对了，这是最圆满的结局。

思考分析：

1. 香格里拉酒店集团采取的是一种什么样的营销观念？
2. 香格里拉酒店集团在顾客服务方面所采取的措施对你有何启示？

第二单元

熟悉环境　探寻市场

学习目标

【知识目标】
1. 了解市场营销环境分类；
2. 掌握消费需求的特征及影响因素；
3. 理解并掌握消费者购买动机。

【能力目标】
1. 能对宏观环境与微观环境进行客观分析；
2. 能准确地分析消费者购买行为；
3. 能熟练地运用市场调研与预测的方法。

学习任务提要

★ 市场环境分析
★ 消费者需求与行为分析
★ 市场分析方式与方法

工作任务提要

★ 运用所学知识，观摩消费者购买行为，进行市场分析。

建议教学时数

★ 12 学时

学习任务一　分析市场环境变化

案例导入

【看一看】 1973年以前，香港还没有一家美国快餐连锁店。肯德基正是看中了香港预期市场容量这一点，准备进军香港。在一次记者招待会上，肯德基公司主席宣布他们计划在香港开设50~60间分店。按照正常情况，肯德基在香港的成功是没问题的，况且，鸡是中国人历来的传统食品。但是，1973年9月，香港市场上的肯德基公司突然之间宣布多间家乡鸡快餐店停业，只剩四间还在勉强支撑。到1975年2月，首批进入香港的美国肯德基连锁店集团全军覆没。这一失败给肯德基严厉地上了一课。

虽然肯德基公司宣称是由于租金上的困难而停业的，但其根本原因还是市场分析出了问题。20世纪70年代，世界经济的飞速发展使得香港人的生活方式也发生了巨大的变化，人们的生活节奏越来越快，外出用餐机会越来越多，而当时香港的快餐业还是一般的小吃，主要是大排档和粥面店，显然不适应形势发展。于是1973年6月，第一间家乡鸡快餐店在香港美孚新屯开业，紧随其后，几乎以平均每月一间的速度发展。

为了取得肯德基家乡鸡首次在香港推出的成功，肯德基公司配合了声势浩大的宣传攻势，在新闻媒体上大做广告，采用该公司的世界性宣传口号"好味到吮手指"。凭着广告攻势和新鲜劲儿，肯德基家乡鸡还是火红了一阵子，很多人都乐于一试，一时之间门庭若市。可惜好景不长，3个月后，就"门前冷落鞍马稀"了。

经过认真总结经验教训，他们发现，是中国人固有的文化观念决定了肯德基的惨败。

首先，在世界其他地方行得通的广告词"好味到吮手指"在中国人的观念里不容易被接受。吮吸手指是被视为肮脏的行为，味道再好也不会去吮手指。人们甚至对这种广告起了反感。

其次，家乡鸡的味道和价格不容易被接受。家乡鸡为了迎合香港人的口味，采用的是当地的鸡种，但其喂养方式仍是美国式的方式。用鱼肉喂养出来的鸡破坏了中国鸡的特有口味。另外，家乡鸡的价格对于一般市民来说还是有点承受不了，因而抑制了需求量。

此外，美国式服务也难以吸引回头客。在美国，消费者一般是驾车到快餐店，买了食物回家吃，因此，店内是通常不设座的。而中国人通常喜欢一群人或三三两两在店内边吃边聊，不设座位的服务方式难寻回头客。

【想一想】 在世界各地拥有数千家连锁店的肯德基为什么惟独在香港却遭受如此厄运呢？

【说一说】 面对这种情况，如果你是肯德基公司的最高决策层，你会采取什么样的措施呢？

一、市场营销环境的基本知识

企业作为社会的细胞，它的活动往往与其内外部环境发生千丝万缕的联系。任何企业都是在与其他企业、目标消费者和社会公众等相互联接的社会经济环境中开展市场营销活动的，而这些变化着的各种内外因素，就构成了影响企业营销活动的市场营销环境。

（一）市场营销环境的含义

市场营销环境，又称为"企业的总体环境"，泛指一切影响、制约企业营销活动的最普遍的各种因素的作用范围和影响力。任何企业的营销活动都是在一定的环境中进行的，绝不可能脱离环境。因此，对环境的研究是企业营销活动最基本的课题。

（二）市场营销环境的分类

市场营销环境分为宏观环境（也称间接环境）和微观环境（也称直接环境）两大类。微观环境因素包括：企业内部环境、供应商、营销中介、顾客、竞争者和社会公众等。宏观环境因素包括：政治与法律环境、经济环境、人口环境、社会文化环境、自然环境、科学技术环境等六大部分。

在这两者之间，宏观环境起着根本性、决定性的作用。宏观环境影响和制约微观环境的各个因素，并通过对微观环境的作用，对企业的营销活动进行影响和制约。

二、宏观环境分析

宏观环境是造成市场机会和环境威胁的主要力量，它引导企业营销活动的大方向。企业营销环境分析首先应分析宏观环境因素。

影响企业营销活动的宏观环境因素主要有：

（一）政治法律环境

政治法律环境因素，主要是指国家的政治变动引起的经济势态的变化，及政府通过法律手段和各种经济政策来干预社会的经济活动。

市场营销决策很大程度上受政治和法律环境变化的强制影响和法律制约。

我国目前与企业商业经营活动相关的立法主要有：《合同法》《反不正当竞争法》《商标法》《担保法》《价格法》《产品质量法》《广告法》《票据法》《消费者权益保护法》《直销管理条例》《禁止传销条例》等。保护消费者权益的群众团体和保护环境的群众团体对企业有监督、制约作用。这些群众利益团体对企业行为虽然没有强制作用，但是它们能影响社会舆论，给企业施加压力。同这些群众利益团体保持良好关系是树立企业良好形象的重要基石。

（二）社会经济环境

社会经济环境，主要是指人口、购买力、居民收入水平、产业结构、资源分布和资源开发等。

人口是营销人员最感兴趣的环境因素之一。市场是由人组成的，市场是产品实现或潜在购买者的集合，只有有人才能有消费者，只要有人就可能发展成为消费者。

以下的人口特征将影响企业活动：

1. 人口规模

人是消费的主体，人口的规模影响和决定市场的容量大小。

2. 人口年龄构成

人口年龄结构决定市场需求结构。不同年龄阶段的人对产品的需求有很大的差别：儿童需要玩具、学习用品和营养食品；青少年需要图书、智能手机和时装；老年人需要保健食品和怀旧商品。分析一定时期内人口年龄结构，能使企业发现好的市场机会。

3. 人口地理分布及流动

人口密度不同的地区市场需求量存在差异，同时，受地理环境、气候特点的影响，不同地区居民的购买习惯和购买行为也存在差异。

研究人口地理分布特点对企业找准产品销售市场很有意义。人口的地理分布随时间推移会发生一定变化，这就是人口流动。

4. 家庭规模

家庭规模大小将影响家庭购物和消费模式。现代家庭结构变化的主要特征是小型化趋势，三口或两口之家成为家庭规模的主要形式，同时单身户的比例正在迅速增加。企业的营销活动应更多地考虑小规模家庭的需要。

5. 购买力

形成市场不仅需要人口，而且还需要购买力，一个对企业经营活动有意义的市场包括人口及购买力两方面因素，缺一不可。考虑市场的经济环境主要是分析影响人们购买力的各个因素。

6. 消费者收入

消费支出在很大程度上受消费者收入的约束，收入增加支出增加、收入减少支出减少是普遍规律。所以考察市场的购买力首先要考虑该市场的消费者收入情况。

7. 消费者的支出结构

支出结构是指一定时期消费者消费支出中各项商品的比例关系。比如，2007年我国居民消费支出中食品占36.30%，服装占10.4%，耐用消费品占6.0%，娱乐、教育、文化占13.3%；而到了2017年，我国居民的消费支出结构中居民用于购买食品支出所占的比例明显下降。

德国统计学家恩格尔曾得出一个规律即恩格尔系数：一个家庭收入越少，家庭收入中用来购买食物的支出所占的比例就越大，随着家庭收入的增加，家庭收入中用来购买食物的支出比例则会下降。

了解消费者的支出结构有助于企业推算行业的市场总容量。

8. 储蓄和信贷

消费除受收入及支出结构影响外，还受储蓄状况和信贷条件的影响。人们的收入通常用于现实消费和储蓄两个方面。当收入一定时，储蓄越多，现实消费量就会愈少，而潜在的需求愈大；反之，两者向相反的方向变化。

消费信贷是消费者凭借个人信用提前取得商品使用权，然后按期归还贷款的消费方式。消费信贷是有需求、缺乏购买能力的条件下实现产品销售的有效手段。汽车、住房等耐用、高价商品本身具有一次购买长期消费的特点，采取信贷方式购买可以减少支出压力,很受消费者欢迎。

(三) 自然地理环境

任何企业的生产经营活动都与自然环境息息相关,无论制造什么产品都需要原材料、能源和水等自然资源。20世纪90年代以来,自然环境的恶化已成为企业与公众所面临的严峻问题。在许多地区,空气与水的污染已达到了危险的程度。

(四) 科学技术环境

现代科技日新月异,突飞猛进,新技术、新工艺、新材料不断涌现。改变人类命运最戏剧化的因素之一是科学技术。科学技术创造了许多奇迹,实现了许多人梦寐以求的愿望;它造出了恐怖的"魔鬼",如核武器、化学武器和计算机病毒等,也造出了如汽车、电视、电子游戏等福祸兼备的东西。

科学技术已经成为决定人类命运和社会进步的关键性因素。它是一种带有破坏性的创造力量,也就是说,当一项新技术给一些行业和企业带来增长机会的同时,可能严重威胁另一些行业和企业的生存。因此,营销人员应随时监控技术环境的发展变化,调整企业行为以适应变化。一些营销学家,把科技因素视为"创造性的毁灭力量"。

(五) 社会思想文化环境

在市场营销中,社会文化环境因素是影响人们购买欲望和购买行为的最重要因素。社会文化是人类在创造物质财富的过程中所积累的精神财富的总和。社会文化主要通过影响消费者行为,间接地影响营销活动。

三、微观环境分析

微观环境是与企业关系密切、能够影响企业服务消费者能力的各种因素。

一个企业能否成功地开展营销活动,不仅取决于其对宏观环境的适应性,也取决于其能否适应和影响微观环境。微观环境直接影响营销活动的方式和效果。

影响企业营销活动的微观环境因素主要有:

(一) 企业本身

企业是企业营销环境的中心。如何对企业领导中心、各部门、各个分支机构进行适度而有效的控制,直接影响企业的市场营销活动,而各个部门的配合及各自工作的效果和效率,也影响到企业的产品销售乃至整个营销活动的成败。

因此,企业的生产能力、财务能力、职工的素质、研究和发展的状况以及企业在公众中的印象等,构成了企业营销内部环境的主要内容,影响和决定着企业为消费者提供商品和服务的能力与水平。

(二) 供应商

供应商是向企业供应各种资源的企业和个人。供应商供应的原材料价格的高低和交货是否及时、数量是否充足等,都会影响产品的成本、售价、利润和交货期。因此,营销人员必须对供应商的情况有比较全面的了解和透彻的分析。

(三) 营销中间商

营销中间商是协助企业推广、销售和分配产品给最终消费者的企业和个人,包括中

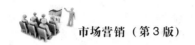

间商、实体分配公司、营销服务机构和金融机构。

中间商在企业的有效活动中起着十分重要的作用，它帮助企业寻找消费者并直接与消费者进行交易，从而完成产品从生产者向消费者的价值转移。

实体分配公司帮助企业实现商品实体形态的转移。在我国，很多中间商与实体分配公司是合二为一的，中间商除分配产品外，还同时负责储存和运输。但随着社会化分工的深化，独立的实体分配公司已经出现，而且显示出很强的生命力。

营销服务机构如调研公司、咨询公司、广告公司及各种媒体等，它们协助企业选择目标市场，推销产品。

金融机构负责为企业和消费者之间的交易融通资金并对企业的营销活动施以显著的影响。因此，企业应该与金融结构建立良好的合作关系。

（四）消费者

企业要树立以消费者为中心的营销观念。消费者是企业产品或劳务的购买者，也是企业服务的对象。对一个企业来说，赢得消费者是生存、发展的关键。

无数的企业实践证明：市场的优胜者是那些重视消费者、最大限度地满足消费者需求的企业；而缺乏营销远见、忽视消费者要求的企业注定要失败。

分析消费者的目的：了解消费者为什么选择企业的产品或服务，是因为低廉的价格、高质量的产品、可靠的服务、有趣的广告还是干练的推销人员？如果企业不能精确地知道哪些东西吸引消费者以及消费者将来可能如何变化，那么企业最终将失去市场上的优势。

（五）竞争者

在任何市场上，只要不是独家经营，便有竞争对手存在。很多时候，即便是在某个市场上只有一个企业在提供产品或服务，没有"显在"的对手，也很难断定在这个市场上没有潜在的竞争企业。竞争对手的状况将直接影响企业的营销活动，无论是在产品销路、资源，还是在技术力量方面，常常是此消彼长的。

因此，企业必须清楚地了解：竞争企业的数量；竞争企业的规模和能力的大小强弱；竞争企业对竞争产品的依赖程度；竞争企业所采取的营销策略及反应程度；竞争企业依仗获取优势的特殊的原材料来源及供应渠道。

竞争者大致分为四种类型：

愿望竞争者：即能够提供不同产品以满足消费者种种需求和愿望。

一般竞争者：即能够提供满足同一需求的不同产品和种种方式。

产品形式竞争者：即能够提供同种产品多种规格、型号、式样、花色、品种。

品牌竞争者：产品相同，规格型号等也相同，品牌不同，即能够提供同种商品的某种品牌的商品。

（六）公众

公众是任何对组织有实际或潜在兴趣，或对组织实现目标的能力有影响的团体和个人。一个企业的公众，主要包括以下五种：

金融公众：银行、投资公司、股东、证券经营机构等。

媒体公众：报纸、杂志、广播、电视、网络等。

政府公众：政府机构、主管部门等。

地方公众：附近居民、科研、文教等。

企业内部公众：企业领导、管理人员、一线职工等。

案例赏析

上海"光明"牛奶，除了大力推广行业标准外，还在产品创新方面取得了成就，尤其是"光明"推出的"麦风"豆奶，给人们留下了深刻印象。这种介于豆奶和牛奶之间的产品，并不是"光明"的首创。上海有一家豆奶厂曾率先推出了一种全新的豆奶——"大麦奶"，即在豆奶中加入了大麦的香味。但因为种种原因，这个产品在市场上并没有取得预想中的成功。不久以后，"光明"就推出了自己的"麦风"豆奶。上海当年上市的保健食品"美多"膳食纤维素，也帮助"麦风"完成了部分市场培育工作。也许光明牛奶"偷窃"了别人的成果，但在这些产品中间，只有"光明麦风"靠大麦和膳食纤维赚到了钱。

"光明"的快速反应能力、对竞争对手的尊重、坚持产品创新的态度，无疑是它成为领导企业的法宝。"光明麦风"的成功也证明：如今的营销，需要更多的研究，既研究消费者，更要研究竞争对手，同时还要量力而行。

学习任务二　辨析消费者需求

案例导入

【看一看】 杭州"狗不理"包子店是天津狗不理餐饮集团在杭州开设的分店。分店地处杭州市区商业黄金地段。正宗的狗不理包子以其鲜明的特色，如：皮薄、水馅、味道鲜美、咬一口汁水横流等而享誉全国。正当"狗不理"包子店准备在杭州大干一番的时候，传来了杭州南方大酒店日销包子突破万只记录的消息。原来杭州的消费者更钟情于本地的鲜肉大包，对"狗不理"包子却很少有人问津。无奈之下，杭州"狗不理"包子店将楼下三分之一的营业面积租给服装企业。

【想一想】 同样是"狗不理"包子，为什么在天津和北方其他城市受欢迎，而在杭州却遭受如此般的冷落呢？

【说一说】 你认为杭州"狗不理"包子店应该如何做才能打开杭州市场呢？

一、消费者需求的基本知识

（一）消费者需求的概念

消费者需求是指消费者在有货币支付能力的条件下，对产品或劳务的购买要求和欲望。

消费者需求可分为生理需求和心理需求。生理需求是消费者个体自身发展过程中，为了维持生命和家庭的繁衍而形成的产品需求。心理需求则是消费者为了提高物质和精神生活水平而产生的高一级的产品需求。

消费者需求还可按市场的满足程度来划分，可分为现实需求和潜在需求。现实需求一般是指消费者已经实现了的需求。潜在需求是指消费者由于种种原因，没有意识到或已经意识到但尚未形成购买计划和购买行动的产品需求。

潜在需求是现实需求的基础，一旦条件成熟，潜在需求就会转化为现实需求。因此，从市场营销角度看，主要研究的是消费者的潜在需求。

在"以消费者为中心"的市场营销观念下，研究消费者需求，具有以下重要意义：

(1) 有利于企业组织适销对路的产品，适应消费者的需求。
(2) 有利于企业不断推出新产品，满足消费者新的需求。
(3) 有利于企业充分利用价格因素去争取消费者，扩大产品销售。
(4) 有利于企业正确选择不同的服务方式，满足消费者的不同需要。

（二）消费者需求的基本特征

消费者需求具有许多明显的特点。研究和把握这些特点，对于企业制定营销策略，有着重要意义：

1. 消费需求具有多样性

消费需求的多样性主要表现在消费者需求的差异性、层次性和复杂性。不同的消费者由于个性和爱好不同，所处的消费环境和自身条件的不同，对消费品需求是有差异的。这些差异集中表现在需求的层次、需求的强度和需求的数量等方面。

人们的消费需求还存在着一物多求和多物多求等现象。一物多求通常是指消费者对某一类消费品的多种需求，如有的小学生已有一个印有"米老鼠"图案的铅笔盒，而当他见到市场上又流行印有"阿凡提"图案的铅笔盒时，就要求父母再给他买一个。由此可见，消费需求的多样化是商品多样化的客观反映。多物多求则是指对不同商品的多种需求，如一个家庭同一时期内会产生购买彩色电视机、电冰箱、空调、家用电脑等多种需求。

随着社会生产的发展、人民生活水平的提高及价值观念的更新，需求范围也逐步扩大。各种潜在的需求和现实的需要往往同时作用于消费者自身，这也是消费需求多样化的原因之一。随着各种条件的变化，消费需求的指向由单一集中性变为多向发散性。而原来仅是约束消费者的"专购商品"也逐步扩大自己的消费者。此外，消费需求的多样化还表现在需求商品除了具有某种基本功能外，同时要兼有其他一些附属功能等方面。

2. 消费需求具有可诱导性

消费需求的可诱导性是指人的消费需求是可以引导和调节的。也就是说，可以通过企业的工作或影响，如用广告和宣传等刺激人们的消费需求，使潜在的欲望变为明显的行动，未来的消费需求成为现实的消费。造成这种情况的原因在于：一是消费品花色、品种繁多，质量性能各异，消费者很难掌握各种商品知识，因而在购买消费品，特别是复杂、高档的耐用消费品或新产品时，需要卖方的宣传、介绍和帮助。二是不少消费品替代性强，需求弹性较大。消费者对商品规格品质的需求也不如生产者那样严格。三是消费者一般是自发、分散地做出购买决策，不像产业市场的购买决策那样，常常直接或间接地受政府政策和计划的制约和影响。因此企业可以根据消费者对商品或劳务的情感变化，通过各种促销手段诱导消费者产生需求，实施购买行为。

3. 消费需求具有伸缩性

消费需求的伸缩性是指消费需求具有弹性，即消费需求随购买力和商品价格因素的变化而变化。一般情况下，中高档商品的需求弹性较大，而低档生活必需品的需求弹性较小。

4. 消费需求具有重复性

消费者购买消费品主要是为了满足个人及家庭的需求。由于短期购买力的限制和许多消费品不宜长期存放的特点，消费者购买商品一般属于少量多次购买。因而消费者的消费需求和购买行为便具有经常性和重复性的特点。

5. 消费需求具有周期性

从宏观上看消费需求变化趋势是有规律的，具有周期性的特点。消费需求的周期性是需求形成和发展的最主要的条件，也是商品经济发展的动力。只有消费需求不断地重复出现，需求的内容才会丰富起来。实际生活中除了人们日常生活必需品（如食品、火柴、牙膏等）的需求具有微观循环的特点之外，对许多商品的需求也是具有周期性的，只是循环周期长短不同。

6. 消费需求具有发展性

消费需求的发展性主要体现在两个方面，一是需求层次的发展变化一般是较低层次的需求得到满足之后，逐步向较高层次推进，从物质需求向精神需求发展，从数量需求向质量需求转化等，形成阶梯式的发展趋势。二是消费需求随时代的进步而发展变化。时代的进步往往产生许多新的商品、新的观念、新的社会风尚，这必然引起消费需求的发展。没有消费需求的发展，就不会有时代的进步，同样，没有时代的进步，消费需求的发展也将受到局限。

总之，企业应准确地掌握消费需求的特征和规律，研究制定市场营销策略，这样才能取得最佳的经济效益。

二、影响消费者购买行为的因素

由于消费者购买行为受社会、文化、个人和心理特征等因素的影响很大，而且企业营销人员又无法控制这些因素。为了吸引消费者，将产品销售给消费者，企业在开展市场营销活动时，必须考虑分析以下影响因素：

（一）文化因素

文化、亚文化、社会阶层等文化因素，对消费者的行为具有最广泛和最深远的影响。

1. 文化

文化是人类在长期的生活和实践中形成的语言、价值观、道德规范、风俗习惯、审美观等的综合。文化是人类欲望和行为最基本的决定因素，会对消费者的消费观念和购买行为产生潜移默化的影响。

2. 亚文化

在一种文化中，往往还包含着一些亚文化群体，他们有更为具体的认同感。亚文化群包括民族亚文化群、宗教亚文化群和地理亚文化群。消费者对各种商品的兴趣受其所属民族、宗教、种族和地理等因素的影响。这些因素将影响他们的食物偏好、衣着选择、娱乐方式等。

3. 社会阶层

社会阶层是指在一个社会中具有相对同质性和持久性的群体。在一切社会中，都存在着社会阶层。同一个社会阶层的人有相似的价值倾向、社会地位、经济状况、受教育程度等。因此，同一社会阶层的人有相似的生活方式和消费行为。

各社会阶层显示出不同的产品偏好和品牌偏好，企业的营销人员应根据不同的社会阶层，推出不同的营销策略。例如，在广告策略中，由于不同的阶层对新闻媒介的偏好是不一样的，中低阶层的消费者平时喜欢收看电视剧和娱乐晚会，而高阶层喜欢各种时尚活动或戏剧等，所以针对不同阶层的消费者，应选择不同的广告媒介来进行产品宣传。

（二）社会因素

消费者处在社会环境中总会受到其他人的影响，主要受到相关群体、家庭等的影响。

1. 相关群体

相关群体是指能够直接或间接影响人们的态度、偏好和行为的群体。相关群体分为所属群体和参照群体。所属群体是指人们所属并且相互影响的群体，如：家庭成员、朋友、同事、亲戚、邻居、宗教组织、职业协会等。参照群体是指某人的非成员群体，即此人不属于其中的成员，而是其心理向往的群体，如：电影明星、体育明星、社会名人等是大家纷纷崇拜和效仿的对象。

2. 家庭

家庭是指由居住在一起的彼此有血缘、婚姻或抚养关系的人群所组成的群体。家庭也是影响消费者购买行为的重要因素，具体表现在以下几方面：

一是家庭倾向性的影响。例如，一个孩子长期和其父母生活在一起，其父母对某一产品的购买倾向或多或少对孩子的以后的消费行为会产生影响。

二是家庭成员的态度及参与程度的影响。购买不同的产品，家庭成员的态度和参与的程度是不同的。例如，家庭购买大件物品时，大家共同参与、商量，而购买日常的生活用品可能就有母亲购买。于是根据家庭成员对购买商品的参与程度与决定作用的不同，可分为丈夫决定型、妻子决定型、子女决定型、共同决定型。

三是家庭的生命周期阶段对消费者的影响。消费者家庭生命周期阶段一般可分为：单身青年阶段、新婚无子女阶段、子女年幼阶段、子女长大尚未独立阶段、年老夫妻而子女独立阶段、单身老人阶段。家庭处在不同的生命周期阶段，购买行为也是不同的。例如：家庭处在子女年幼阶段时，对玩具、婴儿用品等感兴趣；家庭处在年老夫妻而子女独立阶段时，对保健品、健身用品等感兴趣。

（三）个人因素

消费者的购买行为与其个人因素有较密切的联系，如个人的年龄、性别、职业、受教育程度、经济状况、生活方式等。例如对书的需求，由于年龄、职业、受教育程度等不同，不同的消费者会选择不同的书，儿童会选择卡通书，年轻人会选择流行小说，老年人会选择有关保健方面的书。

（四）心理因素

美国福特汽车公司曾经开发出一种适合年轻人开的跑车，投放市场后，购买的消费者除了一部分是年轻人之外，还有一些老年人。通过调查了解到，老年人购买跑车的原因是：开上跑车，仿佛自己年轻了几十岁。由此可见心理因素也是影响人们购买行为的因素之一。影响消费者购买行为的心理因素包括动机、态度、学习、个性等。

学习是指由于动机而引起的个人行为的改变，人类行为大都来源于学习。例如，某消费者要购买一台计算机，由于该消费者对计算机不了解，在购买之前就有一个学习的过程。对企业的营销人员来说，要为消费者学习提供方便，要耐心地回答消费者的咨询，主动向消费者介绍、传递有关产品的信息，让消费者了解和熟悉本企业的产品，来促使消费者购买本企业的产品。

通过学习，人们获得了自己对产品的态度。所谓态度是指一个人对某些事物或观念长期持有的好或坏的认识、评价、情感上的感受和行为倾向。态度一经形成，一般难以改变。所以，企业的营销人员最好使其产品与消费者的态度相一致，而不要试图去改变人们的态度，当然，如果改变一种态度所耗费的代价能得到补偿时，则另当别论。

可见，影响消费者购买行为的因素是众多的，一个人的选择是文化、社会、个人和心理因素之间复杂影响和作用的结果。其中很多因素是营销人员所无法改变的，但是这些因素在识别那些对产品有兴趣的购买者方面颇有用处。其他因素则受到营销人员的影响，并揭示营销人员如何开发产品、价格、地点和促销，以便引发消费者的强烈反应。

 案例赏析

据《美国商业》杂志报道，美国一家高尔夫球厂，为了使自己的产品打入日本市场，在商品的包装上进行了精心研究，每盒装上四只球，但销售结果却出乎意料，买者甚少。经过调查才知道，原来问题出在包装盒上的数字上。因为"4"在日本是表示死亡的数字，难怪日本人不买美国的高尔夫球。

企业要开拓新的市场，必须加强对目标市场的调查研究，注意"入国问禁、入境问俗"，避"禁"就"俗"，避免和减少经营中的盲目性。针对人们偏爱，我们应采取的态度是：尽可能满足人们祈福求发的心理；尊重民俗，特别是在国际交往中更要注意加强对数字的了解和运用，以利产品打入国际市场。

学习任务三　识别消费者购买动机与行为

 案例导入

【看一看】　美国"旅馆大王"希尔顿于1919年把父亲留给他的12 000美元连同自己挣来的几千元投资出去，开始了他雄心勃勃的旅馆经营生涯。当他的资产从寥寥数千美元奇迹般地增值到几千万美元的时候，他欣喜而自豪地把这一成就告诉他母亲，想不到他母亲却淡然地说:"依我看,你跟以前根本没有什么两样,事实上你必须把握比这几千万美元更值钱的东西:那就是除了对消费者诚实之外,还要想办法使来希尔顿旅馆的人住过了还想再来住,你要想出这样一种简单、容易、不花本钱而行之久远的办法去吸引消费者。这样你的旅馆才有前途。"

母亲的忠告使希尔顿陷入迷惘:究竟什么办法才具备母亲指出的"简单、容易、不花本钱而行之久远"这四大条件呢?他冥思苦想,不得其解。于是他逛商店、串旅店,以自己作为一个消费者的亲身感受,得出了准确的答案:"微笑服务"。只有它才实实在在地同时具备母亲提出的四大条件。从此,希尔顿实行了"微笑服务"这一独创的经营策略。每天他对服务员的第一句话是"你对消费者微笑了没有?"他要求每个员工不论如何辛苦,都要对消费者投以微笑,即使在旅店业务受到经济萧条严重影响的时候,他也经常提醒职工记住:"万万不可把我们心里的愁云摆在脸上,无论旅馆本身遭受的困难如何,希尔顿旅馆服务员脸上的微笑永远是属于旅客的阳光。"

为了满足消费者的要求,希尔顿"帝国"除了到处都充满着"微笑"外,在组织结构上,希尔顿尽力创造一个尽可能完整的系统,以便成为一个综合性的服务机构。因此,希尔顿饭店除了提供完善的食宿外,还设有咖啡厅、会议室、宴会厅、游泳池、购物中心、银行、邮电局、花店、服装店、航空公司代理处、旅行社、出租汽车站等一套完整的服务机构和设施,使来到希尔顿饭店投宿的旅客,真正有一种"宾至如归"的感觉。当他再一次询问他的员工们:"你认为还需要添置什么?"员工们回答不出来。他笑了:"还是一流的微笑!如果是我,单有一流设备,没有一流服务,我宁愿弃之而去住虽然地毯陈旧,却处处可见到微笑的旅馆。"

【想一想】 希尔顿成功的原因是什么?微笑服务体现了一种什么观念?

【说一说】 希尔顿能留住消费者仅仅是靠微笑服务吗?

一、消费者购买动机

消费者富有弹性的购买行为都是在生理动机和心理动机支配下发生的。消费者的购买动机,必然直接或间接地表现在购买活动之中,影响其购买行为。

(一)生存性购买动机

生存性购买动机是出于人的生存要求,这是人人都具有的购买动机。饥则求食,寒则求衣,这是人类最基本的而又是最普遍的生存欲望。在生存性购买动机的支配下,人们往往事先早已计划妥当或很自然地要求购买,在购买时较少犹豫,且不太注重商标,一般都是生活必需品。生存性购买动机,有时也与其他购买动机联系在一起,尤其表现在对所要购买的生活用品的外观、质量、性能和价格的选择方面。

(二)习惯性购买动机

抱有习惯性购买动机的人,对所要购买的商品早有了解,购买时会不加思索地选中目标。对某种商品常常会执著地信任和偏爱。其心理状况往往是"你有千条计,我有老主意",不为别人的劝说、非议所动。购买的对象一般都是普通生活必需品或烟、酒之类的嗜好品。具有习惯性购买动机的人,往往十分注重商品的商标,并牢牢地记住自己喜爱的商品商标。有一些为大众所称道的名牌高档商品，人们会自然地产生一种信任感，形成习惯性购买。

（三）理智性购买动机

持有理智性购买动机的人，在购买商品前一般都经过深思熟虑。他们对所要购买的商品有足够的知识和经验，对其特点、性能和使用方法等早已心中有数，因而在品评比较时，不受周围环境气氛和言论的影响。在商品的选择过程中，他们除了注重外观和价格外，还着重检查商品的内在质量和特殊功能，并充分运用视觉、触觉、听觉等器官，以及记忆、想象和思维等方法，反复挑选，在恰当的时机立即决断。这类人在买货时，往往直奔目标，十分自信，一旦选中，不再退货。他们常常希望售货员认真配合他们进行挑选，但又不希望干涉他们的反复比较选择。

（四）自信性购买动机

具有自信性购买动机的人，在购买商品前一般都心中有数，对所要购买的商品，有自我确定的标准和选择的理由。他们不大受周围环境和他人的影响，即使临时改变主意，也是意料中的事。因此，在这种购买动机的驱使下，购买的选择性很强，选择面较窄。自信性购买动机类似于理智性购买动机和习惯性购买动机。但在所要购买的商品面前，其理智和冷静的成分更多一些。自信性购买动机是消费者在某时、某地或某种心境下所产生的购买欲望，他们往往认准了商品的某一特点而特别偏爱。所以在买下商品受到别人非议时，他们会寻找种种理由说服别人，并为自己的购买行为辩护。即使在购买发生失误的情况下，他们也情愿坚持到底。

（五）冲动性购买动机

带有冲动性购买动机的消费者，在购买东西时，往往会被商品的外观、式样、包装的新奇所吸引、刺激，缺乏必要的考虑和比较。他们的购买活动常常是：心头一热—买下再说—后悔不迭。他们事先一般没有明确的购物目标，往往是在浏览商品时无意中发现，引起了兴趣，决意购买，所以极易受周围环境、气氛和周围人们言论的影响，他们在选择时也常常心中无数。由冲动性购买动机支配下发生的购买活动，最易产生退货现象。只是在退货时，买者可以找出各种理由，但始终不好意思承认自己"不识货"。

冲动性购买动机与理智性购买动机是相互对立的。在日常的购买活动中，理智性购买动机并不多见；而冲动性购买动机却经常出现。即使是那些平时头脑比较冷静的人，在他所不了解的商品面前，也可能产生冲动性购买动机。这种购买动机往往会破坏原来早已安排好的购买计划，给消费者带来麻烦，所以需要人们随时注意控制。

（六）诱发性购买动机

这种购买动机的心理过程常常是：好奇性—探究竟—被说服—掏钱买。它与冲动性购买动机很相似，都是事先没有计划和考虑时偏重于感情的购买心理。但是两者又有区别，冲动性购买动机一般来说是主动的、迅速的，而诱发性购买动机则有一个被动、缓慢的过程。因此，它的后悔程度和退货率没有像冲动性购买动机那样高。诱发性购买动机主要受环境气氛和周围人言行的影响和诱导。处理品、新奇产品、土特产品往往是产生这种购买动机的诱导对象。

（七）被迫性购买动机

抱有被迫性购买动机的人总是在不情愿的情况下，由于某种无法摆脱和回避的原因，不得不购买商品和劳务。这种消费者，并不是出于对商品的好恶感而是为了照顾某种人际关系违心地破费。它是买者在权衡各方面利弊之后，被迫以购买某种商品或劳务所做出的某种让步姿态。尽管购买的物品对自己可能无益，购买是被迫的，但从其他方面考虑，还是必需的。

（八）时髦性购买动机

时髦性购买动机是由于外界环境的影响或社会风尚的变化而引起的购买心理。消费者力图借所购买的商品达到引人注目，或显示主人身份和地位，或为了突出主人的形象、美化居处等目的。

时髦性购买动机与冲动性购买动机一样，都是受感情的驱使。所不同的是，时髦性购买动机一般体现着人们对生活的向往和美好的追求，是生活水平逐步提高过程中自然产生的购买欲望。它不一定是在一时冲动下产生的，大部分经过长时间的考虑和比较，只要在力所能及的范围，一般没有什么不妥之处。

（九）保守性购买动机

在商品供过于求的情况下，人们较容易产生保守性购买动机，因为消费者在众多可供挑选的商品面前能够从容地进行挑选，不必心急，商品稍不如意，宁可等待。保守性购买动机是相对于冲动性购买动机或诱发性购买动机而言的。在商品紧缺，供不应求的情况下，较容易使人产生冲动性购买动机（或诱发性购买动机），此时人们颇有些"饥不择食"或不买就会"坐失良机"的心理。然而，在商品供过于求（或商品供应结构不合理所带来局部性供过于求）时，同类商品的竞争加剧，促使产品质量不断提高、品种花式不断增多，价格不断下降。这对消费者来说是十分有利的，他们自然要经过充分挑选，满足自己的愿望，竭力做到"买最有利的"。保守性购买动机与理智性购买动机相似，两者都在消费前要考虑再三。

二、消费者购买行为的类型

消费者购买决策随其购买决策类型的不同而各异。例如在购买一般生活日用品时与购买生活耐用品之间存在很大的差异，一般消费者对较为复杂的和花钱较多的决策往往会投入较多精力去反复权衡，而且会有较多的购买决策参与者。根据消费者购买介入程度和品牌间的差异程度，可将消费者购买行为划分为复杂型、求证型、多变型、习惯型四种。

（一）复杂型购买行为

即消费者在购买产品时投入较多的时间和精力，并注意各品牌间的主要的差异。一般消费者在购买花钱多、自己又不了解的产品时的购买行为属于该类行为，消费者了解产品的过程，也是学习的过程。例如，在生活中，购买个人计算机的行为就属于该类购买行为。在介入程度高且品牌差异大的产品经营中，企业的营销人员应该协助消费者学习，帮助其了解产品的性能属性和品牌间的差异，以影响消费者的购买决策。

（二）求证型购买行为

消费者在购买品牌差异不大的产品时，有时也会持慎重态度，这种购买行为属于求证型。这种购买行为一般发生在价格虽高但品牌差异不大的场合，消费者的购买决策可能取决于价格是否合适、购买是否方便、销售人员是否热情等。

针对消费者的这种心理特点，企业应采取必要的营销策略：合理定价，在了解市场同类产品的价格的基础上，结合企业的实际情况，制定出消费者能够接受的价格；向消费者提供细致周到的服务，例如选择良好的销售地点，方便消费者购买；选择高素质的销售人员，耐心地回答消费者的问题，向消费者提供有关的信息等，以增强消费者对产品和品牌的信任，影响消费者的品牌选择。特别要注意向消费者提供售后服务，以增强其对品牌的信念，增强购后满意感，证明其购买决策的正确性。

（三）多变型购买行为

多变型购买行为常常发生在价格低但是品牌差异大的产品购买中。例如在饮料市场中，有不同品牌的不同产品，它们在包装、口感、营养等方面存在较大的差异。对于这类产品，消费者可能经常改变品牌选择，不是因为产品本身不好，而是由于产品品种多样化，消费者想尝试不同品牌的不同产品。对于这类产品的营销，企业要在促销上下功夫，例如：降价、反复做广告、让消费者试用、送赠品、中奖等。

（四）习惯型购买行为

这种购买行为常常发生在价格低、经常购买且品牌差异不大的产品购买中。消费者往往对这类产品的购买决策不重视，购买时介入的程度很低，主要凭印象、熟悉程度和被动接受的广告信息等。对于这类产品的营销，主要在广告上下功夫，企业可做简短的、有特色的广告，反复刺激消费者，突出与品牌联系的视觉标志和形象，以便消费者记忆。

案例赏析

据《战国策》记载，春秋时代有一位卖骏马的，在集市上站了三天，谁也没有注意他的马。后来他去找名气很大的相马专家伯乐，对他说："我有一匹骏马，想卖掉，三天也没有人问津，请你帮帮忙，在马身边转悠一下，看一看，走开后再回过头来瞧一瞧，这样就够了。"伯乐一看，确实是匹好马，因此爽快地答应并且照着他的话办了。顿时，这匹马就变为人们抢购的对象，价格也因此被抬高了10倍。

骏马由滞销转畅销的奥妙就在于：马主人掌握了人们对商品有消费需求，但又分辨不出优劣，怕贸然买下吃亏的心理，利用名人伯乐的权威性来推销商品，以伯乐的无声动作，引起人们对马的注意和联想，"这肯定是匹好马，要不然人家伯乐根本不屑一顾"，从而激发了人们的占有欲望，最终达成这笔交易。

学习任务四　开展市场调查与市场预测

案例导入

【看一看】　1982年，"可口可乐"的老对手"百事可乐"发动了咄咄逼人的市场攻势，百事可乐公司的产品销量迅猛蹿升，并直接威胁传统霸主"可口可乐"的市场地位。

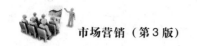

为了找出"可口可乐"衰退的真正原因,可口可乐公司决定在美国10个主要城市进行一次深入的市场调研行动。

在这次市场调研中,可口可乐公司专门设计了"你认为可口可乐的口味如何?""你想试一试新饮料吗?""可口可乐的口味变得更柔和一些,你是否满意?"等一系列问题,希望了解消费者对"可口可乐"口味的评价,并征询消费者对新口味"可口可乐"的意见。这次市场调研的数据显示:大多数消费者愿意去尝试新口味"可口可乐"。

可口可乐公司的决策层以此为依据,决定结束"可口可乐"老配方的历史使命,同时研发新口味"可口可乐"。没过多久,比老"可口可乐"口感更柔和、口味更甜的新口味"可口可乐"样品便出现在消费者面前。为了确保万无一失,在新口味"可口可乐"正式推向市场之前,可口可乐公司又花费数百万美元在美国13个主要城市中进行了口味测试,并邀请了近20万人免费品尝无标签的新、老"可口可乐"。结果让决策层更为放心,六成消费者回答说新口味"可口可乐"味道比老"可口可乐"要好,认为新口味"可口可乐"味道胜过"百事可乐"的也超过半数。这次市场调研的数据显示:新可乐应该是一个成功产品。于是,可口可乐公司举行了盛大的新闻发布会并宣布:新口味"可口可乐"将取代老"可口可乐"上市。

然而,在新口味"可口可乐"上市不到4小时,公司就接到抗议更改口味的电话达650个;到了5月中旬,批评电话更是每天多达5 000个;6月份这个数字上升到了8 000多个。除此之外,还有数以万计的抗议信如潮涌来,人们纷纷指责"可口可乐"作为美国的一个象征和一个老朋友,突然之间就背叛了他们。对一种饮料配方的改变,本来是无足轻重的,可如今却变成了对人们爱国心的侮辱。甚至有人成立"美国老可口可乐饮用者"组织来威胁可口可乐公司,如果不按老配方生产,就要提出集体控告。有的消费者甚至扬言再也不买"可口可乐"。仅仅过了3个月,新口味"可口可乐"计划就以失败而告终。

【想一想】 新口味"可口可乐"最终失败的原因在哪里?

【说一说】 如果你作为一名企业营销主管,你认为企业应该从这个案例中吸取什么教训?

一、市场调查的基本知识

(一)市场调查的含义

简单地说,市场调查是指对与营销决策相关的数据进行计划、收集和分析并把分析结果与管理者沟通的过程。

市场调查在营销系统中扮演着两种重要角色。首先,它是市场情报反馈过程的一部分,向决策者提供关于当前营销组合有效性的信息和进行必要变革的线索。其次,它是探索新的市场机会的基本工具。市场细分调查和产品调查都有助于营销经理识别最有利可图的市场机会。

现代市场营销观念强调消费者导向,要求市场营销者重视消费者的需要。要做到这一点,市场营销者必须通过市场营销调查,了解市场需求及竞争者的最新动态,广泛收集市场营销信息，准确掌握有关消费者需要的实际资料，从而保障营销决策的消费者导向。

(二) 市场调查的内容

1. 调查消费者的需求

消费者的需求应该是企业一切活动的中心和出发点，因而调查消费者或用户的需求，就成了市场调查的重点内容。这一方面主要包括：服务对象的人口总数或用户规模、人口结构或用户类型、购买力水平及购买规律、消费结构及变化趋势、购买动机及购买行为、购买习惯及潜在需求，以及对产品的改进意见及服务要求等。

2. 调查生产者供应方面的情况

这方面的调查应侧重于与本行业有关的社会商品资源及其构成情况，有关企业的生产规模和技术进步情况，产品的质量、数量、品种、规格的发展情况，原料、材料、零备件的供应变化趋势等情况，并且从中推测出对市场需求和企业经营的影响。

3. 调查销售渠道的情况

主要是调查了解商品销售渠道的过去与现状、商品的价值运动和实体运动所经过的各个环节，以及推销机构和人员的基本情况、销售渠道的利用情况、促销手段的运用及其存在的问题等。

4. 调查新产品发展趋势情况

这主要是为企业开发新产品和开拓新市场搜集有关情报，内容包括社会上的新技术、新工艺、新材料的发展情况，新产品与新包装的发展动态或上市情况，某些产品所处的市场生命周期阶段情况，消费者对本企业新老产品的评价以及对其改进的意见等。

5. 调查市场竞争的有关情况

这方面主要是为了使企业在市场竞争中处于有利地位而搜集有关的情报，主要包括的内容有：同行业或相近行业的各企业的经济实力、技术和管理方面的进步情况；竞争性产品销售和市场占有情况、竞争者的主要竞争手段；竞争性产品的品质、性能、用途、包装、价格、交货期限以及其他附加利益等，还可以搜集先进入市场的企业的一些经济技术指标、人员培训法、重要人才进出情况、新产品的开发计划等情报，加以对比、借鉴或参考。

(三) 市场调查的类型

根据研究的问题、目的、性质和形式的不同，市场营销调查一般分为如下四种类型：

1. 探测性调查

探测性调查用于探询企业所要研究的问题的一般性质。研究者在研究之初对所欲研究的问题或范围还不很清楚，不能确定到底要研究些什么问题。这时就需要应用探测性研究去发现问题、形成假设。

2. 描述性调查

描述性调查是通过详细的调查和分析，对市场营销活动的某个方面进行客观的描述。大多数的市场营销调查都属于描述性调查。例如，对市场潜力和市场占有率、产品的消费群结构、竞争企业的状况的描述。在描述性调查中，可以发现其中的关联因素，但是，此时我们并不能说明两个变量哪个是因、哪个是果。与探测性调查相比，描述性调查的目的更加明确，研究的问题更加具体。

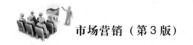

3. 因果关系调查

因果关系调查的目的是找出关联现象或变量之间的因果关系。描述性调查可以说明某些现象或变量之间相互关联，但要说明某个变量是否引起或决定着其他变量的变化，就用到因果关系调查。因果关系调查的目的就是寻找足够的证据来验证这一假设。

4. 预测性调查

市场营销所面临的最大问题就是市场需求的预测问题，这是企业制定市场营销方案和市场营销决策的基础和前提。预测性调查就是企业为了推断和测量市场的未来变化而进行的研究，它对企业的生存与发展具有重要的意义。

（四）市场调查的步骤

市场营销调查是一项十分复杂的工作，要顺利地完成调查任务，必须有计划有组织有步骤地进行。但是，市场营销调查并没有一个固定的程序可循。一般而言，根据调查研活动中各项工作的自然顺序和逻辑关系，市场营销调查可分为以下三个阶段：

1. 准备阶段：营销调查准备阶段的主要任务就是界定研究主题、选择研究目标、形成研究假设并确定需要获得的信息。

2. 设计阶段：研究设计是指导调查工作顺利执行的详细蓝图，主要内容包括确定资料的来源和收集方法、设计收集资料的工具、决定样本计划以及调查经费预算和时间进度安排等。

3. 执行阶段：在研究设计完成之后，执行阶段就是把调查计划付诸实施，这是调查工作的一个非常重要的阶段。此阶段主要包括实地调查即收集资料，然后对资料进行处理、分析和解释，最后提交调查报告。

（五）市场调查的方法

1. 访问法

访问法是营销调查中使用最普遍的一种调查方法。它把研究人员事先拟订的调查项目或问题以某种方式向被调查者提出，要求给予答复，由此获取被调查者或消费者的动机、意向、态度等方面的信息。按照调查人员与被调查者接触方式的不同，访问法又分为个人访谈、电话访问和邮寄访问。

2. 观察法

观察法是由调查员直接或通过仪器在现场观察调查对象的行为动态并加以记录而获取信息的一种方法。观察法分人工观察和非人工观察，在市场调查中用途很广。比如研究人员可以通过观察消费者的行为来测定品牌偏好和促销的效果。现代科学技术的发展，人们设计了一些专门的仪器来观察消费者的行为。观察法可以观察到消费者的真实行为特征，但是只能观察到外部现象，无法观察到调查对象的一些动机、意向及态度等内在因素。

3. 实验法

实验法是指在控制的条件下对所研究的现象的一个或多个因素进行操纵，以测定这些因素之间的关系，它是因果关系调查中经常使用的一种行之有效的方法。实验方法来源于自然科学的实验求证，现在广泛应用于营销调查，是市场营销学走向科学化的标志。现场实验法的优点是方法科学，能够获得较真实的资料。但是，大规模的现场实验往往很难控制市场变量，影响实验结果的内部有效性。实验室实验正好相反，内部有效度易于保持但难于维持外部有效度。此外，实验法实验周期较长，研究费用昂贵，严重影响了实验方法的广泛使用。

（六）问卷调查与设计问卷

调查问卷是市场营销调查的重要工具之一。在大多数市场调查中，研究者都要依据研究的目的设计某种形式的问卷。问卷设计没有统一的固定的格式和程序，一般来说有以下几个步骤：

1. 确定需要的信息

在问卷设计之初，研究者首先要考虑的就是要达到研究目的、检验研究假设所需要的信息，从而在问卷中提出一些必要的问题以获取这些信息。

2. 确定问题的内容

确定了需要的信息之后，就要确定在问卷中要提出哪些问题或包含哪些调查项目。在保证能够获取所需信息的前提下，要尽量减少问题的数量，降低回答问题的难度。

3. 确定问题的类型

问题的类型一般分为以下三类：

第一类：自由问题。回答问题的方式可以获得较多的较真实的信息。但是被调查人因受不同因素的影响，各抒己见，使资料难以整理。

第二类：多项选择题。问题应答者回答简单，资料和结果也便于整理。需要注意的问题是选择题要包含所有可能的答案，又要避免过多和重复。

第三类：二分问题。二分问题回答简单，也易于整理，但有时可能不能完全表达出应答者的意见。

4. 确定问题的词句

问题的词句或字眼对应答者的影响很大，有些表面上看差异不大的问题，由于字眼不同应答者就会做出不同的反应。因此问题的字眼或词句必须斟酌使用，以免引起不正确的回答。

5. 确定问题的顺序

问题的顺序会对应答者产生影响，因此，在问卷设计时问题的顺序也必须加以考虑。原则上开始的问题应该容易回答并具有趣味性，以提高应答者的兴趣。涉及应答者个人的资料则应最后提出。

6. 问卷的试答

一般在正式调查之前，设计好的问卷应该选择小样本进行预试，其目的是发现问卷的缺点，改善提高问卷的质量。

例："××空调"市场调查问卷

女士，先生：您好！

我是×××，是××职业技术学院的学生，为了解空调市场情况，特利用课余时间从事电话访问，请您拨给我们 20 分钟时间请教您一些问题，谢谢您的合作。

1. 请您尽量指明您所知道的空调厂家名称。
2. 请问家里有没有装设空调？

□有　□没有（如选择"没有"可跳问第 8 题）

3. 家中空调是什么品牌？

4. 装在何处?
5. 请问当初购买时所考虑因素?
□省电 □无声 □清凉 □口碑好 □赠品多 □价格合宜 □其他
6. 当初购买空调时由谁决定?
□自己 □配偶 □父母 □其他
7. 当初根据什么选择厂家?
□家人共同决定 □亲友介绍 □经销商介绍 □广告
8. 您有没有计划再添装空调?
□是 □否（跳问基本资料）
9. 您想何时添置? 装在何处?
10. 会不会再装原厂牌?
□会 为什么
□不会 为什么
11. 您最希望空调公司赠送何种赠品?
12. 您平常看哪三个电视节目?
（1）　　　　（2）　　　　（3）
13. 空调公司售后服务, 您感到重要吗?
□是 □不很重要

基本资料:
年龄□21～30岁 □31～40岁 □41～50岁 □50岁以上
家庭人口□2人 □3人 □4人 □5人以上
□房屋自有 □租赁
被调查人　日期　访问人　督导员

（七）抽样与抽样调查

大多数的市场调查是抽样调查, 即从调查对象总体中选取具有代表性的部分个体或样本进行调查, 并根据样本的调查结果去推断总体。抽样方法按照是否遵循随机原则分为随机抽样和非随机抽样。

1. 随机抽样方法

随机抽样就是按照随机原则进行抽样, 即调查总体中每一个个体被抽到的可能性都是一样的, 是一种客观的抽样方法。随机抽样方法主要有: 简单随机抽样, 等距抽样, 分层抽样和分群抽样。

2. 非随机抽样方法

常用的非随机抽样主要有:

（1）任意抽样。任意抽样也称便利抽样, 这是纯粹以便利为基础的一种抽样方法。街头访问是这种抽样最普遍的应用。这种方法抽样偏差很大, 结果极不可靠, 一般用于准备性调查, 在正式调查阶段很少采用。

（2）判断抽样。判断抽样是根据样本设计者的判断进行抽样的一种方法, 它要求设计者对母体有关特征有相当的了解。在利用判断抽样选取样本时, 应避免抽取"极端"类型, 而应选择"普通型"或"平均型"的个体作为样本, 以增加样本的代表性。

（3）配额抽样。配额抽样与分层抽样法类似，要先把总体按特征分类，根据每一类的大小规定样本的配额，然后由调查人员在每一类中进行非随机的抽样。这种方法比较简单，并且可以保证各类样本的比例，比任意抽样和判断抽样样本的代表性都强，因此实际上应用较多。

二、市场预测的基本知识

市场预测是在市场调查的基础上，运用科学的方法对市场需求和企业需求以及影响市场需求变化的诸因素进行分析研究，对未来的发展趋势做出判断和推测，为企业制定正确的市场营销决策提供依据。

（一）市场预测的内容

市场预测的内容按照预测的层次可以分成以下三个方面：

1. 环境预测

环境预测也称为宏观预测或经济预测，它是通过对各种环境因素如国家财政开支、进出口贸易、通货膨胀、失业状况、企业投资及消费者支出等因素的分析，对国民总产值和有关的总量指标的预测。环境预测是市场潜量与企业潜量预测、市场预测和企业预测的基础。

2. 市场潜量与企业潜量预测

市场潜量预测和企业潜量预测是市场需求预测的重要内容。市场潜量是从行业的角度考虑某一产品的市场需求的极限值，企业潜量则是从企业角度考虑某一产品在市场上所占的最大的市场份额。市场潜量和企业潜量的预测是企业制定营销决策的前提，也是进行市场预测和企业销售预测的基础。

3. 市场预测与企业预测

市场预测是在一定营销环境下和一定营销力量下，对某产品的市场需求水平的估计。企业预测是在一定的环境下和一定的营销方案下，企业预期的销售水平。企业预测不是企业制定营销决策的基础或前提，相反它是受企业营销方案影响的一个函数。

（二）市场预测的步骤

市场预测要遵循一定的程序和步骤，一般而言它有以下几个步骤：

1. 确定预测目标

市场预测首先要确定预测目标，明确目标之后，才能根据预测的目标去选择预测的方法、决定收集资料的范围与内容，做到有的放矢。

2. 选择预测方法

预测的方法很多，各种方法都有其优点和缺点，有各自的适用场合，因此必须在预测开始根据预测的目标和目的，根据企业的人力、财力以及企业可以获得的资料，确定预测的方法。

3. 收集市场资料

按照预测方法的不同确定要收集的资料，这是市场预测的一个重要阶段。

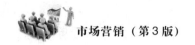

4. 进行预测

此阶段就是按照选定的预测方法，利用已经获得的资料进行预测，计算预测结果。

5. 预测结果评价

预测结果得到以后，还要通过对预测数字与实际数字的差距分析比较以及对预测模型进行理论分析，对预测结果的准确和可靠程度给出评价。

6. 预测结果报告

预测结果的报告从结果的表述形式上看，可以分成点值预测和区间预测。点值预测的结果形式上就是一个数值，例如某行业市场潜量预计达到5个亿，就属于点值预测。区间预测不是给出预测对象的一个具体的数值，而是给出预测值的一个可能的区间范围和预测结果的可靠程度。例如，95%的置信度下，某企业产品销售额的预测值在5 500万元至6 500万元之间。

（三）市场预测的方法

企业从事销售预测，一般要经过三个阶段，即环境预测、行业预测和企业销售预测。环境预测就是分析通货膨胀、失业、利率、消费者支出和储蓄、企业投资、政府开支、净出口以及其他一些重要因素，最终做出对国民生产总值的预测。以环境预测为基础，结合其他环境特征进行行业销售预测。最后，根据对企业未来市场占有率的估计，预测企业销售额。

1. 市场需求预测的基础

由于产品种类不同，情报资料来源、可靠性和类型的多样性，加上预测目标不同，因而有许多不同的预测方法。但实际上预测的情报基础只有三种：

（1）人们所说的。这是指购买者及其亲友、推销人员、企业以外的专家的意见。在此基础上的预测方法有购买者意向调查法、销售人员综合意见法和专家意见法。

（2）人们要做的。建立在"人们要做的"基础上的预测方法是市场试验法，即把产品投入市场进行试验，观察销售情况及消费者对产品的反应。

（3）人们已做的。建立在"人们已做的"基础上的方法，是用数理统计等工具分析反映过去销售情况和购买行为的数据，包括两种方法，即时间序列分析法和统计需求分析法。

2. 市场需求预测的主要方法

（1）购买者意向调查法。这市场总是由潜在购买者构成的，预测就是预估在给定条件下潜在购买者的可能行为，即要调查购买者。这种调查的结果是比较准确可靠的，因为只有购买者自己才知道将来会购买什么和购买多少。

在满足下面三个条件的情况下，购买者意向调查法比较有效：

① 购买者的购买意向是明确清晰的；

② 这种意向会转化为消费者购买行动；

③ 购买者愿意把其意向告诉调查者。

对于耐用消费品，如汽车、房屋、家具、家用电器等的购买者，调查者一般要定期进行抽样调查。另外，还要调查消费者目前和未来个人财力情况以及他对未来经济发展的看法。对于产业用品，企业可以自行从事消费者购买意向调查。通过统计抽样选取一定数量的潜在购买者，访问这些购买者的有关部门负责人。

通过访问获得的资料以及其他补充资料，企业便可以对其产品的市场需求做出估计。

尽管这样费时费钱，但企业可从中间接地获得某些好处。首先，通过这些访问，企业分析人员可以了解到在没有公开发布资料的情况下考虑各种问题的新途径。其次，可以树立或巩固企业关心购买者需要的形象。最后，在进行总市场需求的预测过程中，也可以同时获得各行业、各地区的市场需求估计值。

如：日本三菱电机公司第五任总经理进藤贞和，20世纪70年代为扭转家电销售的困难局面，亲自调查了全国3 000多个销售点。店主们对产品提出了许多意见，有的店主向他抱怨，有的对产品的缺点抓住不放。进藤贞和再三道歉，并表示要加以改进。由于获得了确切的信息，企业及时改进了生产，使得三菱电机公司家电的销售额大幅增长。如今三菱电机已经主宰了日本整个家电市场，进藤贞和被人们誉为"三菱霸主"。

用购买者意向调查法预测产业用品的未来需要，其准确性比预测消费品的未来需要要高。因为消费者的购买动机或计划常因某些因素（如竞争者的市场营销活动等）的变化而变化，如果完全根据消费动机作预测，准确性往往不是很高。一般来说，用这种方法预测非耐用消费品需要的可靠性较低，预测耐用消费品需要的可靠性稍高，预测产业用品需要的可靠性则更高。

（2）销售人员综合意见法。在不能直接与消费者见面时，企业可以通过听取销售人员的意见估计市场需求。

销售人员综合意见法的主要优点是：

① 销售人员经常接近购买者，对购买者意向有较全面深刻的了解，比其他人有更充分的知识和更敏锐的洞察力，尤其是对受技术发展变化影响较大的产品；

② 由于销售人员参与企业预测，因而他们对上级下达的销售配额有较大的信心完成；

③ 通过这种方法，也可以获得按产品、区域、消费者或销售人员划分的各种销售预测。

一般情况下，销售人员所做的需求预测必须经过进一步修正才能利用，这是因为：

① 销售人员的判断总会有某些偏差，受其最近销售成败的影响，他们的判断可能会过于乐观或过于悲观，即常常走极端；

② 销售人员可能对经济发展形势或企业的市场营销总体规划不了解；

③ 为使其下一年度的销售大大超过配额指标，以获得升迁或奖励的机会，销售人员可能会故意压低其预测数字；

④ 销售人员也可能对这种预测没有足够的知识、能力或兴趣。

尽管有这些不足之处，但是这种方法仍为人们所利用。因为各销售人员的过高或过低的预测可能会相互抵消，这样使预测总值仍比较理想。有时，有些销售人员预测的偏差可以预先识别并及时得到修正。

（3）专家意见法。企业也可以利用诸如经销商、分销商、供应商及其他一些专家的意见进行预测。

由于这种方法是以专家为索取信息的对象，用这种方法进行预测的准确性，主要取决于专家的专业知识和与此相关的科学知识基础，以及专家对市场变化情况的洞悉程度，因此依靠的专家必须具备较高的水平。

利用专家意见有多种方式。如：组织若干个专家小组进行某项预测，这些专家提出各自的估计，然后交换意见，最后经过综合，提出小组的预测。

这种方式的缺点是，小组成员容易屈从于某个权威或者大多数人的意见（即使这些意见并不正确），不愿提出不同的看法；或者虽然认识到自己的意见错了，但碍于面子不愿意当众承认。

现在应用较普遍的方法是德尔菲法。其基本过程是：先由各个专家针对所预测事物的未来发展趋势独立提出自己的估计和假设，经企业分析人员（调查主持者）审查、修改，提出意见，再发回到各位专家手中，这时专家们根据综合的预测结果，参考他人意见修改自己的预测，即开始下一轮估计。如此反复，直到各专家对未来的预测基本一致为止。

专家意见法的主要优点是：

① 预测过程迅速，成本较低；

② 预测过程中，各种不同观点都可以表达并加以调和；

③ 如果缺乏基本的数据，可以运用这种方法加以弥补。

专家意见法的主要缺点是：

① 专家意见未必能反映客观现实；

② 责任较为分散，估计值的权数相同；

③ 一般仅适用于总额的预测，而用于区域、消费者群、产品大类等的预测时，可靠性较差。

美国洛克希德飞机制造公司在做销售预测时，把专家意见法略作了改动。一组洛克希德公司的经理人员扮作该公司的主要消费者，十分认真、冷静地评价公司的销售条件（包括产品、价格、售后服务等）以及竞争者的条件。接着每人模拟消费者做出购买什么和向哪里购买的决策。把各"消费者"向本公司购买的数量加起来，并与其他独立的统计预测协调，即得到公司的销售预测值。

（4）市场试验法。企业收集到的各种意见的价值，不管是购买者、销售人员的意见，还是专家的意见，都取决于获得各种意见的成本、意见可得性和可靠性。如果购买者对其购买并没有认真细致的计划，或其意向变化不定，或专家的意见也并不十分可靠，在这些情况下，就需要利用市场试验这种预测方法。特别是在预测一种新产品的销售情况和现有产品在新的地区或通过新的分销渠道的销售情况时，利用这种方法效果最好。

（5）时间序列分析法。很多企业以过去的资料为基础，利用统计分析和数学分析预测未来需求。这种方法的根据是：

① 过去的统计数据之间存在着一定的关系，而且这种关系利用统计方法可以揭示出来；

② 过去的销售状况对未来的销售趋势有决定性影响，销售额只是时间的函数。因此，企业可以利用这种方法预测未来的销售趋势。

时间序列分析法的主要特点是，以时间推移研究和预测市场需求趋势，不受其他外界因素的影响。不过，在遇到外界发生较大变化，如国家政策发生变化时，根据过去已发生的数据进行预测往往会有比较大的偏差。

产品销售的时间序列，可以分成四个组成部分：

① 趋势。它是人口、资本积累、技术发展等方面共同作用的结果。利用过去有关的

销售资料描绘出销售曲线就可以看出某种趋势。

② 周期。企业销售额往往呈现出某种波状运动的特征，因为企业销售一般都受到宏观经济活动的影响，而宏观经济活动总呈现出某种周期性波动的特点。周期因素在中期预测中尤其重要。

③ 季节。指一年内销售量变动的形式。季节一词在这里可以指任何按小时、月份或季度周期发生的销售量变动形式。这个组成部分一般同气候条件、假日、贸易习惯等有关。季节形式为预测短期销售提供了基础。

④ 不确定事件。包括自然灾害、战争恐慌、一时的社会流行时尚和其他一些干扰因素。这些因素属不正常因素，一般无法预测。应当从过去的数据中剔除这些因素的影响，考察较为正常的销售活动。

时间序列分析就是把过去的销售序列（Y）分解成为趋势（T）、周期（C）、季节（S）和不确定因素（E）等组成部分，通过对未来这几个因素的综合考虑，进行销售预测。这些因素可构成线性模型，即

$$Y = T + C + S + E$$

也可构成乘数模型，即

$$Y = T \cdot C \cdot S \cdot E$$

还可以是混合模型，如

$$Y = T \cdot (C + S + E)$$

（6）直线趋势法。直线趋势法是运用最小平方法进行预测，用直线斜率来表示增长趋势的一种外推预测方法。

其预测模型为：

$$y = a + bx$$

式中：a——直线在 y 轴上的截距；

b——直线斜率，代表年平均增长率；

y——销售预测的趋势值；

x——时间。

根据最小平方法原理，先计算 $y = a + bx$ 的总和，即

$$\sum y = na + b \sum x$$

然后计算 $\sum xy$ 的总和，即

$$\sum xy = a \sum x + b \sum x^2$$

上述两式的共同因子是 $\sum x$。为简化计算，可将 $\sum x$ 取 0，其方法是：若 n 为奇数，则取 x 的间隔为 1，将 $x = 0$ 置于资料期的中央一期；若 n 为偶数，则取 X 的间隔为 2，将 $x = -1$ 与 $x = 1$ 置于资料中央上下两期。

当 $\sum x = 0$ 时，上述二式分别变为

$$\sum y = na$$
$$\sum xy = b \sum x^2$$

式中，n 为年份的数目，由此可计算出 a，b 值为

$$a = \frac{\sum y}{n}, \quad b = \frac{\sum xy}{\sum x^2}$$

所以

$$y = \frac{\sum y}{n} + \frac{\sum xy}{\sum x^2} \cdot x$$

【例】 假如某企业 2005—2009 年的销售额分别为 480 万元、530 万元、570 万元、540 万元、580 万元，现需运用直线趋势法预测 2010 年的销售额。由于 $n = 5$ 为奇数，且 x 的间隔为 1，故可将 $x = 0$ 置于资料期的中央一期（即 2007 年），x 取依次为 -2，-1，0，1，2，xy 依次为 -960，-530，0，540，1 160，x^2 依次为 4，1，0，1，4

所以

$$\sum y = 2\,700$$
$$\sum xy = 210$$
$$\sum x^2 = 10$$

将有关数据代入计算公式，则得：

$$y = \frac{2\,700}{5} + \frac{210}{10} \cdot x = 540 + 21x$$

由于需预测 2010 年的销售额，所以 $x = 3$ 代入上式，得

$$y = 540 + 21 \times 3 = 603 \text{（万元）}$$

即 2010 年的销售额将为 603 万元。

（7）统计需求分析法。时间序列分析法把过去和未来的销售都看作是时间的函数，即仅随时间的推移而变化，不受其他任何现实因素的影响。然而，任何产品的销售都要受到很多现实因素的影响。统计需求分析就是运用一整套统计学方法发现影响企业销售的最重要的因素以及这些因素影响的相对大小。企业经常分析的因素，主要有价格、收入、人口和促销等。

统计需求分析将销售量 Q 视为一系列独立需求变量 X_1，X_2，…，X_n 的函数，即

$$Q = f(X_1, X_2, \cdots, X_n)$$

但是，这些变量同销售量之间的关系一般不能用严格的数学公式表示出来，而只能用统计分析来揭示和说明，即这些变量同销售量之间的关系是统计相关。多元回归技术就是这样一种数理统计方法。它运用数理统计工具在寻找最佳预测因素和方程的过程中，可以找到多个方程，这些方程均能在统计学意义上符合已知数据。

在运用统计需求分析法时，应充分注意影响其有效性的问题：

① 观察值过少；

② 各变量之间高度相关；

③ 变量与销售量之间的因果关系不清；

④ 未考虑到新变量的出现。

需要说明的是，需求预测是一项十分复杂的工作，实际上只有特殊情况下的少数几种产品的预测较为简单，如未来需求趋势相当稳定，或没有竞争者存在（如公用事业），或竞争条件比较稳定（如纯粹垄断的产品生产）等。在大多数情况下，企业经营的市场

环境是在不断变化的，由于这种变化，总市场需求和企业需求都是变化的、不稳定的。需求越不稳定，就越需要精确的预测。这时准确地预测市场需求和企业需求就成为企业成功的关键，因为任何错误的预测都可能导致诸如库存积压或存货不足，从而使销售额下降以至中断等不良后果。

在预测需求的过程中，所涉及的许多技术问题需要由专业技术人员解决，但是市场营销经理应熟悉主要的预测方法以及每种方法的主要长处和不足。

工作任务二　现场观摩与剖析消费者购买行为

【任务要求】　运用消费者行为分析原理，观摩与分析消费者的购买行为。

【情景设计】　在×××大型零售商场每天都有很多不同类型的消费者光临购物，请同学们按照事先分好的小组到不同的商品销售区域去观察记录这些消费者与营销人员之间的对话，从而分析这些消费者究竟属于什么类型的消费者。

【任务实施】　将班级同学划分为若干项目小组，小组规模一般是 5～7 人，分组的时候要注意小组成员在知识、性格、技能方面的互补性。每组推选一名小组长，以协调小组活动的各项工作。由于现场观摩很多环节均需要小组共同来完成，因而中途无特殊原因不允许组员变动。各小组在教师的带领下，去市区大型零售企业进行现场观摩。

训练项目完成后，个人需提交观摩总结报告，团队须提交活动分析报告。

【任务实施应具备的知识】

1. 消费者购买动机的成因；
2. 消费者购买行为的不同类型；
3. 消费者购买决策中的不同角色及作用；
4. 市场环境的分析；
5. 市场调查方式、方法的运用。

【任务完成后达成的能力】

1. 学生判断能力得到明显提升；
2. 能根据消费者购买行为迅速而准确地识别消费者的类型；
3. 能正确运用市场调查方式和方法独立开展市场调查活动。

【任务完成后呈现的结果】

1. 个人：观摩总结报告，字数不低于 1 500 字。
2. 小组：市场调查活动分析报告，字数不低于 3 000 字。

知识宝典

【目标消费者】　目标消费者是指企业在制定产品销售策略时，所选定的消费群体构成。

【直销】　按世界直销联盟的定义，直销指以面对面且非定点的方式销售商品和服务，直销者绕过传统批发商或零售通路，直接从消费者接受订单。直销一般是直销企业招募直销员，由直销员在固定营业场所之外直接向最终消费者推销产品的经销方式。

【储蓄】 储蓄是指城乡居民将暂时不用或结余的货币收入存入银行或其他金融机构的一种存款活动。

【信贷】 信贷是体现一定经济关系的不同所有者之间的借贷行为，是以偿还为条件的价值运动特殊形式，是债权人贷出货币，债务人按期偿还并支付一定利息的信用活动。（通过转让资金使用权获取收益）。信贷有广义和狭义之分。广义的信贷是指以银行为中介、以存贷为主体的信用活动的总称，包括存款、贷款和结算业务。狭义的信贷通常指银行的贷款，即以银行为主体的货币资金发放行为。

【实体分配】 实体分配指对原料和最终产品从原点向使用点转移，以满足消费者需要，并从中获利的实物流通的计划、实施和控制。实体分配也称为实体流或物流，即产品通过从生产者手中运到消费者手中的空间移动，在需要的地点、需要的时间里，达到消费者手中。

【金融机构】 金融机构是指专门从事货币信用活动的中介组织。我国的金融机构，按地位和功能可分为中央银行、银行、非银行金融机构和外资、侨资、合资金融机构六大类。

【恩格尔定律】 十九世纪德国统计学家恩格尔根据统计资料，对消费结构的变化得出一个规律：一个家庭的收入越少，家庭收入中（或总支出中）用来购买食物的支出所占的比例就越大，而随着家庭收入的增加，家庭收入中（或总支出中）用来购买食物的支出则会下降。推而广之，一个国家越穷，每个国民的平均收入中（或平均支出中）用于购买食物的支出所占比例就越大，而随着国家的富裕，这个比例呈下降趋势。即随着家庭收入的增加，购买食物的支出则会下降。

【可支配收入】 可支配收入全称"国民可支配收入"或"居民可支配收入"。我们知道"国内生产总值"GDP 是反映一个国家最终生产成果的总量指标，而"国民可支配收入"NDI 是衡量一个国家最终所得收入的总量指标。GDP 代表的是生产总量；NDI 代表的是收入总量。因为，一国的 GDP 要经过收入的初次分配和再分配最终才能形成一国的 NDI，生产总量并不等于收入总量。通常情况下发达国家的 NDI 往往大于 GDP，而发展中国家 NDI 往往小于 GDP，这反映了生产和收入之间的分配关系，因此，它是观察和分析国家之间、地区之间以及部门和人群之间收入如何分配的最重要的经济指标。

【亚文化】 又称小文化、集体文化或副文化，指某一文化群体所属次级群体的成员共有的独特信念、价值观和生活习惯，是与主文化相对应的那些非主流的、局部的文化现象，属于某一区域或某个集体所特有的观念和生活方式。一种亚文化不仅包含着与主文化相通的价值与观念，也有属于自己的独特的价值与观念，而这些价值观是散布在种种主导文化之间的。

【网络调查】 网络调查又称在线调查，是指通过互联网及其调查系统把传统的调查、分析方法在线化、智能化。其构成包括三个部分：客户、调查系统、参与人群。

单元综合练习

一、选择题

1. 一般来说，市场营销环境包括（　　）。
   A. 直接营销环境和间接营销环境　　B. 微观环境和宏观环境
   C. 微观环境和中观环境　　　　　　D. 宏观环境和中观环境
2. 威胁水平高机会水平低的企业是（　　）。
   A. 理想企业　　B. 冒险企业　　C. 成熟企业　　D. 困难企业
3. 人口老龄化对（　　）企业来说是一种机会。
   A. 通信　　B. 娱乐　　C. 保健品　　D. 休闲服装
4. 在经济发展水平比较低的地区，消费者往往更注重产品的（　　）。
   A. 品牌　　B. 服务　　C. 价格　　D. 品质
5. 保险公司、证券交易所属于企业的（　　）。
   A. 政府公众　　B. 媒介公众　　C. 融资公众　　D. 群众团体
6. 实力不强的中小企业若要打入国际市场，宜采取（　　）。
   A. 直接出口　　B. 海外合营企业　　C. 海外独资生产　　D. 间接出口
7. "快乐"啤酒公司准备开发某一地区市场，经调查后发现，该地区的人不喜欢喝啤酒，对此，企业市场营销的任务是实行（　　）。
   A. 扭转性营销　　B. 恢复性营销　　C. 刺激性营销　　D. 同步性营销
8. 某地区恩格尔系数越大，则表明该地区（　　）。
   A. 越富裕　　B. 越贫穷　　C. 越开放　　D. 越闭塞
9. 对企业发生的问题缺少认识和了解，为弄清问题的性质、范围、原因而进行的初始调查称为（　　）。
   A. 探测性调查　　　　　　B. 描述性调查
   C. 因果性调查　　　　　　D. 预测性调查
10. 营销调研系统的四个步骤排序正确的是（　　）。
    A. 确定信息来源、确定调研问题、信息的收集与分析、提出结论
    B. 确定信息来源、信息的收集与分析、确定调研问题、提出结论
    C. 确定调研问题、确定信息来源、信息的收集与分析、提出结论
    D. 确定调研问题、信息的收集与分析、确定信息来源、提出结论
11. 向营销决策者提供偶发事件信息的是（　　）。
    A. 营销情报系统　　　　　B. 营销分析系统
    C. 内部报告系统　　　　　D. 营销调研系统
12. 市场营销调研的最终成果是（　　）。
    A. 追踪调研　　B. 补充调研　　C. 调研报告　　D. 调研表格
13. 某企业市场调研人员为了更好地了解消费者的购买行为，利用摄像设备在商场

对消费者购买情况进行录制视频,这种调查方法是(　　)。

A. 访问调查法　　B. 观察调查法　　C. 实验调查法　　D. 网络调查法

二、判断题（判断正误,并说明理由）

1. 市场营销信息是丰富多彩瞬息万变的。（　　）
2. 市场营销的间接环境是客观的、不可控的因素。（　　）
3. 对环境威胁,企业只能采取对抗策略。（　　）
4. 任何企业市场营销活动都不可能脱离环境而孤立地进行。（　　）
5. 某一环境因素的变化,会引起其他因素的互动变化。（　　）
6. 营销中介就是指中间商。（　　）
7. 微观环境又称间接营销环境,包括供应商、消费者、竞争对手、社会公众等。（　　）
8. 社团公众是指企业所在地附近的居民和社区团体。（　　）
9. 系统抽样法所选取的样本,能够较均匀地分散在母体各个部位,增强了样本的代表性。（　　）
10. 营销计划是企业战略管理的最终体现。（　　）

三、简述题

1. 什么是营销直接环境和间接环境?两者关系如何?
2. 如何理解消费者收入水平?把握这一概念要注意哪些问题?
3. 如何衡量一个国家（地区）的宏观经济状况?
4. 市场营销调研的作用、类型分别有哪些?
5. 调查问卷的组成有哪些?
6. 邮寄调查的缺点有哪些?
7. 网上调查有哪些特点?

四、案例分析题（运用所学知识,进行分析）

【案例1】 2000年,当我国首个"五一"长假来临后,假日消费像一个风火轮,转到哪里,火了哪里,犹如天上掉下的馅饼,让商家个个喜笑颜开。只是手忙脚乱的商家在蜂拥而至的消费者面前显得力不从心,不但屡屡与众多商机擦肩而过,还惹得消费者怨声不断。于是,商家们为下一个长假憋足了劲。然而,当"十一"如约而至时,现实的境况却与商家的期望相去甚远,尽管商场依然人声鼎沸,却未见购物狂潮;尽管旅游点车来车往,却未见人潮涌动。从"五一"的火爆到"十一"的几分凉意,不但让不少商家大失所望,也让跟着感觉走的商家们着实猜不透,假日经济到底在哪里呢?

从最具代表性的旅游市场看,铁路部门"十一"期间发送旅客和客票收入分别比"五一"下降10.6%和9%,民航飞行航班和运输旅客比"五一"下降19%。而国家统计局和旅游局的联合调查统计,"十一"期间国内旅游者达5 982万人次,实现国内旅游收入230亿元,反比"五一"期间的4 600万人次和181亿元有不小的增长,这与许多旅游企业的冷清形成鲜明反差。消费者的消费行为发生了变化,而面对这些变化,许多企业又落在了后面。

思考分析:

1. "长假"给企业营销环境带来什么样的变化?

2. 针对"长假",企业应采取什么样的营销策略?

【案例2】 新英格兰汤料公司是1957年由威廉姆·科兰德创建的小型企业,主要为学校和零售市场生产销售系列特制罐装汤料产品。创业初期,生意并不景气。从20世纪60年代才开始盈利。当时科兰德及时地将一种新设计的、取名为科兰德牌的罐装汤料打入市场,使得整个60年代,销售额迅速增长,利润也越来越高。1968年,公司扩建了生产设备,1970年又引进了两条先进的特制汤料生产线。至1986年,销售额达到11.06万美元,其中约有62%的产品进入学校市场,其余38%进入零售市场。

科兰德牌杂烩汤料的销售额在20世纪80年代的初期销售情况不甚理想,经历了一个持平到下降的过程。1983年销出6 943箱,1984年为5 675箱,1985年为5 105箱,而到1986年却仅销了4 900箱。销售下降的主要原因是竞争者的加入。菲什曼公司生产了两种新的罐装杂烩汤料——"快乐"杂烩和"科德角"杂烩,这两种汤料产于当地,且与科兰德牌杂烩汤料有着极为相似的配料。极富竞争力的"快乐"和"科德角"价格均低于科兰德牌,加上人们求新、换口味的心理,使得科兰德牌汤料销售量日趋下降,市场形势出现危机。科兰德先生很清楚地意识到,公司正面临着很大的威胁。

思考分析:

1. 请你运用所学的营销理论帮助科兰德先生想想办法,如何有效阻止产品销售量的下降,恢复原有销售网点,并将消费者从竞争对手的产品上再次吸引到科兰德牌产品上来呢?

2. 请将你的想法运用调查方法制订较为详细的调查计划。

第三单元

找准商机　进入市场

学习目标

【知识目标】
1. 正确认识商机的本质,掌握发现商机的具体方法,为企业进入市场做好准备;
2. 了解并掌握市场细分概念,懂得市场细分与细分市场的区别;
3. 了解并掌握目标市场对于企业的意义及作用;
4. 明确市场定位的现实意义。

【能力目标】
1. 能够正确识别商机,具有善于发现商机的能力;
2. 能科学地进行市场细分,并通过市场细分找出企业目标市场;
3. 能独立进行目标市场选择与评估;
4. 能够运用市场定位方法为企业或产品进行准确市场定位;
5. 能有效运用市场营销组合,确保企业或者产品顺利进入市场。

学习任务提要

★ 市场商机与营销
★ 市场细分与细分市场
★ 目标市场及其选择、评估
★ 市场定位及其策略运用
★ 市场营销组合

工作任务提要

★ 运用目标市场营销策略,编制"××产品市场开发计划书"。

建议教学时数

★ 12 学时

学习任务一　厘清商机与把握机会

案例导入

【看一看】　20 世纪 80 年代中期，中央电视台及各地方电视台纷纷都在热播日本电视连续剧《血疑》，剧中的主人公幸子由日本著名的偶像派影星山口百惠扮演，剧情跌宕起伏，深深吸引了广大影迷。江苏常熟某针织厂的李厂长也是影迷中的一员，当他在电视剧里看到女主角幸子身上穿的外衣非常新颖、美观时，眼睛一亮，凭着自己良好的职业经验，他认为此剧热播之后，一定会在社会上引起强烈反响，主人公所穿的服装也同样会在市场上成为一个新的卖点。于是，马上组织技术人员进行照样研制。产品投放市场以后，很快就打开了销路，同时，也给企业带来了丰厚的回报。

无独有偶，河北省青龙县有家皮毛厂通过观看电视剧《少帅传奇》，从少帅张学良头上所戴的那顶皮帽子上得到了启发，马上推出了"少帅帽"。产品进入市场后，颇受欢迎。

【想一想】　从"幸子衫"到"少帅帽"说明了什么问题？能否得出这样一个结论：只要留心，市场处处有商机。

【说一说】　"外行看热闹，内行看门道"，如果你是企业的营销人员，你会如何在人们不经意间去发现和捕捉市场商机呢？

一、市场商机与营销

（一）市场商机的概念

商机，最简单的理解就是商业机会，是企业在经营活动中所遇到的商业经营机会。

市场营销中的市场商机，又称为营销机会或市场机会。它一般存在于两个领域，一种是表现在现实市场中消费者的各种现实消费需求，这种市场机会对于大多数企业来说是显性的，比较容易识别和把握；另一种是在潜在市场或未来市场中客观存在的，尚待被满足的消费者的各种潜在需求。市场机会具有较强的隐蔽性，是一种隐性商机。

商机之所以称为"市场商机"，肯定与市场有着密切的关联。市场是商机产生的沃土，商机只有在市场中体现出来，才称得上是真正的"商机"。

我们知道潜在的市场一般不与"发现"搭配，市场是和"创造"有密切关系的。如古代人没有刷牙的习惯，因此也就没有牙膏的概念。后来，为了增加人们的需求，商人们推出了一种和口腔卫生有关的概念——"口臭",这使得人们越来越关注口腔的卫生问题。牙膏只是后来为了满足人们的需求,由商人们发明出来的一种商品。到这里我们或许会了解,每一种商品都会对应相应的概念,推出护发的概念,就有了洗发水的市场,推出护肤的概念,就有了护肤产品的市场。

对于市场来说,"创造"比"发现"来得容易得多,很多商人在开创利益来源渠道时,使用的就是"创造市场",对外发表的时候使用的才是发现市场。

（二）市场商机的基本特征

市场商机无论大小,从其经济意义上讲,一定是能给企业带来商业利润的机会。从其本质上讲,市场商机其实表现为需求的产生与满足的方式上在时间、地点、成本、数量、对象上的不平衡状态。

旧的市场商机消失后,新的市场商机又会出现。没有市场商机,就不会有"交易"活动。

因此,市场商机的基本特征主要表现在以下几个方面:

1. 市场商机的客观性

市场商机与辩证唯物主义中的"物质"一样,都是不以人们的意志为转移而客观存在的,任何企业营销人员都不能凭个人主观愿望去臆造。这种客观性是由人的消费需求和消费欲望的客观性所决定的。正因为如此,企业营销人员应当充分利用市场商机的这种客观性,去准确识别市场商机,努力把握市场商机,让市场商机转化为企业财富。菲利普·科特勒曾说过:"营销就是一种把社会或个人的需要变成有利可图的商机的行为。"

2. 市场商机的潜在性

由于消费者的消费需求隐藏在每个消费者的内心,在还没有被诱发或得到满足之前一般是不容易被发现的。如果商机是每个人都能轻而易举地识别的话,那它就不是一种机会了,机会既有一定的隐蔽性,也有一定的偶然性。因此,商机需要靠我们在人们不经意间去仔细发现和准确把握。

3. 市场商机的有用性

所谓市场商机的有用性,其实就是指它的价值性。真正的商机具有巨大的商业价值,能够给企业带来丰厚的商业利益或财富。当然,商机转化为财富,必须要满足五个"合适"的条件,即:合适的产品或服务,合适的消费者,合适的价格,合适的时间和地点,合适的销售渠道。

这里需要指出的是,任何市场商机的有用性,其背后也必然隐藏着一定的风险,把握成功了就是机会,失败了就是风险。正如老子所说的"祸兮福之所倚,福兮祸之所伏",市场商机的价值越大,风险也就越高。

4. 市场商机的时效性

市场商机的存在往往是转瞬即逝的,一旦错过,永不再来。"机不可失,时不再来"就很好地说明了市场商机的时效性。市场商机会随着时间的推移而悄悄溜走。因此,在纷繁复杂的市场竞争中,一旦发现了市场商机,就应该牢牢把握住,你不利用,别人也会利用,到头来损失的还是自身的利益。

市场商机的时效性,还表现在它的即时效应与过后效应的不对称上,即时效应发挥得好,能够给企业带来加倍的利润,而过后效应所能给企业带来的收益则要明显大打折扣了。俗话说"过时的凤凰不如鸡",恰恰就说明了这一点。

（三）市场商机的类型

不同的市场商机,由于划分标志的不同,可以分为不同的类型:

1. 按照市场商机的形成关系,可分为直接商机和间接商机。直接商机是指由于消费者消费需求的变化,所给企业带来的机会。间接商机是指由于企业经营环境发生变化,导致消费者消费需求随环境变化而变化,最终给企业形成了可能性的机会。

2. 按照市场商机的表现形式,可分为显性商机和隐性商机。显性商机是指企业可以根据消费者的消费习惯和消费规律,推测出尚未被满足的消费需求所形成的机会。显性商机一般容易被众多的企业发现和识别,所以它所带来的利益也是十分有限的。隐性商机是指那些潜伏在现有消费需求背后的还未被满足的消费需求所引发的机会。隐性商机一般不易被发现和识别,但是,一旦被企业捕捉到,由于竞争对手相对较少,很容易为企业带来丰厚的利益回报。

3. 按照市场商机的出现时间,可分为当前商机和未来商机。当前商机是一种现时的机会,就是由于当前的市场消费需求转化而来的商机。如苹果公司推出的 iPhone 智能手机和 iPad 平板电脑,由于货源紧俏,对于商家来说,取得货源,就意味着掌握了商机。未来商机是指将在未来某个时刻可能会出现的机会。它有一定的不确定性。未来商机对于企业营销活动来说具有深刻的意义。如果企业能够未卜先知,及时做好充分的应对准备,在商机到来时,较之于其他企业就会领先一步,就可能产生意想不到的收获。

（四）市场商机与企业营销的关系

从企业营销的角度看,捕捉市场商机,需要我们利用一些必要的方法和手段,熟悉消费者的消费习惯和兴趣、爱好,分析消费者在消费市场上的购买动机、购买行为和购买能力。只有这样,才能真正发现属于自己的市场商机。同时,捕捉市场商机,需要我们用发散性思维去考虑问题。

二、发现商机与把握商机

（一）发现市场商机的方式

在日常商业活动中,有很多市场商机只能算是"商"而不是"机"。比如说,看见很多人开服装店赚钱,也去开一家,这只是商业跟风,已经称不上机会了。用最通俗的话来表示:"商机"就是别人不知道,你知道了;别人还在猜疑,你决定了;别人决定时,你做大了;等别人做大了,你已经是第一品牌了。所以对于企业而言,时间是商机的命脉,行动是商机的载体,速度是商机的力量。发现商机是把握商机的前提,而把握商机则是为了更好地进入市场。

商机无所不在,发现商机的机会很多,方式也是多种多样的,翻报纸、听广播、看电视、搞调查等,都不失为广罗市场商机的有效方式。

但是,发现市场商机更多的还是需要通过创造需求来实现。通过消费需求的创造,再敏锐地抓住机会,这才是上策。如"将木梳卖给和尚""向爱斯基摩人推销冰箱"等营销方面的经典案例,说明的就是这种情况。

总之，企业在发现市场商机过程中，切不可"漫无边际""包罗万象"，必须有针对性地寻求与企业自身经营目标、经营实力和经营优势相适应的最佳时点。只有与企业相符的市场商机，才是真正的企业机会。

（二）把握市场商机的方法

1. 瞄准市场

企业应密切关注市场的发展变化，并利用这种变化，及时地调整自己的经营目标和经营策略。

2. 抢抓时间

企业应善于去发现那些前兆性的市场信息，并果断地做出各项决策。"时间就是金钱"，抢抓时间是把握市场商机的"稳定剂"。

把握市场商机不能单纯依靠个人的主观判断，必须借助科学的方法进行评判，尤其是当企业遇到为数众多的机会时，如何好中选优把握最佳商机，就需要科学的分析和评价。这里介绍一种常用的加权分析评价法，即采用商机加权评分表（表3-1）对企业所遇到的商机逐一进行综合分析和评估，然后将各个商机的得分情况，按照由高到低进行排序，得分最高的即为最佳商机。

表3-1　商机加权评分表

评价项目	权重	机会分值	机会得分
潜在消费者购买群大小	0.05		
有效需求容量及增长速度	0.15		
机会发展潜力	0.05		
形成产品（服务）的难度	0.15		
现有营销能力及资源可利用程度	0.20		
市场竞争的强度	0.10		
预期销售总额	0.10		
营销成本与费用率	0.05		
预期销售费用总额	0.05		
预期利润总额	0.10		
合　计	1.00		

案例赏析

1992年秋天，当时的韩国总理李相玉应邀来我国访问，受到了外交部部长钱其琛的热情款待，接待规格特别高。江苏悦达集团总经理胡友林在媒体上得到这一信息后，很快就意识到中韩之间有可能会在此时建交，两国一旦建立了外交关系，韩商来华投资的机会就会大大增加，而投资的理想之地就是与韩国一水相隔的胶东半岛。于是，第二天胡总经理就亲自带着一班人马远赴山东胶东半岛，与那里的房地产商联系房地产投资，经过一番商讨,终于达成了购置将近1 000亩土地的交易协议。不久后,媒体正式公布了中韩建交的消息,此后,胶东半岛的房地产价格一涨再涨。由于胡总经理和他的悦达集团占得了先机,因此,在以后的投资洽谈中企业始终稳操胜券。

这则经典案例给我们的启示是:许多人在商海里执著追求,苦苦寻觅,挖空心思,绞尽脑汁,寻找市场商机,但往往一无所获。为什么?主要是信息误导、分析错误,致使商机迷失。其实,市场商机有时候就在我们眼前,但往往只有睿智者才能发现并抓住。发现市场商机的途径是多种多样的,关键是要做有心人,同时,更重要的是如何用经济的眼光去审视商机,使商机转化为企业的经济效益。

学习任务二　区分市场细分与细分市场

案 例 导 入

【看一看】　据《北京现代商报》报道:为了了解孩子对零食的消费情况,在食品生产商与消费者之间架起市场沟通的桥梁。北京一家调查公司曾经在北京、上海、广州、成都、西安五大消费先导城市,对儿童零食消费市场进行了一次市场调查,调查对象为12岁以下儿童的家长和7至12岁的儿童。调查结果为:

1. 女孩偏爱果冻,男孩偏爱饮料和膨化食品。
2. 9岁以下儿童喜爱吃饼干和饮料,10岁以上儿童偏爱巧克力和膨化食品。
3. 在零食消费品中,果冻独占鳌头,城市儿童对果冻有特别的偏好。

调查结果还显示,六成以上的儿童表示平时爱吃果冻,约占57.2%;表示爱喝饮料的儿童占51.7%。

五个城市中经常购买果冻的家长一年用于果冻的花费大约为105.9元。其中,广州和成都的家长一年在果冻上的开销较高,分别达到了174.1和170.7元;北京和上海的家长花费分别大约为66.3和56元;相比之下,西安的儿童家长一年花费在果冻上的开销最低,仅为22.3元。

在市场众多的果冻产品中,"喜之郎"以其强大的广告攻势及优良的品质不仅赢得了孩子们的喜欢,也赢得了家长的信任。这次调查显示,"喜之郎"在儿童家长中的综合知名度最高,提及率达到90%;"乐百氏"和"旺旺"的提及率也超过五成,分别为66.2%和53.9%;"徐福记"和"波力"的提及率分别为42.8%和35.2%,分列第四、五位。

【想一想】　儿童零食消费市场中,男女有别的调查结果对于食品生产商而言,有什么意义?

【说一说】　企业掌握了市场消费者的潜在需求对于开发新产品、开拓新市场,有什么具体的帮助?

一、市场细分的基本知识

（一）市场细分与市场分类

市场细分又被称为"市场细分化"，它是一种特殊的市场分类方法。其特殊性表现在：一般的市场分类往往是以企业为中心，为了方便企业经营而进行的市场分类，其分类的对象是市场。而市场细分则是企业立足于消费者，以消费者为中心所进行的市场分类，分类的对象是消费者，目的是为了更好地满足消费者的消费需求。

因此，市场细分是现代市场营销观念作用下的产物，是现代市场经济对企业营销的客观要求。

（二）市场细分与细分市场

在市场营销中，市场细分既是一个十分重要的概念，也是企业在目标市场确定中的一项主要工作。

所谓市场细分，就是企业在对市场环境分析的基础上，根据消费者消费需求的差异性，把整体市场划分为若干个子市场的过程。

细分市场就是经过了市场细分以后，所形成的每一个消费者群体或子市场。很显然，市场细分是过程，细分市场则是这一过程的结果。两者之间既有区别，又有联系。

（三）市场细分的特征

市场细分为企业能够选择相应的消费者群体作为营销对象提供了依据。因此，市场细分具有以下特征：

1. 消费者的需求差异性，是市场细分的重要依据

如：服装市场按性别、年龄不同，可以分为男装市场、女装市场、童装市场；化妆品市场按产品档次，可以分为高档化妆品市场、中档化妆品市场、低档化妆品市场；等等。

2. 消费者群体的同质性，是市场细分的显著特征

在经过市场细分后所形成的细分市场中，消费者对于某种特定的产品，具有相同或基本相同的偏好倾向。如：对于患有牙龈炎、牙周炎的消费者，可能会对市场上琳琅满目的牙膏不屑一顾，但是对药物牙膏却"情有独钟"，形成对某种药物牙膏的偏好倾向，于是将具有这种共同偏好倾向的消费者划分为一个群体，就有可能成为企业的一个细分市场。

3. 市场细分是一个聚集的过程，而不是分解的过程

市场细分是在追求消费者群体同质性的同时，把对某种产品最易做出反应的消费者，按多层变量的要求，连续进行集合，直至形成企业所要面对的市场。如：在女性化妆品市场中，可以根据每个人皮肤的特点，继续划分出适合油性、中性、干性皮肤女性消费者使用的不同化妆品市场，其中必然有一款符合企业自身的营销需要。

（四）市场细分的意义

1. 有利于企业分析和发掘新的市场商机，形成富有巨大吸引力的目标市场

通过市场细分，企业可以有效地分析和了解各个消费者群体的需求满足程度和市场

竞争状况，并将需求满足程度低的市场作为自己未来所要进入的市场。这一类市场，通常存在着较大的市场机会，不仅销售潜力大，而且竞争者也相对较少。如果企业能够针对这一类市场的特点，结合自身的资源状况，迅速地制订出进入市场的营销策划方案，极有可能在短时间内迅速取得市场优势地位，提高产品的市场占有率。如杭州"娃哈哈"集团，当初就是看准了我国儿童营养食品和饮料市场的空白，及时推出了"娃哈哈"儿童营养系列产品，从而迅速进入市场并一举获得了成功。

2. 有利于提高企业的核心竞争力，以较少的投入取得最大的经济效益

首先，市场细分能够增强企业的适应能力，提高企业的应变能力。在经过市场细分后的细分市场上开展营销活动，能够使企业更易于掌握消费者需求的特点和具体变化，因而，可以及时、准确地调整产品结构、产品价格和销售渠道，采取更有利于扩大产品销售的各种促销活动。

其次，建立在市场细分基础上的企业营销，可以使原本作用于整体市场上的力量相对集中起来，将企业有限的人力、物力和财力集中使用到某一个或几个细分市场中，从而大大提高企业的竞争能力，做到以较少的投入取得最大的经济效益。

最后，经过市场细分后，能够使企业更加清晰地看到细分市场中竞争对手的优势和劣势，在"知己知彼"的情况下，确立符合自身特点要求的经营策略，做到"扬长避短""避实击虚"。

3. 有利于企业掌握市场的潜在需求，不断地开发新产品，开拓新市场

市场细分能够使企业增强市场调研的针对性和有效性，让企业切实掌握各类消费需求的发展变化趋势，分析消费者的潜在需求。同时，企业也可以据此不断地开发新产品，开拓新市场，去满足消费者日益变化的新需求。

二、市场细分的依据及方法

（一）细分市场的目标要求

衡量市场细分是否科学、合理的标准，就是看经过市场细分后所得到的细分市场有没有达到企业为开展营销活动所确立的目标要求。

细分市场的目标要求一般有以下几个方面：

1. 细分市场必须是可衡量的市场

所谓可衡量的市场，其实就是指经过市场细分后的细分市场，它的需求特征十分明显，企业通过市场调研后所获取的市场消费需求资料是可以进行量化分析的。

2. 细分市场必须是可进入的市场

所谓可以进入的市场，是指只要企业稍加努力便能使企业顺理成章地进入，并能从中站稳脚跟的市场。我们知道，企业的营销活动是受一定能力和条件的制约的，如果企业的人力、物力、财力以及营销组合因素，还达不到企业所选中的细分市场，那么这样的细分市场对于企业来说，就显得毫无意义了。

3. 细分市场必须是有效的市场

所谓有效的市场，顾名思义，就是指那些可以直接为企业带来经济利益的市场。对

企业来说，任何细分市场是否能使企业获利，取决于市场的人数和购买能力。有效市场往往是消费者人数众多、购买欲望旺盛、购买能力充裕的市场。

4. 细分市场必须是相对稳定的市场

所谓相对稳定的市场，就是指经过市场细分后的市场，在一定时期内应该保持相对的平稳，否则会直接影响企业生产结构和产品结构的稳定，增加企业的经营风险，特别是对于投资周期长、转产速度慢的产业，如果细分市场长期处于一种不稳定的状态，必然会给企业造成极大的经济损失。

（二）市场细分的依据

由于市场细分的基础是消费者消费需求的差异性，因此，凡是能够影响消费者消费需求发生变化的一切因素，都可作为市场细分的依据。下面我们选择几个主要因素进行具体分析，如表3-2所示。

表3-2 市场细分的依据

市场细分依据	具体因素
社会经济因素	性别、年龄、职业、民族、文化程度、家庭规模、家庭结构、收入状况等
地理环境因素	地区或地域、城镇规模、地形特征、气候状况、人口密度等
消费心理因素	个人性格、生活方式、购买动机、购买习惯、兴趣爱好、购买偏好等
消费行为因素	购买时追求利益的态度、对销售因素的敏感程度、对销售服务要求的状况、使用经验情况等

1. 社会经济因素

（1）按性别进行市场细分。如：服装、鞋帽、化妆品等商品，由于性别的不同，会产生消费需求的差异，因此按性别分，就可以将整体市场划分为男性市场和女性市场。

（2）按年龄进行市场细分。如：食品、药品和某些特殊用品等，人们会因为年龄的不同，而对商品产生不同的需求。按年龄分，一般可以将整体市场分为老年人市场、成年人市场、青少年市场、儿童市场和婴幼儿市场。

（3）按职业进行市场细分。由于人们在一定的职业环境中生活或工作，久而久之就会形成一定的生活习惯，有不同社会习惯的人，对商品的兴趣、爱好以及评价也存在着差异。如：公务员、教师、工人和学生，他们对于服装的消费要求肯定是不同的。

（4）按家庭规模或家庭结构进行市场细分。众所周知，市场上有许多消费需求都是以家庭为单位表现出来的，家庭规模的大小直接决定了消费需求量的多少，家庭结构的变化又会对商品的规格、数量和品质的要求产生潜移默化的影响。如：改革开放以来，我国的家庭结构已经发生了明显的变化，原来"四世同堂"的大家庭格局正在被打破，取而代之的是类似"三口之家"的小规模家庭增多。这些变化在消费市场就会对消费需求产生直接的影响。

2. 地理环境因素

（1）按地域进行市场细分。处于不同地域的消费者，对于商品的需求和爱好有所不同，对于产品的价格、渠道和广告宣传的认同感也是不一的。如：同样是饮食，南北方的差异就不同，南方喜食米，北方爱吃面。

（2）按城镇规模进行市场细分。城镇之间，由于规模大小不同，在自然条件、社会经济等方面存在着一定的差别，因此，居民在消费水平、消费结构、消费习惯、购买行为上的差异性也是十分明显的。

（3）按气候状况进行市场细分。气候状况的不同会引起人们消费需求的差异。如：我国南北温差大的气候特征，决定了南方地区消费者在购置空调机时，大多选购冷暖制式的空调机，而北方地区空调机的使用季节主要在夏季，所以，消费者一般选购单冷制式的空调机。

（4）按人口密度进行市场细分。人口密度大的地区，不仅购买力集中，消费需求量大，而且消费需求的差异性也大。如：我国东南沿海人口密度大的地区，其消费水平和消费需求量明显要高于中西部地区。

3．消费心理因素

（1）按个人性格进行市场细分。不同的消费者有着不同的性格特征，而这种个人性格特征又影响着消费者的购买行为。如：性格内向的消费者，比较注重商品的实用性和必需性，一般不愿意购买时尚产品。而性格独立性强的消费者，则喜欢按自己的意志进行商品购买，企业的广告宣传对他们没有太大的作用。

（2）按生活方式进行市场细分。人们追求的生活方式不同，对商品的需求和喜好也就不同。消费者总是通过特定的消费品来表现自身的生活方式。如：雀巢咖啡在我国改革开放之初风靡一时，其实就是一部分城市消费者追求新潮生活方式的具体表现。

（3）按购买动机进行市场细分。按照心理学上的逻辑关系，需要引起动机，动机决定行为，消费者的购买动机源于不同的消费需求，但同时又决定了消费者不一样的购买行为。如：消费者购买食品，若作为礼品送人，往往对产品的价格、包装等有所讲究，若作为自己享用，一般就只考虑其实用性。

4．消费行为因素

（1）按消费者购买时追求利益的态度不同进行市场细分。不同的消费者在选购商品时追求的利益目标是各不相同的，有的注重产品的经济、实用，有的以是否便利为标准，还有的更关注产品是不是最新颖的。即使是注重产品是否经济、实用，也有不同的明细要求。如：消费者选购洗发水时，有人喜欢去屑功能强的"海飞丝"，有人喜欢能滋润到发梢的"潘婷"，还有人喜欢的是能够使头发更加光滑柔顺的"飘柔"。

（2）按消费者对销售因素的敏感程度不同进行市场细分。就是根据消费者对企业所实施的产品、价格、销售渠道和广告宣传等营销组合因素的不同反应程度，作为市场细分的依据，这样能够有利于企业随时调整市场营销策略。

（3）按消费者对销售服务的要求不同进行市场细分。在当今市场中，消费者对销售服务的要求，远不至于仅仅满足对产品实体的需要，更需要企业为他们提供售前、售中和售后等一系列服务。具体需要何种服务，固然与商品性能有关，但同消费者的愿望也有密切的关联。

（三）市场细分的操作步骤

1．对整体市场的所有消费者进行需求调整分析，初步确定市场范围

整体市场的消费需求，既包括了消费者的心理和生理需求调整，还包括了市场中不同消费群体的需求差异。一般来说，消费需求特征的分析可以通过消费者调查而获得第

一手资料。然后，在分析的基础上，选择一定的细分因素对整体市场进行细分，找出其中的差异之处。

2. 排列潜在消费者的基本需求，进行市场潜力估计

根据市场调研的结果和所选定的市场细分因素，衡量出整体市场和每个细分市场的预期消费水平，再结合市场竞争状况的不同，预估企业自身进入市场后的销售潜力。

3. 确定市场营销因素

经过对细分后的每一个市场比较后，如果发现各个细分市场之间的差异性过于明显的话，企业就需要通过市场营销因素的分析和利用，来确定企业自身的市场活动范围。

4. 确定目标市场

在正确识别细分市场的基础上，进行细分市场的分析，最终确定企业的目标市场即在众多的细分市场中，选择符合企业目标，适合企业能力的细分市场，作为企业所要进入的市场。

（四）常用的市场细分方法

1. 单一因素法

单一因素法就是企业仅仅利用影响消费者需求变化的某一个因素对整体市场进行细分的方法。如：服装产品按照性别分，可以分为男装市场和女装市场；或者按照季节分，可以分为春秋装市场、夏装市场和冬装市场。

2. 综合因素法

综合因素法就是企业根据影响消费者需求变化的两个或两个以上的因素对整体市场进行综合细分的方法。如上例，服装产品按照性别及季节两个因素同时分，则可以分为男式春秋装市场、男式夏装市场、男式冬装市场和女式春秋装市场、女式夏装市场、女式冬装市场。

3. 系列因素法

系列因素法就是企业根据影响消费者需求变化的多个因素对整体市场由小到大、由粗到细进行系统化逐级细分的方法。如：仍以上例为例，我们将服装产品按照性别、季节、年龄、收入水平等系列因素分，可以将整个服装市场分别分为，（高、中、低档）男式（女式）春秋童装市场，（高、中、低档）男式（女式）春秋装市场，（高、中、低档）男式（女式）春秋老年服装市场；（高、中、低档）男式（女式）夏季童装市场，（高、中、低档）男式（女式）夏装市场，（高、中、低档）男式（女式）夏季老年服装市场；（高、中、低档）男式（女式）冬季童装市场，（高、中、低档）男式（女式）冬装市场和（高、中、低档）男式（女式）冬季老年服装市场；等等。这种方法虽然繁琐，但是可以使企业目标市场更加明确具体，有利于企业进入市场。

案例赏析

世界快餐业巨头麦当劳诞生于20世纪50年代。由于创办伊始，麦当劳能够及时抓住美国经济高速发展下工薪阶层对方便快捷食品需要的机会，瞄准细分市场需求特征，对产品进行准确定位而一举成功。如今，麦当劳已经成长为世界上最大的餐饮集团，在109个国家开设了2.5万家连锁店，年营业额超过34亿美元。市场细分正是它取得巨大成功

的重要秘诀。

麦当劳有美国国内和国际市场，而不管是在国内还是国外，都有各自不同的饮食习惯和文化背景。麦当劳首先进行地理细分，主要是分析各区域的差异，通过把市场细分为不同的地理单位进行经营活动，从而做到因地制宜。

麦当劳当初进入中国市场时，也曾想通过大量传播美国文化和生活理念，并以美国式产品牛肉汉堡来征服中国人。但是，经过市场调研分析发现：中国人爱吃鸡，与其他洋快餐相比，鸡肉产品更符合中国人的口味，更加容易被中国人所接受。针对这一情况，麦当劳改变了原来的策略，推出了鸡肉产品。在全世界从来只卖牛肉产品的麦当劳也开始卖鸡了。这一改变正是针对地理要素所做的，也加快了麦当劳在中国市场的发展步伐。

人口市场划定以后，其次还要分析不同市场的特征与定位。麦当劳以孩子为中心，把儿童作为主要消费者群体，十分注重培养他们的消费忠诚度。在餐厅用餐的小朋友，经常会意外获得印有麦当劳标志的气球、折纸等小礼物。在中国，还有麦当劳叔叔俱乐部，参加者为3～12岁的小朋友，定期开展活动，让小朋友更加喜爱麦当劳。这便是相当成功的人口细分，抓住了该市场的特征与定位。

针对快餐业市场快捷的特点，麦当劳提出"59秒快速服务"，即从顾客开始点餐到拿着食品离开柜台标准时间为59秒，超过一秒顾客有权投诉。

针对休闲型市场，麦当劳对餐厅店堂布置非常讲究，既具有独特文化，又尽量让顾客觉得舒适自由。

麦当劳的成功经验得益于其广泛的市场调研、细致的市场分析和周密的市场细分。

学习任务三 寻找目标市场

案例导入

【看一看】 某一年圣诞节前夕，某高校大门口有一个老妇人在叫卖苹果，由于天气寒冷，过往行人问者寥寥。这时候学校的一位老教授见此情形，上前与老妇人交谈了几句，然后到附近的商场买来了一些精美的塑料包装纸和彩色丝带，并与老妇人一起动手将苹果两个两个一扎，随后帮着老妇人一起吆喝道："情侣苹果，五元一对！"随着叫卖声不断，经过此地的年轻情侣们纷纷驻足观望，当看到用塑料包装纸和彩色丝带包扎起来的苹果颇有浪漫情趣时，纷纷掏钱购买。不一会，所有苹果被一抢而空。

【想一想】 为什么同样的苹果，在同样的大冷天，经过老教授之手一变就立刻由滞转俏了呢？

【说一说】 老教授究竟用了什么神奇的魔法呢？它对于我们今天的企业营销活动有什么启示呢？

一、目标市场与市场细分

（一）目标市场的概念

所谓目标市场，就是企业通过市场细分以后，确定所要进入的市场，也是今后企业所要长期面对的消费者群体。

对于企业而言，一个符合企业利益的目标市场必须具备以下四个条件：

1. 市场上有足够的消费需求。即：一定要有尚未被满足的现实消费需求和潜在消费需求。这是企业能够获取经济利益的根本性条件。

2. 消费者群体有一定的购买力。任何没有购买力或购买力低下的市场，是不可能构成现实市场的，同时也是不宜被选作目标市场的。因此，具有一定的购买力是企业能够获取经济利益的保障性条件。

3. 企业必须具有能够占领目标市场的能力。即：企业必须具有能够充分满足目标市场消费需求的能力，否则市场细分就变得毫无意义了。

4. 企业在目标市场中具有明显的竞争优势。一般来说，作为企业所确定的目标市场，往往是竞争者不至于充斥或控制的市场，这样企业就会很容易地进入市场，并在市场中取得较高的市场占有率。

（二）目标市场与市场细分的关系

市场细分与目标市场的选择是两个"你中有我，我中有你"的概念。市场细分是为了选择目标市场而进行的消费者群体的划分，是目标市场选择的前提和条件；而目标市场的选择则是市场细分的目的和归宿。

总之，企业的一切营销活动都是围绕着目标市场进行的，只有正确地选择了目标市场，企业才能更好地明确具体的营销领域和服务对象，才能科学地制定企业营销战略。

二、选择目标市场的策略

（一）目标市场的模式

企业在选择目标市场时，首先要考虑在已知的细分市场中，究竟通过何种模式来确定目标市场的范围。一般来说，可供企业选择的目标市场模式有以下五种：

1. 市场集中化

这是指企业仅仅针对某一消费者群体的需要，只生产或经营某一种或某一类产品。简而言之，就是用一种产品或一类产品，为一类消费者服务的模式，如图3-1所示。

	C1	C2	C3
P1			
P2			
P3			

图3-1　整体市场：P为产品；C为消费者

2. 产品专业化

是指企业针对各种不同消费者群体的需要，只生产或经营某一种或某一类产品。即用一种产品或一类产品，为不同消费者服务的模式，如图 3-2 所示。

	C1	C2	C3
P1			
P2			
P3			

图 3-2　整体市场：P 为产品；C 为消费者

3. 市场专业化

市场专业化就是企业针对某一类消费者群体的不同需要，分别生产或经营不同的产品。即用多种产品为某一类消费者的不同需要服务的模式，如图 3-3 所示。

	C1	C2	C3
P1			
P2			
P3			

图 3-3　整体市场：P 为产品；C 为消费者

4. 选择性专业化

就是企业针对几类消费者群体的不同需要，分别生产或经营几种与之对应的不同产品。即用几种产品为几类消费者服务的模式，如图 3-4 所示。

	C1	C2	C3
P1			
P2			
P3			

图 3-4　整体市场：P 为产品；C 为消费者

5. 全面进入市场

就是企业针对全部消费者的各种需要，分别生产或经营不同产品。即用多种产品为多类消费者服务的模式，如图 3-5 所示。

	C1	C2	C3
P1			
P2			
P3			

图 3-5　整体市场：P 为产品；C 为消费者

（二）选择目标市场的策略

企业选择的目标市场不同，所采用的市场策略也不尽相同。选择目标市场的策略主要有三种：

1. 无差异性市场策略

这是一种企业采用单一的手段开拓市场的策略。即企业根据消费者需求的同质性，只推出一种产品、设计一种市场营销组合为整体市场服务，如图3-6所示。

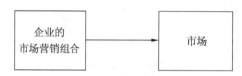

图3-6　无差异性市场策略

贵州茅台酒厂在市场开拓过程中，就始终采用这种无差异性市场策略。

优点：由于企业为满足整体市场需要，必须大批量生产和经营产品，而且还无需进行市场细分，因此可以使企业大大节省各种营销费用，取得规模效应，提高利润水平。

不足之处：受企业资源的局限，企业难以长期满足消费者的多种需求，而且面对瞬息万变的市场环境，企业的应变能力会大大降低。

适用范围：从产品方面看，选择性不强、差异性不大、供不应求的产品，宜采用这种策略；从市场方面看，同质产品市场或竞争不是很激烈的市场，比较适合采用这种策略。

2. 差异性市场策略

这是指企业经过市场细分后，决定同时为几个细分市场服务时，按照这几个市场消费者需求的差异性，有针对性地分别推出不同产品和营销组合的市场策略，如图3-7所示。

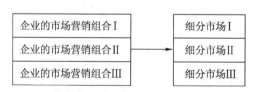

图3-7　差异性市场策略

在竞争日益激烈的奶粉市场上，伊利乳业公司就是成功运用差异性市场策略的典范，他们按照消费者不同年龄层次和不同口味的需要，推出了不同品种的奶粉，从而在同行业中"独领风骚"。

优点：以多种产品满足消费者不同层次的需求，符合企业追求社会利益的目标，有利于企业增强产品竞争力，提升市场占有率，提高企业知名度。

不足之处：销售费用和其他营销成本比较高，受企业自身经济实力影响比较大。

适用范围：这种策略一般适用于选择性较强、需求弹性较大、规格品种较复杂产品的营销。而且，也只是对实力雄厚的大型企业比较适宜采用，一般中小企业不宜采用此策略。

3. 集中性市场策略

这是一种通过企业市场细分后，选择一个或少数几个细分市场为目标市场，集中企业所有力量实行专业化经营的市场策略，如图3-8所示。

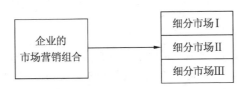

图 3-8　集中性市场策略

大家耳熟能详的"亨得利""同仁堂""培罗蒙"等老字号企业，它们在进入市场时大多采用的是集中性市场策略。

优点：可以准确地了解消费者的不同需求，进而有针对性地采取相应的营销组合和营销策略；还可以节省营销成本，提高企业投资收益率。

不足之处：由于目标市场范围狭窄，容易遭受市场竞争的冲击，因此，经营的风险性比较大。

适用范围：这种市场策略一般适用于中小型企业。一旦遭遇市场竞争风波，"船小好调头"。

（三）选择市场策略应考虑的各种因素

在企业营销实践中，究竟采用何种市场策略更为适当，主要取决于产品、市场和企业自身的状况，具体来说，必须充分考虑以下各种因素：

1. 企业资源

企业资源主要指企业的人力、财力、物力资源，企业的信息资源和企业的营销能力及管理水平。如果企业资源雄厚、经营管理水平较高，可以考虑采用差异性市场策略或无差异性市场策略；如果企业资源有限，无力顾及整体市场或多个细分市场，则适宜采用集中性市场策略。

2. 产品性质

产品的性质一般泛指产品的品质、性能、效用等。对于一些同质产品的营销，竞争主要表现在价格和服务方面，企业可以采用无差异性市场策略；而对于那些在品质、性能上差异较大，消费者选择性强的产品，如汽车、手机、电脑等，则宜于采用差异性市场策略或集中性市场策略。

3. 市场特点

如果在市场中消费者的消费需求基本相同或相似，则说明市场具有同质性，那么企业就可以采用无差异性市场策略；如果消费者对于同一类产品，在品种、规格、式样、价格及服务等方面比较挑剔，如服装、鞋帽等，则可以采用差异性市场策略或集中性市场策略。

4. 竞争状况

在营销实践过程中，企业一般会避开实力强劲的竞争对手，以免和竞争对手发生正面冲突而致使自身受损。因此，如果竞争对手采用无差异性市场策略，则企业可以采用差异性市场策略，以提高自身产品的竞争力；如果对手采用差异性市场策略，那么企业可以采用更有效的差异性市场策略或集中性市场策略；如果对手实力较弱时，也可采用无差异性市场策略。这就是商场竞争中"避实击虚"原则的最佳体现。

 案例赏析

瑞士雀巢公司是以生产和销售优质食品而闻名于世的企业，主要生产奶类、谷类速溶营养饮品和食品。由于是食品生产企业，因此它所生产的产品差异性大、市场变化快，咖啡就是其中之一。为了适应不同消费者的爱好，雀巢公司专门进行了市场调研分析，并针对不同的消费者群体推出了不同口味的咖啡。如："金牌"咖啡——适合特殊口味的消费者群体；"特浓"咖啡——适合偏好重口味的消费者群体；"特制"咖啡——适合爱喝咖啡但又顾忌咖啡因的消费者群体；"咖啡伴侣"——适合不喜欢咖啡苦涩味的消费者群体。正因为如此，雀巢公司才能不断地发展，最终成为享誉世界的"咖啡"生产王国。

学习任务四　开展市场定位

 案例导入

【看一看】　美国有家钟表公司经过对手表市场细分后，把消费者分为三个不同类型的购买者群体：第一类，追求低价但是实用的手表，这部分人占整个市场的23%；第二类，希望拥有更耐用或款式更新的手表，在价格方面并不十分看重，这部分人占整个市场的46%；第三类，追逐高档名贵手表，或作为礼物馈赠他人，或作为自身身份的象征，这部分人占整个市场的31%。同时，该公司还了解到目前美国著名的钟表公司几乎都将第三类购买者群体作为自己的目标市场，在营销手段上，主要是将产品作为礼品，在重大节日前进行重点宣传和促销。在分销渠道上，主要通过大型百货公司、珠宝商店进行销售。

该钟表公司清楚自身的实力难以与众多著名钟表公司相抗衡，于是他们将目光瞄准了被其他钟表公司所忽视的第一类购买者群体，适时推出了一款价廉物美的"TIMEX（天美时）"手表，在具体的营销策略上采取了与大公司相仿，但又明显不同的跟随战略，即通过百货商店、超级市场和药房等各种零售商，大力推销该款手表。

最终，该钟表公司不仅赢得了市场占有份额，而且还成为当时世界上最大的钟表公司之一。

【想一想】　上述案例与我们学过的哪些知识有关联？它说明了什么问题？

【说一说】　你认为该公司最终成功的秘诀在哪里？

一、市场定位

（一）市场定位的概念

所谓市场定位，就是当企业选定并进入目标市场后，对于企业产品在目标市场中究竟处于怎样位置的确定。市场定位实质上是一种基于竞争的思维和做法，它反映了某一种产品或某一个企业与类似产品或同类企业之间的竞争关系。因此，市场定位一般又可以分为产品的市场定位和企业的市场定位。

产品的市场定位是通过企业为自身产品确立鲜明的特色或个性，从而以独特的市场形象来展现的。

企业的市场定位是通过企业自身经济实力、产品特点和公众形象等与众不同的优势，以超强的企业形象来实现的。

（二）市场定位与市场细分、目标市场选择的关系

市场细分是企业进入市场的前提条件，细分的目的是为了更好地选择目标市场，而目标市场一旦确定下来之后，市场定位就成了企业有效实施目标市场营销策略的一个重要步骤。因此，它关系到企业如何进入市场、开拓市场、占领市场，最终战胜竞争对手、取得市场等一系列重要问题。

成功的市场定位，有助于企业更好地为细分市场服务，也有利于企业更顺利地进入目标市场，并在目标市场中取得"一席之地"。

二、常见的市场定位策略及其运用

（一）领先者策略

这种策略就是企业在经过缜密分析的基础上，发现企业所要进入的目标市场还没有被竞争者识破，存在着巨大商机，而且企业一旦进入市场后有能力在一定时期内保持经营优势，于是率先进入市场，抢先占领市场的策略。

采用这一市场定位策略的企业，必须符合以下几个条件：

1. 目标市场符合消费者消费的发展趋势，具有强大的市场潜力；
2. 目标市场中，竞争者为数不多，且缺乏竞争力；
3. 企业自身在经营过程中，存在着较为明显的领先优势；
4. 企业在目标市场中的市场占有份额能够长期确保在三分之一以上。

（二）挑战者策略

这种策略就是企业将目光瞄准市场中处于支配地位的竞争者，选择与竞争者"同处一市"的策略，并且，始终与竞争者保持竞争状态，直到使企业"取而代之"为止。

采用这一市场定位策略的企业，必须具备以下几个条件：

1. 市场中存在着足够分配的市场销售潜力；
2. 企业有信心能够为市场提供优于竞争者的产品和服务；
3. 企业有能力在与竞争者"角逐"中，保持一定的优势。

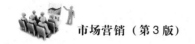

（三）跟随者策略

这是指企业发现目标市场中，到处都充斥着竞争者，已经基本上没有了自己的位置，但是，市场需求潜力还很大。这时，企业可以采取跟随其他竞争者挤入市场的办法，争取在市场中谋取一个与竞争者相当的位置。

企业采用这一市场定位策略时，必须具备以下几个条件：

1. 目标市场还存在着较大的市场潜力，或者对于企业来说还有一定的商机存在；
2. 目标市场尚未被现有的竞争者完全所垄断；
3. 企业已经具备了进入市场的基本条件和能力，能够和其他竞争对手"平起平坐"。

（四）补缺者策略

当企业对于市场中竞争者的位置、消费者的需求及自身的经营能力有了一个初步的判断分析后，认为虽然自身的经营实力难以和其他竞争者进行正面抗衡，但是市场中不乏有竞争者所忽略的某些缝隙和空间。于是，企业采取把自己的市场位置定在竞争者没有注意和占领的市场位置上的策略。

企业采用这一市场定位策略时，必须具备以下几个条件：

1. 企业自身有能满足目标市场所需要的货源；
2. 目标市场中有足够数量潜在消费者，能确保企业经营有盈利；
3. 企业具有进入目标市场的特殊条件和其他要素。

总之，企业的市场定位并不是一劳永逸的，而是要随着目标市场竞争者状况和企业内部条件的变化而变化。当企业和市场情况发生变化时，需要我们对目标市场的定位方向及时进行调整，使企业的市场定位策略能够充分发挥出"创特色、显优势"的作用，为企业经营创造更多的营销利润。

案例赏析

法国欧莱雅集团是全球著名的化妆品生产企业，是世界化妆品行业的领头羊。2002年欧莱雅作为全球最受赞赏公司之一，入选了《财富》杂志。目前，欧莱雅集团的事业遍及150多个国家和地区，在全球拥有283家分公司及100多个代理商，5万多名员工、42家工厂和500多个优质品牌，产品包括护肤防晒、护发染发、彩妆、香水、卫浴、药房专销化妆品和皮肤科疾病辅疗护肤品等。

能够取得这样的优秀业绩，欧莱雅集团做了大量的工作。

一、当时中国市场环境分析

1. 中国化妆品市场规模

2001年，中国化妆品市场销售总额为1 625亿，2002年为450～460亿，2003年继续保持稳定增长，增幅不低于15%，销售总额达到500亿元。

2. 竞争者

欧莱雅集团进入中国市场后，可能遇到的竞争对手主要有：雅芳（Avon）、雅诗兰黛（Este'e Lander）、P&G公司的玉兰油（Oil & Ulan）、Cover girl、SKII系列、克里斯汀·迪奥（Christian Dior）、旁氏（Ponds）、妮维雅（Nivea）、资生堂（SHISEIDO）等国际品牌。除了这些外，欧莱雅集团还面临着来自中国本土品牌的进攻。国内的大宝、小护士、羽西（合资）、上海家化等依然占有不少的护肤市场份额。所以，中国的化妆品市场可以说是处于战国时代，群雄逐鹿，市场竞争极端的惨烈。

3. 企业内部

为了能够进入中国市场，早在20世纪80年代起，欧莱雅集团就在巴黎成立了中国业务部，专门从事对中国市场的研究。90年代，欧莱雅在其香港分公司设立了中国业务部，为大举进入中国市场做准备。此后又在广州、北京、上海等地都设立了欧莱雅形象专柜，以测试中国消费群体对欧莱雅产品的市场反响。为进入中国市场，欧莱雅足足花费了将近20年的时间做准备！

4. 营销中介

欧莱雅采取以目标客户来选择销售渠道的策略，如：针对高端客户生产的兰蔻等产品，只有在高档的商店才可以买到；而走大众路线的美宝莲，则在普通商场及超市就可以买到。和销售策略一样，欧莱雅的广告策略也是和品牌定位及目标客户相匹配的。美宝莲是一个大众化的品牌，所以在覆盖面最广的电视媒体做广告，让更多的消费者知道。而薇姿和理肤泉因为是在药房销售，卡诗和欧莱雅专业美发在发廊销售，兰蔻等高端品牌只有在高档商店才有，网点并不像美宝莲那么多，因此宣传渠道上和美宝莲完全不同。

二、市场细分策略

首先，公司从产品的使用对象进行市场细分，主要分成普通消费者用化妆品、专业使用的化妆品，其中，专业使用的化妆品主要是指美容院等专业经营场所所使用的产品。

其次，公司将化妆产品的品种进行细分，如彩妆、护肤、染发护发等，同时对每一品种按照化妆部位、颜色等再进一步细分，如按照人体部位不同将彩妆分为口红、眼膏、睫毛膏等；再就口红而言，进一步按照颜色细分为粉红、大红、无色等，此外还按照口红性质差异将其分为保湿型、明亮型、滋润型等。如此步步细分，光美宝莲口红就达到150多种，而且基本保持每1～2个月就向市场推出新的款式，从而将化妆品的品种细分几乎推向极限地步。然后，按照中国地域广阔特征，鉴于南北、东西地区气候、习俗、文化等的不同，人们对化妆品的偏好具有明显的差异。如南方由于气温高，人们一般比较少做白日妆或者喜欢使用清淡的装饰，因此较倾向于淡妆；而北方由于气候干燥以及文化习俗的缘故，一般都比较喜欢浓妆。同样东西地区由于经济、观念、气候等的缘故，人们对化妆品也有不同的要求。所以欧莱雅集团敏锐地意识到了这一点，按照地区推出不同的主打产品。最后，又采用了其他相关细分方法，如：按照原材料的不同有专门的纯自然产品；按照年龄细分等。

由于欧莱雅公司对中国市场分析到位、定位准确。因此，2003年公司产品在中国市场上的销售额达到15亿人民币，比2002年增加69.3%，这是欧莱雅公司销售历史上的最高增幅。

学习任务五　纵观营销组合

案　例　导　入

【看一看】 20世纪80年代初期，我国对家用电器产品的进口采取了放宽的政策。世界各国的电视机生产商纷纷把目光瞄向中国。其中，日本电视机生产商在一些熟悉我国情况的智囊帮助下，着手研究分析中国电视机市场的前景。首先，他们立足于从"市场＝人口＋购买力＋购买欲望"进行分析，认为：中国有十多亿人口，需求量非常庞大；人均收入虽然比较低，但是老百姓有储蓄的良好习惯，并且已形成了一定规模的购买力；随着人们生活水平的提高，老百姓有看电视的需求。因此得出结论：中国是一个很有发展潜力的电视机市场。随后，日本电视机生产商又专门根据中国这个目标市场的特点，运用营销组合因素，制定了一套完整的营销战略。

一、产品策略方面

日产电视机要想适合中国消费者需要，必须满足以下条件：

1. 由于中国的电压系统与日本不同，因此，必须将原定机型的110伏电压改为220伏。
2. 由于中国大部分地区，尤其是农村电力不足，电压不稳，因此，电视机内部必须带有稳压装置。
3. 目前，中国的电视频道还十分有限，因此，对华出口的电视机必须要适应中国电视频道的要求。
4. 考虑到中国消费者的消费习惯，电视机耗电量要小，但音量要求较大。
5. 根据当时中国居民的住房条件，电视机体积规格不宜过大，以12英寸为宜。
6. 要随时提供产品的质量保证和维修服务。

二、价格策略方面

由于当时中国国内市场上，电视机自身生产的能力不足，而且又没有其他进口品牌的电视机相竞争。因此，即便是把日产电视机的价位定的稍高于中国国产电视机，人们也会乐于接受。

三、分销渠道策略方面

由于当时中国的国有商业贸易公司没有直接的进出口权，不能作为正式的分销渠道，因此，通过下列形式进行销售比较适宜：

1. 由在港澳地区的国货公司以及经销商、代理商进行推销。
2. 通过在港澳地区的中国人回内地探亲，携带进国内。
3. 由海外亲属在当地购买，日本厂商用货柜车直接运到广州流花宾馆，然后进行发货。

四、促销策略方面

1. 在香港电视台不断播放广告，开展广告攻势。
2. 在香港《大公报》《文汇报》等报刊大量刊登平面广告。

3．为香港的一部分媒体提供介绍有关日本电视机的资料。

由于日本电视机生产商在仔细分析中国市场特点的基础上，善于运用营销组合策略，因此，日产电视机一度在中国市场上占据了相当大的优势。

【想一想】　当企业进行营销策划时，应如何收集和分析相关信息？企业在运用营销组合因素时，应如何考虑各因素之间的关联作用，使其发挥出最大的功效？

【说一说】　你是如何评价日本电视机生产商为进入中国市场所采取的营销组合策略的？

一、市场营销组合概述

"营销组合"是市场营销"4P"理论在营销活动中被广泛应用的结果。因为"4P"理论认为，"营销组合"是一个复杂的系统，它是由相互联系的产品策略、价格策略、分销渠道策略和促销策略四个子系统所组成，而每一个子系统又有其相对独立的结构和内容，它们彼此协调配合，扬长避短，发挥综合优势。

市场营销组合是指企业针对目标市场，将各种市场营销手段和策略有机组合成一个系统化的整体策略，用于帮助企业实现经营目标，取得最佳经济效益。

市场营销组合的出现，不仅使企业营销活动的开展有了一个更加规范的定式，而且也赋予了营销学更加浓厚的管理色彩。

二、市场营销组合的内容

市场营销组合是产品、价格、分销渠道、促销四大因素的组合，其中的每个因素又包含着若干个次因素，这些次因素又可以组成相应的次组合，而且不同的搭配会产生出千变万化的结果，如图3-9所示。

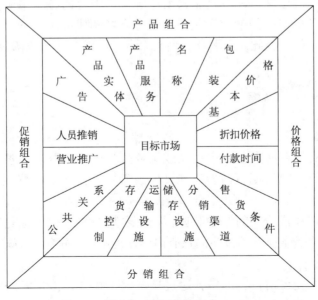

图3-9　市场营销组合

三、市场营销组合的实践意义

（一）市场营销组合是企业制定营销战略的基础

营销战略是企业经营战略的重要组成部分。营销战略的内容是由企业目标和其他各种营销因素协调而成的。由于制定市场营销战略的出发点是为了完成企业的任务与目标，以投资收益率、市场占有率或其他目标为依据来进行营销组合更加符合实际。

作为企业营销的战略基础，营销因素组合既可以四个因素综合运用，也可以根据产品与市场的特点，分别重点使用其中某一个或某两个因素，设计成相应的销售策略，这是一个细致复杂的工作。

企业营销管理者正确安排营销组合对企业营销的成败有重要作用：

1. 可以扬长避短，充分发挥企业的竞争优势，实现企业战略决策的各项目标；
2. 可以加强企业的竞争能力和应变能力，使企业立于不败之地；
3. 可使企业内部各部门紧密配合，分工协作，成为协调的营销系统（整体营销），灵活地、有效地适应营销环境的变化。

（二）市场营销组合是企业应对竞争的有效手段

企业在运用营销因素组合时，必须分析自己的优势和劣势是什么，以便扬长避短。

在使用营销因素组合作为竞争手段时，要特别注意两个问题：

第一，不同行业不同产品，侧重使用的营销因素应当不同。

第二，企业在重点使用某一营销因素时，要重视其他因素的配合作用，才能取得理想的效果。

（三）市场营销组合可以为企业提供系统的管理思路

在企业实践中，如果以市场营销组合为核心进行企业战略计划的安排，可以形成一种比较系统的经营管理思路。许多企业根据市场营销组合的各个策略方向设置职能部门和经理岗位，明确各部门之间的分工关系，划分市场调研的重点项目，确定企业内部和外部的信息流程，等等。因此，运用营销因素组合，可以较好地协调各部门工作。

四、市场营销组合策略

（一）产品策略

产品策略是指企业在向市场提供产品或服务过程中所采取的各种决策措施。它包括产品计划、产品设计、交货期等内容。其具体因素包括：产品的特性、质量、外观、附件、品牌、商标、包装、担保、服务等。

产品是企业一切经营活动的核心载体，企业之间的激烈竞争也是以产品为中心展开的。因此，产品策略是企业营销策略的核心内容，是市场营销组合策略的基础。

（二）价格策略

价格策略是指企业在销售行为中，通过核定成本和估算消费者的需求状况来确定产品合理价格时所采用的各种特殊的方法与措施。它包括确定定价目标、制定产品价格原则与技巧等内容。其具体因素包括：付款方式、信用条件、基本价格、折扣、批发价、零售价等。

价格是企业唯一的增收因素，产品价格的高低直接影响着市场需求和购买者的行为。因此，价格策略是市场营销组合策略中最活跃、最关键的因素。

（三）分销渠道策略

分销渠道策略是指企业为了寻找产品从生产者转移到消费者手中的最佳途径而采取的一系列措施。它主要研究如何使产品从生产者顺利到达消费者手中的途径和方式等。其具体因素包括分销渠道、区域分布、中间商类型、运输方式、存储条件等。

除了产品自身因素外，分销渠道时常是决定企业产品品牌影响力的重要因素，是市场营销组合策略中不可或缺的组成部分。

（四）促销策略

促销策略是指企业通过信息传递的方式，唤起消费者的关注，引导消费者进行合理购买所运用的各种手段和方法。它主要研究和运用如何促进消费者购买产品，以实现扩大销售的策略。其具体因素包括人员推销、广告宣传、营业推广、公共关系宣传等。

促销策略是市场营销组合策略之一，也是市场营销组合中的一项重要内容，促销策略的合理运用能够使企业经济利益直接显现。

上述四个方面的策略组合起来总称为市场营销组合策略。市场营销组合策略的基本思想在于：从制定产品策略入手，同时制定价格、促销及分销渠道策略，组合成策略总体，以便达到以合适的商品、合适的价格、合适的促销方式，把产品送到合适地点的目的。企业经营的成败，在很大程度上取决于这些组合策略的选择和它们的综合运用效果。

工作任务三　编制产品市场开发计划书

【任务要求】　运用目标市场营销策略，完成编制"××口香糖市场开发计划书"（品牌自己拟定）。

【情景设计】　最近学校校办工厂新推出了一种"××"品牌的口香糖。这种口香糖与市面上任何一种口香糖不同，它不含合成香精、食用色素和碳氢化合物等对人体有害的成分，它虽然也是属于胶姆类口香糖，但是胶基残渣少，经常咀嚼还能消除口腔牙齿上的烟渍和茶渍。但是，目前市面上已经有了不少品牌的口香糖，作为新产品问世，面对如此众多的口香糖竞争对手，学校校办厂决定聘用你为市场营销经理，帮助企业进行市场开发。

【任务实施】　假设你是该口香糖的市场营销经理，针对你所经营的产品，带领你的团队，共同分析研究下列问题：

1. 谁是你的客户？
2. 你的目标市场在哪里？
3. 怎样进行市场定位策略？

最终编制完成一份"××口香糖市场开发计划书"。

【任务实施应具备的知识】
1. 市场细分的原则和步骤；
2. 市场细分的标准与方法；
3. 市场细分、目标市场和市场定位的策略。

【任务完成后达成的能力】
1. 能正确认识市场细分；
2. 会通过市场细分找出企业目标市场；
3. 具有为企业、产品准确进行市场定位的能力。

【任务完成后呈现的结果】
拟一份"××口香糖市场开发计划书"，字数不低于3 000字。

知 识 宝 典

【现实市场】 现实市场是指对企业经营的某种产品有需要、有支付能力、又有购买欲望的现实顾客。现实市场是根据市场出现的先后来划分的，与之对应的则是潜在市场和未来市场。

【潜在市场】 潜在市场是由那些对某种产品具有一定兴趣的顾客构成。潜在市场是市场营销研究主要领域。

【销售渠道】 销售渠道就是产品和服务从生产者向消费者转移过程的具体通道或路径。当某种产品或劳务从生产者向消费者移动时，取得这种产品或劳务所有权或帮助转移其所有权的所有企业或个人便成了销售渠道。

【子市场】 子市场指企业按照一定的细分标准，把整体市场细分为若干个需求不同的衍生市场，其中任何一个衍生市场中的消费者都具有相同或相似的需求特征，企业可以选择其中一个或多个作为目标市场。

【核心竞争力】 从与产品或服务的关系角度来看，核心竞争力实际上是隐含在公司核心产品或服务里面的知识和技能，或者知识和技能的集合体。

【产品结构】 产品结构是指社会产品各个组成部分所占的比重和相互关系的总和。它可以反映社会生产的性质和发展水平，资源的利用状况，以及满足社会需要的程度。从宏观上讲，指一个国家或一个地区的各类型产品在国民经济中的构成情况；从微观上讲，指一个企业生产的产品中各类产品的比例关系。

【生活方式】 生活方式是一个内容相当广泛的概念，它包括人们的衣、食、住、行、劳动工作、休息娱乐、社会交往、待人接物等物质生活和精神生活的价值观、道德观、审美观，以及与这些方式相关的方面。生活方式也可以理解为就是在一定的历史时期与社会条件下，各个民族、阶级和社会群体的生活模式。

【同质产品】 同质产品又称为相同产品，是指产品之间不能完全替代，但是要素投入却具有相似性。

单元综合练习

一、填空题

1. 同质市场是指消费者对商品的需求（　　　　）。
2. 异质市场是指市场群之间的差异（　　　　），但各市场群内部的差异（　　　　）。
3. 市场细分的类型主要有（　　　　）、（　　　　）、（　　　　）。
4. （　　　　）是已经出现于市场但未加以满足的需求。
5. 市场细分的原则有（　　　　）、（　　　　）、（　　　　）。
6. 一般来说，生活资料市场的细分标准有（　　　　）、（　　　　）、（　　　　）；生产资料市场的细分标准有（　　　　）、（　　　　）、（　　　　）。
7. 选择目标市场策略应考虑的因素有（　　　　）、（　　　　）、（　　　　）、（　　　　）、（　　　　）。
8. 市场特点是指各细分市场间的（　　　　）。
9. 企业目标市场定位策略主要包括（　　　　）、（　　　　）、（　　　　）、（　　　　）。

二、判断题（对的画√，错的画×）

1. 任何规模的企业，都不可能满足全体买主对商品的互有差异的整体需求。（　　）
2. 每一个消费者群就是一个细分市场。（　　）
3. 每一个细分市场都是由不同需求倾向的消费者构成的群体。（　　）
4. 市场细分这个概念是由美国市场营销学家杜拉克于20世纪50年代中期首先提出来的。（　　）
5. 市场本身就是可以细分的。（　　）
6. 市场机会往往是明显的，一般很容易被发现。（　　）
7. 企业如果细分市场规模过小，市场容量有限，则没有开发的价值。（　　）
8. 市场细分的可衡性原则是指企业容易进入细分市场。（　　）
9. 企业细分的市场不但要有一定的市场容量和发展潜力，而且要有一定程度的稳定性。（　　）
10. 采用什么细分标准对市场进行细分，是市场细分首先遇到的问题。（　　）
11. 并非构成消费者差异的因素都可以作为市场细分的标准。（　　）
12. 领导能力不能作为生活资料市场细分的一般变量因素。（　　）
13. 购买动机可作为生活资料市场细分的一般变量因素。（　　）
14. 并非所有的细分市场都是企业能够进入的。（　　）
15. 如果企业资源条件好，经济实力和营销能力强，可以采取差异性目标市场策略。（　　）
16. 对于品质上差异较大的商品，企业宜采用无差异性市场策略。（　　）
17. 目标市场策略应相对稳定，即使市场形势或企业实力发生重大变化也不能随便

转换。（　　）

18. 市场细分是企业选择某几个市场的过程；而确定目标市场是按不同的购买欲望和要求划分消费者群的过程。（　　）

三、辨析题（判断正误，并说明理由）

1. 离开市场细分，就无法选择目标市场，企业所制定的营销组合策略必然是无的放矢。（　　）
2. 市场细分的目的是为了把市场分细。（　　）
3. 市场细分是分得越细越好。（　　）
4. 细分市场的标准不是僵化不变的。（　　）
5. 理想的目标市场应该是有利可图的市场。（　　）
6. 企业市场定位要随着目标市场竞争者状况和企业内部条件的变化而变化。（　　）

四、选择题（选择正确的答案填在括号内）

1. 市场细分的主要依据是（　　）。
   A. 消费需求的差异性和同类性　　B. 消费需求的差异性
   C. 消费需求的同类性　　　　　　D. 消费需求的相关性
2. 市场上所有消费者对某种商品的偏好大致相同，不存在显著差别的市场细分类型是（　　）。
   A. 群组型　　B. 分散型　　C. 同类型　　D. 其他型
3. 生产资料市场细分的最通用的标准是（　　）。
   A. 最终用户　　　　　　B. 用户的规模和购买力
   C. 用户地点　　　　　　D. 用户的自然环境
4. 一般来说，选择性不强，差异性不大的大路货商品、供不应求的商品、具有专利权的商品，宜采用（　　）。
   A. 无差异性市场策略　　B. 差异性市场策略
   C. 密集性市场策略　　　D. 其他市场策略
5. 资源有限的中小型企业经常采用的市场策略是（　　）。
   A. 无差异性市场策略　　B. 差异性市场策略
   C. 密集性市场策略　　　D. 其他市场策略
6. 企业选择的目标市场尚未被竞争者所发现，企业率先进入市场，抢先占领市场的市场定位策略是（　　）。
   A. 市场领先者定位策略　　B. 市场挑战者定位策略
   C. 跟随竞争者定位策略　　D. 市场补缺者定位策略

五、问答题

1. 市场细分的客观依据是什么？
2. 市场细分的作用是什么？
3. 简述市场细分的程序。
4. 理想的目标市场必须具备哪些条件？
5. 选择目标市场应考虑哪些因素？
6. 简述目标市场定位策略的内容。

六、案例分析题（运用所学知识，进行分析）

【案例】 当一家大公司凭实力采用无差别营销策略占领了大片市场时，一些小公司财力、物力、人力有限应当怎么办？是作为大公司的附属企业或为大公司生产一些配套产品，还是凭借本身的技术等优势集中针对某一细分市场，闯出一个"柳暗花明又一村"呢？绅宝汽车公司选择了后一条成功之路。

二次大战期间，绅宝以制造战斗机而闻名，战后，绅宝利用自己的一批技术力量，生产一种小型、廉价、注重驾驶乐趣的汽车。工程师们设计汽车，是按照飞机驾驶的高要求，因此这种汽车空气阻力小、座位舒适、控制系统比较精确、安全装置十分完备。这种汽车中采用的科技，如横量引擎设计、前轮驱动、四轮碟式刹车、齿轮方向盘操作、独立悬吊系统及流通式通风设备，是其他汽车20年后才考虑配备的东西。因此，直到20世纪70年代末，人们一直把绅宝车视作"瑞典人的手工艺品"，每年在美国卖出1万辆左右。其顾客多半是工程师、大学教授及喜爱长途旅行的人。

20世纪70年代末期，汽车业竞争加剧，美国的通用和日本的丰田在生产经济车方面竞争十分激烈。绅宝公司也面临着两种选择，要么生产经济车，要么生产昂贵车。绅宝汽车公司选择了后者，因为按照它的经济实力及设备能力，很难与通用、丰田等大公司竞争，如果它也生产经济车，必须年产25万辆才有利可图，显然它在竞争中处于不利地位。而昂贵车市场虽然很小，但由于每部车利润高，又能发挥绅宝的技术优势，因此进军昂贵车市场才是出路。有哪些人来买，又有多少人买得起昂贵车呢？绅宝汽车公司也做了市场分析。

它估计，到80年代末，跑车市场将急剧扩大，购买这类跑车的顾客其年龄在25～44岁之间，这一年龄群增长较快，而且大都是双职工，夫妻都有较好的工作，薪水较高，比较富有，他们需要质量高、性能好、驾驶舒适和服务良好的汽车，贵也买得起。

从1979年起，绅宝汽车公司推出新的SAAB9000涡轮增压汽车，价格每辆为2万美元，把它说成是高性能、新款式、独特形象而独一无二的高级车。而且绅宝提供其他附加设备，如空调设备、动力碟式刹车、三用音响、全套仪器装置、动力方向盘、发色隔热玻璃车窗除雾设备、电动暖椅设备等，几乎是消费者想要的配件它都能满足。在陈列室里，它还分发一本长达50页的详细功能说明书，详细地向买主说明该车的每一特点。加上促销和销售渠道策略，有钱人对绅宝车产生了强烈的购买愿望，买车的顾客为30～40岁受过良好教育的男性，他们大多是经理及知识分子，他们的平均家庭收入在5～8万美元之间，更为可喜的是，这类顾客对绅宝车的信赖度极高，有5%的人说将来买车还要买绅宝车。

这种市场细分策略取得了很大的成功，绅宝车1983年在美国的销量超过2.5万辆，市场出现了供不应求，有些经销商甚至以拍卖方式，将车卖给出价最高的人。这一年，绅宝车年增长率为42%，成为所有汽车行业中销售增长率最高的一家。

思考分析：

1. 绅宝公司采取了什么样的目标市场策略？
2. 绅宝公司在采取市场策略时考虑了哪些市场细分因素？

第四单元

立足市场 策划产品

学习目标

【知识目标】
1. 正确理解产品的整体概念；
2. 掌握产品生命周期各阶段特征及其对策；
3. 掌握产品组合理论，熟悉相关策略；
4. 掌握产品品牌的内涵；
5. 了解产品包装及其策略。

【能力目标】
1. 能对产品进行结构层次的指认、复述和分析；
2. 能运用产品生命周期判断的基本方法，提出相应的经营策略；
3. 能分析企业产品组合，合理运用产品组合策略；
4. 会巧妙使用产品品牌策略。

学习任务提要

★ 整体产品与产品组合策略
★ 产品生命周期及其策略
★ 产品品牌及其策略
★ 产品包装及其策略

工作任务提要

★ 正确运用品牌策略，评价 TCL 公司的"品牌设计"。

第四单元 立足市场 策划产品

建议教学时数

★ 12 学时

学习任务一 把握整体产品与产品组合

案例导入

【看一看】 日本化妆品公司资生堂子公司"5S",自称能够提供一种作用于"最基本而又神秘的5"（如儒家中"五经"）的养生之道,而且它更多的是按照心理类别而不是实体类别进行组织的。在"5S"店中,你不是购买适用于各种皮肤的化妆品,而是来购买给人精力、给人呵护、令人喜爱的东西。"5S"公司也相信彩色疗法,所以,Rebirth（新生）产品为粉色,顾客使用"5S"的粉色香皂、粉色爽身粉就能够实现"新生"。

每年,化妆品公司向全球各地的消费者销售价值几十亿美元的润肤露、护肤液和香水。一定意义上,这些产品不过是一些由具有好闻气味和润滑属性的油类和化学制剂精心调制而成的混合物,比如180美元一盎司的香水的生产成本可能仅仅是10美元。因此,对于香水消费者来说,香味和那价值几美元的配料之外的其他东西才增进了香水的吸引力。又比如,香水的包装就是一个重要的产品属性——包装和香水瓶是香水和其形象最真切的象征。作为一家生产化妆品的著名企业,其负责人却说,本公司推销的不是化妆品,而是美丽。

【想一想】 该负责人为何会得出"本公司推销的不是化妆品,而是美丽"的结论?

【说一说】 价值10美元的香水为何可以卖到180美元?

一、有关产品的基本知识

（一）产品的概念

菲利普·科特勒认为,产品是指为留意、获取、使用或消费以满足某种欲望和需要而提供给市场的一切东西。

因而,从营销学的意义上讲,产品的本质是一种满足消费者需求的载体,或是一种能使消费者需求得以满足的手段。由于消费者需求满足方式的多样性,决定了产品由实体和服务构成,即:产品=实体+服务,其内涵为:

1. 不仅具有一定使用价值的物质实体是产品,能满足人们某种需要的劳务也是产品,如运输、通讯、保险、咨询、金融、旅游服务等。

2. 对企业来说,向市场提供的产品,不仅是物质实体,还包括随同物品出售时所提供的服务。

（二）产品的整体化概念

从现代市场营销的观点来看，产品是指企业向市场提供的，能够满足消费者和用户某种需要的任何有形物品和无形服务。有形物品包括产品实体及其品质、特色、式样、品牌和包装；无形服务包括可以给用户带来附加利益和心理满足感及信任感的售后服务、质量保证、产品形象、销售者声誉等，这就是"产品的营销概念"，也叫"产品的整体概念"。

学术界曾用三个层次来表述产品整体概念，即核心产品、形式产品和延伸产品。但近年来，菲利普·科特勒等学者更倾向于使用五个层次来表述产品整体概念，认为五个层次的研究与表述能够更深刻而准确地表述产品整体概念的含义，这五个层次分别是核心产品、形式产品、期望产品、附加产品和潜在产品。我们把核心产品称作产品功能层，其他四层统称为非功能层，如图4-1所示。

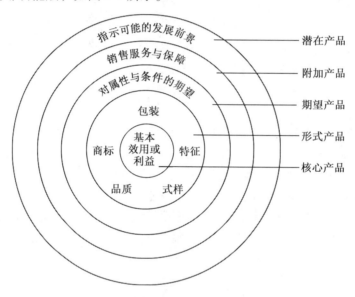

图4-1　产品的五个层次

1. 核心产品

核心产品是指体验者购买某种产品时所追求的实际利益，是顾客真正要买的东西，因而在产品整体概念中核心产品也是最基本、最主要的部分。

消费者购买某种产品，并不是为了占有或获得产品本身，而是为了获得能满足某种需要的效用或利益，它是产品的灵魂。如：我们购买手机是为了方便沟通；购买烧饼是为了充饥；购买化妆品是为了把自己打扮得年轻漂亮；去游乐场游玩为的是开心、刺激；购买健身器材是为了获得身体健康。可以说，企业在开发和设计产品乃至宣传产品时一定要明确自己产品能提供的利益所在，让消费者首先知道你的产品是干什么用的，这样的产品才具有吸引力。

2. 形式产品

形式产品是核心产品功能借以实现的形式，即向市场提供的实体和服务的外在形象。产品的基本效用必须通过某些具体的形式才得以实现。

形式产品是消费者通过感官能感受到的产品实体，包括产品的形状、式样、商标、质量、包装、设计、风格、色调等。其中质量、款式、特色、品牌、包装这五大特征对消费者具有很大的感官吸引力，它们承载着产品的核心内容——功能和效用，这些可以直接给予顾客触觉、嗅觉、视觉等方面的直观体验，因而它成为消费者选购商品的直观依据。

3．期望产品

期望产品是指顾客在体验或购买产品时通常希望和默认得到的与产品相关的一整套属性和条件，包括品牌影响力、企业文化等。如：我们去星巴克喝咖啡希望味美、舒适、不限时间；消费者乘坐飞机希望安全、准时；购买电子产品希望款式新颖、功能齐全。

4．附加产品

附加产品是顾客购买产品时所获得的全部附加服务和利益，包括分期付款、送货上门、免费安装和维修、技术指导、售后服务等。附加产品的概念来源于对市场需要的深刻认识，因为购买者的目的是为了满足某种需要，因而他们希望得到与满足该项需要有关的一切。

由于产品的消费是一个连续的过程，既需要售前宣传产品，又需要售后持久、稳定地发挥效用，因此，售前、售中和售后服务是必不可少的。当今的竞争主要发生在附加产品的层次。

5．潜在产品

潜在产品是指最终可能实现的全部附加部分和新转换部分，或者说是指与现有产品相关的未来可发展的潜在性产品。

潜在产品指出了产品可能的演变趋势和前景，如彩色电视机可发展成为录放像机、电脑终端机等。

二、产品的具体分类

在产品观念导向下，企业只是根据产品的不同特征对产品进行分类。在现代营销观念指导下，产品分类的思维方式是：每一个产品类型都有与之相适应的市场营销组合策略。

（一）按产品的有形性和消费上的耐久性，产品可分为非耐用品、耐用品和劳务

1．非耐用品

非耐用品一般指有一种或多种用途的低值易耗品，如香皂、熟食品、食盐、馒头等。

非耐用品的特点是一次性消耗或使用时间很短，因此，消费者需要经常购买且希望能方便及时地购买。

企业应在人群集中、交通方便的地区设置零售网点。

2．耐用品

耐用品是指可多次使用的有形物品，如电视机、空调、家具、电脑等。

该类产品的最大特点在于使用时间长，且价格比较昂贵或者体积较大，所以，消费者在购买时都很谨慎，重视产品的质量以及品牌，对产品的附加利益要求较高。

企业在生产此类产品时，应注重产品的质量、销售服务和销售保证等方面，同时选择信誉较好的有名大型零售商进行产品的销售。

3．劳务

劳务是指为出售而提供的活动、利益和满意，如理发、餐饮、旅游等。

劳务的特点是无形性、不可分割性、易变和不可储存，因此，劳务需要更多的质量

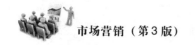

控制和供应商信用。

（二）按产品用途，产品可分为消费品和工业品

1. 消费品

消费品是指最终消费者购买用于个人消费的产品。按照消费习惯的不同，可分为便利品、选购品、特购品和非渴求品。

（1）便利品。便利品是指价格低廉，消费者经常和随时需要的消费品和服务，购买的时候几乎不做什么比较也不费什么精力，如香烟、牙膏、报纸杂志、创可贴等。经营便利品，最主要的是要在时间、地点和销售形式上给顾客以最大的便利，要广泛开辟销售渠道并保持畅通。

（2）选购品。选购品是指品种、规格复杂，可挑选性强，消费者购买频率较低的消费品和服务，消费者会对适用性、价格和款式仔细比较，如服装、鞋帽、家具和电器等。经营这类产品应在价格和质量上特别注意，并配备训练有素的营销人员。

（3）特购品。特购品是指具有独一无二的特点或品牌识别特征，以致消费者为了购买而特别花费精力的消费品，如高端定制的时装和首饰、高档乐器、名牌钟表等，消费者只需把时间用于找到经营他们所需商品的经销商即可。对这类产品的经营要保持其特殊品质和上乘质量，维护其在顾客心中的高档次地位。

（4）非渴求品。非渴求品是指消费者或不了解，或了解但一般不考虑购买的消费品。大多数新发明的产品，在消费者通过广告了解它们之前都是非渴求的；人们了解但是不渴求的产品和服务的典型实例，就是红十字会的献血活动和人寿保险等。非渴求品的特定本性，决定了它需要大量的广告、人员推销和其他方面的营销工作，以吸引消费者。

2. 工业品

工业品是指购买后用来进一步加工或用于企业经营的产品。消费品和工业品之间的显著区别就在于它们被购买的目的。

（三）根据产品之间的销售关系，可将产品分为独立品、互补品、条件品和替代品

1. 独立品

独立品是指一种产品的销售状况不受其他产品销售变化的影响。例如，假定有 A、B 两种产品，A 作为独立品有两种情形：一是 A、B 完全独立，两者不存在任何销售方面的关系，如日光灯与冰箱之间的关系就属于此类；二是 A、B 从功能上讲是独立的，但是产品 A 的销售增长可能会引起产品 B 的销售增长，而产品 B 的销售变化却绝不会影响产品 A，即 A 对 B 的影响是单向的，A 可以影响 B，而 B 并不会影响 A，说明 A 相对于 B 而言是独立品。应该注意，这里的 A 和 B 产品之间并不存在任何因果关系。

2. 互补品

互补品是指两种产品在使用过程中相互补充，共同来满足人们的同一类需求。一种产品销量增加必然会引起另一种产品销量的增加，反之亦然，如汽车与汽油、可口可乐饮料与麦当劳汉堡包等。营销者必须研究哪些产品之间存在互补关系，并利用这些关系灵活地制定各种营销策略。

3. 条件品

条件品是指一种产品的购买以另一种产品的前期购买为条件。在这种情况下，只有

那些曾购买过某种产品的购买者才会成为另一种相关产品的潜在购买者，比如：一个人要想购买计算机软件，他必须先前购买了硬件；一个人要想购买装潢材料，他必须先前购买了商品房。在这里两种产品之间存在单向的因果关系。

4. 替代品

替代品是指两种产品存在相互竞争的销售关系，即一种产品销售的增加会减少另一种产品的潜在销售量，反之亦然，如：牛肉和猪肉、公交车和私人轿车、电子书和纸质书。替代品与互补品是相互对立的概念。

具有替代关系的产品，降低一种产品的价格，不仅会使该产品的销售量增加，而且会同时降低替代产品的销售量。例如，一个企业生产不同型号的汽车，不同型号的电冰箱，就属于这种情况。企业可以利用这种效应调整产品结构，如企业为了把需求转移到某些产品上去，它可以提高那些准备淘汰的产品价格，或者用相对价格诱导需求，以牺牲某一品种，稳定和发展另一些品种；企业也可以利用这种效应，提高某一知名产品的价格，突出它的豪华、高档，创造一种声望，从而利用其在消费者心目中的良好形象而增加其他型号产品的销售量。营销人员必须关注本企业产品的替代品有哪些，并有针对性地开展营销工作。

三、产品组合策略

产品组合是企业营销工作中的一个重要问题，它是实现经营目标和经营战略的具体规划。为了更好地满足消费者需要，不仅要求企业所提供的产品在品种选择上要做到适销对路，而且还要求有利于企业生产条件的充分利用和提高经济效益，为此，必须合理确定产品组合。

（一）产品组合概念

1. 产品组合

产品组合又称产品搭配，是指一个企业在一定时期内生产经营的全部产品线和产品项目的有机组合方式，即企业的经营范围。它包括四个变数：产品组合的宽度、长度、深度和关联度。以宝洁公司为例进行说明，表4-1是宝洁公司消费品的产品线与产品组合。

表4-1 宝洁公司消费品的产品线与产品组合（表）

	← 产品组合的宽度 →				
	洗涤剂	牙膏	香皂	尿布	纸巾
↑ 产品线长度 ↓	象牙雪 1930 洁拂 1933 汰渍 1946 快乐 1950 奥克多 1952 达士 1954 大胆 1965 吉思 1966 黎明 1972 独立 1979	格里 1952 佳洁士 1955	象牙 1879 柯柯 1885 拉瓦 1893 佳美 1926 爵士 1952 舒肤佳 1963 海岸 1974 玉兰油 1993	帮宝适 1961 露肤 1976	媚人 1928 白云 1958 普夫 1960 旗帜 1982

（1）产品组合宽度。

产品组合宽度是指产品组合所包含产品大类的多少，即所拥有的产品线的数目。企业的产品线越多，产品组合就越宽；产品线越少，产品组合就越窄。如表4-1所示，宝洁公司的宽度为5，也就是说该公司拥有五条产品线。

（2）产品组合长度。

产品组合长度是指产品组合中所包含产品项目的总和。如表4-1所示，宝洁公司产品组合长度为（10+2+8+2+4）=26。

（3）产品组合深度。

产品组合深度是指每个产品所包含花色、式样、规格的多少，一般用平均数表示。如表4-1所示，宝洁公司产品组合深度=（10+2+8+2+4）÷5=5.2。

（4）产品组合关联度。

产品组合关联度是指一个企业的各个产品线在最终使用、生产条件、分销渠道和其他方面相互关联的程度。如表4-1所示，洗涤剂、牙膏、香皂、方便尿布、纸巾五条产品线可以通过同一分销渠道销售出去，所以其关联度较高。

2. 产品线

产品线是指同一产品种类中具有密切关系的一组产品。它们以类似的方式起作用，或通过相同的销售网点销售，或者满足消费者相同的需要。

3. 产品项目

产品项目是指一类产品中品牌、规格、式样、价格不同的每一个具体产品。

一般来说，企业增加产品组合的宽度，可以扩大经营范围，实现多元化经营；增加产品组合的长度和深度，可以提高核心竞争力；增强产品组合的关联度，可以提高产品在某一地区、行业的声誉。

（二）产品组合策略

1. 产品组合策略的内容

（1）全线全面型策略。

全线全面型策略是指面向尽可能多的顾客，并向他们提供各种各样的产品。适用范围为大型企业集团或大公司。

（2）市场专业型策略。

市场专业型策略是指把企业的营销力量集中于某一特定市场，并向该市场提供尽可能多的产品。

（3）产品专业型策略。

产品专业型策略指企业只从事某一条产品线的营销，但尽可能增加线内的产品项目，以增加产品组合的深度，面向更多的市场。

（4）有限产品专业型策略。

有限产品专业型策略是指企业只生产或销售某一条产品线中的有限几个或一个产品项目的策略。

2. 产品组合的优化分析

进行产品组合优化分析主要在两个层面：一是公司层面；二是产品线经理层面。在公司层面主要考虑的是产品组合宽度和深度优化问题，是扩大产品组合还是缩减产品组合。在产品线经理层面关键在于分析两个方面：一是对各产品线销售额和利润进行分析；二是对各产品项目市场地位进行分析。产品线经理需要了解产品线上每一个产品项目所提供的销售额和利润水平，确定关键的产品项目，并努力发展具有良好发展前景的产品项目。

3. 产品组合优化调整策略

（1）扩大产品组合策略。

扩大产品组合策略包括增加产品组合的宽度和增加产品组合的深度。

扩大产品组合的宽度，是指在原产品组合中增加一条和多条生产线，扩大产品的经营范围，实行多样化经营。如："雅芳"公司的产品包括护肤品、化妆品、个人护理品、香品、流行首饰、女性内衣和时装、健康食品等。扩大产品组合的宽度，有利于综合利用企业资源，提高企业竞争力，降低市场风险。

增加产品组合的深度，是指在原有产品大类中增加新的产品项目，增加产品的花色、品种、规格等。如："雅芳"公司的香品系列就包括地球女人系列、阳光之吻喷雾系列、小黑裙系列、男士香水、色彩符号淡香水、X-Fresh香氛、幻变走珠系列、走珠止汗香露、香粉等。增加产品组合的深度有利于满足顾客的多种需求，从而进入和占领多个细分市场。

（2）缩减产品组合策略。

缩减产品组合策略是指缩小产品组合的宽度、深度，实行集中经营。包括：

缩减产品线：只生产某一个或少数几个产品系列。

缩减产品项目：是指取消一些低利产品，尽量生产利润较高的少数品种规格的产品。

该策略的主要特点是集中企业优势发展利好产品，降低成本，但增加了企业的市场风险。

（3）产品线延伸策略。

产品线延伸策略，指将产品线加长，增加经营品种的档次和经营范围。具体延伸形式有：

① 向下延伸。这是指企业原来生产高档产品，后来决定生产低档产品。如：上海通用别克"君威"向下生产别克"赛欧"；广州本田"雅阁"向下生产本田"飞度"。

② 向上延伸。这是指企业原来生产低档产品，后来决定生产高档产品。如："华龙"方便面在创业之初便把产品准确定位在8亿农民和3亿工薪阶层的消费群上，将一袋方便面的零售价定在0.6元以下，比一般名牌低0.8元左右，售价低廉，如"六目丁""东三福"等；而在打开市场后，开始推出一些高档产品，如"今麦郎""小康130"等。

③ 双向延伸。这是指企业原来生产中档产品，后来同时增加高档产品项目和低档产品项目。

（4）产品线现代化策略。

产品线现代化策略是指在某些情况下，虽然产品组合的宽度、长度都很恰当，但产品线的生产方式、产品的功能、风格、式样、技术等都已过时，这时需要对产品线实施现代化改造。一般可以采取两种方式实现：一是逐项更新；二是全面更新。

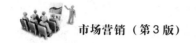 案例赏析

美国有家生产牙膏的公司，通常情况下每年的营业增长率为10%～20%，然而最近却出现了明显的停滞趋势，每个月维持同样的数字。

公司董事会对此感到不满，便召开全国经理级高层会议，商讨对策。会议中，有名年轻经理站起来对总裁说："我手中有张纸，纸里有个建议，若您要使用我的建议，必须另付我5万元！"总裁听了很生气。这个年轻人解释说："总裁先生，请别误会，若我的建议行不通，您可以一分钱也不必付。"总裁阅毕，马上签了一张5万元支票给那位年轻经理，那张纸上只写了一句话：将现有的牙膏开口扩大1mm。总裁马上下令更换新的包装。试想，每天早上，每个消费者多用1mm的牙膏，每天牙膏的消费量将多出多少倍呢？这个决定使公司当年的销售额增加了32%。

这则案例给我们的启示是：一个小小的改变，往往会引起意料不到的效果。当我们面对新知识、新事物或新创意时，千万别将脑袋"密封"，置之于后，应该将脑袋"打开"1mm，接受新知识、新事物。也许一个新的创见，能让我们从中获得不少启示，从而改进业绩，改善生活。

学习任务二　探寻产品生命周期规律及策略

 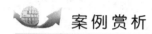 案 例 导 入

【看一看】　2011年11月28日，《华西都市报》刊登了两篇娱乐报道，标题分别为"欧洲人已无法阻止'麻将'了"和"日本留学生在成都通宵达旦'血战到底'"，预示着已经进入"成熟期"的"麻将"产业又迎来了新的发展时机。

"麻将"作为一项人见人爱的休闲娱乐活动，与其他娱乐活动项目一样，本身并无好坏优劣之分，只要人们不是丢下工作只顾"麻将"玩乐，或将"麻将"作为赌博工具和成为好逸恶劳的借口，"麻将"的额外价值不可小觑。

"麻将"，其实是一个纵横交错、软硬结合的"麻将"产业价值链，可派生出许多富有潜力的子产业，每个方面又有其特定的生命周期阶段。就"麻将"产业总体而言，在国内绝大多数区域市场从表面看好像已经进入成熟期，但其"麻将"文化、衍生的子产业也最多算个雏形。在国外的很多国家，有的甚至连实体"麻将"的概念和玩法还完全是一片空白（连导入期前期都不是）、有的已开始进入导入期、有的已进入快速成长期（如荷兰和日本）等。随着中国经济的快速崛起和开放程度进一步加大，中国"麻将"走向世界指日可待，这对"麻将"生产企业而言，不能不说是一次全力快速发展的大好时机，如：实体"麻将"的产供销、网络"麻将"与"麻将"游戏的开发推广、"麻将"文化研究、"麻将"技法海外培训，以及"麻将"与中老年人娱乐、病理治疗、社团活动相结合产生的新机会等。

【想一想】 本案例中"麻将"文化的挖掘对其生命周期有何影响?

【说一说】 在国内,休闲"麻将"已相当普及,市场需求也已经饱和,"麻将"产业应采取哪些营销策略?

一、产品生命周期的基本知识

产品生命周期是现代市场营销学中的一个重要概念,是企业研究产品策略的重要依据。产品和人的生命一样,也要经历形成、成长、成熟、衰退这样的周期,因此研究这一发展过程,将有利于企业制订战略计划和营销计划,从而增强企业的竞争能力和应变能力。

(一)产品生命周期的概念

产品生命周期理论是美国哈佛大学雷蒙德·弗农教授1966年在其《产品周期中的国际投资与国际贸易》一文中首次提出的。产品生命周期,即产品的市场寿命,是指产品从投放市场开始,到被淘汰退出市场为止所经历的全部时间和过程。典型的产品市场生命周期包括四个阶段,即导入期、成长期、成熟期和衰退期。在这一时间过程中,产品的销售额和利润都会发生一定规律性的变化,一般呈正态分布,如图4-2所示。

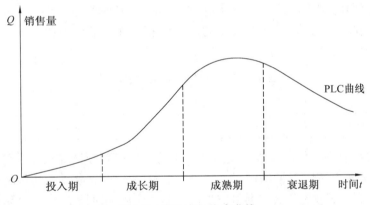

图4-2 产品市场生命曲线

(二)理解产品生命周期理论应注意的问题

1. 产品的市场生命不同于产品的使用寿命

产品的使用寿命亦即产品的自然寿命,是从使用价值角度衡量产品的整个使用过程,指的是产品从投入使用开始,由于物理磨损,使其老化、损坏直至报废丧失其使用价值为止所经历的时间,是由产品的一系列自然属性所决定,是具体的和有形的。而产品生命周期是产品在市场活动中的客观过程,是由产品的更新换代和人民的价值观念的变化决定的,是产品的经济寿命,是抽象而且无形的。任何产品只会在市场上风光一时,不可能永远占领市场,它迟早要被更优良、更适用、更价廉的产品所替代。从总体上看,随着消费水平的提高和科学技术的发展,多数产品的生命周期有缩短的趋势。

2. 产品生命周期的研究内容

研究产品生命周期,不是研究该产品对某企业销售量的变化规律,而是研究这种产品市场销售总量的变化规律。

3. 产品生命周期包括产品种类周期、品种周期和品牌周期

要分别从产品的种类（如汽车、冰箱、电视机、食盐等）、品种（如卡车、轿车、大客车等）和品牌（如格力、海尔等）三个方面来研究，因为不同种类的产品，同一种类不同品种的产品，同一品种不同品牌的产品，它们的寿命周期是不一样的。产品种类周期最长；产品品牌周期显示了较短的生命周期历程；而产品的品种周期比种类周期更准确地体现标准的产品寿命周期历程。只有分别对它们进行研究，才能正确地掌握各种产品的生命周期规律。

4. 产品生命周期各阶段的判断

及时、准确地判断产品处于生命周期的哪个阶段，对产品在市场的发展具有非常重要的意义。

通常有以下几种判断方法：

（1）类比判断法。即参照类似产品的市场生命周期曲线或资料来划分企业某一新产品市场生命周期的各个阶段，看现在正在生产销售的产品是否出现了各阶段类似的现象，从而对其生命周期阶段进行判断，如参照黑白电视机的资料来判断彩电的生命周期阶段及其市场发展趋势。

（2）产品普及率判断法。即根据产品在某一地区人口或家庭的平均普及率来判断该产品处于生命周期的哪个阶段。普及率越高，产品的市场潜力越小，产品的生命周期越趋于饱和。采用此方法，需要掌握大量的统计资料，并且要注意排除各种假象。普及率与生命周期的关系如表4-2所示。

表4-2 产品普及率与生命周期关系

阶段	导入期	成长期	成熟期	衰退期
普及率	<5%	5%～50%	50%～90%	90%以上

（3）销售增长率比值法。即以销售增长率的变化来判断产品处于生命周期的哪一阶段。若以 $\triangle Q$ 表示产品销售量的增量，以 $\triangle T$ 表示时间的增量，若销售增长率 $P = \triangle Q/\triangle T$，按国际惯例，表4-3 P 值数据可供确定产品生命周期阶段参考。

表4-3 产品销售增长率与生命周期关系

阶段	导入期	成长期	成熟期	衰退期
P	$0 < P \leqslant 10\%$	$P > 10\%$	$-10\% < P < 10\%$	$P < -10\%$

但随着经济发展的不断变化，用该方法判断并不是很准确。

5. 产品生命周期的特殊形式

事实上，各种产品生命周期的曲线形状是有差异的，有的产品一进入市场就快速成长，迅速跳过导入期；有的产品则可能越过成长期而直接进入成熟期；还有的产品可能经历了成熟期以后，进入第二个快速成长期。

在菲利普·科特勒的《营销学原理》中提出了特殊的产品寿命周期。一般来说，特殊的产品寿命周期包括风格型产品寿命周期、时尚型产品寿命周期、热潮型产品寿命周期、扇贝型产品寿命周期四种特殊的类型，它们的产品生命周期曲线并非通常的"S"形。

（1）风格型产品生命周期，是一种人们生活中基本但特点突出的表现方式。风格一旦产生，可能会延续数代，根据人们对它的兴趣而呈现出一种循环再循环的模式，时而流行，时而又可能并不流行，这可能是企业做出的促销努力使然的。

（2）时尚型产品生命周期，是指在某一领域里，目前为大家所接受且受欢迎的风格。时尚型的产品生命周期特点是，刚上市时很少有人接纳（称之为独特阶段），但接纳人数随着时间慢慢增长（模仿阶段），终于被广泛接受（大量流行阶段），最后缓慢衰退（衰退阶段），消费者开始将注意力转向另一种更吸引他们的时尚。

（3）热潮型产品生命周期，是一种来势汹汹且很快就吸引大众注意的时尚，俗称时髦。热潮型产品的生命周期往往快速成长又快速衰退，主要是因为它只是满足人类一时的好奇心或需求，所吸引的只限于少数寻求刺激、标新立异的人，通常无法满足更强烈的需求。

（4）扇贝型产品生命周期，是指产品生命周期不断地延伸再延伸，这往往是因为产品创新或不时发现新的用途。如洗衣机从半自动到全自动，人们用尼龙来生产衬衫、袜子、地毯和降落伞等。以上四种特殊生命周期如图4-3所示。

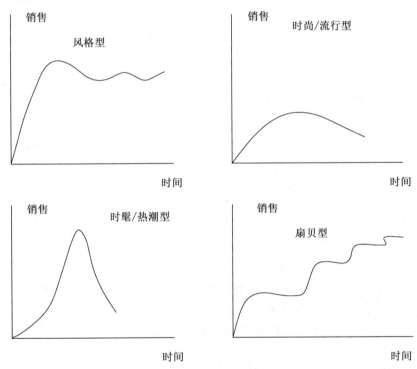

图4-3　四种特殊生命周期图式

二、产品市场生命周期各阶段特点及其营销策略

（一）产品市场生命周期各阶段的特点

产品的市场生命周期所经过的全过程，分为导入期、成长期、成熟期和衰退期四个阶段。

美国学者乔尔迪安于20世纪50年代初最先提出产品生命周期的概念。美国市场学家柯克斯曾对700多种医药产品的寿命进行了研究，发现一般产品寿命周期呈"S"形。

1. 导入期

这是产品生命周期的幼年期，又称引入期、试销期，一般指产品从设计投产到投入市场试销的阶段。其主要特点为：

（1）生产批量小，试制费用大，制造成本高；

（2）由于消费者对产品不熟悉，广告促销费较高；

（3）产品售价常常偏高。这是由于生产量小、成本高、广告促销费较高所致；

（4）销售量增长缓慢，利润少，甚至发生亏损。

2. 成长期

这是产品生命周期的青春期，又称畅销期，指产品在试销阶段销售取得成功以后，转入成批生产和扩大市场销售的阶段。其主要特征如下：

（1）销售额迅速增长；

（2）生产成本大幅度下降，产品基本定型，可大批量生产；

（3）利润迅速增长；

（4）由于同类产品，仿制品和代用品开始出现，使市场竞争日趋激烈。

3. 成熟期

这是产品生命周期的中年期，又称饱和期，指产品在市场上已经普及，市场容量基本达到饱和状态、销售量和利润的增长均开始缓慢下降的阶段。其主要特征：

（1）销售额虽然仍在增长，但速度趋于缓慢；

（2）市场需求趋向饱和，销售量和利润达到最高点，后期两者增长缓慢，甚至趋于零或负增长；

（3）竞争最为激烈。

4. 衰退期

这是产品生命周期的老年期，又称滞销期，产品不能适应市场需求，逐渐老化而被市场淘汰或更新换代的阶段。其主要特点体现如下：

（1）产品需求量、销售量和利润迅速下降；

（2）新产品进入市场，竞争突出表现为价格竞争，且价格压到极低的水平。

（二）产品市场生命周期各阶段的营销策略

产品生命周期的不同阶段有着不同的特点，企业应根据这些特点制定相应的营销策略。

1. 导入期的营销策略

对进入导入期的产品，企业总的策略思想应该是迅速扩大销售量，提高盈利，缩短导入期，尽量更快地进入成长期，即遵循"快"这样一个基本策略。

在产品的导入期，一般可以由产品、分销、价格、促销四个基本要素组合成各种不同的市场营销策略。现综合考虑价格水平和促销水平，汇总出四种策略，如图4-4所示。

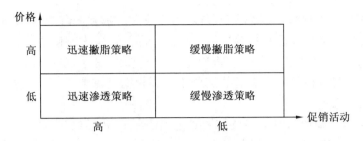

图 4-4　产品导入期营销策略

（1）迅速撇脂策略，指以高价格和高促销水平推出新产品的策略。采用该策略推出新产品，能迅速扩大销售量，取得较高的市场占有率，快速收回投资。企业采取这种策略应具备的条件是：

① 新产品有特色、有吸引力，优于市场原有同类产品；
② 有较大的潜在市场需求；
③ 目标顾客的求新心理强，急于购买新产品，并愿为此付高价；
④ 企业面临潜在竞争的威胁，需及早树立名牌；
⑤ 企业具有较强的资金实力，能够承担高额促销费用。

（2）缓慢撇脂策略，指高价格和低促销水平推出新产品以求获得更多利润的策略。企业采取这种策略应具备的条件是：

① 市场规模相对较小，较低促销费用就可以有效传播产品信息；
② 新产品已有一定的知名度，具有独特性，有效地填补了市场空白；
③ 目标顾客愿意支付高价；
④ 潜在竞争的威胁不大，它们进入市场有一定难度。

（3）迅速渗透策略，指用低价格和高促销水平推出新产品，以争取迅速占领市场，取得尽可能高的市场占有率。采取这种策略应具备的条件是：

① 产品的市场容量很大；
② 消费者对产品不了解，且对价格十分敏感；
③ 企业面临潜在竞争的威胁；
④ 单位生产成本可随生产规模和销量的扩大而大幅度下降。

（4）缓慢渗透策略，指用低价格和低促销水平推出新产品的策略。低价可以促使市场迅速接受新产品，低促销费用则可以降低营销成本，实现更多的利润。采取这种策略应具备的条件是：

① 产品的市场容量大；
② 市场上该产品的知名度较高；
③ 消费者对产品已经了解，且对价格十分敏感；
④ 存在某些潜在的竞争者，但威胁不大。

2. 成长期的营销策略

产品进入该时期，其销售额和利润都呈现出迅速增长的势头，故企业的策略思想是尽可能延长成长期时间，并保持旺销的活力，营销策略突出一个"好"字，即把产品的品质优良作为主要目标。其主要策略有以下几方面：

（1）产品策略，即改善产品品质。如采用改进和完善生产工艺，改进产品质量，增加花色品种，提供优良的售后服务等措施，提高产品的竞争力，使消费者产生信任感。

（2）分销策略，即巩固原有的销售渠道，寻找新的细分市场，进入新的分销渠道。通过市场细分，寻找到新的尚未满足的细分市场，根据其需要组织生产并扩大商业网点，迅速进入这一新的市场。

（3）促销策略，即加强促销环节，树立强有力的产品形象。促销的重心应从导入期的建立产品知名度转移到宣传产品的特殊性能、特色，提高产品及企业的形象和声誉上，为产品争创名牌。主要目标是建立品牌偏好，维系老顾客，争取新顾客。

（4）价格策略，即企业根据市场竞争情况和自身的特点灵活作价。选择适当的时机降低产品的价格，既可以争取那些对价格比较敏感的顾客来购买，又可以冲击竞争对手。

3. 成熟期的营销策略

产品进入该时期，销售额和利润出现最高点。由于生产能力过剩，市场竞争加剧，销售增长速度缓慢甚至出现下降趋势，此时期企业营销思想是应尽量延长生命周期，使已处于停滞状态的销售增长率和利润率重新得以回升，使产品生命周期出现再循环。其主要策略有以下三种：

（1）市场改革策略，即开发新的目标市场，寻求新顾客。其方式有：

① 发展产品的新用途，即不改变产品质量、功能而发掘产品新用途，用于其他领域，从而延长产品的生命周期；

② 扩大品牌使用人数，寻求新市场。相对产品原市场而言，如原市场在本地区、本省或本国，则其他地区、外省或外国就是新市场。又如：将美容引入男士人群；将一些主打城市的产品引入农村等。

③ 增加顾客的产品使用率，即通过增加使用次数、增加每次的使用量，从而增加销售量，如"一日最好刷三次牙"的牙膏宣传，正是为了提高其使用量。

（2）产品改革策略，即通过对产品自身作某种改进，来满足消费者不同需要，从而为消费者寻求新用途，使销量获得回升。整体产品概念的任何一层次的调整均可视为产品再推出，产品改革主要通过"质量改革"和"特点式样改革"而实现。

（3）市场营销组合改革策略，即对产品、定价、分销渠道和促销这四个市场营销因素加以综合调整，以刺激销售额的回升，延长产品的市场成长期和成熟期。通常做法有：降价，增加或改变广告方式，改善销售渠道，以及提供更多的售后服务等。

4. 衰退期的营销策略

产品进入该时期，产品的销售和利润直线下降。面对处于衰退期的产品，企业需要进行认真的研究分析，决定采取什么策略，在什么时候退出市场。通常有以下几种策略可供选择：

（1）维持策略。维持策略是企业继续沿用过去的策略，仍按照原来的细分市场、使用相同的销售渠道、定价及促销方式，直到这种产品完全退出市场为止。由于这一阶段很多企业会先行退出市场，因此，对一些有条件的企业来说，并不一定会减少销售量和利润。

（2）集中策略。集中策略是把企业能力和资源集中在最有利的细分市场、最有效的销售渠道和最易销售的品种上，从中获取利润。这样有利于缩短产品退出市场的时间，同时又能为企业创造更多的利润。

（3）收缩策略。收缩策略是指企业大幅度降低促销水平，尽量减少销售和推销费用，以增加目前的利润。如停止广告费用的投入、大幅度精简推销人员等，这样可能导致产品在市场上的衰退加速，但又能从忠于这种产品的顾客中得到利润。

（4）放弃策略。放弃策略是指企业对衰退比较迅速的产品，应该当机立断，放弃经营。企业可以采取完全放弃的形式，将产品完全转移出去或立即停止生产；也可采取逐步放弃的方式，使其所占用的资源逐步转向其他产品。

表4-4 产品生命周期各阶段的营销策略

营销策略	导入期	成长期	成熟期	衰退期
产品策略	确保产品的核心产品层次	改进款式、特色、提高质量	改进工艺、产品、降低成本	有计划地淘汰滞销品种
促销策略	介绍商品	品牌宣传	突出企业形象	维护声誉
分销策略	开始建立与中间商的联系	选择有利的分销渠道	充分利用并扩大分销网络	处理淘汰产品的存货
价格策略	撇脂价或渗透价	适当调价	价格竞争	削价或大幅度削价

案例赏析

宝洁公司在中国可谓是家喻户晓的日用消费品生产企业，其旗下的"飘柔""潘婷""海飞丝"等众多品牌早已为广大消费者所熟知。

宝洁公司（Procter & Gamble），简称P&G，目前是全球最大的日用品公司之一。总部位于美国俄亥俄州辛辛那提，全球员工近110 000人。2008年，宝洁公司是世界上市值第6大公司，世界上利润第14大公司。同时，也是《财富》杂志评选出的500强企业中，排列第十最受赞誉的公司。

宝洁创办者普洛斯特和甘布尔是美国俄亥俄州的一对表兄弟，两人经常互相串门，在一起喝咖啡、聊天。盛夏的一天，普洛斯特造访甘布尔，两人在庭院里喝咖啡闲聊，甘布尔夫人在一旁洗衣服。普洛斯特突然发现，甘布尔夫人手中用的是一块黑黝黝的粗糙肥皂，与她洁白细嫩的手形成了鲜明的反差。他不禁叫道："这种肥皂真令人作呕！"于是，普洛斯特和甘布尔就此议论起该如何做出一种又白又香的肥皂来。

那个年代，使用黑肥皂在美国是一件平常事，但有心的普洛斯特却萌发出创业的念头。他和甘布尔决定开办一家专门制造肥皂的小公司，名称就用他俩名字的头一个字母P和G，即P&G。

经过一年的精心研制，一种洁白的椭圆肥皂出现在他们的面前。普洛斯特和甘布尔欣喜若狂，像面对刚刚诞生的婴儿一样，该给它起一个什么动听的名字呢？普洛斯特煞费苦心，日夜琢磨。星期天，普洛斯特来到教堂做礼拜，一面想着为新肥皂命名的事，一面听神父朗读圣诗："你来自象牙似的宫殿，你所有的衣物沾满了沁人心脾的芳香……"普洛斯特心头一热："对！就叫'象牙肥皂'。'象牙肥皂'洁白如玉，名称又语出圣诗，能洗净心灵的污秽，更不用说外在的尘埃了。美好的产品，圣洁的名字，谁能不爱?"宝洁公司为此申请了专利。

为了把这种产品推向市场,普洛斯特和甘布尔求助于广告。他们聘请名牌大学的著名化学家分析"象牙肥皂"的化学成分,从中选择最有说服力和诱惑力的数据,巧妙地穿插在广告中,让消费者对"象牙肥皂"的优良品质深信不疑。果然一炮打响,他们成功了!

宝洁公司成功后,凭借着应"需"而生的、务实的产品策略,在世界各地市场上取得了辉煌的业绩,其产品在进入中国市场时也是如此。

宝洁公司首次进入中国市场时,它就针对东方人对头发特别看重的习俗,把洗发用品作为敲开中国市场的"敲门砖"。1988年,宝洁公司与广州、香港等三家日化企业合资建立了"广州宝洁公司",以生产专门适合中国消费者的洗发用品,如:"海飞丝""飘柔""潘婷"等。随后,又推出了"舒肤佳"香皂、"佳洁士"牙膏、"汰渍""碧浪"洗衣粉等产品,而且,产品在香型、成分、包装等方面都有所区分。

多年来,宝洁公司一直根据对所在国进行缜密的市场调研后,及时推出适合当地人生活习惯的产品。能有如此辉煌的经营业绩,真正的奥秘来源于其非凡的产品策略。

学习任务三　揭示品牌的奥秘

案　例　导　入

【看一看】　1886年创立于美国纽约的"雅芳(Avon)",是全美500强企业之一。公司创始人大卫·麦可尼当初出于对莎士比亚的仰慕,以莎翁故乡一条名为"Avon"的河流为公司命名。现今,"雅芳"通过全球280余万名独立营业代表和拓展中的零售渠道,向135个国家和地区的女性提供2万余种产品,并在45个国家和地区有直接投资。

在中国市场,"雅芳"在广州从化太平工业区拥有一座占地8万平方米的现代化生产基地,引进最先进的生产设备,年生产能力可达1亿2千万件产品。"雅芳"产品包括护肤品、化妆品、个人护理品等,而每一类产品又拥有众多系列品牌。以护肤品为例,目前"雅芳"销售的就有新活系列、美白系列、新自然系列、高效保养品系列、嫩白保湿系列、雅芳护肤系列、夏日之恋防晒系列、净碧系列、基础护肤系列、洁容系列、面膜系列、美容沙龙系列、雅芳润白抗皱系列等。值得一提的是,这每一个品牌都是系列产品,有各自的名称、形象、个性、价位,丰富的品牌种类为"雅芳"赢得了"面"上的优势。

"雅芳"的品牌虽多,却是非常有序的,即针对不同的细分市场,合理地安排品牌层次。对于女性化妆品市场来说,女性由于年龄、职业、收入、趣味、家庭等因素的不同,对化妆品的需求和选择也大不相同,综合各种因素,可将女性化妆品市场按年龄和生活方式进行划分。"雅芳"的众多品牌,正是针对处于各个年龄层次的、采用不同生活方式的女性,按照其对化妆品的各自需求来安排的,以护肤品为例,就可分成针对不同人群的美白、抗皱、高效保养、基础护肤等高中低价位的不同层次。一位高级白领恐怕很少会用好而不贵的"大宝";而一个普通的大学女生对于"资生堂",也只是抱有一种向往。实际上,在"雅芳"内部,就同时拥有"大宝"和"资生堂"。正是这种明确的品牌层次,使"雅芳"的众多品牌处于一种多而不乱的有序状态,使消费者既有选择的余地,又能找到最适合自己的产品。

【想一想】 雅芳在树立品牌的过程中,使用了哪些策略?品牌对于企业来说有何意义?

【说一说】 在品牌设计中一般需要注意哪些问题?

一、品牌的基本知识

我国是世界上使用品牌最早的国家之一,据我国出土文物显示,在公元六世纪南北朝后期的陶瓷上就已经出现了工匠的署名,公元8世纪的唐朝更是有了印有水印暗纹标志的纸张。

在西方国家,品牌商标作为财产权受到保护,最早始于1883年的《巴黎公约》。

(一)品牌的概念

1. 品牌概念及要素

品牌是用以识别某个企业的产品或劳务,并使之与竞争对手的产品或劳务区别开来的商业名称及标志,通常由文字、标记、符号、设计图案和颜色等要素或是这些要素的组合所构成。品牌是一个总名称,它包括品牌名称、品牌标志、商标等内容。

(1)品牌名称。品牌名称是品牌中可以读出声来的那一部分,是品牌中能用语言称呼的部分,如康师傅、雀巢、娃哈哈等,它主要产生听觉效果。

(2)品牌标记。品牌标记是品牌中用以识别但不可念出声来的另一部分,如符号、图案、色彩、字母或其他设计,如"奥迪"轿车的四个圆环套、"麦当劳"快餐的大写的"M""花花公子"的兔子图形等。

2. 商标的概念

商标是一个法律概念,是经过政府有关部门注册获得专用权而受法律保护的一个品牌或品牌的一部分,它是企业的无形资产,驰名商标更是企业的巨大财富。品牌是一般的商业用语,中国商标制度实行"自愿注册原则"和"申请在先原则",未注册的品牌不受法律保护。

3. 品牌与商标的联系与区别

品牌与商标是极易混淆的一对概念,一部分企业错误地认为产品进行商标注册后就成了品牌,事实上,两者既有联系,又有区别。其联系在于:品牌包含商标;区别在于:品牌侧重于名称,商标侧重于标志(或标记)。品牌往往与企业联系在一起,保持一致,而商标与具体的商品紧密联系;品牌侧重于宣传推广,而商标侧重于维权保护。

(1)品牌与商标都是用以识别不同生产经营者的不同种类、不同品质产品的商业名称及其标志。在企业的营销实践中,品牌与商标都是为了区别商品来源,便于消费者识别商品,以利竞争。可见,品牌与商标都是传播的基本元素。

(2)品牌是市场概念,是产品和服务在市场上通行的牌子,它强调与产品及其相关的质量、服务等之间的关系,亦即强调企业(经营者)与顾客之间关系的建立、维系与发展。品牌实质上是品牌使用者对顾客在产品特征、服务和利益等方面的承诺。

(3)商标是法律概念,商标是向政府注册的受法律保护,保障其商标专用权的品牌,是品牌的一部分。品牌与商标的不同之处主要是商标能够得到法律保护,而未经过注册获得商标权的品牌不受法律保护。所以说,商标是经过注册获得商标专用权从而受到法律保护的品牌,它强调对生产经营者合法权益的保护。

(二)品牌的内涵

运用美国营销大师菲利普·科特勒对品牌所表达的意义,品牌的内涵可以分为以下六个方面:

1. 属性

一个成功的品牌首先应给人们带来特定的属性,品牌属性所代表的就是产品或企业的品质内涵,这些品质的内涵包括质量、功能、工艺、服务和附加值等。例如:"梅赛德斯—奔驰车"表现出昂贵、优良制造、工艺精良、耐用和高声誉的品质内涵。

2. 利益

成功的品牌总是以消费者为中心,引导人们认识品牌并购买其所代表的产品,设身处地地关心消费者的需求,建立情感纽带,促使消费者成为品牌的忠诚者,从而为企业带来利益。

从消费者的角度去理解品牌利益,消费者并不是对品牌的属性进行简单的接受,而是从自身消费的角度去理解品牌的各种属性能给自身带来多少利益。所以品牌在消费者的心目中往往是不同程度的利益象征,消费者会以品牌所代表利益的大小做出评价。因此,消费者在选择品牌时,总是以质量为核心选择购买对象,因为那些质量上乘的品牌能给消费者带来更大的利益。属性需要转换成功能和情感利益,属性"耐用"可以转化为功能利益是:"我可以几年不买车了"。属性"昂贵"可以转换成情感利益是:"这车帮助我体现了重要性和令人羡慕"。

3. 价值

不同的品牌会因其所代表的企业品质和声誉不同而形成等级层次,从而在消费者心目中形成不同的价值和利益,同时也体现企业在品牌设计中的某种特定的价值观。

成功品牌的价值是在市场竞争中体现出来的。从竞争角度看,一个成功的品牌应具有科技力、形象力和营销力三个基本要素。

(1)科技力。科技力是成功品牌的基础,优良品牌的品质离不开科技力,只有具备了科技力,企业才能开发出高技术含量的高质量品牌。

(2)形象力。良好的企业形象能在社会公众中形成稳定的信心归属,有助于品牌的营销。

(3)营销力。营销力是企业诸多因素综合作用的结果,具备征服消费者的能力,是市场营销的龙头。

品牌还体现了某些制造商的价值感。可口可乐总经理伍德拉夫曾夸口说:"即使整个可口可乐公司在一夜之间化为灰烬,仅凭可口可乐这块牌子就能在很短的时间内恢复原样。"据统计,2011年可口可乐有形资产只有150多亿美元,而其品牌价值高达737亿多美元。

4. 文化

品牌是文化的载体，它具有显在文化和隐含文化两种表现形式。

（1）显在文化。品牌所选用的文字、符号、图案的本身就是一种显在的文化。品牌所选用的这些标识，可使消费者产生同其文化背景、教育程度和社会地位相对应的各种联想，从而决定品牌购买的取舍。

（2）隐含文化。隐含文化是指品牌所代表的产品或企业本身所具有的企业文化、企业形象，以及通过品牌所体现出来的文化。如果品牌的隐含文化能被消费者理解和认同，消费者就有可能实施购买行动。

品牌中的文化是唤起人们心理认同的最重要的因素，一个品牌文化取向是企业品牌塑造的重心所在。未来品牌的竞争主要体现在品牌对文化的融合能力：一是品牌与文化的价值，如真、善、美的融合；二是品牌与消费者的文化背景、文化心理和价值取向的融合。品牌可能象征了产品的一定文化，反映了产品的文化内涵，如：海尔、长虹代表着中国文化；麦当劳、福特代表着美国文化；而奔驰、宝马则代表着德国文化。

5. 个性

品牌具备鲜明的个性特征。品牌不仅要在文字、符号和图形的表现形式上做到新颖独到，还要突出品牌所代表的特定个性，而且要使人们联想到某种具有鲜明个性特征的某人或某物或其他熟悉的某一景象，其目的是使品牌产生更加有效的识别功能。梅赛德斯可以使人想起一位不无聊的老板（人），一头有权势的狮子（动物），或一座质朴的宫殿（标的物）。

6. 使用者

品牌还代表了它的目标顾客群，即体现了购买或使用这种产品的是哪一类消费者。品牌的特定消费目标决定了品牌能够代表特定的消费群体。企业在开发产品、确定品牌时，就已经锁定了目标消费群体，从而使某些品牌成为某些特定消费群体的角色象征。同时品牌也体现了购买者或使用者同某品牌所代表的价值、文化和个性之间的一致性。

二、品牌的作用

品牌在《牛津大辞典》里被解释为"用来证明所有权，作为质量的标志或其他用途"，即用以区别和证明品质。

最初的品牌使用是为了使产品便于识别，品牌最原始的雏形即是人们在自家家畜上烙上烙印，作为私有财产与他人财产区分的简单标记，之后用简单图形标记在产品上，用作自有产品声誉维护的标志。

在市场演化进程中，品牌早已跳出了品质证明和区别的简单含义，在现代品牌中蕴含着企业的文化、个性特征、企业性格、群体划分、企业实力等，成为企业独占鳌头的杀手锏。随着市场的繁盛与发展，品牌日益成熟，进而发展到全球企业对品牌的追逐、研究与推崇，其作用主要表现为：

1. 品牌的基本作用——有效识别

有效识别，即有利于消费者指认产品，便于选购。一个产品会有很多属性，但消费者一般都是通过品牌来归纳这些属性的。当顾客需要这些属性时，他就会直接指认要购买 XX 品牌的产品。比如：A 品牌，围绕着产品所有的信息传递均是动感、时尚、年轻化，那么产品最终给人的印象便是动感的、时尚的，会在年轻群体中备受推崇；B 品牌，围绕着产品所作的宣传既有时尚的又有古典的，既有朴素的又有奢华的，总会让人不知所云，没有找到企业产品宣传的支点，那么它所给予大众的印象就是散乱的、无持续性的。

2. 有利于保护企业的利益

品牌经注册变成商标后，产品的独特性和特定性就会受到法律的保护，不受竞争对手的仿制侵犯。

3. 有利于保持老客户

消费者一旦对某种产品的属性产生偏好以后，就会形成"品牌忠诚"现象，即在相当长的时间内保持对这一品牌的购买选择。

4. 有利于企业实行市场细分化战略

企业可以通过多品牌策略，对不同目标市场的产品实行不同的品牌，从而有利于实行市场细分化的运作。

5. 有利于树立企业形象

品牌总是与企业形象联系在一起的，良好的品牌有利于使消费者对企业产生好感，当品牌与公司名称一起出现在包装上时，宣传品牌的同时也宣传了企业本身。

三、品牌设计要求

许多产品因为拥有一个好听的名称和别致的标志，从而吸引了广大的消费者，如"香飘飘"奶茶，好听的名称，温馨的形象标志，吸引了大量的女性消费者。从传播学和营销学的角度考虑，品牌设计要体现简、特、亮、巧、合、法。

（一）简

简洁又凝练，使人过目不忘，百看不厌。越单纯、明快的名称，越易于和消费者进行交流，如"耐克""苹果"等一批著名品牌的品牌标志就是很成功的设计案例。

（二）特

独特又新颖，与众不同。品牌的独特性、新颖性越强，越能吸引消费者，越能与竞争对手的产品区别开来。如"康师傅"方便面品牌：一位满脸堆笑，头戴高高的厨师帽，身穿白色围裙，袖口高高挽起，面条长长抻开，和善、淳朴而又有趣的"面师傅"，令人可亲可信。

（三）亮

品牌名称读起来朗朗上口，易于传播。

（四）巧

品牌名称寓意丰富，能从中得到愉快的、吉利的、优美的、高雅的等多方面的提示和联想，如"宝马""飘柔"等。

（五）合

品牌名称要适合目前和潜在市场消费者的文化价值观念，包括风俗习惯、宗教信仰、价值观念、语言习惯、民间禁忌等，如日本人忌荷花、意大利人忌菊花、伊斯兰教人忌红色等。

（六）法

品牌名称要能够注册，符合国家商标法等规定要求，并且可以得到法律的保护。

四、品牌策略

企业从事品牌运营，科学而合理地制定品牌策略是其核心内容。

（一）品牌有无策略

产品是否使用品牌，是品牌决策回答的首要问题。

1. 使用品牌

产品使用品牌是为了实施名牌战略，可以起到相当重要的作用。

（1）就产品而言，品牌是"整体产品"的一部分，它有助于在市场上树立产品形象，并成为新产品上市和推广的主要媒介。

（2）就价格而言，通过品牌建立较高的知名度、美誉度，有利于制定较高价格。品牌是产品差别化的重要手段，著名品牌不仅比无品牌价高利大，而且价格弹性小。

（3）就分销而言，由于品牌具有辨认作用，一方面，著名品牌更容易渗透和进入各种销售渠道；另一方面，企业也便于处理订货业务，办理运输和仓储业务。

（4）就促销而言，品牌是制作各种促销信息的基础，无品牌的产品，就像一个无名无姓的人，别人难以称呼，有关它的一切也不便流传。

2. 不使用品牌

并不是所有的产品都必须使用品牌，一般地，在以下情况下，企业多考虑不用品牌。

（1）同性质的产品。如电力、煤炭、钢材、水泥等，只要品种、规格相同，产品不会因为生产者不同而出现差别。

（2）人们不习惯认牌购买的产品，如食盐、食糖、大多数农副产品、原材料和零部件等；生产简单，无一定技术标准的产品，如土纸、小农具等临时性或一次性生产的产品，一般不使用品牌。

目前，市场上的大部分产品都采用品牌，有的产品，国家法律规定，若未使用品牌就不能上市。但是，也有一些产品由于生产过程的普遍性，在制造加工过程中不可能形成一定的特性，不易同其他企业生产的同类产品相区别，例如电力，任何方式发出的电总是相同的，这就不需要采用品牌。另外，有的产品在生产过程中，企业无法保证其生产的所有产品都具有相同的质量，例如蔬菜、矿石等，因而国内一般也不使用品牌。

但是，大多数企业，只要有可能，总是希望为自己的产品设计品牌。目前无论是在国内还是在国外，即便是水果、食盐、食糖、煤油等产品也普遍地开始使用品牌。

使用品牌，可以为企业带来很多利益。第一，使产品容易辨认；第二，经注册的商标可以防止别人仿制，受到法律保护；第三，可以暗示产品质量的优良，使顾客经常重复购买。

（二）品牌归属策略

当企业决定自己的产品需要品牌后，还要进一步决定这一品牌由谁负责，归谁所有的问题，即品牌归属决策。对此，产品制造商有三种选择：

1. 制造商品牌

制造商品牌即全国性品牌，指制造商决定使用自己的牌号来推销产品。使用自己的品牌，虽然要花费一定的费用，但可以获得品牌带来的全部利益，享有盛誉的生产者将自己的品牌借给他人使用，可以获得一定的特许使用费，令其销量迅速上升。

2. 中间商品牌

在市场上，一方面，一些资金能力薄弱，市场经验不足的企业，为集中力量更有效运用其生产资源与设备能力，宁可采用中间商品牌；另一方面，由于顾客对所需的产品都不是内行，不一定有充分的选购知识，所以顾客除了以制造商品牌作为选购的依据外，还常依据中间商品牌。当然，中间商设立自己的品牌也会带来一些问题，主要有以下几点：

（1）必须花费较多的费用推广其品牌；

（2）中间商本身不从事生产，必须向厂家大量订货，易造成资金的大量积压；

（3）中间商还要承担各种风险，消费者对某一种中间商品牌的产品不满，往往会影响到其所经营的其他品牌的销售。

但使用中间商品牌也有有利方面，主要有：

（1）中间商有了自己的品牌不仅可控制定价，而且在某种程度上可控制生产者；

（2）中间商可以找一些无力创立品牌或不愿自设品牌的厂家、一些生产能力过剩的厂家，使其使用中间商的品牌制造产品。由于减少了一些不必要的费用，中间商不仅可以降低售价，提高竞争能力，还能保证得到较高的利润。

3. 混合品牌

即一部分产品采用中间商品牌，一部分产品使用制造商品牌。具体做法有以下两种方式：

（1）制造商在部分产品上使用自己的品牌，部分产品使用中间商品牌。这样，既能保持企业的特色，又能借助于中间商的品牌影响力来扩大销路。

（2）为了进入新市场，制造商先使用中间商的品牌，取得一定市场地位后再使用自己的制造商品牌。

一般当制造商的实力、品牌的知名度及信誉高于其中间商时，应坚持使用制造商品牌；反之，则宜采用中间商品牌。当实力、信誉相当的制造商和中间商发生业务关系时，可同时使用自己的品牌和中间商的品牌。

（三）品牌统分策略

品牌统分策略，又称家族品牌策略，一个企业往往会同时生产经营许多不同类型、规格和质量的产品，企业在决定使用自己的品牌之后，面临着选择品牌名称的决策。一般有以下四种策略可供选择：

1. 统一品牌

这种做法是企业的各种产品，使用相同的品牌推向市场。同一品牌使推广新产品的成本降低，不必为创造品牌的接受性与偏爱性而支付昂贵的广告费用，可以降低营销费用。但是，使用统一品牌，必须保证各种产品在质量、产品形象上一致，太大的差别容易混淆品牌形象，如一家食品企业，在同一品牌下既生产糕点，又生产宠物食品，就不利于品牌形象的统一。使用统一品牌营销风险大，在同一品牌下，某一个或某几个产品项目出现问题，会波及其他产品项目。

2. 个别品牌

个别品牌即企业各种不同的产品分别使用不同的品牌。

3. 分类品牌

分类品牌是指在产品组合中，对产品项目依据不同的标准分类，分别使用不同的品牌。这里通常有两种做法：按产品系列分类，如健力宝集团，饮料类用"健力宝"，服装类用"李宁"；按产品质量等级分类，如美国A&P茶叶公司，一等品用"Annpage"，二等品用"Sultan"，三等品用"Iana"。

4. 企业名称加个别品牌

这种方法通常将个别品牌与企业的名称标记联用。这样，在产品的个别品牌前冠以企业统一品牌，可以使新产品正统化，享受企业已有的声誉；在企业统一品牌后面跟上产品的个别品牌，又能使新产品个性化。例如美国通用汽车（GM）公司生产的各种小轿车，既有各自的个别品牌，如"凯迪拉克"（Cadilalac）、"别克"（Buick）、"雪佛兰"（Chevrolet），前面又加GM两个字，以示系通用公司产品。

（四）多品牌策略

多品牌策略，指企业对其同一产品同时使用两种或两种以上相互竞争的品牌策略。如宝洁公司的洗衣粉就有汰渍、洗好、欧喜朵、波特、世纪等近10种品牌。多品牌策略有很多优点：

1. 可以争取更多的"展示面积"，从而成功排挤竞争者所占用的货架面积，增加零售商对产品的依赖性；

2. 可以争取"品牌转换者"，吸引喜好新牌子的消费者，提高市场占有率；

3. 可以在企业内部形成竞争激励机制，从而提高各部门的工作效率和管理效率；

4. 可以满足不同的细分市场的需要，为提高总销售量创造条件。

当然，多品牌策略也有不足，其存在的风险是：使用的品牌量过多，导致每种产品的市场份额很小，使企业资源分散，而不能集中到少数几个获利水平较高的品牌。

（五）品牌延伸策略

品牌延伸策略，指企业利用其成功品牌名称的声誉来推出改进产品或新产品，包括推出新的包装规格、香味和式样等。企业采用这种策略，可以：

1. 有助于节省新产品的促销费用；

2. 有利于新产品市场的开拓。

但是，若新产品促销失败，将影响该品牌的形象。因此，采用此种策略时要考虑新产品与原有品牌的关联，如果两者之间甚少关联，则不宜采用，如美国IBM、邦迪等都在品牌延伸中经历过失败的教训。但是，采用此种策略成功的案例也比比皆是。如海尔公司，它在冰箱上取得成功以后，又利用这一品牌成功推出了海尔洗衣机、电视机、电脑、手机等。

五、品牌管理

品牌的动力是创新，品牌的核心是服务，品牌的基础是质量，品牌的实质是文化，品牌的持久靠管理。对于企业而言，建立品牌是好事，但管理好品牌才是关键。

（一）质量是品牌管理的基石

质量是产品的基础，产品没有了质量保证，也就失去了使用价值，其他的一切都将无从谈起。因此品牌的竞争，其实也是产品质量的竞争，更是产品标准的竞争。

（二）技术是品牌管理的推动力

品牌的竞争，也是技术的竞争。企业为了保持竞争中的优势地位，必须不断开发新技术或改进技术，始终保持技术上的优势。

（三）顾客是品牌管理的关键

顾客是产品的购买者和使用者，对企业至关重要，企业应与他们建立良好的关系，以树立形象，促进产品的销售。

（四）员工是品牌管理的根本

员工关系是企业的根本。员工关系的协调有利于企业提高外张力和凝聚力，企业必须尊重员工，关心员工，倾听员工的心声，创造令员工满意的氛围。

（五）包装是品牌管理必不可少的环节

企业要创造品牌，包装是一个必不可少的环节。产品包装的重要意义已经远远超过了保护产品，而成为促进产品销售、营造品牌的重要因素之一。

案例赏析

"希思黎"自2001年正式进入中国市场以来，就率先将"坚持卓越质量"的理念和领先全球的植物美容科学带到国内。为了能使"希思黎"这一产品顺利进入中国市场，"希思黎"采取了一系列与产品品牌有关的策略。

一、讲述一个"品牌故事"

"希思黎"，取自一名法国著名抽象派画家，他擅长描绘大自然，作品颇受"希思黎"品牌创始人多纳诺伯爵夫妇的青睐。大自然赋予他灵感，成就一件件艺术珍品，这恰恰与"希思黎"品牌取材天然的"植物美容学"不谋而合。

二、确立一个"品牌理念"

"希思黎"作为领先全球的高端化妆品品牌，以"植物美容学"为理念，凭借强大的研发背景和"追求极致卓越"的理念，赋予所有产品"自然、安全、有效"的承诺。

"希思黎"率先将植物精华和植物精油运用到产品中，通过高科技的多元萃取，实现植物精粹的最佳配比和组合，使得美肤效果加倍呈现。

"希思黎"提供给人们全方位的美肤方案：从脸部保养、身体护理、彩妆到香氛。

"希思黎"注重人们的潜在需求，引领新兴消费方向，上市新品往往引发抢购热潮。

三、揭示一个"品牌奥秘"

数千年来,植物与人类相互依存,对肌肤有天然的亲和力。早在1976年,"希思黎"品牌创始人就发现植物护肤产品低致敏与高吸收的特点,专注于植物护肤效用的研究,开创了"植物美容学"理念,这在当时的欧洲引起不小的轰动。他还成立了专门的实验室,选用高品质植物来创造完美的护肤产品,打造"希思黎"品牌。

自此,"希思黎"不断成长,凭借严格的原料挑选标准、科学的萃取方法、独特的配方,奠定了如今"植物美容学"开拓者和先驱者的地位。

四、创造一个"品牌典范"

传统的营销理论认为,单一品牌延伸策略能使企业减少宣传成本,便于企业形象的统一。但是,"希思黎"认为单一品牌策略并非是企业的万全之策。于是,"希思黎"产品出现了"全能乳液""修护面霜""防晒护理日霜""修护瞬间保湿露""抗皱活肤驻颜霜""全日呵护精华乳""瞬间紧致眼膜"等。

学习任务四 探索包装新功能

案例导入

【看一看】 古时候,有一个楚国商人到郑国卖珠宝,商人为了能够将珠宝顺利地卖出去,就用上好的木料做了一只盒子,还给盒子熏上桂花的芳香,缀上珠玉、翡翠,画上鲜艳的玫瑰。但结果是:有人出高价买了盒子,却将盒子里的珠宝还给了商人。这就是成语"买椟还珠"的由来。

【想一想】 在商品经济发达的今天,"买椟还珠"说明了一个什么问题?

【说一说】 你认为产品包装在产品促销过程中有什么重要的作用或意义呢?

一、包装的基本知识

在商品极大丰富的今天,消费者对每个产品的关注时间非常短暂,因此必须抓住消费者眼光从货架扫过的那一瞬间。只有包装能够综合利用颜色、造型、材料等元素,同时表现出产品、品牌等企业的内涵和信息,突出产品与消费者的利益共同点,对消费者形成较直观的冲击,进而影响到消费者对产品和企业的印象,才能使产品醒目地摆在货架上,有效地完成吸引消费者的目的。产品的包装首先是表现出销售力,承担着吸引消费者的主要功能。

(一)包装的含义

俗话说:"人靠衣服马靠鞍",说的就是一个包装的问题。包装是指产品的容器或外部包装物,是产品策略的重要内容,有着识别、便利、美化、增值、促销和保护的功能。一般来说,进入市场销售环节的产品必须要有包装,包装的好坏直接影响到产品的销路和价格。

从市场营销观点看，包装和装潢是产品整体概念中的形式产品，是产品整体概念中的重要组成部分。产品包装是一项技术性和艺术性很强的工作，通过对产品的包装可以达到多种效果；包装设计应适应消费者心理，显示产品的特色和风格，包装形状、大小应为运输、携带、保管和使用提供方便。

（二）包装的分类

产品包装一般可以分为内层包装、中层包装和外层包装三个层次。

1. 内层包装

内层包装是指最接近产品的容器或包装物。它是液体、粉状、流质产品的直接容器，如酒瓶、酸奶瓶、洗面奶软管等。

2. 中层包装

中层包装往往又称为销售包装、内包装或小包装，是指为了消费者携带、使用、美化和宣传产品的包装，亦即保护内包装层次的材料，如牙膏的纸盒、化妆品套盒等。一般陈列在商店里的商品包装就是这种，它为产品提供了进一步的保护和促销机会，当产品使用时，它即被丢弃。这类包装不仅能保护产品，而且能更好地美化和宣传产品，吸引消费者，方便消费者。

3. 外层包装

外层包装又称为储运包装、运输包装、外包装或大包装，是指为了适应储存、搬运过程的需要所进行的包装，主要有箱、袋、包、桶、坛、罐等包装方式，如高级时装的纸袋、液态奶的纸箱等。

目前，对产品进行包装，已成为企业强有力的营销手段，设计良好的包装既能为消费者创造方便，也能为生产者创造促销价值。

（三）包装的要素

1. 包装材料

包装材料主要包括：基本材料（纸、塑料、玻璃、金属、陶瓷、竹木以及其他复合材料等）和辅助材料（黏合剂、涂料和油墨等）两大部分，它是产品包装"三大功能"（保护、方便和促销）得以实现的物质基础。

包装设计中的材料使用，应尽可能选择：

（1）轻量化、薄型化、易分离、高性能的包装材料；

（2）可回收和可再生的包装材料；

（3）可食性包装材料；

（4）可降解包装材料；

（5）利用自然资源开发的天然生态包装材料；

（6）纸质包装。

2. 包装容量

不同的包装层次，要根据产品在使用、储运及销售的不同特点，选择不同重量不同大小的包装，如：欧美市场上洗衣粉的包装容量一般都要大于我国市场上的洗衣粉，这是由于他们购物和洗衣的习惯不同，消费者一般开车购物，洗衣机功率较大。

3. 包装造型

包装的外形是包装设计的一个主要方面，外形要素包括包装展示面的大小和形状。

如果外形设计合理，则可以节约包装材料，降低包装成本，减轻环保的压力。在考虑包装设计的外形要素时，应优先选择那些节省原材料的几何体，各种几何体中，若容积相同，则球形体的表面积最小；对于棱柱体来说，立方体的表面积要比长方体的表面积小；对于圆柱体来说，当圆柱体的高等于底面圆的直径时，其表面积最小。

优秀的包装外形设计应遵循以下原则：

（1）结合产品自身特点，充分运用商品外形要素的形式美法则；
（2）适应市场需求，进行准确的市场定位，创造品牌个性；
（3）要以"轻、薄、短、小"为标准，杜绝过度包装、夸大包装和无用包装；
（4）从自然中吸取灵感，用模拟的手法进行包装外形的设计创新；
（5）充分考虑环境与人机工程学要素；
（6）积极运用新工艺、新材料进行现代包装外形设计；
（7）大力发展系列化包装外形设计。

4. 包装颜色

颜色是包装最有力的工具之一。眼球活动的研究显示，各种包装要素之中，人们对色彩反应最快、最灵敏。

理想的包装颜色要求醒目，对比强烈，有较强的吸引力和竞争力，以唤起消费者的购买欲望，促进销售。例如，食品类常用鲜明丰富的色调，以暖色为主，突出食品的新鲜、营养和味觉；儿童玩具类常用鲜艳夺目的纯色和冷暖对比强烈的各种色块，以符合儿童的心理和爱好；体育用品类多采用明快、鲜亮色块，以增加活跃、运动的感觉……

不同的商品有不同的特点与属性，设计者要研究消费者的习惯和爱好以及国际、国内流行色的变化趋势，以不断增强色彩的社会学和消费者心理学意识。

5. 包装标签

包装标签是指附着或系挂在产品销售包装上的文字、图形、雕刻及印制的说明。标签可以是附着在产品上的简易签条，也可以是精心设计的作为包装的一部分的图案。标签可能仅标有品名，也可能载有许多信息，能用来识别、检验内装产品，同时也可以起到促销作用。

通常产品标签主要包括：制造者或销售者的名称和地址、产品名称、商标、成分、品质特点、包装内产品数量、使用方法及用量、编号、贮藏应注意的事项、质检号、生产日期和有效期等内容。值得提及的是，印有彩色图案或实物照片的标签有明显的促销功效。

6. 包装标志

包装标志是指在运输包装的外部印制的图形、文字和数字以及它们的组合。包装标志主要有运输标志、指示性标志、警告性标志三种。

（1）运输标志。运输标志又称为唛头（Mark），是指在产品外包装上印制的反映收货人和发货人、目的地或中转地、件号、批号、产地等内容的几何图形、特定字母、数字和简短的文字等。

（2）指示性标志。指示性标志是指根据产品的特性，对一些容易破碎、残损、变质的产品，用醒目的图形和简单的文字做出的标志。指示性标志指示有关人员在装卸、搬运、储存、作业中引起注意，如常见的有："此端向上""易碎""小心轻放""由此吊起"等。

（3）警告性标志。警告性标志是指在易燃品、易爆品、腐蚀性物品和放射性物品等危险品的运输包装上印制特殊的文字，以示警告。如常见的有："爆炸品""易燃品""有毒品"等。

7．条形码

条形码一般由一组粗细不等、间距不等的平行线组成，代表着不同的号码。

目前世界上有两大类条形码编码系统，即UPC码和EAN码，我国采用的是后者，前3位"690"代表该产品由中国制造。条形码的使用对商品流通过程中运用计算机进行信息管理具有至关重要的作用。

二、产品包装的作用

（一）保护商品

保护商品质量安全和数量的完好无损，是商品包装的最原始、最基本的目的。产品在流通过程中，可能受到各种外界因素的影响，引起商品破损、污染、渗漏或变质，因此，绝大多数产品在进入消费过程之前，都有防碰、防湿、防火、防虫蛀霉烂的要求，这就需要对产品进行一定的包装，从而防止它们残损变质。良好的产品包装，不仅有利于向消费者提供优质的产品，同时又能减少企业的经济损失。

包装保护商品的作用主要表现在两个方面：其一表现在产品销售过程中，良好的包装可以防止产品的毁损、变质、散落、被窃等；其二表现在产品消费过程中，防止产品散失、受潮、变质等。科学合理的包装，能使商品抵抗各种外界因素的破坏。

（二）便于运输、携带和储存

很多产品的外形呈液态、气态或粉状，没有固定的形状，即使是某些固态产品，由于形态比较特殊，如不加以包装就无法运输。此外，很多产品易碎、易燃、有毒，如不严加包装，势必引起意外事故或污染环境。进行合理的包装，可便于商品的运输，从而节省流通时间及降低运输费用，经过合理包装的产品，便于储存和点检，有利于仓库作业，合理堆砌，保护商品品质，同时便于计数，能防盗防窃，有利于管理。

（三）方便使用

目前，许多产品在其内外包装上都会印有产品成分、适用范围、使用方法和注意事项等内容。适当的包装可以起到方便使用和指导消费的作用。

（四）美化商品、促进销售

良好的包装在产品销售过程中有积极的促销作用，它能改进产品的外观，提高顾客的视觉兴趣，同时又能方便顾客的购买。

良好的产品包装，还能起到广告印刷作用，而且这种包装广告能随购买者一起进入家庭，向更多的人宣传。

（五）提升产品价格

良好的包装，能增加产品的身价，满足顾客的某种心理要求，使顾客乐于按较高的价格购买产品，从而增加企业的利润。

三、包装设计原则与要求

（一）包装设计原则

1. 适用原则

包装的主要目的是保护商品，因此，首先要根据产品的不同性质和特点，合理地选用包装材料和包装技术，确保产品不损坏、不变质、不变形等，尽量使用符合环保标准的包装材料；其次要合理设计包装，便于运输等。

2. 美观原则

销售包装具有美化商品的作用，因此在设计上要求外形新颖、大方、美观，具有较强的艺术性。

3. 经济原则

在符合营销策略的前提下，应尽量降低包装成本。

（二）包装设计要求

"人要衣装，佛要金装"，产品要靠包装。重视包装设计是企业市场营销活动适应竞争需要的理性选择。从营销的角度看，包装设计应符合下列基本要求：

1. 有利于保护产品，这是产品包装最基本的功能；
2. 有利于产品促销，包装设计的造型要美观大方、文字清晰、图案生动形象；
3. 包装必须与产品的价值、质量水平及产品市场定位相匹配；
4. 包装的造型和结构应考虑使用、保管和携带的便利；
5. 尊重消费者的宗教信仰和风俗习惯；
6. 包装物上的文字要求通俗易懂；
7. 包装的材料应经济适用。

四、产品包装策略

产品包装策略在营销活动中具有重要作用，企业除了使包装能充分展现产品的特色外，还需要运用适当的包装策略，使包装成为强有力的营销手段。常用的包装策略主要有以下几种：

（一）类似包装策略

类似包装策略，是指企业所生产的各种不同产品，在包装上采用共同或相似的图案、形状或其他共同的特征，使消费者容易发现是同一家企业的产品。类似包装具有和采用统一品牌策略的同样好处，可以节省包装设计的成本，有利于提高企业的整体声誉，壮大企业营销实力。特别是在推出新产品时，可以利用企业的声誉，使顾客首先从包装上辨认出产品，迅速打开市场，但如果企业产品品质相差太大，不宜采用这种策略。

（二）等级包装策略

等级包装策略，即对同一种产品，可以按照产品的价值、品质分成若干等级，根据顾客的不同需要，采用不同级别的包装，如用作礼品，则可以精致地包装，若自己使用，则只需简单包装。此外，对不同等级的产品，也可采用不同包装，高档产品，包装精致些，表示产品的身份；中低档产品，包装简略些，以减少产品成本。该策略适用于产品相关性不大，产品档次、品质比较悬殊的企业，其优点是能实现产品的特点，并与产品质量协调一致，缺点是增加包装设计成本。

（三）组合包装策略

组合包装，就是把若干有关联的产品，包装在同一容器中，如化妆品的组合包装、节日礼品盒包装等，都属于这种包装方法。组合包装不仅能促进消费者的购买，也有利于企业推销产品，特别是推销新产品时，可将其与老产品组合出售，创造条件使消费者接受、试用，还有利于同时满足同一消费者的多种需要，扩大销售。

（四）复用包装策略

复用包装又称为再使用包装，这种包装物在产品使用完后，还可用作别处。这样可以利用消费者一物多用的心理，使他们得到额外的使用价值，从而激发其购买产品的欲望，如设计精巧的果酱瓶，在吃完果酱后可以作茶杯之用。包装物在继续使用过程中，实际还起了经常性的广告作用，增加了顾客重复购买的可能，诱发消费者购买或引起重复购买。

（五）附赠品包装策略

这种包装的主要方法是在包装物中附赠一些物品，从而引起消费者的购买兴趣，有时，还能造成顾客重复购买的意愿。例如买咖啡送咖啡杯；买化妆品在化妆品盒里放一颗珍珠，顾客买了一定数量之后就能串成一根项链；购买肯德基的儿童套餐，附赠小玩具等。但赠品要注意制作精良，不可粗制滥造，否则不但起不到促销的作用，还会影响产品或企业的形象。

（六）更换包装策略

更换包装策略是指对原商品包装进行改进或更换，重新投入市场以吸引消费者；或者原商品声誉不是太好，销售量下降时，企业可以在改进产品质量的同时，改变包装的形式，从而以新的产品形象出现在市场，改变产品在消费者心目中的不良地位。这种做法，有利于迅速恢复企业声誉，重新扩大市场份额。

但对于优质名牌产品，不宜采用这种策略。如："百事可乐"和"可口可乐"之间争了上百年的"红蓝对决"，在2007年下半年变成"红红对决"。不过，由于在消费者心目中，"百事可乐"和"可口可乐"有着明显的区别，其中最大的区别就是他们两者外包装的颜色，红色是"可口可乐"的代表色，蓝色则是"百事可乐"的"官方用色"，"红蓝对决"一直是"可口可乐"与"百事可乐"之间竞争的代称。因此，有人担心，"百事可乐"的"换装"可能会失去此前树立起来的旗帜。

（七）性别包装策略

性别包装，即根据男女不同的性别来设计不同的产品包装。如：女性用品体现靓丽、温柔、典雅等风格；男性用品体现阳刚、潇洒、帅气等风格，目的在于满足不同消费者的个性需求。

（八）习惯包装策略

习惯包装就是根据消费者的不同消费习惯来设计产品包装。比如：瓶装咖啡，适合居家消费使用；袋装咖啡，适合旅行出差消费使用等。

（九）防伪包装策略

对于一些名牌产品来说，防止假冒伪劣产品是非常重要且又很棘手的工作。除了通过法律手段、打假运动来遏制假冒产品外，采用各种防伪包装是一种主动且行之有效的手段，如："五粮液"和"茅台"同是名酒，但由于"五粮液"采用了防伪酒瓶，"五粮液"酒的假酒数量就要比"茅台"酒少得多。

案例赏析

2008年，在由中国包装总公司、中国包装联合会、世界包装组织（WPO）和"世界之星"包装奖作品推荐组委会共同主办的评比活动中，江苏洋河酒业集团推出的"蓝色经典"系列产品，以其精美高雅、新颖别致的包装设计，一举荣获了"世界之星"和"包装之星"两项大奖。

评审过程中，评委会一致认为：洋河"蓝色经典"独创的"蓝色文化"包装，既延续了洋河酒文化的传统特色，又体现了与时俱进的现代文明，以"天之高为蓝，海之深为蓝，梦之遥为蓝"为主调的设计理念，诠释了"世界上最宽广的是海，比海更高远的是天空，比天空更博大的是男人的情怀"的精彩意境，突出了产品的未来和品位。

市场消费者也普遍反映：洋河"蓝色经典"的产品包装有开放感、有个性，不失端庄大方，并且具有极强的现代感。

正因为如此，洋河"蓝色经典"荣获世界包装界的两项大奖，也是实至名归。

大部分消费者在购买产品时，并不是将产品的包装作为首要因素，但是，包装精美别致的产品一定会让消费者产生好感。

工作任务四　TCL公司的品牌设计与评价

【任务要求】　根据TCL公司现有品牌，分析其产品属性，探讨其品牌战略，评价其品牌标志调整的动因和效果。假如你是公司高层，当设计人员将产品品牌标志放在你的面前，你将如何进行评价和选择？

【情景设计】　TCL集团股份有限公司创立于1981年，是目前中国最大的、全球性规模经营的消费类电子企业集团之一，旗下拥有三家上市公司：TCL集团（SZ.000100）、TCL多媒体科技（HK.1070）、TCL通讯科技（HK.2618）。TCL为了统一其企业形象，聘请了专业人员对公司产品品牌标志进行了设计、修改和调整，TCL集团标志演变如下图：

TCL集团最初的标志为"棱形"图样

TCL集团2000年以前的标志

TCL集团最新的标志

【任务实施】
1. 学生根据所提供的背景资料,独立进行公司产品分析,按要求完成TCL集团标志变化的动因和效果分析。
2. 分小组进行TCL公司品牌战略的讨论。
3. 教师总结小组讨论的结果,形成最终分析评价。

【任务实施应具备的知识】
1. 品牌概念;
2. 品牌设计要求;
3. 品牌策略。

【任务完成后达成的能力】
深刻理解品牌对于企业的重要意义;提高个人对形象视觉识别系统的判断能力。

【任务完成后呈现的结果】
每个人提交一份分析报告,字数2 000字左右。

 知 识 宝 典

【EAN码】 EAN码是国际物品编码协会制定的一种商品用条码,通用于全世界。EAN码符号有标准版(EAN-13)和缩短版(EAN-8)两种,标准版表示13位数字,又称为EAN13码,缩短版表示8位数字,又称EAN8码。

EAN码由前缀码、厂商识别码、商品项目代码和校验码组成。前缀码是国际EAN组织标识各会员组织的代码,我国为690、691和692;厂商代码是EAN编码组织在EAN分配的前缀码的基础上分配给厂商的代码;商品项目代码由厂商自行编码;校验码为了校验代码的正确性。

【UPC码】 UPC码是美国统一代码委员会制定的一种商品用条码,主要用于美国和加拿大地区,我们在美国进口的商品上可以看到。UPC码(Universal Product Code)是最早大规模应用的条码,其特性是一种长度固定、连续性的条码,目前主要在美国和加拿大使用,由于其应用范围广泛,故又被称万用条码。UPC码仅可用来表示数字,故其字码集为数字0~9。UPC码共有A、B、C、D、E等五种版本,UPC-A:通用商品;UPC-B:医药卫生;UPC-C:产业部门;UPC-D:仓库批发;UPC-E:商品短码。

【WBSA】 "WBSA"是世界商务策划师联合会(World Business Strategist Association)的英文简称。世界商务策划师联合会创始于1998年,是以现代商务策划知识体系开发为主要任务,以挖掘、培养、服务、发展商务策划专门人才为核心业务的全球性学术机构。注册地为中国香港,行政总部设在新加坡,创始专家分别来自中国、美国、英国、加拿大、南非、马来西亚等国。WBSA陆续在许多国家或地区开展业务,目前是专门开展商务策划师认证业务的唯一全球性机构,WBSA是现代商务策划理论的代名词。

【注册商标】 注册商标是一种法律名词,是指经政府有关部门核准注册的、已获得专用权并受法律保护的商标。它是一个品牌或一个品牌的一部分,是识别某商品、服务或与其相关具体个人或企业的显著标志。注册商标在使用时,通常用"R"或"注"明示。

单元综合练习

一、单项选择题

1. 在技术和结构上密切相关，具有相同使用功能，规格不同而满足同类需求的一组产品构成（　　）。
   A. 产品组合　　B. 产品线　　C. 产品构成　　D. 产品项目

2. 人们购买化妆品，并不是为了获得它的某些化学成分，而是要获得"美"，从这个角度来说，化妆品所提供的"美化"功能属于（　　）。
   A. 潜在产品层　　　　　　B. 附加产品层
   C. 形式产品层　　　　　　D. 核心产品层

3. 在产品生命周期的导入期，通过高价格、高促销费用来推出新产品的策略属于（　　）。
   A. 缓慢撇脂策略　　　　　B. 快速渗透策略
   C. 快速撇脂策略　　　　　D. 缓慢渗透策略

4. 企业所拥有的不同产品线的数目是产品组合的（　　）。
   A. 深度　　B. 长度　　C. 宽度　　D. 相关性

5. 产品的有形部分所组成的是产品的（　　）。
   A. 实质层　　B. 实体层　　C. 延伸层　　D. 服务

6. 注册后的品牌有利于保护（　　）。
   A. 商品所有者　　　　　　B. 资产所有者
   C. 消费者　　　　　　　　D. 品牌所有者

7. 宝洁公司为其拥有的不同的美发护发产品分别制定了不同的品牌，在中国市场上，该公司拥有飘柔、海飞丝、潘婷、沙宣和伊卡璐等五大品牌。宝洁公司采取的商标策略是（　　）。
   A. 推进商标策略　　　　　B. 家族商标策略
   C. 等级商标策略　　　　　D. 类似商标策略

8. 包装有几个主要构成要素，其中（　　）是最具有刺激销售作用的要素。
   A. 商标　　B. 品牌　　C. 图案　　D. 颜色

二、多项选择题

1. 经商标局核准注册的商标为注册商标，主要包括（　　）。
   A. 商品商标　　B. 服务商标　　C. 集体商标　　D. 证明商标

2. 按照消费者的消费习惯对消费品进行划分，选购品包括（　　）。
   A. 名牌产品　　B. 儿童衣料　　C. 一般家具　　D. 人寿保险

3. 包装的作用表现在（　　）。
   A. 便于识别商品　　B. 保护产品　　C. 方便使用　　D. 传递产品信息
   E. 增加产品的实用性

4. 下列产品适宜采用无品牌策略的是（　　）。
A. 电力　　　　B. 煤气　　　　C. 服装　　　　D. 自来水
E. 沙石
5. 市场营销人员眼中的产品，不仅是产品的实体部分，而且也包含了（　　）。
A. 产品生产的保证体系　　　　　　B. 产品的分销渠道
C. 产品形象，保证措施　　　　　　D. 售后服务
E. 顾客所要购买的实质性东西

三、辨析题（判断正误，并说明理由）

1. 整体产品包含五个层次，其中最基本的层次是实体层。（　　）
2. 某摄影用品公司经营照相机、摄影器材、冲洗药品等，其中照相机就是一个产品线，在相机这类产品中，海鸥 DF 相机就是一个产品项目。（　　）
3. 某企业经营儿童"六一"礼品袋，将不同的玩具、学习用品装在一个袋子里，它采取的是附赠品包装策略。（　　）
4. 上海体育用品公司的"牡丹"牌乒乓球拍，是比"红双喜"低一个档次的商标，他们采取的是等级品牌策略。（　　）
5. 一个设计出色的产品包装，不但可以保护产品，还可以增加商品本身的价值，进而增加企业的利润。（　　）

四、简答题

1. 简述产品整体化含义对企业实际工作的作用。
2. 分析产品组合一般应考虑哪些因素？
3. 企业品牌策略的主要内容有哪些？
4. 简述品牌设计的基本要求。
5. 包装有什么作用？企业的包装策略有哪些？

五、案例分析题（运用所学知识，进行分析）

【案例】　北京某电子企业，拥有职工 600 多名。20 世纪 80 年代，该厂产品一度畅销全国，是同行业里的一家知名企业，年销售金属膜电阻近 2 000 万元。该厂产品完全按照国际标准生产，质量可靠，被当时的电子工业部评为部级优质产品，商标被评为著名商标。

进入 20 世纪 90 年代，市场情况发生了变化。该厂生产的金属膜电阻因受到南方生产厂商的强烈冲击，销售收入一路下滑。该时期金属膜电阻的销售量增长缓慢，产品的销售利润开始下降，在市场上竞争非常激烈，各种品牌、各种款式的同类产品不断出现。

为了适应市场情况，该厂对其产品生产线进行了逐步的技术改造，通过生产线的改进来降低生产成本，应对市场上的激烈竞争。

同时，为了改进企业的利润结构，该厂从国外引进了先进的实芯电阻生产设备，实芯电阻的技术含量比较高，生产工艺要求也非常高。由于国内具备类似生产条件的企业只有两家，实芯电阻在市场上供不应求。

为了能够快速建立知名度，占领市场，同时尽快收回投资，该厂在实芯电阻上市时采取了高价格、高促销的策略，这一策略使该厂迅速成为市场领先者。进入 21 世纪后，实芯电阻逐渐取代了金属膜电阻的市场地位，消费者对该产品逐渐熟悉，消费习惯也已

经成熟,因此企业的销售量获得了快速增长。随着销售量的增长,该厂的规模不断扩大,产品的成本也降低了,但令企业头痛的事情也出现了,市场上的竞争者不断涌现,该厂的领导者又开始为企业的进一步发展寻求市场营销策略的改变。

回答下列问题:

1. 金属膜电阻在20世纪90年代进入了产品生命周期的(　　)。
   A. 介绍期　　　B. 成长期　　　C. 成熟期　　　D. 衰退期
2. 对于金属膜电阻在20世纪90年代所处的市场状况,企业应该采取的营销策略是(　　)。
   A. 调整市场　　B. 调整产品　　C. 放弃策略　　D. 收缩策略
3. 该厂在推广实芯电阻时所采用的营销策略属于(　　)。
   A. 快速撇脂　　　　　　　　B. 改变宣传重点
   C. 快速渗透　　　　　　　　D. 改善产品品质
4. 实芯电阻在21世纪初进入了产品生命周期的(　　)。
   A. 导入期　　　B. 成长期　　　C. 成熟期　　　D. 衰退期
5. 21世纪初实芯电阻的市场状况要求企业实施的市场营销策略是(　　)。
   A. 缓慢撇脂　　　　　　　　B. 寻找新的细分市场
   C. 缓慢渗透　　　　　　　　D. 适时降价

第五单元

精心定价 合利而动

学习目标

【知识目标】
1. 了解影响价格的因素及企业定价的依据;
2. 正确理解企业产品定价目标;
3. 掌握企业产品定价的基本方法;
4. 掌握产品价格策略的基本内容及其运用。

【能力目标】
1. 能运用定价方法为产品确定最适宜的价格;
2. 能根据不同产品,准确运用价格策略;
3. 会巧妙利用价格策略进行产品促销。

学习任务提要

★ 企业定价的依据与目标
★ 影响产品定价的因素
★ 产品定价的基本方法
★ 产品定价策略及其运用

工作任务提要

★ 正确运用所学知识,制定企业目标利润任务书。

建议教学时数

★ 12 学时

第五单元 精心定价 合利而动

学习任务一　明确定价依据与目标

 案 例 导 入

【看一看】　深圳某珠宝店是一家专门经营少数民族手工制作珠宝首饰的商店。开业以来，商店生意一直比较稳定，客户主要来自两部分：外地游客和附近社区居民。几个月前，珠宝店老板易麦克特（维吾尔族）进了一批由珍珠质宝石和银制成的手镯、耳环及项链的精选品。

与以前的进货相比，易麦克特认为这批珍珠质宝石制成的首饰进价还是比较合理的。他对这批货十分满意。于是，他在进价的基础上，加上其他相关的费用和平均利润，确定了这批产品的价格。在易麦克特看来，这个价格应该十分合理，肯定能让顾客觉得物超所值。但是，一个月之后，销售统计报表显示其销售状况很不理想，易麦克特十分失望。不过，他始终认为问题的原因不在产品本身，而是在营销的某个环节出了问题。于是，他尝试了几种在中国营销传播网上学到的销售策略。如调整产品的陈列位置，增加商店导购小姐帮助顾客挑选满意商品，等等，销售情况仍然没有什么起色。一次偶然的机会，易麦克特准备外出选购产品。因对这批珍珠质宝石首饰销售下降感到十分失望，他急于减少库存以便给新进的首饰腾出地方来存放。临走时，他给副经理匆忙地留下了一张字条，告诉她："调整一下那些珍珠质宝石首饰的价格，所有产品价格都降低一半"。

但是，当他回来的时候，易麦克特却惊喜地发现该系列所有的珠宝已销售一空。他对副经理说："看来这批首饰并不合顾客的胃口。今后增加新品种时一定要慎之又慎。"而副经理却对易麦克特说，她虽然不明白为什么要对滞销商品进行提价，但是她对于提价后，商品所出现的销售速度感到十分惊诧。易麦克特不解地问："什么？提价？我留的字条上是说价格减半啊。""减半？"副经理吃惊地说，"我认为你的字条上写的是这一系列的所有商品的价格一律按双倍计"。

【想一想】　为什么在正常范围内合理确定的价格，产品的销售情况不能尽如人意，相反，一次偶然的机会却产生了令人意外的效果呢？

【说一说】　如果你是企业的营销人员，在确定企业产品价格时，首先应该考虑的是什么？

一、企业定价的依据

价格是价值的货币表现，价值是价格形成的基础。因此，企业定价若是离开了价值这个基础，就意味着定价失去了科学的依据。价值作为价格形成的内在因素，是企业定价的主要依据。

供求关系是影响产品价格变动的客观因素。供求关系体现的是市场产品供给量与消费需求量之间的关系，它是互为条件、互相制约的矛盾统一体。在市场经济条件下，由于供求关系的不断变化，产品的价格也会随之而变动，当产品供不应求时，价格就会上涨，超出产品的实际价值；当产品供过于求时，价格就会下跌。由此可见，供求关系是企业定价时不能不考虑的一个重要因素。

产品价格的制定必须符合国家的方针政策和广大消费者利益。稳定物价关系到国家的经济发展，也事关消费者的切身利益，稳定市场物价，保障消费者利益历来是国家政府坚持实行的方针政策。因此，国家有关价格管理方面的方针政策也是企业定价时所必须遵循的依据。

二、企业定价的目标

企业定价目标是企业市场营销目标体系中的一个重要组成部分。企业定价的目标可以分为以下几类：

（一）以利润最大化为目标

利润最大化是企业在营销过程中追求的根本目标。以利润最大化为目标进行企业定价，就是企业通过制定高价格，快速获取最大利润并谋求企业利润最大化的过程。采取这种定价目标要以良好的企业环境为前提，至少企业的产品在市场中一般处于绝对有利的地位；或是企业的个别成本低于部门平均成本；或是产品的市场需求明显大于产品的供应。

以利润最大化为目标进行产品定价的弊端是：

1. 会招致消费者的反感，引起消费者购买抵制；
2. 容易导致同行竞争者的加入，使市场竞争日趋激化；
3. 定价过高，会促使替代品的出现和盛行等。

当然，以利润最大化为目标定价，并不等于是制定最高价格。因为，市场供求和竞争状况随时都会发生变化，任何企业在市场中的优势地位不会持续长久。而且，企业利润最大化往往取决于合理价格所推动产生的需求量和产品销售规模。因此，企业应慎用这一目标，可以把利润最大化作为企业的长期理想定价目标，同时选择一个适合特定环境下的短期目标来定价，这个短期定价目标有可能在一定条件下与长期定价目标不一致，但最终还是服务于长期目标。

（二）以提高市场占有率和扩大产品销售为目标

市场占有率是反映企业经营状况和产品竞争力的综合性指标。较高的市场占有率通常伴随着较高的利润而产生。一般来说，企业的平均投资收益率如果低于10%，则其市场占有率约为9%；而市场占有率如果提高超过40%，那么，其平均投资收益率将达到30%，市场占有率越高则平均投资收益率也越高。一个较高的市场占有率可以使企业比较容易地控制市场和主导产品的价格。

因此，以稳固和提高市场占有率为目标进行定价，是企业普遍采用的定价目标。其常用的方法是：以低价将产品打入市场，开拓产品销路，继而迅速占领市场，提高市场占有率。

为了稳固和提高市场占有率，一般来说企业必须相对降低产品的价格水平和利润水平。因此，采用这一目标必须与企业的生产能力联系起来，因为降价后市场需求量容易急剧增加，如果生产能力跟不上，造成供不应求，竞争者就会乘虚而入，这样反而会损害企业的自身利益。

有时企业会将定价的目标着眼于产品销售量的扩大。如在新产品刚进入市场的阶段，只有迅速扩大销售才可能形成规模效应，使产品成本下降。所以此时企业不宜将利润目标定得太高，而应通过市场能够接受的价格迅速打开市场；此外在产品的成熟期乃至衰退期，为了要迅速地出清存货，进行产品结构的变换，有时也会以能促进销售的价格策略来吸引广大消费者。

（三）以预期的投资收益率为目标

投资收益率反映着企业的投资效益。企业对于所投入的资金总是期望在最短的时间内收回。因此，以预期的投资收益率为目标进行定价，就是根据投资过程中所规定的收益率，计算出各单位产品的收益额，把它加在产品的成本上，就成为该产品的出售价格。在这种定价目标下，投资收益率的大小与价格水平的高低直接有关。

当然，在确定投资收益率时，企业必须要掌握好以下几个原则：

第一，当企业投资资金为银行资金时，其投资收益率应高于银行贷款利率；

第二，当企业投资资金为自有资金时，其投资收益率应高于银行存款利率及其他证券利率；

第三，当企业投资资金为政府调拨资金时，其投资收益率应高于政府投资时规定的收益指标。

（四）以顺应价格竞争为目标

在激烈的市场竞争中，企业时常会把产品定价作为市场竞争的有利武器。实力雄厚的企业利用自己的定价排挤其他企业，实力较弱的企业则追随市场主导价格，以求得生存。

因此，以顺应价格竞争为目标进行定价，就是企业在定价前注意收集同类产品的质量和价格资料，与自己的商品进行比较，然后选择有利于企业竞争的价格。

1. 对于竞争实力较弱的企业，应采用追随主导价格的办法，即与竞争者保持相同价格或略低于竞争者的价格；

2. 对于竞争实力较强并欲在市场上占据主导地位的企业，可采用低于竞争者的价格；

3. 对于竞争实力雄厚并已在市场上处于领导者地位的企业，则可采用高于竞争者的价格，有时也可采取低价方式，迫使竞争对手退出市场或阻止竞争对手进入市场。

（五）以改善企业形象为目标

即把定价作为改善企业形象表现手段的定价目标。价格是消费者据以判断企业行为及其产品的一个重要因素。一个企业的定价与其向消费者所提供服务的价值比例协调，企业在消费者心目中就较容易树立诚实可信的形象，反之，企业定价以单纯的获利，甚至以获取暴利为动机，质价不符，或是质次价高，企业就难以树立良好的形象。比如，与产品策略等相配合，适当的定价也可以起到确立强化企业形象特征的作用。

为优质高档商品制定高价，有助于确立高档产品形象，吸引特定目标市场的顾客；

适当运用低价或折扣价则能帮助企业树立"平民企业"、以普通大众作为其服务目标对象的企业形象。又比如,激烈的价格竞争常常使企业之间"两败俱伤",从短期看可能会给消费者带来一定好处,但是破坏了市场供求正常格局,从长期看终究会给消费者带来灾难。在这样的情况下,如果有企业为稳定市场价格做出努力并取得成效的话,就会在社会上确立其行业中举足轻重的领导者地位。

案例赏析

"桂林山水甲天下"。在风景秀丽的广西桂林,各个风景区景点门前,遍布着大大小小的专门销售照相机照相用的胶卷、电池等物品的商家,许多商家都竖有一块醒目的告示牌,上面写道"5号电池每节2.00元,废旧电池每节可折价0.50元"。众所周知,电池本身就是微利产品,这样确定产品的价格,商家很难再有利润空间了。但是,为什么商家还会这样做呢?

商家这样做自然有商家的道理。它至少告诉了我们:不同企业定价的目标利益是不一样的,企业只有把消费者需求与企业利益、社会环境利益三者有机结合起来,才能真正承担起企业的社会责任,才能从根本上去解决全人类所面临的共同问题:资源利用和环境保护。

学习任务二　探究定价影响因素

案 例 导 入

【看一看】　爱多集团是一家主营 VCD 机的民营电子生产企业,成立于 1995 年,当初企业启动资金仅仅只有 80 万元,但第二年企业年产值就达 2 个亿。1997 年其销售额猛增至 16 个亿,产品的市场占有率居全国第一,成了全国家喻户晓的名牌产品。究其原因,不外乎是:一、产品广告宣传得力;二、价格策略运用巧妙。

1996 年年底,爱多集团率先把 VCD 价格降至 2 000 元以下,定价为 1 997 元。1997 年 5 月,企业又推出了"阳光行动计划",掀起了新一轮的降价风波,将价格降至 1 300 元。由此在市场上引发了人们购买 VCD 的狂潮,产品出现了供不应求。

此时,爱多集团的决策者认为时机已经到来,随后决定每台涨价 250 元,这样每卖出 100 万台,就可净赚 2.5 亿元。

可是事与愿违,爱多集团的涨价举动并没有得到大多数厂家的积极响应。相反,爱多 VCD 因为过高的提价而出现了滞销局面,销售量一降再降,最终走向衰败。

【想一想】　爱多 VCD 在市场上的兴衰根源是什么?

【说一说】　在现实生活中,成也定价、败也定价的案例比比皆是,你能不能试举例说明呢?

一、影响企业定价的不可控因素

在企业定价过程中,价格除了必须以价值为基础外,还受到一些来自企业外部的不可控因素的影响。

(一) 货币价值对于企业定价的影响

价格是价值的货币表现,货币之所以能够表现一定量的价值,是因为货币本身具有价值,它与产品的价值存在着等价的关系。因此,价格的高低,一方面取决于产品价值量的大小,另一方面又取决于货币价值的大小。

在当今纸币流通的情况下,货币价值的变化,对产品价格的形成必然产生影响作用。这种影响作用主要表现为:当流通领域货币量过量,导致货币贬值时,产品的价格就会上涨;当流通领域货币量过少,货币升值时,产品的价格就会下跌。所以,企业在进行产品定价时,一定要充分考虑市场中货币价值的现实情况。

(二) 供求关系对于企业定价的影响

市场供求关系对价格形成的影响,是价值规律作用的必然结果。这种影响作用主要表现为:当产品供不应求时,产品价格就会上涨,价格的上涨,一方面制约了消费者的消费需求,另一方面又会激励企业的生产和经营,其最终结果是使市场矛盾由供不应求逐渐转向供求平衡或供过于求。而供过于求又会导致产品价格的下降。由此可见,市场供求的变化与产品价格的变动是以相反的方向形成交替循环的。

(三) 市场竞争对于企业定价的影响

在市场中,技术、质量、服务等方面固然是企业竞争的重要因素,产品价格同样是不可忽视的参与竞争的有效手段。很显然,价格对产品的销路及整个企业的利润,都有"看得见"的影响。一般来说,在同一产品有众多供应者的条件下,价格相对低的产品,市场竞争能力就会提高。同时,价格也是竞争对手极为关注,并会迅速做出反应的最敏感的因素。另外,由于制定价格时往往很难准确预测消费者和竞争者的反应,由此而导致决策失误,会使企业陷入困境和带来多方面的损失。因而产品定价既具有高度的科学性,又具有"微妙的"艺术性。

(四) 国家经济政策对于企业定价的影响

一个国家的政策是其国家权力的具体体现。国家经济政策是反映在经济层面的国家法律、法规和条例等的总称。国家要组织和管理好其社会经济活动,必须制定相应的经济政策,价格政策便是其中的一项重要政策。在不同的经济发展时期,价格政策既要反映客观经济规律的要求,也要反映生产力的发展水平和社会经济状况。例如:随着我国加入WTO后,相应的经济政策和贸易规则也随之发生了变化,这就要求企业在定价时,必须充分考虑这一影响因素,以免在国际贸易中遭受不必要的经济损失。

二、影响企业定价的可控因素

（一）企业营销目标

企业的营销目标是影响企业定价的一个重要因素。不同企业的营销目标，或同一企业不同时期的营销目标是多种多样的，但归结起来，通常有以下几种：

1. 以求得生存为目标

企业为了充分考虑其自身的生存，在定价时，尽可能以补偿企业变动成本和部分固定成本为主。

2. 以投资收益率为目标

投资收益率包括预期的投资收益率、单位产品的收益额等，企业以此为目标也是充分考虑自身的经济利益。

3. 以提高市场占有率为目标

在市场竞争日趋激烈的态势下，企业以提高市场占有率为目标，用最合理的价格，以期达到扩大产品销售的目的。

4. 以取得在市场中的领先地位为目标

以高质量求得企业在市场中的领先地位，防止竞争者的加入。

（二）营销组合因素

1. 产品因素

就是根据企业产品在市场中的独特性，可以保持较高的市场价位。

2. 销售渠道

不仅要考虑消费者愿意支付的价格，还要考虑中间商的经济利益。

3. 促销因素

促销方式的应用关系到企业产品销售的具体效果，而促销费用又是价格构成的重要因素。

（三）企业成本费用

一般来说，在产品价格构成中，成本费用所占的比重比较大，它是定价的基础。影响企业定价的企业成本费用有：

（1）固定成本费用（又称为间接成本费用）。固定成本费用就是在规定的生产经营范围内，并不是随着产品数量的变化而变动的成本费用。如：企业管理费用、固定资产折旧费用等。

（2）变动成本费用（又称为直接成本费用）。变动成本费用就是在生产经营过程中，随着产品数量的变化而变动的成本费用。如：原材料及辅助材料消耗等。

（3）总成本费用。总成本费用就是全部固定成本费用与变动成本费用之和。

（4）平均固定成本费用。平均固定成本费用就是单位产品所包含的固定成本费用。即用固定成本费用除以产品的总产量。

（5）平均变动成本费用。平均变动成本费用就是单位产品所包含的变动成本费用。即用总的变动成本费用除以产品的总产量。

(6) 平均成本费用（又称为单位产品成本费用）。平均成本费用就是总成本费用与总产量之间的比例。

总之，企业的定价必须足以能够弥补企业的总成本费用。换句话说，就是每件产品的价格不能低于平均成本费用，这是企业获取利润的基本前提。

（四）企业资金周转速度

在企业经营活动过程中，定价对于企业资金周转来说，无疑是一把"双刃剑"，提高产品价格，虽然可能给企业带来丰厚的利润，但是也可能会就此影响企业资金周转速度；降价促销可以加快企业资金周转速度，但却有可能使企业失去一部分利润。

三、企业定价的基本步骤

（一）确立定价目标

企业在一定的经济环境和条件下，在对市场进行调查和预测的基础上，确立企业定价活动所希望达到的有效结果，这是企业进行产品定价的第一步。可供企业选择的定价目标不外乎有：

1. 利润目标；
2. 销量目标，包括最大销量目标、保持或扩大市场占有率目标等；
3. 竞争目标，包括应付和避免竞争目标、维持企业生存目标等。

（二）收集相关资料

相关资料包括外部资料和内部资料两部分。内部资料主要指企业有关产品价格的历史资料、产品生产经营成本资料、费用资料、销售资料、利润资料、企业整个生产经营的历史资料、现有状况资料和未来趋势资料等。外部资料主要指国家经济政策资料、经济法律资料等。

（三）分析市场因素

在商品经济条件下，影响市场的因素无处不在，而产品价格是市场上最为敏感的因素。因此，企业制定价格时，必须充分考虑市场的各种变化因素，尤其是竞争者的价格，要尽可能多地掌握竞争者的定价情况，并预测对本企业定价的影响，以调整和制定有利的价格策略。

这一阶段中，企业还要根据实际情况，估算产品成本。产品成本是定价的主要依据和最低经济界限。

因此，在分析市场因素时，企业只有做到了"知己知彼"，才能制定出符合企业目标要求的价格。

（四）确定定价方法与策略

可供企业选择的定价方法很多，企业在分析测定以上各种因素的影响之后，就应该运用价格决策理论，根据产品成本、市场需求和竞争状况三要素来选择定价方法，同时确定相应的定价策略。

（五）拟订可行方案

所谓拟订方案主要是指确定企业定价的实际行动方案。其基本内容有：基本价格的定价原则、方法、定价水平、对基本价格的补充措施、价格方案执行的组织措施、行动方案与定价目标的吻合程度，方案执行有可能引起的竞争者反应及其应急预案。

（六）实施价格决策方案

就是根据企业所制订的定价方案进行科学决策并加以贯彻实施。随着企业外部环境因素和内部条件、自身战略和经营目标的不断变化，企业还应当随时调整产品的价格，以确保定价目标的顺利实现。

学习任务三　灵活运用定价方法

案 例 导 入

【看一看】　沃尔玛百货有限公司是世界著名的零售业巨头。但这个诞生于美国阿肯色州的商业企业，在1945年时仅仅只是一家名见不经传的杂货店，1962年才正式启用"沃尔玛"的名称，1970年沃尔玛百货有限公司的股票在纽约证券交易所挂牌上市。此后，经过40多年的发展，一跃成为世界上最大的商业零售业，曾多次被《财富》杂志列为全球500强企业排行榜之首。目前，沃尔玛公司在全球15个国家开设了超过8 000家商场，下设53个品牌，员工总数210多万人，全球销售收入4 200亿美元。据统计，全球每周光临沃尔玛的顾客超过2亿人次。

在公司经营方面，沃尔玛提出了"帮顾客节省每一分钱"的宗旨，实现了价格最便宜的承诺。所有的大型连锁超市都采取低价经营策略，沃尔玛与众不同之处在于，它想尽一切办法从进货渠道、分销方式以及营销费用、行政开支等各方面节省资金，还提出了"天天平价、始终如一"的口号，并努力实现价格比其他商号更便宜的承诺。严谨的采购态度，完善的发货系统和先进的存货管理是促成沃尔玛做到成本最低、价格最便宜的关键因素。沃尔玛百货有限公司的创始人山姆·沃尔顿曾说过："我们重视每一分钱的价值，因为我们服务的宗旨之一就是帮每一名进店购物的顾客省钱。每当我们省下一块钱，就赢得了顾客的一份信任。"为此，他要求每位采购人员在采购货品时态度要坚决。他告诫说："你们不是在为商店讨价还价，而是在为顾客讨价还价，我们应该为顾客争取到最好的价钱。"

【想一想】　沃尔玛百货有限公司的成功之处在价格上是如何体现的？

【说一说】　沃尔玛百货有限公司的天天平价与我们日常生活中常见的降价让利有什么本质上的不同？

一、理论定价法

所谓定价方法指的是企业为了实现其定价目标所采用的具体方法。在企业日常经济活动中，定价方法的运用各不相同，但是理论定价是各种价格制定的基础。

理论定价法是从产品价格形成的具体构成上，进行要素叠加而确定价格的方法。从理论上讲，产品的价格是由进货价格加商品流通费用、商业利润和税金所构成。用公式表示为：

产品理论售价 = 进货价格 + 流通费用 + 利润 + 税金

在实际操作过程中，为了方便计算，企业往往以进货价格为基础算出"固定差率"，然后再以"固定差率"确定最终产品的销售价格。

固定差率 = （销售价格 − 进货价格）÷ 进货价格 × 100%

销售价格 = 进货价格 × （1 + 固定差率）

二、成本导向定价法

成本导向定价是企业定价首先考虑的方法。成本是企业生产经营过程中所发生的实际耗费。企业的定价，客观上要求将产品成本通过产品的销售而得以补偿，并且使企业还要获得大于其支出的收入，即企业利润。以产品单位成本为基本依据，再加上预期利润来确定价格的成本导向定价法，是中外企业最常用、最基本的定价方法。

由于产品的成本形态不同，成本导向定价法可以分为以下几种具体形式：

（一）成本加成定价法

这种定价方法就是把所有为生产某种产品而发生的耗费均计入成本的范围，计算单位产品的变动成本，合理分摊相应的固定成本，再按一定的目标利润率来决定价格。其计算公式为：

单位产品价格 = 单位产品总成本 ×（1 + 目标利润率）

例如，某电动自行车厂年生产2 000辆电动自行车，总固定成本600万元，每辆电动自行车的变动成本为1 000元，企业确定的目标利润率为25%。

则采用总成本加成定价法确定价格的过程如下：

单位产品固定成本：6 000 000 ÷ 2 000 = 3 000（元）

单位产品变动成本：1 000（元）

单位产品总成本：3 000 + 1 000 = 4 000（元）

单位产品价格：4 000 ×（1 + 25%）= 5 000（元）

采用成本加成定价法，确定合理的成本利润率是一个关键问题，而成本利润率的确定，必须考虑市场环境、行业特点等多种因素。某一行业的某一产品在特定市场以相同的价格出售时，成本低的企业能够获得较高的利润率，并且在进行价格竞争时可以拥有更大的回旋空间。在用成本加成方式计算价格时，对成本的确定是在假设销售量达到某一水平的基础上进行的。因此，若产品销售出现困难，则预期利润很难实现，甚至成本补偿也变得不现实。

但是，这种方法也有一些优点：首先，这种方法简化了定价工作，便于企业开展经济核算。其次，若某个行业的所有企业都使用这种定价方法，他们的价格就会趋于相似，因而价格竞争就会减到最少。再次，在成本加成的基础上制定出来的价格对买方和卖方来说都比较公平，卖方能得到正常的利润，买方也不会觉得受到了额外的剥削。成本加成定价法一般在租赁业、建筑业、服务业、科研项目投资以及批发零售企业中得到广泛的应用。即使不用这种方法定价,许多企业也把用此法制定的价格作为参考价格。

(二) 目标收益定价法

目标收益定价法又称投资收益率定价法,是根据企业的投资总额、预期销量(在产品销售顺畅的情况下,即为当期的产量)和投资回收期等因素来确定价格。

假设上述例题中,建设该电动自行车厂的总投资额为 800 万元,投资回收期为 5 年,则采用目标收益定价法确定价格的基本步骤为:

(1) 确定目标收益率:

目标收益率 = 1 ÷ 投资回收期 × 100%
$$= 1 \div 5 \times 100\% = 20\%$$

(2) 确定单位产品目标利润额:

单位产品目标利润额 = 总投资额 × 目标收益率 ÷ 预期销量
$$= 8\,000\,000 \times 20\% \div 2\,000 = 800 \text{(元)}$$

(3) 计算单位产品价格:

单位产品价格 = 企业固定成本 ÷ 预期销量 + 单位变动成本 + 单位产品目标利润额
$$= 6\,000\,000 \div 2\,000 + 1\,000 + 800 = 4\,800 \text{(元)}$$

与成本加成定价法相类似,目标收益定价法也是一种以生产者为导向的产物,很少考虑到市场竞争和需求的实际情况,只是从保证生产者的利益出发所制定的价格。另外,先确定产品销量,再计算产品价格的做法完全颠倒了价格与销量的因果关系,把销量看成是价格的决定因素,在实际上很难行得通。尤其是对于那些需求价格弹性较大的产品,用这种方法制定出来的价格,无法保证销量的必然实现,那么,预期的投资回收期、目标收益等也就只能成为一句空话。不过,对于需求比较稳定的大型制造业、供不应求且价格弹性小的商品、市场占有率高、具有垄断性的产品,以及大型的公用事业、劳务工程和服务项目等,在科学预测价格、销量、成本和利润四要素的基础上,目标收益法仍不失为一种有效的定价方法。

(三) 边际成本定价法

边际成本定价法也叫边际贡献定价法,该方法以变动成本作为定价基础,只要定价高于变动成本,企业就可以获得边际收益(边际贡献),用以抵补固定成本,剩余即为盈利。其计算公式为:

销售价格 = 单位变动成本 + 边际收益

边际收益 = 销售价格 − 单位变动成本

例如:某电视机生产企业年产彩色电视机 1 000 台,固定成本为 50 万元,单位变动成本为 1 000 元,产品销售价格为 2 000 元。截止到目前,市场销售仅 600 台。而此时,该企业接到一份外商函电订单,希望订购 200 台该产品,报价每台 1 500 元。问:企业是否可以接受这份订单?

首先,我们必须分析企业目前的销售情况是否能够弥补各项生产成本。

企业当年的总成本费用为:
$$500\,000 + 1\,000 \times 1\,000 = 1\,500\,000 \text{(元)}$$

目前,企业的销售收入为:
$$600 \times 2\,000 = 1\,200\,000 \text{(元)}$$

两者相抵，仍有 30 万元的成本费用无法弥补，企业处于亏损状态。

其次，运用边际收益计算，确定是否该接受外商订单。

单位产品的总成本为：

$$(500\,000 \div 1\,000) + 1\,000 = 1\,500\text{（元）}$$

从表面上看，外商报价每台 1 500 元，企业无利可图。但是如果从边际收益分析看，企业未必吃亏。

在目前情况下，每多销售一台产品的边际收益为：

单位边际收益 = 单位产品售价 − 单位变动成本

$$= 1\,500 - 1\,000 = 500\text{（元）}$$

总边际收益 $= 500 \times 200 = 100\,000$（元）

如果接受外商订单，这部分边际收益 100 000 元可以用来抵偿固定成本。因此，按照边际收益原则分析，企业可以接受这份订单。

第三，进一步分析企业的整体盈亏情况。

假如接受这份订单，企业的实际销售收入：

销售收入 = 销售数量 × 销售价格

$$= 200 \times 1\,500 = 300\,000\text{（元）}$$

这 30 万元刚好能够弥补剩余的成本费用。但此时，企业仍有 200 台产品在等待销售，如果企业通过其他促销手段，进一步扩大销售，所得到的就是企业的净利润。

这种方法适用于产品供过于求、企业竞争激烈的情况。在这种情况下，与其维持高价，导致产品滞销积压，丧失市场，不如以低价保持市场。

（四）盈亏平衡定价法

盈亏平衡定价法也叫保本定价法或收支平衡定价法。盈亏平衡是指在销量既定的条件下，企业产品的价格必须达到一定的水平才能做到收支相抵，既不盈利，也不亏损。盈亏平衡定价法就是运用盈亏平衡分析原理来确定产品价格的方法。盈亏平衡分析的关键点是确定盈亏平衡点，即企业收支相抵，利润为零时的状态。

根据盈亏平衡原理：销售总收入 = 销售总成本

即：

$$P \times Q = F + C$$

其中，P 为保本价格，F 为总固定成本，C 为总变动成本，Q 为销售总量，C_V 为单位变动成本，$C = C_V \times Q$。

在销量既定的条件下，$P = C_V + (F \div Q)$

例如：某企业 2010 年预计销售产品 100 件，其总固定成本 5 万元，总变动成本 10 万。问：该产品定价多少才能保本？

根据盈亏平衡原理：$P = (F + C) \div Q$

产品价格 $= (50\,000 + 100\,000) \div 100 = 1\,500$（元）

因此，当每件产品价格为 1 500 元时，该产品销售保本。

同样，根据盈亏平衡原理，也可以推算出产品的保本销量。

例如：某品牌男装店正在经销该品牌休闲男装，销售价格为每件 200 元，该产品的固定成本 2 万元，进价每件为 140 元，每销售一件的费用和税金为 10 元。问：该休闲男装销售多少件方能保本？

根据盈亏平衡原理：销售总收入＝销售总成本

即：
$$P \times Q = F + C, \quad C = C_V \times Q$$
$$Q = F \div (P - C_V) = 20\,000 \div (200 - 140 - 10) = 400 \text{（件）}$$

所以，该男装店仅需要销售400件休闲男装，就可做到保本。

三、需求导向定价法

需求导向定价是指按照消费者对商品的认知和需求程度制定价格，而不是根据企业的成本定价。这类定价方法的出发点是消费者需求，认为企业的产品就是为了满足消费者的需要，所以产品价格应以消费者对产品价值的理解为依据来制定。若成本导向定价的逻辑关系是：价格＝成本＋税金＋利润，则需求导向定价的逻辑关系是：成本＝价格－税金－利润。

需求导向定价的主要方法包括认知价值定价法、反向定价法和需求差异定价法三种。

（一）认知价值定价法

这是利用产品在消费者心目中的价值，也就是消费者心中对价值的理解程度来确定产品价格水平的一种方法。消费者对产品价值的认知和理解程度不同，会形成不同的定价上限，如果价格刚好定在这个限度内，那么既能使消费者顺利实现购买，又能保证企业获得更多的利益。

实施这一方法的要点在于提高消费者对产品效用认知价值的理解度。企业可以通过实施产品差异化和适当的市场定位，突出企业产品特色，再辅以整体的营销组合策略，塑造企业和产品形象，使消费者感到购买这些产品能获取更多的相对利益，从而提高他们可接受的产品价格上限。

（二）反向定价法

所谓反向定价法，是指企业依据消费者能够接受的最终销售价格，计算自己从事经营的成本和利润后，逆向推算出产品的批发价和零售价。这种定价方法不以实际成本为主要依据，而是以市场需求为定价出发点，力求使价格为消费者所接受。

（三）需求差异定价法

需求差异定价法，又称差别定价法，是指根据销售的对象、时间、地点的不同而产生的需求差异，对相同的产品采用不同价格的定价方法。运用需求差异定价法的好处是可以使企业定价最大限度地符合市场需求，促进商品销售，有利于企业获取最佳的经济效益。

采用这种方法定价，一般是以该产品的历史定价为基础，根据市场需求变化的具体情况，在一定幅度内变动价格。这种方法的具体实施，通常有四种方式：

1. 基于消费者差异的差别定价。这是根据不同消费者消费性质、消费水平和消费习惯等差异，制定不同的价格。如：会员制下的会员与非会员的价格差别；学生、教师、军人与其他消费者的价格差别；新老消费者的价格差别等。

2. 基于不同地理位置的差别定价。由于地区间的差异，同一产品在不同地区销售时，可以制定不同的价格。

3. 基于产品差异的差别定价。质量和规格相同的同种产品，虽然成本不同，但企业在定价时可以按外观和式样不同来定价。如：化妆品销售中的礼品装、普通装及特惠装三种不同的包装，虽然产品内涵和质量一样，但价格往往相差很大。

4. 基于时间差异的差别定价。如：在需求旺季时，产品可以提高价格；需求淡季时，可以采取降低价格的方法吸引更多顾客。

需求差异定价法是许多企业采用的一种常见定价方法。实行需求差异定价法必须具备一定的条件：

第一，符合国家的相关法律法规和地方政府的相关政策；

第二，市场能够细分，且各细分市场具有不同的需求弹性；

第三，不同价格的执行不会导致本企业以外的企业在不同的市场间进行套利；

第四，消费者在主观上或心理上确实认为产品存在差异。

四、竞争导向定价法

（一）随行就市定价法

随行就市定价法又称流行水准定价法，它是指在市场竞争激烈的情况下，企业为保存实力采取按同行竞争者的产品价格进行定价的方法。这种定价法特别适合于完全竞争市场和寡头垄断市场。

随行就市定价法这种"随大流"的定价方法，主要适用于需求弹性比较小或供求基本平衡的商品，如粮食、食用油、调味品以及某些日常用品。一般情况下，如果企业把价格定高了，就有可能会失去消费者，如果把价格定低了，需求和利润也不会因此而有所增加。所以，随行就市在竞争导向定价中是一种较为稳妥的定价方法。

随行就市定价法定价的具体形式有两种，一种是随同行业中处领先地位的大企业价格的波动而同水平波动；另一种是随同行业产品平均价格水准的波动而同水平波动。在竞争激烈、市场供求复杂的情况下，单个企业难以了解消费者和竞争者对价格变化的反应，采用随行就市的定价方法能为企业节省调研费用，而且可以避免贸然变价所带来的风险；各行业价格保持一致也易于同行竞争者之间和平共处，避免价格战和竞争者之间的报复，也有利于在和谐的气氛中促进整个行业的稳定发展。

采用这种方法既可以追随市场领先者定价，也可以采用市场的一般价格水平定价。这要视企业产品的特征及其产品的市场差异性而定。比如，在类似于完全竞争的市场上，企业只能按既定价格出售商品，而毫无控价能力。此时，企业多采用随行就市定价法，即将自己的价格始终与市场价格水平保持一致，并通过数量调整的方式来追逐市场价格的变化，通过降低流通费用来获得必要的利润。

一些小型企业多采取随行就市定价法。它们变动自己的价格，与其说是根据自己的需求变化或成本变化，不如说是依据市场领导者的价格变动。有些企业可以支付一些微小的赠品或微小的折扣，但是它们保持的是适量的差异。

（二）主动竞争定价法

与随行就市定价法相反，主动竞争定价法不是追随竞争者的价格，而是以市场为主体，以竞争对手为参照物的一种常用的营销绩效定价方法。

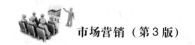

首先将市场上竞争产品价格与企业估算价格进行比较，分为高、一致及低三个价格层次。

其次将企业产品的性能、质量、成本、式样、产量等与竞争企业进行比较，分析造成价格差异的原因。

再次根据以上综合指标确定企业产品的特色、优势及市场定位，在此基础上，按定价所要达到的目标，确定产品价格。

最后跟踪竞争产品的价格变化，及时分析原因，相应调整企业的产品价格。

(三) 密封投标定价法

密封投标定价法，也称为投标竞争定价法，是指在招标竞标的情况下，企业在对其竞争对手了解的基础上定价。这种价格是企业根据对其竞争对手报价的估计确定的，其目的在于签订合同，所以它的报价应低于竞争对手的报价。

密封投标定价法主要用于投标交易方式。如建筑施工、工程设计、设备制造、政府采购、科研课题等需要投标以取得承包合同的项目。

美国政府于 1809 年通过立法采用密封投标的方式进行公开竞争采购，此后这一方式成为了美国政府采购的基本方式。其基本原理是：招标者（买方）首先发出招标信息，说明招标内容和具体要求；然后参加投标的企业（卖方）在规定期间内密封报价来参与竞争。其中，密封价格就是投标者愿意承担的价格。这个价格主要考虑竞争者的报价研究决定，而不能只看本企业的成本。在投标中，报价的目的是中标，所以报价要力求低于竞争者。

 案例赏析

美国卡特彼勒公司是国际知名的工程机械设备制造企业，他们曾经在为其一款产品定价时，巧妙地利用了产品在消费者心目中的价值定价，最终获得了成功。

该公司曾为其生产的一款拖拉机定价 10 万美元，尽管其竞争对手同类的拖拉机售价只有 9 万美元，但是卡特彼勒公司的销售量居然超过了竞争者。当一位潜在客户问卡特彼勒公司产品经销商，为什么买卡特彼勒的产品要比别的产品多付 1 万美元时，经销商巧妙地给客户算了一笔账：

9 万美元的确就是产品的价格，与竞争者的价格相同，但是：

7 000 美元是产品最佳耐用性的价格附加；

6 000 美元是产品最佳可靠性的价格附加；

5 000 美元是企业提供最佳服务的价格附加；

2 000 美元是零配件保用期长的价格附加。总价格应该是 11 万美元，扣除给客户的 1 万美元折扣优惠，最终价格为 100 000 美元。

客户听后惊奇地发现，尽管他购买卡特彼勒公司的产品需多付 1 万美元，但实际上他却得到了 2 万美元的价格保证。最后，这位客户还是果断地选择了卡特彼勒公司的产品。

很显然，卡特彼勒公司凭借着其在国际市场上的影响力，突出企业产品特色，使消费者感到购买卡特彼勒公司的产品能获取更多的相对利益，从而心甘情愿地接受企业所制定的产品价格。

第五单元　精心定价　合利而动

学习任务四　巧妙构思定价策略

案 例 导 入

【看一看】　上海大众汽车有限公司是中德合资的轿车生产企业，成立于1985年3月，当时中德双方的投资比例各占50%，合同期限为25年。上海大众曾连续多年荣获中国十佳合资企业和全国质量效益型企业称号。凭借质量、经济效益等方面的显著绩效，上海大众成为了中国汽车行业中首家获得全国质量管理奖的企业，并连续三次被《财富》杂志评为"中国最受赞赏的外商投资企业"。2002年4月，投资双方又修订了合作协议，决定合营期延长至2030年。

目前，上海大众汽车有限公司的主要产品有：SANTANA、PASSAT、POLO及GOLF等系列的几十款车型。

POLO作为德国大众旗下最负盛誉的品牌之一，于1975年首次问世。2001年9月，德国大众推出第四代POLO轿车，在法兰克福车展上的完美亮相博得了众人的喝彩。同年在"上海国际汽车展览会"上，该款轿车首次向中国消费者揭开神秘面纱，第二年被上海大众成功引入中国市场。这是德国大众投资中国10多年来首次投放的第一款与世界同步推出的紧凑型轿车。

2002年年初，随着中国入世后进口轿车的纷纷降价，国产轿车的价格优势逐渐削弱，中国轿车生产厂商承受着有史以来的最大压力，汽车销售市场呈现一片萧条景象。

在POLO上市前，国内市场已经拥有多款经济型轿车，如赛欧、派力奥、夏利2000等。赛欧最早提出10万元轿车的概念，并成为家用经济型轿车的一匹黑马，上市以来一直是经济型轿车的销售冠军。2002年1月，派力奥下线的前一天，上海通用大幅调整了赛欧的市场价格，最低为9.28万元，赛欧再次成为媒体的焦点。

赛欧、派力奥、夏利2000都在10万左右，POLO与这三款车在车型、排量上非常接近，于是人们对于POLO的价位就有了更多的期盼。

基于赛欧、派里奥和夏利2000的价格，上海大众不希望消费者将POLO和它们作比较。上海大众汽车公司总经理在接受记者采访时表示，"POLO是一款缩小的帕萨特，它的功能、配置、驾乘感觉都与帕萨特一脉相承，是国内其他紧凑型轿车无法比拟的。我们的目标竞争对手是WTO后大量进入中国的标致206、丰田Yaris、欧宝可赛这样的车型。"上海大众极力宣传POLO是中国第一款真正与世界同步推出的轿车，是一款融合高新技术与潮流魅力的产品，并不是人们所说的经济型轿车，而是紧凑型轿车。与菲亚特派力奥、上海通用赛欧等比较，大众POLO的技术含量比它们高得多，并且有双安全气囊、ABS等中高档轿车才有的装备。同时为了使POLO能适应中国路况，上海大众拿出82辆样车，做了安全行驶200万公里的试验。

随后上海大众汽车销售公司重新核定上海大众各产品的市场最低限价，各款产品的实际市场价格均有不同程度的降低,其中普桑在 6 000 元左右,桑塔纳 2000 型为 10 000 元左右,帕萨特部分产品在 16 000 元左右。调价后,桑塔纳最低价已接近 10 万元。

POLO 上市前,上海大众进行了大量的宣传活动,各种媒体上都能看到"是你吗?POLO"这句广告语。铺天盖地的广告冲击和媒体宣传,让人们不得不对这款"与全球同步""科技与时尚的完美结合"的轿车反复关注。同年 9 月,上汽大众以 POLO 冠名赞助了当年的上海国际女子网球公开赛。广泛的宣传活动让消费者对 POLO 充满了期待。

2002 年 3 月的一天,POLO 轿车总经销商——上汽大众汽车销售有限公司正式宣布,从即日起 POLO 轿车正式接受预订,4 月 8 日正式投放市场。一时间,向各经销商咨询的电话此起彼伏,订购的人络绎不绝,172 家特许经销商 4 天的时间里累计接受订单超过 5 000 辆,创造了中国轿车销售史上的新纪录。其中 1.4 升 POLO 上市价位分别为 12.75 万元至 14.8 万元之间。而此前,德产 1.4 升手动挡 POLO 轿车在德国本土的售价约为 1.3 万至 1.4 万欧元,折合人民币 10 万元左右(不含消费税,中国的车价已含消费税)。2002 年 9 月 12 日,1.6 升 POLO 上市,售价 13.55 ~ 14.8 万,此时 POLO 销量突破 15 000 辆,平均达到每天销售 100 辆。截至 2003 年 9 月底,POLO 的总销量为 59 800 辆。随后,POLO 开始全面降价,价格降幅为 8 100 元 - 11 100 元不等。由此,POLO 的高价取脂行为宣告结束。

POLO 的问世,填补了上海大众产品价格链中 13 万元 ~ 15 万元的空缺。从 POLO 车 13 万元 ~ 15 万元的定价中,其战略意义已可见端倪。2003 年年初,上海大众 GOLF 轿车正式上市,上市的 GOLF 有两门导入型、两门基本型和两门舒适型三款,定价从 7.5 万元到 9.83 万元。从此,又将上海大众的产品价格链延伸至 10 万元以下。

【想一想】 从本案例中分析 POLO 定价主要考虑了哪些影响因素?POLO 上市时的价格为什么会"大大超出消费者的预期"呢?

【说一说】 POLO 上市时采取了何种定价策略?

一、定价策略的基本知识

在现代市场营销过程中,尽管非价格因素的作用在不断地增长,但是价格仍然是营销组合中的一个重要组成部分。

定价不仅要运用一定的方法进行科学制定,更需要有非凡的想象力和灵活的技巧。因此,策略往往与方法不同,它是指带有技巧性的方法运用。

所谓定价策略,就是根据市场的具体情况,从定价目标出发,充分运用各种价格手段,巧妙性地将价格的制定适应市场发展的变化,从而实现企业的营销目标。

二、定价策略的内容及其运用

(一)新产品定价策略

对于企业新产品的定价,既是一件极其困难的事情,同时又十分重要。说其困难,主要是因为新产品在定价过程中缺乏必要的定价参照物。如果价格定高了,不利于产品进入市场，即便是进入了市场，也难以在市场中立足。如果价格定得过低，又不利于弥补企业的产品成本，更谈不上企业在营销过程中应得的利润了。

根据国外企业的营销实践，企业在新产品定价上，一般采用以下三种方法：

1．"撇取"定价法

"撇取"定价法，又称为"取脂"定价法。就是实行"高利速取"的定价方式，即当新产品刚投放市场时，企业有意识地将产品价格定得远远高于产品成本，使企业能够在短时间内迅速弥补成本，并获取丰厚的经营利润。

"撇取"定价法的优点有：

（1）新产品刚投放市场，需求弹性小，而且同行业竞争者尚未进入市场，经营风险相对较小。如果在此时，利用消费者的求新心理，配以品质较高的产品性能，以高价对消费者进行刺激，可能会取得令人意想不到的销售效果。

（2）采用"撇取"定价法时，产品价格本身就留有较大的回旋余地。即对于消费者购买能力强的地区，高价符合消费者的消费水平，对于消费者对价格比较敏感的地区，则可以适当降低价格。

（3）倘若在采用"撇取"定价法时，由于定价过高，未能引起消费者的积极响应，企业还可以通过主动降价的方式，去迎合消费者；但如果刚开始对新产品价格定得偏低，再想提高产品售价，那就很难获得消费者的谅解了。

（4）如果早期市场情况较好，那么新产品高价总是比底价获利更加丰厚，所得的利润作为今后扩充市场之用可以一举多得。

当然，采用"撇取"定价法也有其致命的缺点：

新产品刚上市价格就远高于其价值，明显损害了消费者的利益。同时，当新产品尚未在消费者心目中建立一定声誉时，高价进入市场不利于产品的市场开拓。再者，如果新产品高价投放市场，产品销路依旧旺盛，则极易招致竞争者的加入，诱发同行之间的激烈竞争。

2．"渐取"定价法

"渐取"定价法，又称为"渗透"定价法。就是实行"低利渐取"的定价方式。

当新产品刚投放市场时，企业先制定一个偏低的价格，薄利多销，使新产品能够迅速进入市场，继而达到长期占领市场的目的。

采用"渐取"定价法，其优点有：

（1）新产品进入市场初期，企业将价格定得相对较低，容易在较短时间内迅速打开产品销路，增加产品的供应量。

（2）有利于企业实施"薄利多销"的经营策略。

（3）采用低价低利的做法，可以降低同行竞争者的关注程度，使别的企业不易插手新产品的经营，从而使自己得以控制市场价格，达到长期占领市场的目的。

"渐取"定价法的缺点是：

（1）由于新产品上市价格偏低，必然会影响其他同类老产品的销售，缩短同类老产品的市场寿命周期。

（2）当新产品在市场中逐渐站稳后，如果再遇到同行竞争者的挑战，利用价格因素去参与竞争就会变得非常困难。

（3）假如今后在市场中，新产品因其生产的成本发生变化而导致提高价格，有可能会使产品的销售量和企业的声誉受到损害。

3. "满意"定价法

"满意"定价法，又称为"中间"定价法或"君子"定价法。它是介于"撇取"定价法和"渐取"定价法之间的一种定价策略。

这种定价法的具体做法是：企业原本可以凭借其市场的优势地位，通过制定高价来获取最大的利润，但是，为了兼顾生产者、中间商和消费者的各自利益，特意制定一个价格水平适中、各方面均能接受的"温和价格"或"君子价格"。

"满意"定价法的优点是：价格相对比较稳定，在正常情况下，企业的产品销售利润是可以预期并实现的。

"满意"定价法的缺点是：企业定价比较保守，不利于企业适应复杂多变的市场环境，尤其是在激烈的市场竞争中，"满意"定价法难以做到各方真正的满意。

上述三种新产品定价方法，各有利弊，在企业营销活动中究竟如何灵活应用，主要取决于以下两个方面因素：

首先，要根据企业自身经济实力大小而定。如果企业经济实力强，能够将新产品大量的投放市场，则比较适宜于采用"渐取"定价法，力求以"薄利多销"最终取得可观的经营利润；反之，企业不妨采用"撇取"定价法，以取得先期的利润。

其次，要根据形成新产品的新技术是否已经公开或者这些新技术是否易于被他人所采用而定。如果生产新产品的新技术已经公开，且使同行竞争者容易加入市场开展经营的，则宜采用"渐取"定价法，以便于有效排斥竞争者，缩小竞争面；如果这些新技术尚未被公开，新产品在市场中处于"独子"产品时，企业不妨采用"撇取"定价法。

（二）心理定价策略

心理定价策略是指企业在定价时，巧妙地利用消费者的各种心理因素进行定价，以满足消费者对于物质的和精神的需求，达到扩大产品销售、获得最大利益的目的。

在企业营销实践中，常用的心理定价策略有：

1. 奇数定价法

奇数定价法又称为"尾数定价法"或"非整数定价法"。这种方法是利用消费者对数字认识上的某种特殊心理暗示，将产品的价格定到最后末尾数，而且尾数大多采用奇数形式。如：0.99元、1.37元、1.69元等，尽量不在价格上向前进位。

奇数定价法的运用，能够在价格上给消费者以一种精确和便宜的感觉，从而提高消费者的购买兴趣，达到促进产品销售的目的。在欧美等国家的超市中，奇数定价法的运用相当普遍。

在我国有的地区，在运用尾数定价时，将价格的末尾数取"8"，如：1.68元、51.88元等，虽然尾数没有采用奇数形式，但是，同样是利用消费者对数字认识上的特殊心理暗示，"8"如同与"发"，具有吉祥的心理效应。因此，这也可以称为"尾数定价法"。

2. 整数定价法

整数定价法，就是充分利用部分消费者追求高消费的心理特征，在定价时，去尾留整，以整数形式反映产品的价格。如：10元、120元、1 680元、58 000元等。

在目前市场上，同类产品琳琅满目，消费者往往都有"一分价钱一分货"心理，以价格来辨别产品质量和档次的高低。特别是对于一些高档的品牌产品，消费者或许对产品本身还不够了解，如果这时候采用整数定价法，会使产品身价陡然上升一个档次，消费者也会感到购买这种产品与其地位、身份相匹配，符合其高消费的心理，从而就会迅速作出购买决定。

由于消费者在讲究高消费的时候很少会在价格的制定过程中"斤斤计较"，所以，在一些大型购物中心、百货商场等采用整数定价的产品相当多。

3. 声望定价法

声望定价法就是利用企业或产品在消费者心目中所固有的知名度、美誉度和信任度，进行产品定价的方法。声望定价一般采用高质高价的方式。

声望定价法的运用，主要借助的是消费者崇尚品牌或名牌产品的心理。因此，对产品的品质要求特别高。同时，在使用声望定价时，需要企业适当地去控制产品的市场拥有量。

采用声望定价法必须谨慎从事，既要充分考虑市场竞争状况和消费者对高价产品的承受能力，又不能滥用企业的声望。稍有不慎，就可能会降低企业或产品在消费者心目中的声望，从而失去整个市场。

4. 习惯定价法

习惯定价法是利用消费者习以为常的思维定式进行定价的方法。它常见于日用消费品的定价，如牙膏、洗衣粉、肥皂等。

在日常消费行为中，消费者会形成一种固定的习惯性价格标准，在他们看来，符合其价格标准的则会接受；不符合其价格标准的则会受到质疑。如：价格定得过高，超出了习惯性价格标准，消费者就会认为是不合理的涨价；若是价格低于了习惯性价格标准，他们又会怀疑产品的真伪。因此，采用习惯定价法的产品，价格一经确定，应该保持相对稳定。即便是由于成本上升等因素致使企业不得不上调价格，那也应该通过改变产品包装、更换产品品牌等方式进行，以避免消费者对于新价格产生抵触情绪。

5. 招徕定价法

招徕定价法又称为"特价品定价法"，是指利用消费者普遍存在的求廉心理，经常性地选取一小部分产品，作为特价品并以超低的价格吸引和招徕消费者的定价方法。目前，一些"节日特价品""优惠品"甚至是"特价菜"常见于商场、宾馆和饭店。

其实，采用招徕定价法的真正意义在于：通过消费者挑选或购买特价品，带动其他正常价格产品的销售，特价品仅仅是吸引和招徕消费者的一种策略而已。

招徕定价法的运用，应考虑以下一些因素：

（1）企业所选取的特价品，应该是消费者的日常生活用品，产品适用于每个家庭。

（2）企业所经营的产品门类众多，除了能够经常性地变换特价品外，更主要的是还能吸引消费者购买其他更多的产品。

（3）特价品不是残次品，必须真正做到特价。也就是说，作为特价品的销售价格必须降至接近产品成本或低于成本，只有这样，才能真正取信于消费者，招徕消费者。

（4）企业所选取的特价品应适量。特价品数量太多，有损企业的"元气"，影响企业的收益；数量太少，则起不到吸引和招徕消费者的作用。

(三) 折扣定价策略

折扣定价策略就是通过对消费者以产品价格折让的方式，直接或间接降低产品的销售价格，以此来扩大产品销售的定价方法。在现实生活中，我们常见的折扣方式有：

1. 现金折扣

现金折扣是指消费者在规定的时间内或提前付清货款，企业给予消费者一定数额的价格折让。采用现金折扣的目的是鼓励消费者尽快交付货款，以便于企业加快资金周转，减少财务风险。

2. 数量折扣

数量折扣是指当消费者购买的产品达到企业所规定的一定数额后，企业给予消费者一定比例的价格折让。采用数量折扣的目的是刺激消费者大量购买或集中购买。数量折扣有一次性数量折扣和累计数量折扣之分。一次性数量折扣是指消费者一次购买的同一类或同一种产品达到规定的数量后，企业给予的价格折让。而累计数量折扣则是指消费者在一定时间内，所购买的同一类或同一种产品达到规定的数量后，企业按其总金额给予一定的价格折让。

3. 季节折扣

季节折扣是指企业对于常年性生产、季节性消费的产品，为了鼓励消费者在销售淡季购买产品而给予购买者一定比例的价格折让。目前市场上产品的错季销售、反季节销售都是企业所惯用的销售策略，如果此时能够配以季节折扣的运用，可以调节产品销售淡旺季之间的不均衡，减少企业的仓储费用。

4. 交易折扣

交易折扣是一种企业专门针对中间商而采用的价格折让方式。由于中间商承担了本应当由企业自己承担的部分销售功能。因此，企业必须通过价格折让的形式，使中间商从中获得利益。所以，交易折扣又通常被称为"功能折扣"。交易折扣按惯例，通常是以产品的零售价来依次计算的。

例如：某企业销售的某种产品，其建议零售价为 400 元。因销售中分别有零售商、批发商和经销商等中间环节，为了发挥中间商的功能，企业分别给予他们 30%、10% 和 5% 的价格折扣。在这种情况下零售商、批发商和经销商各自享受的价格分别是：

零售商取得的价格：

$$400 \times (1 - 30\%) = 280 \text{（元）}$$

批发商取得的价格：

$$280 \times (1 - 10\%) = 252 \text{（元）}$$

经销商取得的价格：

$$252 \times (1 - 5\%) = 239.4 \text{（元）}$$

5. 实物折扣

实物折扣是指消费者在购买产品时，因其提供了废旧的类似产品而获得的企业价格折让。常见的以旧换新销售模式，体现的就是一种典型的实物折扣。

采用实物折扣的目的就是刺激消费者购买，扩大产品销售。

(四)市场经营价格策略

1. 单一价格策略

这是指企业所销售产品的价格,对于任何消费者都是一视同仁,没有讨价还价的余地。即使是享受折扣等优惠,也是采用相同的方式。

2. 变动价格策略

这是指企业所销售产品的价格,对于不同的消费者分别采用不同的价格,即变动价格。变动价格的形成多种多样,有的可以通过讨价还价;有的因为是经常惠顾的消费者;还有的是因为在特殊节日里的特殊消费者群体,如:"教师节"教师购物所享受的特殊价格。

3. 阵线价格策略

这是指在产品经营过程中,由于产品的品种、规格、颜色等分类比较复杂,因此,企业将其销售的产品分为若干个组别,每个组制定一个统一价格,消费者选购时可以在每一个组中任意选择产品。

采用阵线价格后,由于可供消费者选择的价格类型有效,因此有利于消费者在较短的时间内迅速做出购买决定。

4. 补贴价格策略

所谓补贴价格策略,其实还是一种价格的折让形式。只不过它比折扣价格策略的应用更加广泛。如:销售让价,目前市场上的家电补贴销售,就是一种价格的直接减让;运费让价,就是针对路途较远的消费者,以免费送货上门方式,间接进行价格上的减让。

5. 保护价格策略

这是指企业在销售产品时,在价格方面给予消费者以一定承诺,如果在消费者购买后的一段时期出现产品的降价现象,企业将退还或补贴消费者所损失的那部分价格差额,以保护消费者的切身利益。

案例赏析

美国明尼苏达州的米尔顿·雷诺兹是一位商界"奇才"。1945年8月,雷诺兹去阿根廷度假时,一次偶然的机会让他发现了新的"摇钱树",那就是我们现在习以为常的圆珠笔。其实圆珠笔早在1888年就已经问世了,只是由于未能形成相应的生产规模,而不为人所知。精明的雷诺兹一见到圆珠笔独特的设计功能后爱不释手,很快就意识到如果将圆珠笔推向美国市场,一定会有巨大的市场前景。于是雷诺兹立刻结束度假赶回国内,连忙组织专人进行产品改进。一个月过后,改进后的样品被生产了出来,随后,雷诺兹带着样品来到了纽约的"金贝尔"百货公司,向公司经理展示产品的独特之处——制作精美、书写流畅,这正是其他一般墨水钢笔所无法比拟的。同时,雷诺兹又利用"二战"刚刚结束,人们对于神秘的原子弹还惊恐未定的心理,给这种笔取了个响亮的名字"原子笔"。雷诺兹别出心裁的产品促销举动果然打动了公司经理,当即就向雷诺兹下了2 500支的订单,并按照雷诺兹预先的定价每支12.5美元进行销售。其实,当初这种笔的实际生产成本仅仅只有0.8美元,雷诺兹之所以以超出生产成本十几倍进行定价,就是预料到圆珠笔的与众不同,必然有利于产品的扩大销售。

果不其然，当 1945 年 10 月 29 日"金贝尔"百货公司首次销售"原子笔"时，竟出现了千人抢购的狂潮，使得公司不得不请来数十名保安维持秩序。

很快"原子笔"首次销售的市场轰动效应，为雷诺兹带来雪花般的订单，短短 6 个月不到，雷诺兹就以当初 2.6 万美元的先期投入，获得了 155 万美元的税后利润。

"原子笔"高价投放市场，给经营者带来了丰厚的利润，但也招致了竞争者的纷纷加入。不久，当数以百计的圆珠笔生产企业涌入市场，并竞相削价竞争时，雷诺兹早已赚足大钱，全身而退了。

这正是：企业经营，效益为先；机会在握，财路自宽；利之厚薄，随机而变。

工作任务五　制定企业目标利润任务书

【任务要求】　运用"盈亏平衡理论"，制定"企业产品销售目标利润任务书"。

【情景设计】　某电动车连锁店主要销售"绿源"牌系列电动车。最近新进了一款"神舟风驰"电动车，进价每辆 1 520 元，销售费用和税金每辆约为 80 元，商店用于此款电动车销售的固定费用成本总共是 20 万元，按照试销时的销售量推算，全年预计销售 1 000 辆。现在商店经理要求商店实现年目标利润 20 万元，那么每辆"神舟风驰"电动车应该以什么价格来销售？如果每辆售价 2 500 元，商店年利润可能会是多少？请你帮助商店制定一份产品销售目标利润任务书。

【任务实施】　将学生分成两组，以不同的方式进行盈亏平衡定价的模拟演练，最后两组合作，共同完成"企业产品销售目标利润任务书"。

【任务实施应具备的知识】
1. 企业价格制定的依据及目标；
2. 企业产品价格制定的方法；
3. 企业定价策略及其运用。

【任务完成后达成的能力】
1. 巩固和掌握各种商品的定价方法；
2. 具有准确运用盈亏平衡定价原理，进行价格制定的能力。

【任务完成后呈现的结果】
企业产品销售目标利润任务书，字数不低于 2 000 字。

知识宝典

【供求关系】　供求关系是指在商品经济条件下，商品供给和需求之间的相互联系、相互制约的关系，它是生产和消费之间的关系在市场上的反映。在竞争和生产无政府状态占统治地位的私有制商品经济中，价值规律通过价格与价值的偏离自发地调节供求关系，供大于求，价格就下落；求大于供，价格就上升。

【市场占有率】　市场占有率又称为市场份额，市场份额是指企业产品在市场上所占份额，是一个企业的销售量（或销售额）在市场同类产品中所占的比重。它直接反映企业所提供的产品和劳务对消费者的满足程度,表明企业的产品在市场上所处的地位,也反映了企业对市场的控制能力。市场份额越高,表明企业经营、竞争能力越强。企业市场份额的不断扩大,可以使企业获得某种形式的垄断,这种垄断既能带来垄断利润又能保持一定的竞争优势。

【投资收益率】 投资收益率又称为投资利润率,是指投资收益(税后)占投资成本的比率。

投资收益率又叫投资效果系数,定义为每年获得的净收入与原始投资的比值。

公式:投资收益率 = 1/动态投资回收期 × 100%

动态投资回收期 = $(T-1)$ + [$(T-1$ 年的累计净现值)]/T 年的净现值

T = 现值首次出现正值的年数投资收益率,反映投资的收益能力。

当该比率明显低于企业净资产收益率时,说明其对外投资是失败的,应改善对外投资结构和投资项目;而当该比率远高于一般企业净资产收益率时,则存在操纵利润的嫌疑,应进一步分析各项收益的合理性。

【资金周转速度】 资金周转速度一般可以用资金在一定时期内的周转次数表示,也可以用资金周转一次所需天数表示。资金周转率是反映资金周转速度的指标。企业资金(包括固定资金和流动资金)在生产经营过程中不间断地循环周转,从而使企业取得销售收入。企业用尽可能少的资金占用,取得尽可能多的销售收入,说明资金周转速度快,资金利用效果好。

【边际收益】 边际收益是指增加一单位产品的销售所增加的收益,即最后一单位产品的售出所取得的收益。它可以是正值或负值。边际收益是厂商分析中的重要概念。利润最大化的一个必要条件是边际收益等于边际成本。在完全竞争条件下,任何厂商的产量变化都不会影响价格水平,需求弹性对个别厂商来说是无限的,总收益随销售量增加同比例增加,边际收益等于平均收益,等于价格。

【薄利多销】 薄利多销是指低价低利扩大销售的策略。"薄利多销"中的"薄利"就是降价,降价就能"多销","多销"就能增加总收益。实行薄利多销的商品,必须满足商品需求价格弹性系数减销售量增长率后的数值必须大于1。对于需求富有弹性的商品来说,当该商品的价格下降时,需求量(从而销售量)增加的幅度大于价格下降的幅度,所以总收益增加。

【价格欺诈行为】 国家《禁止价格欺诈行为的规定》中,对将下列行为列为价格欺诈行为:

1. 标价签、价目表等所标示商品的品名、产地、规格、等级、质地、计价单位、价格等或者服务的项目、收费标准等有关内容与实际不符,并以此为手段诱骗消费者或者其他经营者购买的。

2. 对同一商品或者服务,在同一交易场所同时使用两种标价签或者价目表,以低价招徕顾客并以高价进行结算的。

3. 使用欺骗性或者误导性的语言、文字、图片、计量单位等标价,诱导他人与其交易的。

4. 标示的市场最低价、出厂价、批发价、特价、极品价等价格表示无依据或者无从比较的。

5. 降价销售所标示的折扣商品或者服务，其折扣幅度与实际不符的。
6. 销售处理商品时，不标示处理品和处理品价格的。
7. 采取价外馈赠方式销售商品和提供服务时，不如实标示馈赠物品的品名、数量或者馈赠物品为假劣商品的。
8. 收购、销售商品和提供服务带有价格附加条件时，不标示或者含糊标示附加条件的。
9. 虚构原价，虚构降价原因，虚假优惠折价，谎称降价或者将要提价，诱骗他人购买的。
10. 收购、销售商品和提供服务前有价格承诺，不履行或者不完全履行的。
11. 谎称收购、销售价格高于或者低于其他经营者的收购、销售价格，诱骗消费者或经营者与其进行交易的。
12. 采取掺杂、掺假，以假充真，以次充好，短缺数量等手段，使数量或者质量与价格不符的。
13. 对实行市场调节价的商品和服务价格，谎称为政府定价或者政府指导价的。

《禁止价格欺诈行为的规定》还指出：任何单位和个人对价格欺诈行为均有权向价格主管部门举报。政府价格主管部门将依照《中华人民共和国价格法》和《价格违法行为行政处罚规定》进行处罚。

单元综合练习

一、填空题

1. 影响企业营销定价的因素有（　　）、（　　）、（　　）、（　　）。
2. 商品的价值是通过货币来表现的，这就决定了商品在与货币交换的过程中，商品定价的高低，一方面取决于（　　）的大小，另一方面取决于（　　）的大小。
3. 以产品成本作为制定基本价格幅度依据的定价方法叫作（　　）。
4. （　　）就是根据消费者对商品的认识和要求的程度为导向来制定价格。
5. 根据竞争者的售价作为定价依据的定价方法叫作（　　）定价法。
6. 常见的折让定价策略有（　　）、（　　）、（　　）、（　　）、（　　）、（　　）、（　　）。

二、判断题（对的画√，错的画×）

1. 从经济学的观点看，价格是活泼的；从市场营销学的观点看，价格是严肃的。（　　）
2. 从经济学的角度看，价格必须依据消费者能否接受为出发点。（　　）
3. 企业定价策略是市场营销组合中最难确定的一个部分。（　　）
4. 营销商品成本从理论上讲应该包括商品的原进价、进货费用和储存费用。（　　）
5. 商品定价随着成本高低而升降，营销商品成本越大企业定价就越高。（　　）
6. 供求影响价格，价格调节供求。（　　）

7. 在耐用消费品方面，商品的威望和价格无关。（ ）
8. 有较高存货周转率、购买频率大的日用品，适宜高价策略。（ ）
9. 一般情况下，方便商品的代用品多，价格弹性小；特殊商品的代用品少，价格弹性则大。（ ）
10. 价格竞争是商贸竞争的重要手段和内容。（ ）
11. 如果商品的价值量不变，商品价格与货币价值量成正比关系。（ ）
12. 企业定价的目标是为了扩大企业定价权限，利用价值规律进一步搞活商品流通，促进市场经济的发展。（ ）
13. 如果以利润达到销售额的一定比例为定价目标，企业商品利润的百分比保持不变，销售量越大，总利润就越多。（ ）
14. 以保持价格稳定而获得稳定利润为定价目标，对中小企业来说是一种稳妥的保护政策。（ ）
15. 企业销售额的扩大和企业的市场地位，经常是用市场占有率来表示的。（ ）
16. 一般来说，在成本、费用或市场需求发生变化时，只要竞争者维持原价，采用相同定价策略的企业也应维持原价。（ ）
17. 长期目标利润的实现，归根到底要以商品是否能及时生产出来，足量生产出来为标志的。（ ）
18. 追求长期的最佳利润或满意利润为定价目标，较之把价格定得较高，以短期获得最大利润为定价目标稳妥。（ ）
19. 企业所要达到的定价目标，可能是单一的，也可能是多重的。（ ）
20. 盈亏临界点定价法的优点是有利于加强企业管理的计划性，可较好实现投资回收计划。（ ）
21. 如果企业把价格定在保本价格上，企业就可以获得利润。（ ）
22. 边际贡献是指预计的销售收入减去总成本后的收益。（ ）
23. 当边际贡献等于变动成本时，即可实现保本价格。（ ）
24. 边际贡献定价法适用于商品供过于求，卖方竞争激烈的市场环境。（ ）
25. 需求导向定价法不是根据成本来制定商品价格的定价方法。（ ）
26. 竞争导向定价法是一种风险较大的定价方法。（ ）
27. 渗透定价策略是说企业只求保本，不想盈利。（ ）
28. 随行就市定价策略适用于大中型商品生产经营的企业。（ ）
29. 现金折扣策略适宜价格较低的日用消费品。（ ）
30. 交易折扣策略的目的是鼓励中间商努力销售本企业的商品。（ ）

三、辨析题（判断正误，并说明理由）

1. 价格是决定企业盈利的因素，但绝不是唯一的决定性因素。（ ）
2. 对高度流行或对品质威望具有高度祈求的商品，价格乃属次要。（ ）
3. 一般来说，如果商品在竞争中处于劣势，可以适当采取高价策略；反之则应采取低价策略。
4. 要保持货币价值和市场价格的稳定，一定时期内的货币发行量或货币流通量必须与商品流通量保持恰当的反比例关系，与单位货币的平均流通次数保持适当的正比例关系。   (   )
　　5. 对于谋求扩大市场占有率的企业,定价应低于竞争者,实行薄利多销的定价方法。   (   )
　　6. 追求最大利润,就是追求最高价格。   (   )
　　7. 一般来说,需求弹性大的商品价格可定得高些;需求弹性小的商品价格必要时可定得低些。   (   )
　　8. 取脂定价策略的缺点是不利于垫付资本的及时回收。   (   )

四、选择题（选择正确的答案填在括号内）

1. 商品定价的基础是（   ）。
   A. 营销商品成本   B. 市场状况
   C. 货币价值和流通量   D. 国家有关方针政策
2. 企业营销商品定价中最难捉摸的因素是（   ）。
   A. 营销商品成本   B. 市场状况
   C. 货币价值和流通量   D. 国家有关方针政策
3. 购买频率大的日用品,有高度的存货周转率,适宜（   ）。
   A. 高价策略   B. 厚利少销   C. 薄利多销   D. 取脂定价
4. 在同行业中具有较强的竞争实力,所经营的商品在市场上能占有一定的优势或具有一定的特色的企业,一般可采取的定价目标是（   ）。
   A. 以利润达到销售额的一定比例为定价目标
   B. 以保持价格稳定而获得稳定利润为定价目标
   C. 以保持或提高市场占有率为定价目标
   D. 以应付或防卫竞争为定价目标
5. 根据企业的总成本和计划的总销售量,加上按投资收益率定的目标利润额作为定价基础的定价方法是（   ）。
   A. 完全成本定价法   B. 目标利润定价法
   C. 盈亏临界点定价法   D. 边际贡献定价法
6. 盈亏临界点定价法较多的适用于（   ）。
   A. 商业企业定价   B. 服务业定价
   C. 工业企业定价   D. 金融业定价
7. 企业固定成本/总销量+单位商品变动成本,等于（   ）。
   A. 保本销量   B. 保本价格   C. 保利销量   D. 保利价格
8. 只求保本或微利的定价策略是（   ）。
   A. 取脂定价   B. 渗透定价   C. 温和定价   D. 反向定价
9. 首先考虑消费者的要求和购买力,谋求建立和提高企业信誉的定价策略是（   ）。
   A. 温和定价   B. 反向定价   C. 需求习惯定价   D. 随行就市定价
10. 依据人们的虚荣心理来确定商品价格的定价策略是（   ）。
    A. 尾数定价   B. 方便定价   C. 如意定价   D. 声望定价

五、问答题

1. 新产品的定价策略有哪些?各包括哪些具体内容?

2. 如何理解心理定价的几种策略？

六、案例分析题（运用所学知识，进行分析）

【**案例**】 1998年春季，全国百货钟表订货会在济南召开，当时全国机械手表大量滞销、积压，连续三次降价，仍不见市场好转。因此，很多厂家都担心订货会会变成"血本甩卖会"。上海是全国钟表行业的老大，各地钟表公司的眼光自然都盯着上海，纷纷打探"你们降不降！"上海人保密工作做得好，"不降，不降，阿拉上海表降价是要由市委批的。"大家看上海手表不降价，都放了心，原先准备降价的厂家也改变了主意，全都挂出了70、80元一块的老价格。

订货会开了两天，商家在会上转来转去，只询价，不订货，厂家们心里犯嘀咕：哎呀，这个价格卖不动，怎么办？

正在犯愁的时候，上海展台在第三天一清早，突然挂出了"所有沪产表降价30%"的牌子，从70多元一块一下子降到了40元一块。这一手，把外地钟表公司都打懵了。敢不敢跟着上海也降价30%呢？不敢！各厂来开会的都是销售科长，降这么多价哪做得了主？于是，赶快打电话向厂里请示。

厂长也不敢贸然做主，又是开会研究，又是请示报告，待决定跟上上海降价30%时，两三天的时间已经过去，上海人已经把生意全做完了。

开完这个会不久，重庆钟表公司一位姓孙的副总经理来西安，他告诉老朋友、西安旅游食品厂李厂长："你看，这一降惨不惨，根本没法干下去。"李说："你准备计将何出呢？""没办法，也跟着降！"李说："我有个不成熟的建议，供你参考。不是都降了吗？你涨！他降30%，你涨30%。你涨30%就等于有了30%的广告费用让你用；你涨价还暗示消费者，你的表比卖40元的表要好，档次高，不是所有消费者都追求40元的消费档次，有的要结婚，有的要送人，还嫌你40元的表太掉价呢！你降30%，每块表只赚一元钱或不赚钱，你涨30%，卖一块就赚60元。你全年120万块表产量，按120万的六十分之一算，卖2万块表就等于你卖120万块表的利润；卖3万块表，就多出50%的利润。你拿出多赚的部分做广告，就写一句话：一分钱一分货，山城手表如何如何，豁出去30万、50万，把你们重庆的报纸、电台、电视台全占了，我不相信1000万人的重庆市，一年销不出3万、5万块表？"

孙总经理听了说："哎呀，你这个主意真不错，我们回去商量商量。"他们回去后最终没敢这么做。李厂长听了很惋惜，怕什么，涨上去不成再降下来嘛！反正都落个降价，形象不会坏的。他们不听，结果一年下来亏损600多万。

与此同时，深圳的天霸表不仅没降，还在悄悄地涨，从120元涨到189元，变一个样涨一次，反而在消费者中树立了高品质形象。他们用的是出奇制胜的价格，进行地毯式轰炸般的广告宣传，垄断了一个特定的市场。

思考分析：

1. 上海钟表业为什么降价？其定价策略是什么？

2. 上海钟表业在定价中"出奇制胜"，奇在何处？其他地区钟表业从中应吸取什么教训？

3. 你认为在企业营销中，应如何灵活运用定价策略？

第六单元

设计通路 踏雪寻梅

学习目标

【知识目标】
1. 了解并掌握分销渠道的类型、策略与选择；
2. 正确识别中间商的功能，了解中间商的类型；
3. 对影响分销渠道的因素有比较完整的认识。

【能力目标】
1. 能正确区分不同中间商的作用并正确选择中间商；
2. 能根据不同影响因素，选择不同的分销渠道策略。

学习任务提要

★ 产品分销渠道
★ 中间商的类型与功能
★ 分销渠道的选择
★ 分销渠道的管理

工作任务提要

★ 正确运用所学知识，设计"××产品分销渠道方案设计"。

建议教学时数

★ 12 学时

第六单元　设计通路　踏雪寻梅

学习任务一　认知分销渠道

案 例 导 入

【看一看】　2002 年 1 月 15 日，广东健力宝集团通过一纸协议落入了浙江国际信托投资公司的怀抱。浙江国际信托投资公司受让了广东健力宝饮料厂持有的健力宝集团公司 75% 的股权，金额 3.38 亿元。同年年初，健力宝集团以 3 000 万元获得中央电视台世界杯足球赛"赛事直播独家特约播出"的竞标，这意味着，健力宝集团平均每天投在央视世界杯上的花费就接近 100 万元人民币。为此，健力宝集团准备舍掉 5～6 个亿的营业额，把健力宝麾下非健力宝品牌产品全部停产，强势推出"健康的休闲饮料"——"第 5 季"饮料。"第 5 季"取意于一个游离四季之外的时空概念，倡导的是一种不断发展的超越精神。

按照健力宝的经营思路："第五季"饮料将主攻高端市场，也就是在大中城市向"可口可乐""百事可乐"要市场份额，主要抢夺城市消费者；而"健力宝"饮料主攻低端市场，抢夺农村消费者。

乘着世界杯的东风，"第 5 季"饮料的销售在全国市场开始了。但天天在高呼"今年流行'第五季'！"的健力宝公司却让人一头雾水，因为，虽然健力宝集团的"第五季"饮料广告在电视台热播，但其产品在市场上却难见踪影，即使一些商场里有现货，也都没被摆放在显眼的位置。因此，购买者并不很多。业内人士只得好心地猜测健力宝集团在玩"饥渴营销"。但问题是，"饥渴"的消费者可以随手抓起身边的可乐、果汁、茶饮料们痛饮一番，谁会有耐心专门去等待"第五季"饮料的到来？

【想一想】　健力宝集团下定决心投入巨资去推广"第五季"饮料，但其结果何以如此呢？

【说一说】　假设你是健力宝集团的最高决策层，在获得中央电视台 2002 世界杯的竞标后，你会用怎样的营销策略以避免现在的结果呢？

一、分销渠道的基本知识

（一）分销渠道的含义

分销渠道也叫销售渠道或通路，是指某种货物或劳务从生产者向消费者移动时，取得这种货物或劳务所有权或帮助转移其所有权的所有企业或个人。

简单地说，销售渠道就是商品和服务从生产者向消费者转移过程的具体通道或路径。分销渠道的起点是生产者，终点是消费者和用户，中间环节包括各种批发商、零售商、商业服务机构（如经纪人、交易市场等）。企业即便有了符合市场需要的商品，如果没有适当的分销渠道，就不能及时、有效地把商品输送到潜在顾客需要购买的地方。因而，

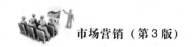

分销渠道在企业营销活动中的作用十分重要。正如海尔的张瑞敏所说："市场营销网络是现代企业非常重要的财富，我在美国考察时，最能引起美国人兴趣的就是海尔遍布全球的营销网络。许多人都希望利用海尔的网络进行合作。海尔的营销网就是海尔品牌的世界版图。"

（二）分销渠道的功能

分销渠道的职能在于它是联结生产者和消费者或用户的桥梁和纽带。在市场经济条件下，生产者和消费者或用户之间存在着空间分离、时间分离、所有权分离等方面的缺口以及供需数量差异、供需品种差异等方面的矛盾，而分销渠道较好地弥合了这些产品或服务与其使用者之间的缺口或矛盾。

分销渠道执行的功能是把商品从生产者那里转移到消费者或用户手里，在不同的渠道中，这些功能是由不同的渠道成员承担的。即便渠道发生变化时，也只是这些功能的组合形式有所不同，但所需承担的功能总量是不变的。具体来说，渠道成员执行了以下一系列主要功能：

1. 调研：是指收集制订计划和进行交换所必需的信息。
2. 促销：是指进行关于所供产品的说服性沟通。
3. 联系：是指寻找潜在购买者，并与其进行有效的沟通。
4. 匹配：是指所供产品符合购买者需要，它包括诸如分等、分类、装配和包装等活动。
5. 谈判：是指为了转移所供物品的所有权，而就其价格及有关条件达成最后协议。
6. 实体分配：是指从事产品的运输、储存、配送。
7. 融资：是指为补偿渠道工作的成本费用而对资金的获取与支出。
8. 承担风险：指承担与渠道工作有关的全部风险。

二、分销渠道的类型

分销渠道可以从不同的角度，按不同的标准来进行分类。

（一）按分销渠道有无中间环节，可以分为直接渠道和间接渠道

直接渠道（也称为零层渠道）是指生产者将产品直接销售给最终消费者和用户，中间不经过任何形式的中间商，是一种自产自销的经营方式，主要有上门推销、邮购、电视直销、产品订货会、直营商店、在线订购等方式。例如，安利、雅芳等直销公司基本上是通过自己的推销员上门推销产品；李宁公司是通过自己的专卖店来销售运动类产品；戴尔主要是通过网上订购将计算机产品出售给消费者。采用了直接渠道，也就意味着企业不仅要承担生产职能，还要承担商品的储存、运输、包装、资金周转以及市场调研等各种职能。

间接渠道是指商品从生产领域向最终消费者或用户转移时，要经过若干中间商的分销渠道。间接渠道通常有以下三种情况：

（1）一层渠道。生产者和消费者之间只有一个中间环节，这在消费者市场通常是零售商，在产业市场则可能是销售代理商或经纪人。

（2）二层渠道。生产者和消费者之间经过两个中间环节，这在消费者市场一般是批发商和零售商，在产业市场则通常是销售代理商和批发商。

（3）三层渠道。生产者和消费者之间经过三个中间环节，如七匹狼服装，就是经过生产厂家—省级代理商—市级代理商—零售商—消费者，属于三层渠道。

更多层次的渠道较为少见，因为从生产者角度来看，渠道层次越多，越难控制，出现的问题和矛盾也会越多。

（二）按分销渠道中间环节的多少划分，可以分为长渠道和短渠道

长渠道是指生产者经过两层以上的中间环节，把商品销售给最终消费者或用户，也就是上面说的两层渠道和三层渠道。

短渠道是指直接渠道或只经过一层中间环节的一层渠道。

渠道的"长"和"短"是相对而言的，不能仅仅从形式上判断优劣，关键是效果，企业能否选择合适自身特点的渠道，提高经济效益。

例如，"IBM"和"DELL"都是IT行业的成功企业，"IBM"是通过庞大的市场营销网络拓展市场的，而"DELL"的策略是绕过分销商的中间环节，按单定制并将产品直接销售到客户手中。两个企业不同的渠道方式，同样获得了成功。

（三）按分销渠道同一层次中间商多少，可以分为宽渠道和窄渠道

宽渠道是指在分销渠道的某个环节或层次中，使用同种类型中间商的数目比较多的渠道。

窄渠道是指在分销渠道的某个环节或层次中，使用同种类型中间商的数目比较少的渠道。

当前，生产企业纷纷对自己的渠道策略进行调整，重组新的分销渠道，进行渠道变革。我国家电第一品牌海尔集团，在渠道上就经历了三部曲，先是依赖大商场进行销售，然后是在经过挑选的卖场或百货商店建立店中店或海尔专柜，现在则是把目标转向建立海尔专卖店。

从目前来看，渠道变革更多地体现在批发商的没落，渠道倾向于扁平化。大制造商建立自己的销售公司，同时，零售商规模越来越大，也越来越倾向于从生产商直接进货，甚至直接定制产品。因为渠道越短，生产者和最终消费者越接近，也就越了解市场，产品更具有竞争力，为消费者提供更满意、更及时的服务。

渠道变革的实质其实就是服务，在现代市场营销中，服务显得越来越重要。著名营销学家西奥多·李维特就指出：新的竞争不是发生在多个公司的工厂生产什么产品，而是发生在其产品能提供何种附加利益上。这里的附加利益，最重要的内容就是服务。而在较长的渠道中，生产者远离销售终端，远离最终客户，企业也就很难为终端销售商和最终客户提供满意的服务。

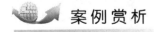

案例赏析

雅芳化妆品有限公司是全美500强企业之一，通过人员直销取得了辉煌的业绩。作为世界领先的美容化妆品及相关产品的直销公司，雅芳目前拥有43 000名员工，年销售收入超过100亿美元，通过超过650万名独立的营业代表向全球100多个国家和地区的女性

提供各类产品，包括著名的雅芳色彩系列、雅芳新活系列、雅芳柔肤系列、雅芳肌肤管理系列、维亮专业美发系列、雅芳草本家族系列、雅芳健康产品和全新品牌Mark系列，以及种类繁多的流行珠宝饰品。

雅芳之所以能够获得如此卓越的业绩，得益于它首创了直销这种模式。通过直销人员与消费者直接的信息沟通，更好地满足了消费者的需求，降低了雅芳产品的中间环节的成本，也为消费者提供了物美价廉的产品。

学习任务二　识别中间商的类型

案例导入

【看一看】　苏宁电器1990年创立于江苏南京，是中国3C（家电、电脑、通讯）家电连锁零售企业的领先者，国家商务部重点培育的"全国15家大型商业企业集团"之一。经过20多年的发展，2010年成为中国最大的商业企业集团，当年品牌价值508.31亿元。

截至2010年，苏宁电器连锁网络覆盖中国大陆300多个城市，并进入中国香港地区和日本，拥有近1 500家连锁店，员工15万人，2010年销售收入近1 500亿元，名列中国上规模民营企业前三强，中国企业500强第50位，入选《福布斯》亚洲企业50强、《福布斯》全球2 000大企业中国零售企业第一。

连锁经营发展是苏宁的商业本质，为实现以消费者需求为核心，苏宁电器不断创新店面模式，从第一代空调专营店发展到第七代超级旗舰店（EXPO），并形成了以超级旗舰店、旗舰店为主，中心店、社区店、精品店、乡镇店相互补充的店面业态组合，遍布城乡的连锁网络，为中国亿万家庭提供方便、快捷、周到的家电生活服务。

在国内市场领先的基础上，2009年，为了积累国际化经营的经验，并吸收海外电器连锁行业优秀的经营管理理念，苏宁电器收购了日本LAOX公司。同年12月，苏宁电器收购香港镭射电器，进入香港市场，并将以香港为海外发展的桥头堡，探索国际化经营的道路。

本着稳健快速、标准化复制的开发方针，苏宁电器形成了"租、建、购、并"四位一体、立体化开发的格局，保持稳健、快速的发展态势，建立了覆盖直辖市—省会城市—副省级城市—地级城市—县级城市—乡镇五级市场的连锁网络。为构建稳定、优质的旗舰店经营平台，苏宁电器以店面标准化为基础，通过自建开发、委托开发等方式，在南京、北京、上海、天津、重庆、成都、长春、青岛等数十个一、二级市场核心商圈全力推进自建旗舰店开发。预计到2020年，苏宁的连锁店总数将达3 500家，销售规模将达3 500亿元，网络销售规模将达3 000亿元，同步以香港与日本市场为桥头堡，探索海外市场发展，跻身世界一流企业行列！

【想一想】　短短二十年时间，"苏宁"从一家位于南京的普通家电商场发展成如此规模，其成功的秘诀是什么？

【说一说】 为什么"苏宁"作为一个零售商,它并不从事生产活动,却能够在分销渠道中处于支配地位,并获取了远超生产企业的利润?

一、中间商的功能

企业生产的产品,除了由厂家直接销售给消费者这一直接渠道外,绝大部分都是通过中间商转卖给消费者或用户的。中间商是指处于生产者和消费者之间,参与商品流通业务,促进买卖行为发生和实现的组织或个人,包括批发商、零售商、代理商和经纪人。中间商的功能主要体现在以下几个方面:

（一）提高销售活动的效率

如今是全球经济迅速发展的时代,如果没有中间商,商品由生产制造厂家直接销售给消费者,工作将非常复杂,而且工作量特别大。对消费者来说,没有中间商会使购买的时间大大增加。例如,中间商可以同时销售很多厂家的商品,消费者在一个中间商那里就能比较很多厂家的商品,比没有中间商而要跑到各个厂家观察商品要节约大量时间。图 6-1 表明了使用中间商的经济效益。图（a）表示 3 个生产者直接将产品售予 3 个顾客,需要进行 9 次交易;图（b）表示在同样条件下,通过一个中间商,则交易次数降到 6 次。交易次数的减少,使得产品流通的效率大大提高。这样,中间商的介入帮助减少了工作量。依此类推,卖者和买者的数量越多,中间商介入所减少的交易次数及节约的社会总劳动就越多。这是中间商最重要的贡献。

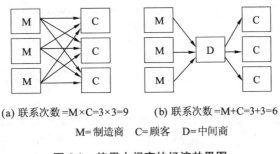

图 6-1 使用中间商的经济效果图

（二）储存和分销产品

中间商从不同的生产厂家购买产品,再将产品分销到消费者手中,在这个过程中,中间商要储存、保护和运输产品。

（三）监督检查产品

中间商在订购商品时就考察了厂家在产品方面的设计、工艺、生产、服务等质量保证体系,或者根据生产厂家的信誉、产品的名牌效应来选择产品;进货时,将按有关标准严格检查产品;销售产品时,一般会将产品划出等级。这一系列的工作起到了监督检查产品的作用。

（四）传递信息

中间商在从生产厂家购买产品和向消费者销售产品中,将向厂家介绍消费者的需求、市场的信息、同类产品各厂家的情况,也会向消费者介绍各厂家的特点。无形中传递了信息，促进了竞争，有利于产品质量的提高。

二、中间商的类型

中间商有两种基本形式：零售商和批发商，这是根据他们在商品流通过程中地位和作用的不同而划分的。

（一）零售与批发的含义及其区别

零售是指把商品或服务直接销售给最终消费者，供消费者个人的、非商业性使用的整个过程中的一切活动。这种活动不论商品或服务是归何人所有、以何种方式、在何处销售，都属于零售范畴。以零售业务为主要收入来源的组织或个人就称为零售商。

批发是那些将产品卖给零售商和其他商人或行业机构、商业用户，但不向最终消费者出售商品的人或企业的相关活动。专门从事批发交易的组织或个人，称为批发商。酒水代理商把酒卖给消费者是零售，卖给饭店是批发；面包店把面包卖给消费者是零售，卖给饭店是批发。

批发商和零售商虽然都是中间商，但也有很多区别，主要体现在：

1. 两者的服务对象不同

批发商以转卖者和生产者为服务对象；零售商以终端消费者为服务对象。

2. 在流通过程中所处的位置不同

批发商处于流通过程的起点和中间环节，当批发交易结束时，商品流通并未结束；零售商处于流通过程的终点，商品售出后就离开流通领域而进入消费领域。

3. 交易数量和频率不同

批发商是供转卖和加工生产的买卖活动，所以批发商的交易量大、交易频率低，属资金密集型企业；而零售商则一般是零售交易，频率很高，基本属于劳动密集型企业。

4. 营业网点的设置、布局不同

批发网点少，但市场覆盖面宽，并且一般设置在租金低廉的地段；而零售网点面向广大消费者，点多面广，一般多设在繁华地区。

（二）批发商

批发商主要有三种类型：商人批发商、经纪人和代理商、制造商分销部和办事处。

1. 商人批发商

商人批发商是指自己进货，取得产品所有权后再批发出售的商业企业，也就是人们通常所说的独立批发商。

商人批发商是批发商的最主要的类型。商人批发商按职能和提供的服务是否完全来分类，又可分为两种类型：

（1）完全服务批发商。这类批发商执行批发商业的全部职能，它们提供的服务主要有：保持存货、雇用固定的销售人员、提供信贷、送货和协助管理等。它们分为批发商人和工业分销商两种。批发商人主要是向零售商销售，并提供广泛的服务；工业分销商向制造商而不是向零售商销售产品。

（2）有限服务批发商。这类批发商为了减少成本费用，降低批发价格，只执行一部分服务。

2. 经纪人和代理商

经纪人和代理商是从事购买或销售或二者兼备的经营工作，但不取得产品所有权的中间商。与商人批发商不同的是，它们对其经营的产品没有所有权，所提供的服务比有限服务商人批发商还少，其主要职能在于促成产品的交易，借此赚取佣金作为报酬。与商人批发商相似的是，它们通常专注于某些产品种类或某些顾客群。经纪人和代理商主要分为以下几种：

（1）经纪人。经纪人的主要作用是为买卖双方牵线搭桥，协助它们进行谈判，买卖达成后向雇用方收取费用。它们并不持有现货，也不参与融资或风险。经纪人多见于房地产业、证券交易以及保险业、广告业等。

（2）制造商代表。制造商代表比其他代表批发商人数更多。它们代表两个或若干个互补的产品线的制造商，分别和每个制造商签定有关定价政策、销售区域、订单处理程序、送货服务和各种保证以及佣金比例等方面的正式书面合同。它们了解每个制造商的产品线，并利用其广泛关系来销售制造商的产品。制造商代表常被用在服饰、家具和电气产品等产品线上。那些无力为自己雇用外勤销售人员的小公司往往雇用代理商。另外，某些大公司也利用代表商开拓新市场。

（3）销售代理商。销售代理商是在签订合同的基础上，为委托人销售某些特定产品或全部产品的代理商，对价格、条款及其他交易条件可全权处理。这种代理商在纺织、木材、某些金属产品、某些食品、服装等行业中常见，在这些行业，竞争非常激烈，产品销路对企业的生存至关重要。某些制造商，特别是那些没有力量自己推销产品的小制造商，通常使用销售代理商。

（4）采购代理商。采购代理商一般与顾客有长期关系，代他们进行采购，往往负责为其收货、验货、储运，并将物品运交买主。例如主要服饰市场的常驻采购员，他们为小城市的零售商采购适销的服饰产品。他们消息灵通，可向客户提供有用的市场信息，而且还能以最低价格买到好的物品。

3. 制造商分销部和办事处

分销部有一定的商品储存，其形式类似于商人批发商，只是其所有权属于制造商；办事处没有存货，是企业驻外的业务代办机构。制造商设立自己的分销部和办事处，有利于掌握当地市场动态和加强促销活动。有些零售商也会在中心城市及商品集散地设立采购办事处，其职能与代理商和经纪人类似。

（三）零售商

零售商的类型千变万化，新组织形式层出不穷。在历史上零售业出现了四次大的变革：第一次是百货商店的诞生，第二次是超级市场的诞生，第三次是连锁商店的兴起，第四次是正在进行中的现代信息技术引发的零售业变革。根据国家商务部制定的《零售业态分类》的国家标准，目前我国零售业态从总体上可以分为有店铺零售和无店铺零售两类。其中有店铺零售（见表6-1）主要有食杂店、便利店、折扣店、超市、大型超市、仓储会员店、百货店、专业店、专卖店、家居建材商店、购物中心、厂家直销中心12种；无店铺零售（见表6-2）主要有电视购物、邮购、网上商店、自动售货亭、电话购物等5种零售业态。

表 6-1 有店铺零售业态分类和基本特点

业态	基本特点						
	选址	商圈与目标顾客	规模	商品（经营）结构	商品售卖方式	服务功能	管理信息系统
1 食杂店	位于居民区内或传统商业区内	辐射半径0.3公里，目标顾客以相对固定的居民为主	营业面积一般在100平方米以内	以香烟、饮料、酒、休闲食品为主	柜台式和自选式相结合	营业时间12小时以上	初级或不设立
2 便利店	商业中心区、交通要道以及车站、医院、学校、娱乐场所、办公楼、加油站等公共活动区	商圈范围小，顾客步行5分钟内到达，目标顾客主要为单身者、年轻人。顾客多为有目的的购买。	营业面积100平方米左右，利用率高	即时食品、日用小百货为主，有即时消费性、小容量、应急性等特点，商品品种在3 000种左右，售价高于市场平均水平	以开架自选为主，结算在收银处统一进行	营业时间16小时以上，提供即时性食品的辅助设施，开设多项服务项目	程度较高
3 折扣店	居民区、交通要道等租金相对便宜的地区	辐射半径2公里左右，目标顾客主要为商圈内的居民	营业面积300~500平方米	商品平均价格低于市场平均水平，自有品牌占有较大的比例	开架自选，统一结算	用工精简，为顾客提供有限的服务	一般
4 超市	市、区商业中心、居住区	辐射半径2公里左右，目标顾客以居民为主	营业面积6 000平方米以下	经营包装食品、生鲜食品和日用品。食品超市与综合超市商品结构不同。	自选销售，出入口分设，在收银台统一结算	营业时间12小时以上	程度较高
5 大型超市	市、区商业中心、城郊结合部、交通要道及大型居住区	辐射半径2公里以上，目标顾客以居民、流动顾客为主	实际营业面积6 000平方米以上	大众化衣、食、日用品齐全，一次性购齐，注重自有品牌开发	自选销售，出入口分设，在收银台统一结算	设不低于营业面积40%的停车场	程度较高
6 仓储式会员店	城乡结合部的交通要道	辐射半径5公里以上，目标顾客以中小零售店、餐饮店、集团购买和流动顾客为主	营业面积6 000平方米以上	以大众化衣、食、用品为主，自有品牌占相当部分，商品在4 000种左右，实行低价、批量销售	自选销售，出入口分设，在收银台统一结算	设相当于营业面积的停车场	程度较高并对顾客实行会员制管理

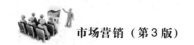

续表

业态	基本特点						
	选址	商圈与目标顾客	规模	商品（经营）结构	商品售卖方式	服务功能	管理信息系统
7 百货店	市、区级商业中心、历史形成的商业集聚地	目标顾客以追求时尚和品位的流动顾客为主	营业面积6 000～20 000平方米	综合性，门类齐全，以服饰、鞋类、箱包、化妆品、家庭用品、家用电器为主	采取柜台销售和开架面售相结合方式	注重服务，设餐饮、娱乐等服务项目和设施	程度较高
8 专业店	市、区级商业中心以及百货店、购物中心内	目标顾客以有目的选购某类商品的流动顾客为主	根据商品特点而定	以销售某类商品为主，体现专业性、深度性、品种丰富，选择余地大	采取柜台销售或开架面售方式	从业人员具有丰富的专业知识	程度较高
9 专卖店	市、区级商业中心、专业街以及百货店、购物中心内	目标顾客以中高档消费者和追求时尚的年轻人为主	根据商品特点而定	以销售某一品牌系列商品为主，销售量少、质优、高毛利	采取柜台销售或开架面售方式，商店陈列、照明、包装、广告讲究	注重品牌声誉，从业人员具备丰富的专业知识，提供专业服务	一般
10 家居建材商店	城乡结合部、交通要道或消费者自有房产比较高的地区	目标顾客以拥有自有房产的顾客为主	营业面积6 000平方米以上	商品以改善、建设家庭居住环境有关的装饰、装修等用品、日用杂品、技术及服务为主	采取开架自选方式	提供一站式购足和一条龙服务，停车位300个以上	较高
11 购物中心							
社区购物中心	市、区级商业中心	商圈半径为5～10公里	建筑面积为5万平方米以内	20～40个租赁店，包括大型综合超市、专业店、专卖店、饮食服务及其他店	各个租赁店独立开展经营活动	停车位300～500个	各个租赁店使用各自的信息系统

续表

业态	基本特点						
	选址	商圈与目标顾客	规模	商品（经营）结构	商品售卖方式	服务功能	管理信息系统
市区购物中心	市级商业中心	商圈半径为10～20公里	建筑面积10万平方米以内	40～100个租赁店，包括百货店、大型综合超市、各种专业店、专卖店、饮食店、杂品店以及娱乐服务设施等	各个租赁店独立开展经营活动	停车位500个以上	各个租赁店使用各自的信息系统
城郊购物中心	城乡结合部的交通要道	商圈半径为30～50公里	建筑面积10万平方米以上	200个租赁店以上，包括百货店、大型综合超市、各种专业店、专卖店、饮食店、杂品店及娱乐服务设施等	各个租赁店独立开展经营活动	停车位1 000个以上	各个租赁店使用各自的信息系统
12 工厂直销中心	一般远离市区	目标顾客多为重视品牌的有目的的购买	单个建筑面积100～200平方米	为品牌商品生产商直接设立，商品均为本企业的品牌	采用自选式售货方式	多家店共有500个以上停车位	各个租赁店使用各自的信息系统

表6-2 无店铺零售业态分类和基本特点

业态	基本特点			
	目标顾客	商品（经营）结构	商品售卖方式	服务功能
1 电视购物	以电视观众为主	商品具有某种特点，与市场上同类商品相比，同质性不强	以电视作为向消费者进行商品宣传展示的渠道	送货到指定地点或自提
2 邮购	以地理上相隔较远的消费者为主	商品包装具有规则性，适宜储存和运输	以邮寄商品目录为主向消费者进行商品宣传展示的渠道，并取得定单	送货到指定地点
3 网上商店	有上网能力，追求快捷性的消费者	与市场上同类商品相比，同质性强	通过互联网络进行买卖活动	送货到指定地点
4 自动售货亭	以流动顾客为主	以香烟和碳酸饮料为主，商品品种在30种以内	由自动售货机器完成售卖活动	没有服务
5 电话购物	根据不同的产品特点，目标顾客不同	商品单一，以某类品种为主	主要通过电话完成销售或购买活动	送货到指定地点或自提

在商务部颁布了《零售业态分类》国家标准后，国务院公布了我国的《直销管理条例》，此条例所称的直销是指直销企业招募直销员，由直销员在固定营业场所之外直接向最终消费者推销产品的经销方式。其特点就是无店铺销售，产品或服务不经过分销商，直接到用户手中，所以直销也是无店铺零售业态之一。

案例赏析

创立于1959年的美国安利公司是世界知名的日用消费品生产商及销售商，业务遍及五大洲80多个国家和地区，营销人员超过300万人。由于安利公司的两位创始人狄维士和温安洛都是推销员出身，所以几十年来直销一直被安利公司看作是最有效的营销方式，然而，当安利兴冲冲地将这种营销模式导入中国的时候，他们却遇到了前所未有的尴尬。

1995年，安利正式落户中国，他们在广州投资一亿美元建成了安利在海外唯一的现代化日用消费品生产基地，欲在中国掀起一场安利的直销风暴。可是很快国内形形色色打着直销旗号的传销诈骗活动搅乱了安利的市场前景。1998年4月21日，国务院《关于禁止传销经营活动的通知》出台，对传销（包括直销）活动加以全面禁止。于是安利开始在中国寻求新的生存方式。1998年6月18日，国家工商总局颁发《关于外商投资传销企业转变销售方式有关问题的通知》，准许部分外资传销企业转为店铺经营，并可以雇佣推销员。1998年7月经批准，安利（中国）日用品有限公司正式采用新的营销方式，由直销改为"店铺+雇佣推销员"的经营模式，自此，安利40多年来在全球80多个国家和地区均通过直销员销售产品的传统被彻底打破。转型后的安利把原来分布在中国全国20多个分公司改造成为第一批店铺，以后又陆续对这些店铺进行扩充。所有产品明码标价，消费者可以直接到专卖店中自行选购，杜绝推销员自行定价带来的问题。新的经营模式给消费者带来了新的选择，同时也让安利做出了新的尝试，突破原有的直销模式，多种销售方式并举，对于融入中国国情的安利来说也是一种挑战。

"店铺+雇佣推销员"模式是安利在中国渠道转型的最主要内容。安利公司创办人之一狄维士针对这一转型直言："这是安利41年来前所未有的革命！"总裁黄德荫将"店铺+雇佣推销员"渠道模式的优势总结为下列三个方面：（1）保证了产品质量：通过直销模式，安利的消费者基本上不会遇到假冒伪劣的产品；（2）提供了很好的销售渠道：店铺既是公司形象的代表，又为营销人员提供后勤服务，还直接面对普通消费者，消费者和政府都因为店铺的存在而更加放心；（3）这种模式可直接受益于安利（中国）积极的市场推广手法。安达高公司（安利的母公司）执行副总裁BillPayne这样总结安利的变革："到目前为止，这种经营方式非常有效。其一，自设店铺提高了公司透明度，让消费者有一个自愿选货、进货和成为优惠顾客的机会；其二，安利目前在全国120家店铺的所有产品都明码标价，公开的价格避免了哄抬价格的可能。此外，营业代表的推销弥补了销售网点的不足，提升了服务质量，让消费者享受到更直接、更亲切的售前、售后服务。"

"店铺+雇佣推销员"的新型渠道成功地推进了安利在中国的转型进程，并为其带来了巨大的市场收益。根据独立市场调查公司于2004年年初进行的一项调查，安利（中国）的知名度和美誉度分别达到了93%和75%。公司财务报告显示，在2010年公司年销售额超过200亿元，再创历史新高。

学习任务三　探秘产品分销路径

案例导入

【看一看】　在大多数人眼中,"可口可乐"似乎更像是一家擅长品牌运作的公司,他们总是试图通过"品牌"来制造销售奇迹。唯有一次,"可口可乐"冰露纯净水在北京市场上破了例。

"冰露纯净水"在北京上市的方案中,"可口可乐"公司没有投入一分钱市场费用,也没用一分钱进行品牌培植,依靠的完全是渠道运作,并在渠道上大做文章。自从"冰露纯净水"上市后,产品冲出重围,销售一路奏凯,在年底做销售总结时,"冰露"的销售目标达成竟然是计划的整整3倍。同时,"冰露"的上市也使瓶装纯净水市场价格整体下降至少3元/箱,这不得不让几大纯净水巨头重新上市低价的新品,以确保市场稳定。

众所周知,瓶装纯净水市场一直由几大品牌主宰,这几大厂家又都是专业瓶装水制造商,操作市场也有多年。北京市场基本上也是由此几大厂家瓜分,而当时,可口可乐公司在中国只有"天与地"矿物质类水一个品牌。这至少表明,"冰露水"上市的最大劣势在于流通渠道基础薄弱,靠其他成功品牌的优势进行搭售或硬性派任务给经销商,极有可能因投入期过长而错过销售旺季,或令销售不温不火;与此同时,在强大的竞争对手面前,"冰露水"几乎相当于零势(由从来没涉及过,所以连弱势都没有)品牌,想靠短期内狙击其成熟的流通渠道来获得市场份额,可能会惹来对手疯狂的灭杀和封锁,造成致命性打击。

可口可乐公司经过市场调研分析后,认为:

1. 瓶装水是市民消费品,大容量产品应该受大众欢迎,而对手均是低于600ml的产品,以可口可乐公司运用娴熟的加大包装产品操作,应该还是有机会获得消费者的青睐;

2. 零售终端陈列一直在可口可乐公司的销售策略中占重要地位,产品的外包装主体颜色是应该考虑的差异性问题,可口可乐的产品外包装主体颜色能否与对手的挂起钩来并有所区别呢?这样才可以在零售终端表现出良好的生动化陈列;

3. 关于渠道价格问题主要是每级渠道所能获得的利润(价差)必须要算得很清楚,这有利于提高各级渠道成员的积极性。同时,公司希望产品渠道流通价格能比对手稍微要低一点,以便于体现产品的物超所值和竞争优势;

4. 竞争对手在瓶装水市场上多年的流通渠道运作经验和资源是"冰露水"上市的巨大障碍,但可口可乐公司的渠道系统也有相当的独到之处,要通过业务系统而非市场系统来上市该品牌,渠道系统的分析、思考、运用、控制等应该是重点考虑的;

5. 可口可乐公司的促销虽花样多多,但向来有的放矢,从不把促销当作变相降价,这种优势一定要在"冰露水"上市时发挥出来。

可口可乐公司从以上的资料中找到了自己的机会点:在渠道方面,作为快速消费品的"冰露水",不可能达到全部直销,又不能与对手强大稳固的流通渠道抗争。最后,用"斩径"这两个字确立了渠道运用思路:斩断以前全渠道(所有渠道)上市的方式,只用一个渠道;缩减"冰露水"在市场上的流通路径,最好达到一级流通,并且此级流通要可控,业务员能完全掌握产品的流向;除年底的返利外,基本实现产品到零售终端之前是平进平出,不产生渠道利润空间;前期坚决禁止由大批发商批发,产生流通;由于没有市场投入费用,所有销售的推力和拉力均要汇集到零售终端……这些机会点被引入到产品的实际上市和销售中,最终均极大地吸引了渠道上需要被调用的层次成员。有了"斩径"这种清晰的渠道选取方针,有了对各个渠道功能的具体分析,有了对竞争对手渠道状况最深切的分析,在抓到竞争对手软肋的同时,可口可乐公司也找到了自己的最合适的、与消费者距离最短的上市渠道,并借此渠道获得了成功。

【想一想】 为什么可口可乐公司在"冰露水"上市时采用了与众不同的策略却获得了成功?

【说一说】 可口可乐公司在决定采用这种渠道上市方式时考虑了哪些因素?

一、影响分销渠道选择的主要因素

有效的渠道应该以确定企业的目标市场为起点。理论上,目标市场的选择不是渠道选择中的问题,但事实上,市场选择与渠道选择是相互依存的。有利的市场加上有利的渠道,才可能使企业获得利润。选择渠道,就是确定到达目标市场的最佳途径。影响分销渠道选择的主要因素有:

(一)顾客特性

渠道选择受顾客人数、地理分布、购买频率、购买数量的影响。例如,如果顾客经常小批量购买,则需采用较长的分销渠道为其供货。因此,少量而频繁的订货,常使得日用消费品、五金器具、烟草、药品等产品的制造商依赖众多的批发商和零售商为其销货。此外,消费者的购买习惯以及对不同促销方式的敏感性也会影响渠道的选择。

1. 潜在顾客的数量

若消费者的潜在需求多,市场范围大,需要中间商提供服务来满足消费者的需求,宜选择间接分销渠道。若潜在需求少,市场范围小,生产企业可直接销售。

2. 消费者的地理分布

某些商品消费地区分布比较集中,适合直接销售。反之,适合间接销售。工业品销售中,本地用户产需联系方便,因而适合直接销售。外地用户较为分散,通过间接销售较为合适。

3. 购买频率

一般来说,消费者购买次数比较频繁,希望随时随地可以购买到产品,适合采用间接渠道;购买频率低,则可采用直接渠道。

4. 购买数量

购买数量大,多采用直接销售;购买数量小,除通过自设门市部出售外,多采用间接销售。

(二) 产品特性

产品特性也影响渠道选择。易腐烂的产品为了避免拖延时间及重复处理增加腐烂的风险，通常需要直接营销。那些与其价值相比体积较大的产品（如建筑材料、软件材料等），需要通过生产者到最终用户搬运距离最短、搬运次数量最少的渠道来分销。非标准化产品（如顾客订制的机器和专业化商业表格），通常由企业推销员直接销售，这主要是由于不易找到具有该类知识的中间商。需要安装、维修的产品经常由企业自己或授权独家专售的特许商来负责销售和保养。单位价值高的产品则应由企业推销人员而不通过中间商销售。

1. 产品价格

一般来说，产品单价较低、市场较广的产品，需要大量销售才能获得利润，这时候往往需要通过大量的中间商来进行销售，所以单价低的产品通常采用多环节的间接分销渠道。反之，产品单价越高，越应注意减少流通环节，生产者可以直接销售（如派推销员出去推销），或通过较短的渠道（一层渠道）推销产品。

2. 产品的体积和重量

产品的体积大小和轻重，直接影响运输和储存等费用。过重的或体积大的产品（如机械设备、建筑材料等），因为搬运困难或物流费用过高，应尽可能选择较短的分销渠道。对于那些超过运输部门规定的起限（超高、超宽、超长、超重）的产品，尤其应该组织直达供应。小而轻且数量大的产品，则可考虑采取间接分销渠道。

3. 产品的易毁性或易腐性

产品不容易保存或有效期短，属于易毁或易腐的产品（如新鲜的蔬菜、水果、牛奶、糕点、面包等），由于储存运输条件要求高或不易多次搬运者，应采取尽可能短的分销途径，尽快送到消费者手中。

4. 产品的技术性

有些产品具有很高的技术性（如大型机电设备），需要经常的技术服务与维修，应以生产企业直接销售给用户为好，这样可以保证向用户提供及时良好的销售技术服务。

5. 定制品和标准品

定制品一般由产需双方直接商讨规格、质量、式样等技术条件，不宜经由中间商销售。标准品具有明确的质量标准、规格和式样，分销渠道可长可短，有的用户分散，宜由中间商间接销售；有的则可按样本或产品目录直接销售。

6. 新产品

为尽快地把新产品投入市场，扩大销路，生产企业一般为此不惜付出大量资金组织自己的推销队伍，直接与消费者见面，推介新产品和收集用户意见。如能取得中间商的良好合作，也可考虑采用间接销售形式。

7. 产品的季节性

一般来说，季节性产品应选择短渠道，以达到快速推向市场的目的。

(三) 中间商特性

选择渠道时，还必须考虑执行不同任务的中间商的优缺点。例如，由制造商代表与顾客接触，花在每一顾客身上的成本比较低，因为总成本由若干个顾客共同分摊。但制造商代表对顾客所付出的努力则不如中间商的推销员。一般来讲，中间商在执行运输、广告、储存及接纳顾客等职能方面，以及在信用条件、退货特权、人员训练和送货频率方面，都有不同的特点和要求。

（四）竞争特性

生产者的渠道选择还受到竞争者所使用的渠道的影响，因为某些行业的生产者希望在与竞争者相同或相近的经销处与竞争者的产品抗衡。例如，食品生产者就希望其品牌和竞争品牌摆在一起销售。但有时，竞争者所使用的分销渠道反倒成为生产者所避免使用的渠道。

（五）企业特性

企业特性在渠道选择中扮演着十分重要的角色，主要体现在：

1. 总体规模

企业的总体规模决定了其市场范围、较大客户的规模以及强制中间商合作的能力。

2. 财务能力

企业的财务能力决定了哪些市场营销职能可由自己执行，哪些应交给中间商执行。财务薄弱的企业，一般都采用"佣金制"的分销方法，并且尽力利用愿意并且能够吸收部分储存、运输以及融资等成本费用的中间商。

3. 产品组合

企业的产品组合也会影响其渠道类型。企业产品组合的宽度越大，则与顾客直接交易的能力越大；产品组合的深度越大，则使用独家专营或选择性代理商就越有利；产品组合的关联性越强，则越应使用性质相同或相似的渠道。

4. 渠道经验

企业过去的渠道经验也会影响渠道的选择。曾通过某种特定类型的中间商销售产品的企业，会逐渐形成渠道偏好。例如许多直接销售给零售食品店的老式厨房用具制造商，就曾拒绝将控制权交给批发商。

5. 营销政策

现行的市场营销政策也会影响渠道的设计。例如，对最后购买者提供快速交货服务的政策，会影响到生产者对中间商所执行的职能、最终经销商的数目与存货水平以及所采用的运输系统的要求。

（六）环境特性

渠道选择还要受到环境因素的影响。例如，当经济萧条时，生产者都希望采用能使最终消费者以廉价购买的方式将其产品送到市场。这也意味着使用较短的渠道，并免除那些会提高产品最终售价但并不必要的服务。

二、选择分销渠道的基本策略

在分析了影响分销渠道的各因素之后，企业就要考虑如何开始建立自己的分销渠道了，这包括了确定渠道模式、长度和宽度以及明确渠道成员的权利和责任等几方面的内容。

(一) 确定渠道模式

首先，要决定渠道的模式是直接销售还是间接销售，也就是是否需要中间商。

虽然中间商对制造商带来很多的好处，但企业直接销售也有很多优点，如销售及时、加强推销、提供服务、控制价格、了解市场、节约中间费用等。然而，直接销售使产品的全部销售职能完全落在企业身上，完成这些职能的费用也全部由企业负担。因而在事实上，生产量大、销售面广、顾客较分散的产品（如啤酒、方便面等日常消费品），任何企业都没有能力将产品送到每个消费者手中，即便能送到也是很不经济的，不仅节约不了费用反而会增加，因此这些企业只能选择间接渠道。

可见，直接销售和间接销售各有利弊，又各有其适用条件和范围。企业在选择时，需要对影响渠道的各因素进行综合分析。

一般来说，大多数生产资料具有技术复杂、价格高、需要安装和维修服务、购买数量大、购买次数少、用户数量有限等特征，较宜采用直接销售。生活资料中一些时尚产品以及价格昂贵的高档消费品，也可能会采用直接销售。

除此之外，大多数生活资料和一部分应用面广、购买量小的生产资料均适宜采用间接渠道。

(二) 确定分销渠道的长度

当企业决定采用间接渠道时，就应对渠道的长度做出决定。所谓分销渠道长度，就是指产品从生产者到最终消费者所经历的环节的多少，也就是渠道层次的多少。

越长的分销渠道，中间商就要承担越多的销售职能，信息传递就越慢，流通时间就越长，生产者对渠道的控制力度就越弱，流通过程的费用也越多；而越短的分销渠道，生产者承担的销售职能就越多，信息传递就越快，销售就越及时，就越能有效地控制渠道。

所以，生产者在确定分销渠道长度时，应综合分析自身的特点、产品的特点、中间商的特点以及竞争者的特点加以决定。

(三) 确定分销渠道的宽度

分销渠道宽度，是指分销渠道的同一层次中使用同类中间商数目的多少。这主要取决于企业希望产品在目标市场上扩散范围的大小。对此，有以下三种可供选择的策略：

1. 密集分销策略

密集分销也称广泛性分销策略。它是指企业尽可能地通过许多符合条件的批发商和零售商来销售本企业的产品。

该策略一般适用于日用消费品（如啤酒、香烟、汽油、牙膏、口香糖等）和工业品中标准化、通用化程度较高的产品（如通用小工具、标准件等）。

这种策略的优点是由于对中间商数量要求是越多越好，尽可能扩大产品销售网络，实现高市场覆盖率，从而使消费者不管在哪里都能买到本企业的产品，这样不仅方便了消费者购买，也提高了产品的市场占有率。密集分销中最重要的假定之一就是对分销的占有率等同于对市场的占有率。产品的分销越密集，销售的潜力也就越大，市场占有率就越高。

这种策略的缺点在于在某一市场区域内，密集分销容易导致经销商之间为争夺市场机会而进行竞争，造成销售努力的浪费。竞争的结果常常会损坏企业的利益，例如经销商之间为了争夺销售机会而压价倾销，到处窜货，扰乱企业的市场秩序。竞争的加剧也会导致经销商对制造商忠诚度的降低，价格竞争的激烈又致使经销商对消费者服务水平的下降。而且，选择密集分销，企业就要独立负担较高的广告宣传费用，因为由于中间商数目众多，大家均不愿意分担任何的广告费用。

2. 独家分销策略

独家分销是指企业在一定时期内在某一地区只选择一家中间商销售其产品。这是一种最为极端的分销形式，也是最窄的分销渠道。

这种策略通常双方订有协议：经销商不得经营竞争者的产品，企业也不得向其他中间商供应产品。其目的是控制市场，彼此更加积极配合，强化产品形象。采用该策略一般是由于产品本身技术性强，使用复杂而独特，所以需要一系列的售后服务和特殊的推销措施相配套，或者是针对一些昂贵、高价的名牌商品，使企业在一个目标市场只选择一个中间商来经销或代销它的产品。

这种策略的优点是可以确保该经销商的利益，避免了与其他竞争对手作战的风险；能够调动经销商的积极性，而且从事独家分销的制造商还希望通过这种方式取得经销商强有力的销售支持，可以使经销商无所顾忌地增加销售开支和人员，以扩大自己的业务；可以有效地管理和控制经销商。

这种策略的不足之处在于如果企业只有一家经销商，那么市场掌握在经销商的手中，经销商就可能会挟市场以令企业。而且，一旦这一家中间商经营不善或发生意外情况，生产者就要蒙受重大损失。此外，由于缺乏竞争会导致经销商力量减弱，出现市场空白点，丧失许多销售机会，而对于顾客来说，独家分销也使他们在购物时不太方便。

由于独家分销商在市场中占据垄断地位，妨碍了竞争，因此在某些国家为法律所禁止。

3. 选择分销策略

这是介乎上述两种形式之间的分销形式，即有条件地精选几家中间商去销售本企业的产品。

这种分销策略对各类产品都可适用，它比密集分销节省费用，较易于控制，不必分散太多的精力，又比独家分销面宽，有利于扩大销路，开拓市场，展开竞争；它比密集分销更能够取得中间商的促销支持，同时又比独家分销能够给消费者购物带来更大的便利。有条件地选择中间商，还有助于加强彼此之间的了解和联系，使被选中的中间商愿意努力提高推销水平。因此，这种分销形式效果较好。

一些已建立信誉的公司（例如世界上最大的运动鞋制造商耐克）大多采用选择分销。选择分销中常见的问题是如何确定经销商的区域重叠度。区域重叠度决定着在某一给定区域内选择分销与独家分销、密集分销的接近程度。高重叠率会造成经销商之间的一些冲突，但可以给消费者以方便；低重叠率会增加经销商的忠诚度，但却降低了消费者的方便性。

有些生产者在新产品上市时，会先采用密集分销策略，使新产品能够迅速进入市场。一段时间后，则改用选择分销策略，逐步淘汰不理想的中间商，以减少费用，保持产品的声誉，加强对渠道的控制。

（四）规定渠道成员的权利和责任

在确定了分销渠道的长度和宽度之后，企业还要规定与中间商彼此之间的权利和责任，包括价格政策、销售条件、经销区域权、各方应承担的责任等方面。

1. 价格政策要求生产者制定价目表和折扣细单。生产者必须确保这些是公平的和足够数量的。

2. 销售条件是指付款条件和生产者的担保。大多数生产者对于付款较早的分销商给予现金折扣。生产者也可以向分销商提供有关商品质量不好或价格下跌等方面的担保。

3. 分销商的地区权利。分销商需要知道生产者打算在哪些地区给予其他分销商以哪些特许权。

4. 双方的责任。双方要约定交货和结算条件，以及规定彼此为对方提供哪些服务。例如，麦当劳公司向加盟的特许经营者提供房屋、促销支持、记账制度、人员培训和一般行政管理与技术支持。而反过来，该经营者必须在物资设备方面符合公司的标准，对公司新的促销方案予以协作，提供公司所需情报，并采购特定食品。

案例赏析

具有600年历史的德国"贝克"啤酒（BECK'S），在1995年进入北京市场时，投入了300万元广告费，动用了12辆送货车和1000台冰箱。其实，早在1994年10月，"贝克"就开始在北京市场上筛选有实力的经销商了。"贝克"没有设立总经销，但确定了8家经销商，并给予了15%的差价空间和售后结算等金融优惠政策。同时，要求每个经销商的月销量不得少于一个车皮。事实上，后来这8家经销商的每月总销售量超出一倍，达到16个车皮以上。

"贝克"啤酒在北京市场上的成功，充分说明"贝克"没有和国内的啤酒公司一样采用密集分销策略，而是采用选择分销策略利用自己的名声和信誉优选了几家中间商，既维护了产品的形象和声誉，又能集中促销资源并获得中间商更多的支持。

学习任务四　开展分销渠道管理

案例导入

【看一看】"苹果"公司是现在最成功的企业，每一款产品都让人翘首以待，从直营和渠道定价到零售和在线商店，"苹果"公司在消费电子领域用一种不同于其他公司的独特方式销售自己的产品。这种分销渠道策略的独特之处在于：

1. "苹果"产品从来不通过直营渠道打折销售。该公司的直营渠道并不会更便宜，虽然确实打折销售一些翻新的产品，这些产品的价格会比较便宜，但是这个并不是正常产品，而是回收后翻新的产品。

2. "苹果"公司对分销商的控制非常有力，使得分销商的价格非常稳定。虽然操纵价格（销售给最终用户的价格）是违法的，但"苹果"公司仍然试图控制零售价格，让它保持在稳定的水平。他们也许是通过将分销商的利润控制在比较微薄、不提供批量折扣等方法，让不同的分销商按照同样的价格销售同样的产品。

3. "苹果"公司的零售和在线商店非常独特。它们更多起到的是教育和支持的作用，而不是销售。它们非常简单，甚至有点简单的过头，即以最少的标志最清楚的提供信息。它们给人们的感觉是有很多人在那里帮助你，而没有人在那里等着给你推销任何东西。

【想一想】"苹果"公司是如何通过分销渠道的控制和管理而获得成功的？

【说一说】"苹果"公司的策略能否长期使用？如果你公司也有一款与"苹果"公司"类似"的产品，你也会按照"苹果"公司的模式去建立分销渠道吗？为什么？

一、分销渠道的管理

对分销渠道的管理就是对中间商的管理。企业在确定了分销渠道策略之后，应及时选择合适的中间商，并在随后的经营过程中随时检查中间商的经营状况，积极协调产销矛盾，调动中间商的积极性，据此进行综合评价，并根据主、客观环境的变化对渠道进行调整。

（一）选择渠道成员

生产者在确定了分销渠道策略后，就要选择合适的中间商，这直接关系着企业的市场营销效果。总的来说，知名度高的、实力雄厚的企业比较容易找到适合的中间商；而知名度低的、新的、中小企业较难找到适合的中间商。无论难易，选择中间商的条件主要有以下几点：能否接近企业的目标市场；地理位置是否有利；市场覆盖有多大；中间商对产品的销售对象和使用对象是否熟悉；中间商经营的商品大类中，是否有相互促进的产品或竞争产品；资金大小，信誉高低，营业历史的长短及经验是否丰富；拥有的业务设施，如交通运输、仓储条件、样品陈列设备等情况如何；从业人员的数量多少，素质的高低；销售能力和售后服务能力的强弱；管理能力和信息反馈能力的强弱。

（二）激励渠道成员

生产者在确定了中间商之后，还要对其进行持续的激励，使中间商能与本企业更好地合作，激发中间商的销售热情，提高销售效率，实现企业的经营目标。为此，企业经常采用的措施有以下三种：

1. 目标激励

这是一种最基本的激励形式。生产者每年都会给分销渠道成员制定（或协商制定）一个年度目标，包括销量目标、费用目标、市场占有目标等，完成目标的分销商将会获得相应的利益、地位以及渠道权力。所以，目标对于分销商来说，既是一种巨大的挑战，也是一种内在动力。

在目标的制定方面，过高或过低的渠道目标都不能达到有效激励的效果，过低了轻而易举，过高了遥不可及。因此，要制定科学合理的渠道目标，必须考虑目标的明确性、可衡量性、挑战性、激励性以及可实现性特征。

2. 渠道奖励

这是生产者对分销商最为直接的激励方式。渠道奖励包括物质奖励和精神奖励两方面。其中物质奖励主要体现为价格优惠、费用支持、年终返利等，实际上就是"Money"，这是渠道激励的基础手段和根本内容。

而精神激励的作用也不可低估，因为经济基础决定上层建筑，上层建筑也反作用于经济基础，渠道成员同样有较高的精神需求。精神激励包括评优评奖、培训、旅游、决策参与等，重在满足分销商成长的需要和精神的需求。

3. 工作设计

这是比较高级的激励模式。工作设计的原义是指把合适的人放到合适的位置，使他们愉快，能够尽量发挥自己的才能。这一思想用在渠道领域，则是指生产者合理划分渠道成员的经营区域（或渠道领域），授予独家（或特约）经营权，合理分配经营产品的种类，恰当定位各渠道成员的角色和地位，互相尊重，平等互利，建立合作伙伴关系，实现共进双赢。

（三）评估和调整渠道成员

生产者除了选择和激励渠道成员外，还必须定期地、客观地评估他们的绩效，对于表现好的予以奖励，对不适应要求的中间商可进行调整，更换渠道成员，以保证营销活动顺利有效地进行。

1. 对渠道成员的评估

评估主要从以下几方面入手：该中间商经营时间的长短、偿还能力、信誉、销售能力、平均存货水平、顾客商品送达时间、对企业促销的合作、为顾客提供服务的范围等。从各方面评估后，如果某一渠道成员的绩效明显低于既定标准，则须找出主要原因，同时还应考虑可能的补救方法，要求其在一定时期内有所改进，达到标准，否则就将其舍弃。

2. 分销渠道的调整

菲利普·科特勒曾经说过：精明的公司在产品周期过程中会不断地优化它们的渠道。市场在不断的变化中，分销渠道也应根据变化了的市场环境进行适度的调整。调整的主要方法有三种：

（1）增减渠道对象。就是决定增加或剔除某渠道成员，这需要考虑增加或减少某渠道成员后，企业利润将会如何变化，会不会引起其他成员的波动。

（2）增减某一分销渠道。就是增加或剔除某些特定的市场渠道，主要考察产品是否能被有效地送达某一地区或某类顾客。

（3）调整整体渠道。即改变原有的分销渠道系统，如企业原来是通过中间商销售产品，后改为自己直接销售。改变整个渠道系统必须由企业最高管理层决策，因为这不仅会改变渠道系统，而且还将迫使企业改变其市场营销组合并制定相应的营销措施。

二、分销渠道的发展

分销渠道及各成员之间的关系不是一成不变的，伴随着新的商业业态的出现和渠道成员关系及营销策略的变化，分销渠道也呈现出新的发展。

（一）传统分销渠道的发展

1. 垂直渠道系统的发展

垂直渠道系统是由生产者、批发商和零售商组成的一种统一的联合体。不管哪个渠道成员作为渠道领袖处于支配地位，成员之间彼此形成统一的兼顾整体利益的系统。它分为以下三种方式：

（1）公司式垂直渠道系统。它是由同一个所有者名下的生产部门和分销部门组合成的。垂直一体化被公司所喜爱是因为它能对渠道实现高水平的控制。例如，美国西尔斯百货公司2003年的销售额超过了414亿美元，而在其出售的商品中，超过50%来自它部分拥有或全部拥有的生产企业里。

（2）管理式垂直渠道系统。它的生产和分销是由一家规模大、实力强的企业出面组织并进行管理。名牌制造商有能力从零售者那儿得到强有力的贸易合作和支持。例如，宝洁公司，能够在有关商品展销、库存供应、货柜位置、促销活动和定价政策等方面取得其零售商的非同寻常的合作。

（3）契约式垂直渠道系统。这是由各自独立的公司以合同为基础组成的一种联合体来统一它们的行动，以求获得比其独立行动时所能得到的更大的经济和销售效果。这种渠道系统又有三种形式：

① 特许经营系统。这种渠道系统也可分为两种。一种是制造商或服务公司倡办的零售商特许经营系统。例如美国福特汽车公司、麦当劳公司、肯德基炸鸡公司、希尔顿酒店集团等素享盛名的大制造商、大服务公司和一些独立零售商签订合同，授予经营其流行商标的产品或服务项目的特许权。还有一种是制造商倡办的批发商特许经营系统。例如，美国可口可乐公司与某些"装瓶者"（即批发商）签订合同，授予在某一地区分装和向广大零售商出售可口可乐的特许权。

② 批发商倡办的自愿连锁。批发商为了和大制造商、大零售商竞争，维护自己的利益，组织与其有业务往来的一群独立的中小零售商成立自愿连锁组织，统一进货，分别销售，实行"联购分销"，帮助他们和大型连锁组织抗衡。例如，德国的自愿连锁就是由一个独立批发商和一群独立中小零售商组织的。

③ 零售商合作社。这是一群独立中小零售商为了和大零售商竞争而联合经营的批发机构。各个成员通过这种联营组织，集中采购，联合进行广告宣传以及共同培训职工等，有时还进行某些生产活动。例如，荷兰中小零售商组成"采购联营组织"，直接向国外订购货物，并有自己的仓库，这种组织实际上是中小零售商联合经营的进口批发机构；瑞典的ICA是由5 000多家零售商联合经营的批发机构；美国联合食品杂货商公司实际上也是一个零售商合作社。

2. 水平渠道系统的发展

水平渠道系统是指同一层次的两家或多家相互不关联的企业联合起来，集合其资金、技术、生产设备及市场营销设施等方面的优势共同开发和利用市场机会，以实现最佳协同效应。营销学家阿德诺将它称为共生经销。例如得克萨斯的蓝马储蓄银行与塞夫威百货公司订立协议，在塞夫威百货公司内设置蓝马银行的储蓄办事处和自动出纳机，而塞夫威百货公司则可对其顾客提供店内银行存取款项的便利。

3. 多渠道系统的发展

多渠道系统是指公司建立两条或更多的分销渠道以到达一个或更多的顾客细分市场。这种多渠道分销，比通过某一单一渠道推销更能实现市场渗透，在市场商品供过于求，以及竞争较为激烈时，采用此种策略往往能收到较好的效果。例如，像苹果、戴尔这样的电子产品生产企业，既有自己的直接销售渠道也有通过分销商进行销售的间接渠道，丰富的多渠道分销策略为企业的销售额增长插上了翅膀。

（二）分销渠道的网络化

互联网的发展和商业应用，使得传统中间商凭借地缘因素获取的优势被网络的虚拟性所取代，同时互联网的高效率的信息交换，改变着过去传统渠道的诸多环节，将错综复杂的关系简化为单一关系。

网络的发展改变了分销渠道的结构。利用网络的信息交互特点，网络分销渠道可以分为两大类：

一类是从生产者到消费者的网络直接分销渠道（简称网上直销），这和传统的直接渠道一样是没有中间商的。这时传统中间商的职能发生了改变，由过去的分销环节的中间力量变成为直销渠道提供服务的中介机构，这些中介机构包括提供产品信息发布和网站建设的 ISP 和电子商务服务商，提供货物运输配送服务的专业配送公司以及提供货款网上结算服务的网上银行等。网上直销渠道的建立，使得生产者和最终消费者得以更便利地直接连接和沟通。

另一类，是通过融入网络技术后的中间商提供网络间接分销渠道。传统中间商由于融合了网络技术，大大提高了交易效率、专门化程度和规模经济效益。同时，新兴的中间商也对传统中间商产生了冲击，如面对网络中间商"京东商城"以及"淘宝"平台上的3C产品销售快速增长对零售市场的影响，苏宁电器公司2010年年初投入巨资大力发展网上商店——苏宁易购，当年销售额即达到20亿元，并预计2011年销售额可以翻两番达到80亿元。美国零售业巨头Wal-Mart为抵抗互联网对其零售市场的侵蚀，也在2000年元月份开始在互联网上开设网上商店。不过，新型网络间接分销渠道与传统间接分销渠道有着很大不同，传统间接分销渠道可能有多个中间环节如一级批发商、二级批发商、零售商，而网络间接营销渠道只需要一个中间环节。

现代科技的发展带来了又一次销售革命，互联网的普及正悄然改变着人们的生活方式和消费特点，从此，传统企业所面临的竞争从物理世界扩大到网络世界。如何利用这种新型的销售渠道加速企业的发展进程已成为现代企业不可回避的话题。

案例赏析

春兰集团是中国最大的50家企业集团之一，它集制造、科研、投资、贸易于一体，并下辖42个独立子公司。

春兰集团现有电器、自动车、新能源三大支柱产业，主导产品包括空调器、洗衣机、摩托车、电动自行车、摩托车发动机、空调压缩机等。

春兰集团的成功经验告诉我们：只有结合企业自身的发展情况，不断创新营销方式，才能为企业的成功奠定基础。

春兰集团所进行的三次营销方式改革:

1. 从直销走向工商"联动"。1987年,"春兰"开始走上了规模化发展的道路,大批量的产品使企业已经不再适宜用直销方式进行销售了。于是,"春兰"适时提出了"依靠贸易伙伴和自我开发市场相结合"的经营策略,通过大幅度让利,与经销商签订协议,最终扩大了产品的市场份额。

2. 自创了"受控代理制"。进入二十世纪九十年代,当代理制被市场所广泛采用后,"春兰"又迅速地进行了第二次营销方式革命,将国际上流行的直销制和代理制相结合,创造了独具"春兰"特色的"受控代理制"。"受控代理制"就是通过产权关系、契约关系紧密地控制着产品的多级批发,以比商业平均利润更高的利润吸引大批经销商的加入,从而使经销商与"春兰"形成步调一致的利益共同体,"春兰"也实现了其对目标市场的全面覆盖和渗透。

3. 进行"三大转轨",形成了复式的营销格局。"春兰"随后所进行的营销方式改革,更是令人叫绝。一是由单一批发为主向批发、批零、零售等多种经营方式转轨;二是由开发经销商为主向直接开发市场转轨;三是由地区开发为主向以重点城市开发为主转轨。与之相适应,在分销渠道上,采取了专卖店与代理商相结合的方式,在全国主要城市建立"春兰"专卖店,在大商场中设立"春兰"专柜,对代理商开展规范化引导示范,将"春兰"精神与"春兰"理念贯彻到产品销售和产品服务的全过程。

工作任务六 设计分销渠道方案

【任务要求】 正确运用产品分销渠道策略,进行"××产品分销渠道方案设计"。

【情景设计】 自20世纪90年代以来,随着消费者消费水平的日益提高,中高档啤酒市场迅速发展起来,但中国大部分啤酒企业90%以上的产品还是低档产品。

××公司的××啤酒也是属于此类产品,产品口感不错,在本地区也曾一度受到广大消费者的喜爱,有一定的知名度。不过,面对外资啤酒品牌和国内几大名牌啤酒企业对城市市场的大力拓展和消费者消费水平的不断提高,现有城市市场几乎被这些强势品牌瓜分。面对竞争激烈的一、二、三级市场,××公司毫无招架之力,面临严峻的生存问题。

农村市场由于具有人口多、消费潜力大、消费档次不高等特点,公司决策层决定转向四、五级市场,争取在乡镇市场打开局面,获得生存和发展的空间。

如果你作为该公司的一名营销人员,请你为公司的××啤酒设计一份乡镇市场的分销渠道方案。

【任务实施】

根据设计的情景,学生分组,运用所学的知识,分析现有产品的分销模式,综合考虑影响渠道的各项因素,选择合适的渠道策略,完成"××啤酒产品乡镇市场分销渠道方案"的设计。

【任务实施应具备的知识】

1. 分销渠道的类型与策略;

2. 中间商的功能与作用；
3. 影响分销渠道选择的因素分析；
4. 分销渠道的选择。

【任务完成后达成的能力】
1. 能正确区分不同中间商的作用；
2. 能根据不同因素，分析准确运用不同的分销渠道策略。

【任务完成后呈现的结果】
分组以营销团队为单位，每组提交一份市场分销渠道策划方案，字数不低于2 000字。

知识宝典

【渠道扁平化】 渠道扁平化是指以企业的利润最大化为目标，依据企业自身的条件，利用现代化的管理方法与高科技技术，最大限度地使生产者直接把产品出售（传递）给最终消费者以减少销售层级的分销渠道。

【市场划分】 我国市场划分没有统一标准，常见的一种是按行政区划分，可以分为五个级别：一级市场为北京、上海、广州、深圳、武汉、成都、杭州和南京，现在还要加一个苏州，这些都是中国最发达的城市，消费能力最强；二级市场主要是指其余的省会城市、计划单列市，如大连、青岛、厦门、宁波、无锡等和浙江省的温州、广东省的东莞以及重庆、天津两个直辖市；三级市场是指全国的地级市和浙江、江苏、广东省的县级市；四级市场是指其余地区的县级市和全国的县；五级市场是指全国的乡和镇，它意味着广阔而分散的农村。

【经纪人】 经纪人是指在买卖双方中以介绍交易而获取佣金的中间商人。根据国家工商行政管理局《经纪人管理办法》，"经纪人，是指依照规定，在经济活动中，以收取佣金为目的，为促成他人交易而从事居间、行纪或者代理等经纪业务的公民，法人和其他经济组织"。

【网络营销】 网络营销是指以国际互联网络为基础，利用数字化的信息和网络媒体的交互性来辅助实现营销目标的一种新型的市场营销方式。简单地说，网络营销就是以互联网为主要手段进行的，为达到一定营销目的的营销活动。

【分销渠道设计的四个误区】

误区之一："肥水不流外人田"。有些企业认为自建网络比利用中间商好，但事实未必如此。由于路途遥远信息阻隔，总部未必就完全清楚分支机构的所有情况；各分支机构相互间缺少协调，各自为政；信息传递及决策缓慢；实际运作中的人员开支、广告、市场推广等费用的浪费现象屡见不鲜。

误区之二：认为渠道越长越好。的确，渠道长有长的好处，但这并不意味着渠道越长越好，原因是战线拉得过长，管理难度加大；交货时间会被延长；产品损耗会随着渠道的加长而增加；信息传递不畅，难有效掌握终端市场信息；企业利润被分流。

误区之三：认为中间商越多越好。实际上中间商过多会使公司对其控制力减弱，如市场狭小，僧多粥少，经常出现"同室操戈"（窜货、恶性降价等）的现象；渠道政策难以统一；服务标准难以规范等。

误区之四：覆盖面越宽越好。渠道覆盖面真的越宽越好吗？在这个问题上，有以下几点需要认真考虑。一是企业是否有足够的资源、能力去关注每一个网点的运作？二是自建网络，还是借助于中间商的网络？后者的可靠性比前者要差。三是企业的渠道管理水平是否与之相匹配？四是单纯追求覆盖面，难免产生疏漏或薄弱环节，容易给竞争者留下可乘之机。五是万一被竞争对手攻击，自己是否有效反击？需要指出的是，覆盖面宽不是坏事，但需要精细运作，不断整合。

单元综合练习

一、单选题

1. 分销渠道是指（　　）。
   A. 分销商的总和
   B. 零售商的总和
   C. 产品或服务从生产者向消费者转移过程中，所经过的、由各中间环节所联结而成的路径
   D. 分销商和零售商的总和

2. 分销渠道的起点是（　　）。
   A. 生产者　　　B. 批发商　　　C. 代理商　　　D. 中介机构

3. 厂商委托中间商以中间商的名义销售货物，盈亏由厂商自行负责，中间商只收取佣金报酬，这种销售方式叫作（　　）。
   A. 代销　　　B. 销售代理　　　C. 经纪　　　D. 经销

4. 对经销商而言最重要的是（　　）。
   A. 客户　　　B. 制造商　　　C. 政府　　　D. 竞争者

5. （　　）是指某厂家在某一市场区域上有多家销售代理商，他们共同开发该市场的代理形式。
   A. 独家销售代理　　　B. 多家代理
   C. 佣金代理　　　D. 买断代理

6. （　　）指的是长时间供应就近购买的非选择性的日用品零售店。
   A. 超级市场　　　B. 便民商店　　　C. 百货商店　　　D. 郊区购物中心

7. （　　）是指通过帮助中间商获得更好的管理、销售方法，从而提高销售绩效。
   A. 直接激励　　　B. 精神激励　　　C. 物质激励　　　D. 间接激励

二、案例分析题（运用所学知识，进行分析）

【案例】 "香香美"是某省会城市 A 市的一家餐饮企业，自 1997 年创建以来，一直保持着较高的发展速度，已在省内拥有 12 家连锁店。总经理是厨师出身，尽管书读得不多，但在长期的餐饮业经营中形成了自己独特的企业文化。2002 年，"香香美"第一家省外连锁店在杭州开业。对于连锁餐饮企业的异地发展，总经理与下属都没有太多的经验，

他们决定照搬总部的经营与管理方式。

"香香美"提出的饮食文化是"科学饮食、吃出健康"。在宣传推广上，他们试图让杭州人也接受这一饮食文化。他们还用"平价美食"的经营特色来吸引消费者，力图以物美价廉取胜。

为了保证企业品牌形象的整体性、管理模式的同一性、企业文化的融合性，提供原汁原味的A市菜肴，总经理决定所有的中高层管理人员都从A市大本营挑选，包括厨师和服务员。每天的《A市晚报》都会固定地放在每一张餐桌上，总经理希望更多的消费者了解A市，了解A市的文化，从而更深入地了解"香香美"。

开张伊始，"香香美"果然得到了杭州消费者的认可，生意十分火爆。然而好景不长，两个月后就一落千丈了。问题究竟出在哪里？

经过调查发现，绝大部分消费者都是图个新鲜，尝试性消费，回头客少生意当然好不起来。"香香美"的菜肴口味偏重、偏辣，而杭州人的饮食习惯是清淡、爽脆、咸中有甜。尝个新鲜还可以，要他们经常来"香香美"就不大可能。另外，杭州人非常讲究饮食的精细与典雅，"香香美"追求平价实惠，突出菜的分量，粗瓷大碗，与杭州人的细腻也不吻合。

于是，"香香美"决定实施本土化经营战略，大部分中高层管理人员与员工换成了杭州本地人，希望借助他们对本地饮食文化与习惯的了解，迎合消费者的需求。接着，淡化原有菜肴的口味，增加本地流行的江浙菜系，菜肴的制作与店内环境，器皿使用上力求精细雅致，就连餐桌上的报纸也换成杭州人更为关注的《钱江晚报》。

然而，这么一番大动作，却没有取得相应的收效，"香香美"的生意反而更加清淡了，一些冲着A市特色菜而来的食客，认为"香香美"改变口味后失去了原来的特色，不再正宗了；想吃本地菜的消费者更不会相信"香香美"这个外地品牌能做出地道的杭州口味来。与此同时，内部管理也出现了问题。由于缺乏深入的培训，本地招聘的员工对于"香香美"的企业文化与管理模式不太适应，常常按照自己的想法来操作，引发了许多矛盾。

企业原本制定了连锁经营的规范化操作程序与要求，现在由于实施本地化战略，许多工作都没法按原来的要求操作，这也让员工们无所适从。因此，本土化经营战略的灵活性与连锁经营的规范化要求相结合才是企业发展的根本出路。

思考分析：

1. "香香美"杭州连锁店为何经营不善？
2. 如何解决本土化经营战略的灵活性与连锁经营的规范化要求之间的矛盾？

【案例】 海斯机器厂开发出一种室内跑步机，消费者无须出门，就能进行跑步锻炼，而且随时随地都可以。这种跑步机虽然构造简单，但是其设计获得了国家专利，受到法律保护。海斯机器厂经理董林先生希望能够在全国推广这种产品，同时能够有效地控制销售渠道，以保证消费者从本项专利中切实获得利益。该厂市场营销经理根据董林先生的意见，提出这样一个销售渠道建设方案：在全国建立一个经销站，由该站与本厂签订转卖合约，借以明确省级经销站的权利和责任，扩大销售网络，促进产品销售，并保护企业专利。各省级经销站有权设计本省内销售网络方案，规定销售价格，选择那些销售能力强、信誉好的零售商店作为成员，共同开展适合当地特点的促销活动，向消费者推销本厂室内跑步机。

董先生听取了该渠道建设方案后，未置可否，因为董林先生觉得还需要认真分析一下。你能帮助他分析一下该销售渠道方案的适用性和合理性吗？

思考题：
1. 如果你是董先生，请你分析一下该销售渠道方案适用性和合理性。
2. 像跑步机这种非大众化的产品在选择销售渠道策略时应该注意的问题有哪些？

第七单元

巧用促销　鲜招夺人

学习目标

【知识目标】
1. 正确理解促销的基本概念，掌握促销组合基本方式及其策略；
2. 掌握各种促销方式的运用；
3. 正确理解广告宣传的内涵，掌握广告宣传的构成要素及各要素之间的关系；
4. 掌握广告媒体的选择策略；
5. 正确理解人员推销的内涵，了解推销人员应具备的素质要求和推销人员的主要任务；
6. 掌握人员推销过程所涉及的基本步骤和技巧；
7. 理解并掌握营业推广的方式及其相关策略；
8. 了解公共关系在企业营销中的作用。

【能力目标】
1. 会将信息沟通方式运用到促销之中；
2. 会合理区分促销组合方式；
3. 能正确选用广告媒体；
4. 能灵活运用推销理论独立开展推销活动；
5. 能在复杂环境中，利用公关宣传活动正确处理各种突发性事件，为企业避免威胁、寻求机会提供切实可行的解决办法。

学习任务提要

★ 促销与促销组合
★ 人员推销策略
★ 广告宣传策略
★ 营业推广策略
★ 公关宣传策略

第七单元　巧用促销　鲜招夺人

工作任务提要

★ 正确运用所学知识，设计产品促销方案。

建议教学时数

★ 14 学时

学习任务一　理解促销与促销组合

案 例 导 入

【看一看】　广东健力宝集团有限公司成立于 1984 年，目前已成为一个以饮料为主导产业，集制罐、塑料、包装、药业、酒业、食品、体育用品、房地产等为一体的大型现代化企业集团，曾连续八年被评为全国工业企业 500 强，2003 年入选中国企业 500 强。健力宝集团目前拥有多个知名品牌，其中健力宝是饮料业务的核心品牌，在全国范围内享有极高的知名度。

健力宝集团在登陆江苏无锡市场时，曾经发动了一场别具一格的营销攻势，其中花费 30 万元开展的"绿卡"行动，轰动一时。

在某个双休日，"健力宝"在无锡市中心的某广场上举行了别开生面的"绿卡"活动，活动规定：每一位消费者只要花上 3 元钱就能得到一张"绿卡"，凭"绿卡"可以免费品尝三款没有品名的同色的健力宝饮料，若是消费者品尝后能准确地猜出为何种饮料的话，还可以获得无锡著名旅游景点——"唐城""三国城"和"欧洲城"的旅游套票一张，即便猜错了，也可获得一套精美的足球球星卡。消费者积极响应，踊跃参加。

就在消费者品尝健力宝饮料时，公司的营销人员不失时机地向消费者发放调查表，详细了解品尝者对健力宝系列饮料的口感反映，以及对产品包装、广告宣传，甚至是产品价格的种种期待。这次"绿卡"活动取得了圆满成功，为健力宝集团顺利进入无锡市场创造了有利条件。

【想一想】　健力宝集团在无锡举办"绿卡"活动的真正目的是什么？对营销人员来说，有什么启示？

【说一说】　如果你是这一活动的具体策划者，你会如何进行组织策划？

一、促销与促销组合

（一）促销的基本知识

促销（promotion）一词最早来源于拉丁语，原意有"前进"的意思。促销又称为"促进销售"，是企业借助各种宣传推广方式，将产品或其他服务信息传递给消费者，使消费者认识产品的性能、特征，从而引起注意，激发欲望，实现购买的一系列活动。因此，对于企业而言，促销的任务就是将产品信息传递给消费者，以达到满足需求、扩大销售的目的。

促销是市场营销中的一项重要内容。促销活动的实质就是一种建立在信息沟通基础之上的活动。信息沟通的方式有两种：

1. 单项沟通

就是由信息发送者一方发出信息，另一方信息接收者只接收信息。即：

$$\text{发送者} \longrightarrow \text{接收者}$$

2. 双向沟通

就是发送一方既是信息的发出者，同时又是反馈信息的接收者，而另一方既是信息的接收者，又是反馈信息的发送者，双方互通信息。即：

$$\text{发送者} \Longleftrightarrow \text{接收者}$$

促销作为一种信息沟通活动，单项沟通仅仅是卖方用于传递产品或服务信息。而双向沟通，一方面向消费者宣传介绍产品，激发他们的购买欲望；另一方面直接获得消费者的反馈信息，从而使产品的适销对路程度更加完善，因而更受消费者的欢迎。所以，我们习惯上把单向沟通称为传统促销方式，把双向沟通称为现代促销方式。

（二）促销的作用

促销是企业营销活动中不可或缺的组成部分，其作用概括地说，主要有以下几个方面：

1. 传递信息，沟通产销

及时传递产品信息，引起消费者关注，这是企业成功销售的前提条件。在现代市场营销中，当产品即将进入市场之际，为了使更多的消费者了解产品，就需要企业能够及时地提供产品信息，主动地介绍产品的性能、特点、用途、价格、使用方法及其他企业可能提供的各种服务等，从而引起社会各方面的关注，吸引消费者的购买。

从营销实战过程看，整个营销过程其实还是一个商流、物流和信息流相互交汇的有机结合过程。其中，信息传递起着决定性的作用，除了能够唤醒消费者需求外，它一方面可以使企业及时了解消费者、中间商的建议和想法，迅速调整企业营销战略，以适应市场需求变化；另一方面它还沟通了产销渠道，加强了分销渠道各环节之间的协作与信赖，加速了商品的流通。

2. 刺激需求，扩大销售

企业进行促销的根本目的在于激发潜在消费者的购买欲望，引发现实消费者的购买行为，加大市场消费需求量。一切有效的促销活动，不仅可以诱导需求、激发欲望，在一定条件下还可以创造需求,这对于新产品市场的开发和原有产品市场的延伸具有特殊的意义。因此,有效的促销活动能够进一步刺激消费者的消费需求,扩大企业产品的销售量。

3. 突出特点,树立形象

在现代市场营销中,企业之间开展市场竞争的焦点主要集中于产品竞争。尤其是在同类产品差别非常小,相互可替代的产品层出不穷的情况下,企业完全可以通过各种促销活动,宣传产品的特点,展示其优势,突出产品与竞争对手产品的差异性,建立本企业产品在市场中的良好形象,促使消费者对企业自身产品产生偏好,从而达到扩大产品销售的真正目的。这是企业在市场竞争中的重要手段。

4. 提高声誉,巩固市场

除了产品形象外,企业的声誉和形象也是企业的无形财富,它直接关系到企业产品的销售。企业良好的声誉和形象可以消除企业销售中的不确定性,稳定企业的市场占有率,进一步巩固企业产品在市场中的地位。

(三)促销组合的内容

促销组合是将各种促销方式有目的、有计划地组合在一起,并加以综合运用的过程。促销组合体现的是整体决策思想,最终形成一个完整的促销行为。

促销组合的内容与促销的方式息息相关。常见的促销方式主要有人员推销、广告宣传、营业推广和公共关系宣传四种。

1. 人员推销

人员推销是通过人与人的接触,来实现人对物的购买,也就是通过企业销售人员(推销员、售货员)对消费者直接进行的销售或服务活动。

它既是一种传统的销售方式,又是一种现代常用的促销方式。

2. 广告宣传

广告宣传是企业借助于一定的媒介物,公开而广泛地向社会公众宣传介绍企业产品的品种、规格、质量、性能、特征和使用方法等信息,以达到传递信息,促进销售的目的。

广告宣传属于一种间接进行的销售或服务活动。

3. 营业推广

营业推广是企业在目标市场中,为了激发消费者的兴趣而采取的能够迅速产生奇效的一系列产品促销行为。它具有短期性、诱导性和战术性等特点。

营业推广的具体运用形式有很多,大致可以分为三类,第一类是以消费者为对象的推广方式,如现场展销、现场馈赠样品或礼券、有奖销售等;第二类是以中间商为对象的推广方式,如通过举办展览会、供货会、订货会等给予中间商一定的购买折扣,采取销售补贴、延期付款或其他销售奖励等;第三类是以推销人员为对象的推广方式,如通过免费培训或免费旅游等形式给予推销人员一定的奖励。

4. 公共关系宣传

公共关系是企业通过各种活动使社会公众了解企业,博得他们的信赖和好感,从而为企业营造一种良好经营氛围的活动。

公共关系宣传是一种间接的促销方式,其主要任务是沟通与协调企业与社会公众之间的关系，解决消费者与企业之间的矛盾与冲突，以争取社会公众的理解、合作和支持，实现企业扩大产品销售的目的。公共关系宣传侧重于企业自身来树立企业形象。因此，它对于公共关系宣传人员的素质有着较高的要求。

二、促销组合策略的类型及内容

促销组合策略也通常被称为"促销策略"。促销策略一般可以分为两类："推式"策略和"拉式"策略。

（一）"推式"策略

"推式"策略就是企业运用人员促销或其他各种销售推广的方式，将产品推向目标市场的策略。在促销组合方式中人员推销和营业推广就属于"推式"策略。

在企业营销实战过程中，企业经常采用"推式"策略的具体方法有：

1. 访问推销

访问推销也即"上门推销"，就是由推销人员带着产品样品或产品目录，通过上门走访消费者，征求消费者意见，了解消费者需求，来收集各种市场信息，扩大产品销售。

2. 网点推销

网点推销就是在目标市场中，根据交通便利、人口密度等因素，广泛设立产品的销售网点，以期待消费者登门选购。如：2008年北京奥运会纪念品的销售就是采用了网点推销的办法。

3. 演示推销

演示推销就是推销人员通过举办技术讲座、实物展销、现场表演等方法，把产品的实用性和功利性充分展现在消费者面前，以期达到引导消费、刺激购买的目的。这种方法在目前许多大型超市中屡见不鲜。

4. 服务推销

服务推销就是企业通过自身完备的服务体系，为消费者提供售前、售中和售后服务，以此来推动产品的销售。如：冰箱免费送货上门，空调免费上门安装，电视机免费上门维修，等等。

（二）"拉式"策略

"拉式"策略就是企业通过运用广告宣传和其他一系列有效的宣传措施，将消费者的目光拉向企业，使消费者对企业产生关注，同时，诱导消费者对产品产生兴趣，进而采取购买行为的策略。在促销组合方式中广告宣传和公共关系宣传就属于"拉式"策略。

在企业营销实战过程中，企业经常采用"拉式"策略的具体方法有：

1. 广告销售

广告销售就是企业通过各种媒体，运用平面的或立体的广告形式向消费者广泛宣传产品、传递信息，吸引消费者购买。

2. 信函销售

信函销售就是通过邮发信函、订货单等方式，向目标市场上的消费者及时传递产品信息，重点宣传介绍产品的性能、特征、使用方法以及说明产品的价格和具体订货办法等，同时，征询消费者对产品的意见，最终达到扩大产品销售的目的。

3. 试销代销

试销代销就是生产企业为了消除目标市场上中间商的风险顾虑，采用委托中间商为其试销或代销产品，以促进产品尽快地进入目标市场。

4. 信誉促销

信誉促销就是企业通过创品牌、树形象、提声誉来增加消费者对企业产品的信任感，最终达到扩大产品销售的目的。这在"拉式"策略诸多方法中是最有效的方法。

三、促销组合策略的具体运用

在营销实践中，企业无论采用"推式"策略，还是"拉式"策略，都必须具体考虑以下几方面的因素：

（一）产品的自身性质

不同的产品有着各自不同的用途，这就需要我们选择不同的促销方式和促销策略。一般来说，凡是消费者购买面广、产品标准化程度高、使用技术性较弱的产品，应以"拉式"策略中的广告宣传为主要促销手段。而对于专业化程度较高、技术性强的产品，如工业用生产资料等，则采用"推式"策略中的人员访问推销效果会更佳。像目前市场中普遍出现的高科技工业产品，也一般适宜于采用人员推销的"推式"策略。

（二）目标市场的情况

针对不同的目标市场，在产品促销上应该采用不同的促销策略。

1. 目标市场范围大小

在规模比较小的本地市场上开展产品促销，宜采用人员推销为主的促销策略，但在全国性市场或更大范围的市场上促销，一般应该采用广告宣传或公共关系宣传等"拉式"策略；如果企业面对的目标市场虽然是全国性市场，但由于消费者相对集中于某些特定区域，则采用以人员推销为主的"推式"策略效果会更好。

2. 目标市场的类型

当目标市场属于消费者市场，市场上消费者数量众多且又分散时，一般不采用人员推销，这样会增加促销成本，而应采用广告宣传或公共关系宣传等"拉式"策略，把消费者引向产品。当目标市场属于生产者市场，虽然市场上的消费者数量明显少于消费者市场中消费者数量，但是由于产品需求数量十分庞大，因此，可以采用以人员推销为主的"推式"策略，通过人员走访，当面向消费者介绍企业及产品，以建立良好的供需关系，争取扩大订货数量。

3. 目标市场上潜在消费者的数量

目标市场上潜在消费者越多，则越要采用广告宣传为主的促销方式；反之，可以采用人员推销等促销方式。

（三）产品的寿命周期

我们知道，产品在市场中具有一个从产生、发展到衰退的过程。因此，产品在寿命周期的不同阶段，其促销的目标有所不同，所采取的促销手段和促销策略也应随之而不同。

1. 处在试销期的产品

处在试销期的产品可以通过报道性的公共关系宣传或适当地做一些广告宣传，介绍产品的性能和特色，吸引消费者。同时，也可以采用人员推销和营业推广等促销方式，从"推"和"拉"两个方面入手，使产品尽可能快地进入目标市场并在市场中站稳脚跟。

2. 处在畅销期的产品

处在畅销期的产品一般利用公共关系宣传等形式，突出宣传企业自身的形象和声誉，尤其是强调本企业产品与其他同类产品的不同之处，以争取消费者对企业自身产品的偏好。

3. 处在饱和期的产品

处在饱和期的产品可以适当运用广告宣传的促销方式。不过，此时的广告宣传必须在形式和内容上加以改变，更多地介绍产品的新功能、新用途，促使消费者加快更新的频率，保住原有消费者，保持产品的销售量不至于明显下滑。

4. 处在滞销期的产品

处在滞销期的产品应有条件地采用一些提示性的广告宣传，重点运用营业推广的促销方式，想尽一切办法吸引那些产品的晚期使用者。

（四）促销的费用预算

企业促销费用预算的多少取决于企业经济实力状况和对于促销工作的重视程度。促销费用预算的多少又直接影响了促销方式的选择和运用。通常情况，广告宣传的费用最高，人员推销的费用次之，营业推广的费用较低，公共关系宣传的费用最省。但是，他们在不同时期的促销效果是不同的，因此，企业在选择具体促销策略时，一定要根据企业的资金预算情况，以是否能支持某种促销方式顺利实施为标准，争取做到费用省、干扰小、效果好。

以美国化妆品行业为例：一般的化妆品企业，其促销的费用预算都要占到其产品销售额的30%～50%。而在我国，企业用于促销费用的预算往往非常有限，所以在一般情况下，企业最好不要急于选择促销费用较高的促销策略。

案例赏析

"好日子离不开它，金六福酒"，每当人们听到这朗朗的童声广告语时，自然会想起"金六福"的名字。金六福系列酒是由四川宜宾五粮液集团与湖南新华联集团强强联合，联袂推出的国内著名白酒品牌。产品面世后，企业以整合营销策略为理念，终于使"金六福"的名字迅速红遍大江南北，同时也在竞争激烈的国内白酒行业创下了优秀的销售业绩。

金六福酒在营销过程中始终以"体育营销"为主打策略。进入新世纪后，我国北京申奥成功，男足世界杯出线，等等，体育界好事连连。"金六福"抓住这一有利时机，成为"中国奥运唯一庆功酒"。2001年，中国男足经过44年的努力，成功地获得了世界杯出线资格后，"金六福"又煞费苦心地请来主教练米卢作为广告代言人，一句"喝福星酒，运气就是这么好！"（注："福星酒"是金六福系列酒的副品牌）深入人心，其广告效应可想而知。

从 2004 年 6 月开始，伴随着雅典奥运火炬在中国的传递，细心的人们慢慢发现金六福酒的广告语悄然换成了"奥运福　金六福"。这是金六福集团凭借着"迎奥运"的东风所展开的新一轮整合营销策略。而此时，企业营销人员的促销战术开始围绕着"奥运福　金六福"这个核心，将中国传统的"福文化"理念融入具体的促销活动和公关活动中，与广大消费者形成良好的互动。

在激烈的市场竞争中，如何有效地向消费者传递信息，并利用好各种促销组合，促使消费者实现购买行为，"金六福"为我们提供了成功的范例。"金六福"的案例告诉我们：企业要想获得经营上的成功，必须制定正确的促销策略。

学习任务二　揭秘人员推销策略

案 例 导 入

【看一看】 曾经听说过这样一个故事：有一天，一位年轻人去一家公司应聘销售员。公司老板问他："你以前做过销售员吗？"年轻人回答道："没有，只是在小镇上做过挨家挨户推销的小贩。"老板非常欣赏年轻人的直白和机灵，于是当即决定聘用这个年轻人。

过了不久，有一天，公司老板无意间来到了这个年轻人面前，随口问了一下："你今天做了几单生意呀？"年轻人答道："就一单。"老板就说："就一单？卖了多少钱呢？"年轻人回答道："300 万元。"这下老板惊呆了，似乎不相信地继续问道："你是怎么卖到这么多钱的啊？"年轻人娓娓道来："今天一清早，有位男士进来买东西，我先卖给他一个小号的鱼钩，然后又卖给他一个中号的鱼钩，最后卖给他一个大号的鱼钩；接着我又卖给他小号的鱼线，中号的鱼线和大号的鱼线，卖完之后随口问他准备去哪里钓鱼，他说是海边，我就趁势建议他买一条游船，这样就可以到深海处钓鱼了。于是就带他到游船专柜，卖给他一艘带有两个发动机的游船。后来，他又说他现有的大众牌汽车可能带不动这艘游船，我又带他到汽车销售区，卖给他一辆丰田豪华型越野车。"老板听后，难以置信地问："他仅仅是来买个鱼钩，你怎么就能够卖给他这么多的东西呢？"年轻人说道："不是的，客人来是为妻子购买行李袋的，因为他妻子周末要带孩子去旅行。于是我就建议他，与其一个人在家闲着，干吗不去钓鱼呢？"

【想一想】 这个故事虽然可能有些夸张，但是它说明了一个什么问题？

【说一说】 同样作为一名年轻人，你在今后的推销活动中会采取什么方式呢？

一、人员推销的基本含义及特点

（一）人员推销的含义

人员推销是通过人与人接触，实现人对物购买的销售活动。在众多的促销方式中，人员推销不仅是一种重要的促销形式，而且还是企业最普遍、最直接和最有效的促销

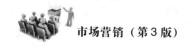

方式。

人员推销的目标不只是单纯地推销产品，更重要的是通过推销产品来收集信息，建立联系，最终完成促销任务。

（二）人员推销的特点

人员推销较之于其他促销方式，具有以下几个特点：

1. 直接销售

由于推销人员与消费者采取的是面对面接触，推销人员可以根据消费者的欲望、要求、动机和行为，有针对性地进行推销宣传，直接向消费者介绍产品的性能、质量、价格和使用方法等，及时消除消费者对于产品的种种疑虑，促成消费者的直接购买。因此，人员推销最明显的优点是适应性强，促销成功率高。

2. 双向沟通

推销人员在与消费者直接联系过程中，推销人员可以在向消费者推销宣传产品的同时，直接了解到消费者对于产品的意见和建议，并随时掌握该产品的市场动态。如果推销人员能够将这些市场信息及时地反馈给企业，必将有利于企业及时调整产品的营销策略。因此，人员推销在收集、传递和反馈信息，指导企业开展营销活动，帮助企业开拓市场领域等方面具有特殊的作用。

3. 效果明显

由于人员推销是通过人与人的接触，来实现人对物的购买，因此推销人员在推销过程中，可以通过与消费者的直接沟通，交流感情，增进了解，建立信任，确定稳定的供需关系，进而达到促进产品销售的目的。因此，人员推销能以最快的速度和最有效的方式促使产品成交，效果明显。

4. 费用较高

由于人员推销需要依靠大量的推销人员来完成相应的任务，在市场广阔而又分散的情况下，推销成本比较高，而且作为熟练的推销人员必须经过相当长时间的培训才能胜任这项工作。因此，人员推销的促销费用较高。

二、人员推销的目标任务

随着企业营销活动的不断开展，人员推销方式对于企业开拓市场、树立形象的作用日益凸现，推销人员的工作任务不再仅仅局限于推销企业产品和接受客户订货等方面，许多更为复杂的任务需要推销人员在工作中去完成。人员推销的目标任务主要有以下几个方面：

（一）寻找顾客

人员推销不仅要提供产品销售，满足消费者重复购买的需求，更要通过其推销活动，在市场中寻找商业机会，发现和挖掘潜在需求，开拓和创造新的需求。

（二）传递信息

人员推销的重要任务之一，就是推销人员要及时将企业提供的产品或服务信息毫无保留地传递给消费者，为消费者提供相关资料，引起消费者的购买欲望，引导消费者做出相应的购买决策。

（三）推销产品

就是推销人员通过与消费者直接接触，运用一定的销售技巧，在有效分析消费者需求及他们所期望的最大利益的基础上，根据不同情况，巧妙地为他们提供各种条件，促使其实现购买行为。

（四）市场调研

企业开展营销活动所需要的各种信息，很大一部分是来源于消费者。推销人员经常活跃于企业和消费者之间，是企业获取营销信息的重要渠道。因此，利用推销产品的机会开展市场调研，收集市场信息并及时做出反馈，促使企业不断调整、改进营销战略和策略是推销人员义不容辞的职责和任务。

（五）提供服务

推销人员还应在向消费者提供产品实体的过程中，积极主动地为消费者提供售前、售中及售后服务，及时解决消费者在购买和使用产品过程中所出现的问题，切实照顾好消费者在消费领域各环节中的利益。

三、人员推销的基本要素

（一）推销人员的素质要求

现代产品推销活动因其销售对象复杂多变而对推销人员的要求越来越高。在企业产品推销过程中，推销人员不仅代表着企业，是企业对外的代言人，更是广大消费者的消费顾问。一名出色的企业推销人员，应该表现在既能善于从消费者利益角度出发去考虑问题，又能在本职工作岗位上，对于事业的成功具有强烈的责任心和埋头苦干的干劲。具体来说，推销人员应达到以下基本素质要求：

1. 具有正确的经营思想和良好的职业道德

企业营销的根本目的是通过满足消费者需求，以实现企业经济效益和社会效益的整体提升。企业推销人员的一切活动都应以此作为基本出发点，以集体利益和社会利益为重，不从中谋取私利。诚实守信是推销人员的最基本行为准则。诚实守信、公平对待每一位消费者必然会使推销人员赢得消费者的信赖、支持和合作。

2. 具有强烈的事业心和责任感

推销人员肩负着连接企业与消费者的重任，推销工作又极其艰难和辛苦，要想促成推销的成功，推销人员必须要有坚定不移的信心、任劳任怨的恒心和克服困难的决心，要了解消费者的难处，消除消费者的后顾之忧，帮助消费者争取利益，从而进一步为企业创造产品销售机会。

3. 具有较为丰富的业务知识和社会经验

知识和经验是推销人员取得成功的两大法宝。作为推销人员应该具有的业务知识主要包括：（1）企业知识，即熟悉企业的历史、文化、经营理念、营销策略及其在同行业中的地位等。（2）产品知识，即企业相关产品的理化属性、实际用途、使用方法及维修管理等。（3）销售知识，从企业自身层面看，主要有：产品的种类和服务项目，产品的交货方式和付款条件;从消费者层面看,主要是产品的购买由谁掌握购买决策权,购买的动机与购买习惯是什么,以及购买的条件、方式和时间如何等。(4) 市场知识,即市场产品的供需状况,潜在和现实消费者的需求情况,市场竞争者的现状等。

4. 具有良好的个人魅力和一定的推销技巧

推销人员应该举止适度,谈吐文雅,谦恭有礼,仪表端庄,平易近人,具有足以吸引消费者的个人魅力。同时要有准确识别他人的能力、非凡的忍耐能力和随机应变的能力,在推销工作中,目光敏锐,见解深刻,乐观向上,勤勉过人,富有创造性;有幽默感,能用悦耳的语言说服和感化消费者,促成其购买。

5. 具有较为广泛的社会关系和人脉资源

推销人员必须善于与人交往,善于听取各方面的意见,能够通过自身以热情的态度、踏实的工作、高超的交往艺术积累广泛的人脉资源。在实际工作中,不断巩固老客户,发展新客户,扩大客户群。

(二) 推销人员的选拔和培养

虽然企业对于推销人员有着较高的素质要求,但是这些条件并不是高不可攀的。只要善于做好推销人员的选拔和培养工作,造就一支优秀的推销人员队伍是完全有可能的。

推销人员的选拔是打造推销人员队伍的基础。因此,在选拔推销人员时,首先要考虑备选人员的个性特征。推销工作的特殊性决定了推销人员的特殊性格要求。作为合格的推销人员,应该具有感情外露、热情奔放、社交能力强、能当机立断的外向型性格特征。而那些性情柔弱、沉默寡言有内向型性格特征的人,则明显不适宜从事推销工作。其次,应该适时地考虑备选人员的实际工作能力,具体考察其是否具有业务推销经历和经验;是否具有协调处理人际关系的能力;对于错综复杂的市场变化,是否具有趋利避害、随机应变的能力;等等。

推销人员的培养是打造推销人员队伍的关键。人员推销实际效果取决于推销人员队伍的整体素质。企业不仅要对经过遴选确定的推销人员进行必要的培训,即使是原有的推销人员也要经常性地对他们进行培训,以适应市场发展形势的需要。

推销人员的培养,首先要认真制订人员培训计划,确定具体的培训目标、培训内容、培训时间、培训地点、培训方式和对培训绩效的评价。培训计划的制订要有针对性和时效性,对于不同类型的培训,在培训内容和培训方式上应该有所侧重。其次是科学合理地安排培训内容,以普及企业知识,讲授产品或市场知识和传授推销技巧为主要内容。第三,将专题讲课、理论讨论与实践锻炼结合起来,突出自我实践锻炼,使推销人员能够在实际工作中逐步积累经验,增长才干。第四,要对推销人员的日常工作进行经常性的考核和评价,把推销人员的工作业绩与他们的经济利益结合起来,充分调动他们的积极性和提高他们的工作效能。

(三) 推销人员的组织方式

人员推销的组织方式是否合理,直接关系到人员推销工作的成效。在企业营销实践过程中,人员推销组织方式的设计要根据企业规模的大小、产品营销的范围及营销人员的素质,按照"精简、统一、高效"的原则,合理选择,科学组织。

一般来说,目前可供企业选择的人员推销组织方式大致有四种:

1. 地区结构型组织方式

地区结构型组织方式是企业以区域为服务范围，指定每个推销人员或团队负责一个地区内本企业各种产品的具体推销业务。这种组织方式有利于推销人员明确目标，容易考核其各种业绩。而且，一旦服务范围确定之后，企业相应的推销费用也会节省。

2. 产品结构型组织方式

产品结构型组织方式是以产品为主，确定每个推销人员负责一种或几种产品的具体促销，而不受区域的限制。一般情况下，如果企业产品的种类较多、差异性较大、技术性较强，那么采用产品结构型组织方式，可能效果会更好。

3. 消费者结构型组织方式

消费者结构型组织方式是按照不同的消费者类型来组织推销人员的结构方式。由于在目标市场中，消费者的类型众多，因此，根据消费者所处的行业不同、规模大小不同、分销渠道不同，分别配备相应的推销人员，有利于推销人员进一步深入了解特定消费者的需求，使人员推销工作做到有的放矢，提高推销工作的成效。这种组织方式一般适宜于消费者比较集中，用户规模相对较大，分销渠道比较稳固的企业。当然，如果消费者分布的区域比较广，人员相对分散，采用这种组织方式可能会导致推销费用的增大。

4. 综合结构型组织方式

在以上单一组织方式难以有效发挥作用的情况下，企业可以考虑采用综合结构型组织方式。即通过地区与产品、地区与消费者、产品与消费者混搭的方式来配置推销人员。如：地区—产品，地区—消费者，产品—消费者，甚至是地区—产品—消费者。这种组织方式能够灵活调度推销人员，而且还能使推销人员从企业营销整体利益出发，去开展促销活动，提高工作业绩。

四、人员推销策略的运用

人员推销策略的选择与运用，直接关系到企业促销目标的实现。企业应根据服务对象的不同和具体消费需求的不同，合理选用不同的人员推销策略。

在现代企业营销活动中，人们常用的人员推销策略主要有以下三种：

（一）试探性策略

试探性策略又称为"刺激—反应"策略，即通过刺激，得到反应，引发兴趣，实现购买的策略。这种策略的具体运用是：在事先并不了解消费者需求的基础上，推销人员准备好一套或几套说辞，与消费者见面后，先讲（刺激），看看消费者的具体反应；若消费者并无排斥之意，再讲（再度刺激），又一次观察消费者的反应；当消费者逐渐产生兴趣之后，推销人员可以进行适当的说服和宣传，进而达到推销产品的目的。

（二）针对性策略

针对性策略又称为"配方—成交"策略，即通过推销人员与消费者的广泛交谈，进一步明确消费者的具体需求，继而推动产品成交。这种策略运用的前提是推销人员事先对消费者某些方面的需求已经有基本的了解。因此，在实际采用时，可以通过与消费者进行广泛而深入的交谈，当推销人员讲得多了并且讲到点子上了，就会引起消费者的兴趣和欲望,最终促成产品的交易。

(三)诱导性策略

诱导性策略又称为"需要—满足"策略,即通过推销人员的说服工作,引起消费者产生需要并想方设法促使消费者意欲满足这些需要,最后"和盘托出"自己所推销的产品如何能够满足这些需求的策略。

利用诱导性语言进行产品推销,其本身就是一种创造性的推销工作,它要求推销人员要有较高的推销艺术,要让消费者真真切切地感到推销人员是他们购买活动的好参谋。

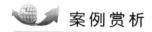

案例赏析

2001年5月20日,美国有一位名叫赫伯特的推销员,成功地把一把斧子推销给了小布什总统。布鲁金斯学会得知这一消息,把一只刻有"最伟大的推销员"的金靴子赠予了他。这是自1975年该学会的一名学员成功地把微型录音机卖给了尼克松后,又一学员跨过如此高的门槛。布鲁金斯学会创建于1927年,以培养世界上最杰出的推销员著称于世。它有一个传统:在每期学员毕业时,都设计一道最能体现推销员能力的实习,让学生去完成。克林顿当政期间,他们出了这么一个题目:请把一条三角裤推销给现任总统。八年间,有无数个学员为此绞尽脑汁,最后都无功而返。克林顿卸任后,布鲁金斯学会把题目换成:请将一把斧子推销给小布什总统。鉴于前八年的失败与教训,许多学员知难而退。个别学员甚至认为,这道毕业实习题会和克林顿当时一样毫无结果,因为现在的总统什么都不缺,即使缺什么,也用不着他们亲自购买;再退一步说,即使他们亲自购买,也不一定正赶上你去推销的时候。

然而,赫伯特却做到了,而且没有花多少工夫。一位记者在采访他的时候,他是这样说的:"我认为,把一把斧子推销给小布什总统是完全可能的,因为小布什总统在得克萨斯州有一座农场,那里长着许多树。于是我给他写了一封信,说:'有一次,我有幸参观您的农场,发现那里长着许多橘树,有些已经死掉,木质已变得松软。我想您一定需要一把小斧头,但是从您现在的体质来看,这种小斧头显然太轻,因此您仍然需要一把不甚锋利的老斧头。现在我这儿正好有一把这样的斧头,它是我祖父留给我的,很适合砍伐橘树。倘若您有兴趣的话,请按这封信所留的信箱,给予回复……'最后他就给我汇来了15美元。"

赫伯特成功后,布鲁金斯学会表彰他的时候说:"金靴子奖已设置了26年。26年间,布鲁金斯学会培养了数以万计的推销员,造就了数以百计的百万富翁,这只金靴子之所以没有授予他们,是因为我们一直想寻找这么一个人——这个人从不因有人说某一目标不能实现而放弃,从不因某种事情难以办到而失去自信。"赫伯特的故事在世界各大网站公布之后,一些读者纷纷搜索布鲁金斯学会的网站,他们发现在该学会的网页上贴着这样一句格言:"不是因为有些事情难以做到,我们才失去自信;而是因为我们失去了自信,有些事情才显得难以做到。"

学习任务三 透析广告宣传策略

案 例 导 入

【看一看】 内蒙古伊利集团有限公司是目前中国规模最大、产品线最全的乳制品生产领军企业,也是国内唯一同时符合奥运会及世博会乳制品标准的生产企业。目前,伊利集团拥有雪糕、冰淇淋、奶粉、奶茶粉、无菌奶、酸奶、奶酪等1 000多个产品品种。全国所属分公司及子公司130多个。在企业长期的发展过程中,伊利始终致力于生产100%安全健康的乳制品。其中,伊利金典有机奶、营养舒化奶、畅轻酸奶、金领冠婴幼儿配方奶粉和巧乐滋冰淇淋等产品因其回味无穷的独特口感和科学合理的营养价值受到市场认可,成为消费者心目中最受欢迎的"明星产品"。伊利集团的成功之处,除了有优良的产品品质作为保证外,还得益于它在全国各地市场上所采用的广告宣传策略。如:伊利集团在开发武汉市场时,就充分利用了内蒙古和湖北在历史上的渊源关系——王昭君是湖北人,首先对武汉的目标消费者进行促销,一方面在报纸上开展公关广告宣传活动,名正言顺地打出了"昭君回故里,伊利送真情""古有昭君千里出塞,今有伊利千里大赠送"等广告宣传口号,在鄂的新闻媒体也对此进行了铺天盖地的宣传,终于使大家都知道了伊利集团的产品。另一方面,免费向中小学生赠送冰淇淋,结果其覆盖率达到每10个武汉人中就有一个人食用过伊利产品。既做广告,又免费赠送。湖北的消费者慢慢地开始去零售店购买伊利产品,"伊利"就这样顺利地进入了湖北市场。

【想一想】 一个成功企业在市场竞争中获胜的基本要素是什么?广告宣传在其中又有着什么样的作用?

【说一说】 伊利集团在湖北武汉市场上的广告宣传有什么特殊的意义?能不能为我们提供借鉴呢?

一、广告宣传与广告促销

(一) 广告宣传的基本概念

"广告宣传"又可以简称为"广告",它最早来自于英文"Advertising",有通知、诱导和披露等意思。如果我们单纯从汉语字义上理解,广告又有广而告之的含义。其实,在社会经济高度发展的今天,人们更多地将广告宣传与社会经济活动联系在一起,把广告宣传视为是一种付费形式的商业宣传。

其实,广告是信息传递的一种具体方式,其目的或者是推销产品或服务;或者是影响舆论,博得支持;或者是想获得广告发布者所期望的其他反应。如果从市场营销角度去理解,广告是"一种以广告发布者名义,并由其支付一定费用,通过大众传播媒体向社会公众传递产品信息,并从中获取利益的宣传形式"。广告的目的是介绍产品信息,实

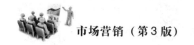

现促进销售的一种方式。

正确理解广告宣传的概念，必须把握好以下几个基本要素：

1. 公开偿付费用

这是广告宣传区别于其他宣传形式的一个根本性标志。

2. 借助大众传媒工具

广告属于非个体传播。这是广告宣传区别于人员推销的一个标志。

3. 以目标市场消费者为主要对象，以推销产品或服务为主要目的

这是广告宣传促销区别于一些政治性宣传的又一个标志。

（二）广告宣传的促销作用

1. 唤起注意，引起兴趣

唤起消费者注意，这是企业广告宣传最基本的作用。如果企业的广告宣传活动能够引起消费者的普遍关注，那么消费者就有可能从中获得一些与企业产品有关的信息，就有可能根据这些信息，进行购买比较和及时做出购买决策。在广告宣传促销过程中，唤起消费者注意的方法有很多，醒目的标题、艳丽的画面、动人的广告语都有可能引起消费者的注意。

广告宣传在唤起消费者注意的同时，还应考虑如何培养消费者兴趣的问题。在企业营销实践中，许多时候唤起注意和引起兴趣是完全不同的。成功的广告宣传应当能让消费者感受到所宣传的产品，对于消费者而言，有其根本利益所在。只有这样，才能使消费者真正产生兴趣，决定购买。一个能够引起消费者兴趣的广告，必须是内容布局合理、版面印刷清晰、语言文字流畅，使消费者能够多看细读的广告。

2. 激发欲望，催促行动

激发消费者欲望，促使消费者采取购买行动，这是广告宣传最难做到的，但又是广告宣传最有意义的作用。成功的广告宣传应该是能够成功地说服潜在的消费者，让消费者明白只有这些产品才是真正适合他需要的产品。因此，要想让消费者采取最终的购买行为，广告设计制作人员必须经常性地与消费者进行沟通，了解消费者需求，洞察消费者心理，使消费者在广告宣传的引导下，在购买过程和买后使用中，始终保持住良好的感觉，这样才能使他们进一步信赖企业的广告宣传，更好地发挥广告宣传的作用。

3. 沟通信息，促进生产

广告宣传不仅是沟通企业和消费者之间的桥梁，也是连接生产与流通的纽带。企业通过广告宣传及时地向社会公众宣传介绍产品信息，打通了生产者和消费者之间信息沟通的渠道，使生产者能够按照消费者的需求，生产出更多适销对路的产品，确保生产者自身扩大再生产的延续进行。

4. 树立声誉，利于竞争

当今市场竞争日趋激烈，企业通过广告宣传将自己的产品和经营理念公诸于众，一方面是传递信息，另一方面，也是将企业的声望和企业的产品交给消费者，由消费者去评判。与此同时，企业本身也可以通过对同行业其他企业的广告宣传，了解他们的经营情况，做到在竞争中知己知彼，努力使自己在竞争中不断取胜。

（三）广告宣传目标的选择

广告宣传目标是指通过广告宣传活动所要达到的目的。广告宣传的最基本目标是帮

助企业促进产品销售。也就是通过广告宣传增进消费者对企业或企业产品的了解，并产生良好的印象和态度，从而引导消费者采取购买行为，使企业取得较大的经济利益和社会效益。这是所有广告宣传应具有的共同目标或一般目标。

但是，按照产品在市场中所处的不同阶段，企业所遇到的促销困难也是各不相同的。因此，在具体业务发展的不同阶段，企业要给广告宣传赋予不同的特定目标。这些特定目标归纳起来，主要有以下三种：

1. 以宣传、介绍产品为目标

这一广告宣传目标的选择与确立，主要是针对刚刚进入市场的新产品而言的。企业通过宣传、介绍产品的用途、性能、质量、价格等情况，协助新产品顺利进入市场。这是一种开拓性的广告宣传，其目标是促使市场对新产品产生初级需求。当然，对于处在其他阶段的产品，如果采用这一目标，只能理解为是为了纠正消费者对企业或产品所存在的误解，建立企业良好声誉等。

2. 以说服、取悦他人为目标

当产品处于市场早期或市场鼎盛时期，企业在确立广告宣传的特定目标时，就必须以说服和取悦消费者为主，通过广告宣传诱导消费者加深对本企业产品品牌、商标的注意，说服消费者更多采用自己的产品。这种广告宣传表现为是一种诱导性广告，其目标是为了促进消费者对企业产品的选择性需求。

3. 以消除、改变偏见为目标

在消费者对企业或产品没有任何好感，甚至存在某种偏见的情况下，企业可以以消除、改变偏见为目标进行适当的广告宣传，通过广告宣传来影响和改变消费者的偏见。这一类的广告宣传一般用于产品进入市场的后期。

二、广告宣传的常见类型

广告宣传的分类方法有很多种，有按广告宣传所采用的媒体来进行分类的，也有按企业广告宣传的实用性进行分类的。

（一）广告宣传的基本分类

1. 按广告媒体自身的特征分

（1）印刷广告：主要是以报纸、杂志和广告传单等印刷品为媒介物的广告。

（2）视（音）频广告：主要是以电视、广播等为媒介物的广告。

（3）其他媒体广告：主要有户外广告、橱窗陈列和邮寄广告等。

（4）网络广告：主要是指在 internet 上发布、传播的广告，它是 internet 问世以来广告业务在计算机领域的新的拓展，也是 internet 作为营销媒体最先被开发的营销技术。

2. 按广告媒体的具体对象分

（1）普通媒体广告：就是广告宣传以一般大众为对象，没有特定的视听众，所宣传的产品也是以大众化产品为主。

（2）专用媒体广告：就是以广告所针对的特定对象为宣传目标，选用专门的媒体所做的广告。

3. 按广告媒体的使用权限分

（1）自备媒体广告：就是广告发布者使用自己准备好的媒体形式所做的广告。如：灯箱广告、霓虹灯广告、企业产品说明书等。

（2）外租媒体广告：就是广告发布者向媒体部门租用一定的媒体版面或播放时间所做的广告。如：广播、电视、报纸、杂志等媒体上的广告。

4. 按广告媒体的使用性质分

（1）新闻广告：是以报纸、杂志、广播、电视为广告媒介物所做的广告。其特点是传播迅速及时，宣传覆盖面广，在众多广告媒介种类中占据主要地位。

（2）户外广告：是指安置在道路交通繁华地段或主要建筑物上的各种广告牌、各式霓虹灯和街头广告亭（牌）等。其特点是花样繁多，色彩艳丽，颇具吸引力。

（3）店铺广告：主要是出现在企业营业现场橱窗、柜台、货架上的广告。其特点是直观、醒目，宜于消费者及时购买。

（4）交通广告：就是在火车、汽车、轮船、飞机、地铁等交通工具上安设的各种广告。其特点是选择余地大，流动性强。

（5）文体广告：就是利用电影、电视播放的间隙插播广告，或者在大型体育活动场所设置广告牌等形式的广告。其特点是寓广告宣传于文体欣赏之中，更容易让消费者接受。

（6）邮寄广告：就是通过邮政网络，把各种印刷品广告有选择性地邮寄到消费者手中的广告形式。其特点是针对性强，费用开支省，简便易行。

（7）包装广告：就是将具有广告宣传内容文字或图案附着在产品包装上的广告。其特点是将广告与包装融为一体，既节省了广告费用，又美化了产品包装，大大增强了消费者的购物心理，具有显著的广告效果。

（8）馈赠广告：就是通过各种赠送方式将带有广告宣传内容的附赠品、纪念品分发给消费者，以达到宣传介绍产品，促进产品销售的广告形式。其特点是形式多样，持久性强。

（9）新媒体广告：这是一种面向中小企业、基于搜索引擎的网络广告服务，它联合了许多注明的门户搜索网站推出的结合搜索引擎关键词和 button 广告的新型关联性定费网络广告形式。

（10）富媒体广告：就是用声音、图像、文字等多媒体组合的媒介形式和技术设计的广告，如网站设计、电子邮件、BANNER、BUTTON、弹出式广告、插播式广告等。

（二）广告宣传的实用分类

1. 按广告的对象分

（1）消费者广告：即广告的对象泛指所有的消费者群体。如果加以细分的话，还可以按不同的内容分为男、女、老、幼市场广告。

（2）工业广告：即广告的对象是工业部门或单位。如果再细分，则又可以分为机械工业广告、电子工业广告、食品工业广告、纺织工业广告等。

（3）商业广告：即广告的对象是商业部门或单位。如果再细分，则又可以分为批发业广告、零售业广告和服务业广告等。

（4）农业广告：即广告的对象是农业部门或农民个人。如果再细分，则又可以分为农业生产资料广告、林业生产资料广告、渔业生产资料广告等。

（5）外贸广告：即广告的对象主要面向海外市场或国内外贸部门。

2．按广告的内容分

（1）产品广告：产品广告是以促进销售为直接目的，以介绍、推广产品为主要内容的广告。

（2）服务广告：是由餐饮业、旅游业、娱乐业和其他服务性行业所做的，旨在提供有偿劳务的广告。

（3）形象广告：它是一种向消费者灌输企业经营理念，宣传企业文化的广告。它不同于一般的产品宣传广告。

3．按广告的性质分

（1）经济广告：是指在生产、流通和服务领域，为了推销产品或者提供具有盈利性质的服务所做的广告。

（2）文化广告：是以传播教育、科技、文化、卫生、体育等信息为主的广告。它属于"非盈利性广告"。

（3）社会广告：是指为公众提供社会福利、社会服务、社会保障等方面的公益性广告。

4．按广告的范围分

（1）全国性广告：是指广告的覆盖面遍及全国，或者是采用了全国性广告媒体所做的广告。

（2）区域性广告：是指广告的覆盖面仅仅局限于部分地区，或者是只采用了区域性广告媒体做的广告。

（3）地方性广告：是指广告只是面对本地区，并只采用了本地区的广告媒体所做的广告。

5．按广告诉求的方式分

（1）感性诉求广告：主要指广告宣传采用了感性的说服方式，向消费者诉之以情，使他们对所宣传的产品产生好感，进而促使他们实现购买愿望的广告诉求方式。

（2）理性诉求广告：主要指广告宣传采用了理性的说服方式，即有理有据地证明自身产品的优点，让消费者自己去判断，进而促使他们采取购买行为的广告诉求方式。

6．按广告效益的时效性分

（1）速效性广告：指当广告发布以后，期望能够立即引起消费者采取购买行为的广告。它又称为"直接行动广告"。如产品降价广告、有奖销售广告均属此类。

（2）迟效性广告：是指广告发布以后，并不要求消费者立刻响应购买，而仅仅是为了使消费者对其产品或服务产生深刻的印象，待以后需要时再进行购买。它又称为"间接行动广告"。如我们常见的电视、电影预告广告等。

三、广告媒体及其选择策略

（一）广告宣传的主要媒体

广告宣传在信息传播过程中，往往是透过一系列传播工具或信息载体，将产品信息传递给消费者。因此，我们通常将这些传播工具或信息载体称为广告媒体。在现实生活中，广告媒体主要有报纸、杂志、广播、电视、网络、户外广告牌、邮寄信函、橱窗陈列、霓虹灯、交通车辆等。其中，报纸、杂志、广播、电视这四种广告媒体又通常被称为传统的"广告四媒体"。

1. 报纸

报纸作为最常见、最具大众化的广告媒体，有下列优点：

（1）发行广泛，宣传深入，传播的覆盖面宽，而且报纸的发行有一定的区域性，这种明显的区域划分，为广告发布者灵活选择何种具体媒体更有针对性提供了方便。

（2）信息传递迅速，有较强的时间性。一般来说，读者可以阅览到当天的报纸，而且阅览时，既可以仔细阅读，也可以暂且一翻而过，待有空时再细细阅读。因此，与其他音像媒体相比，报纸有其无可比拟的优点。

（3）广告版面灵活，修改内容容易，而且在信息发布的时间上机动性大。在报纸上刊登广告，版面尺寸的大小具有较大的伸缩性，完全可以根据发布者的意愿和要求进行选择。

当然，报纸作为广告媒体，在报纸上刊登广告也有其一定的局限性：

（1）报纸的时效性过于短暂，容易使读者疏忽有价值的信息。

（2）报纸的主体内容是新闻报道，因此，报纸上的广告，在版面编排上一般不可能居于突出的位置。

（3）印刷效果差，形象表现手段欠佳。

2. 杂志

杂志作为广告媒体，有以下优点：

（1）专业性强，选择目标读者容易。杂志往往是专业性的居多，读者群相对固定，这就为广告宣传的针对性要求提供了便利。

（2）广告寿命持久，信息保留时间长远。杂志易于保存的特点决定了杂志广告比其他媒体广告的寿命更为持久，而且杂志的转读率高，经过读者的反复传阅，广告效果自然倍增。

（3）讲究印刷质量，图文并茂，效果好。杂志广告常见于杂志的封面、封底和中间插页，纸质比较好，而且大多采用平版彩色印刷并配有图文，观赏性强，广告效果好。

杂志作为广告媒体的局限性：

（1）周期性较长，灵活性较差。

（2）制作复杂，费用较高。

（3）企业一般不易选择到发行量较大的专业杂志。

3. 广播

广播作为广告媒体，有以下优点：

（1）信息传播速度快，广告制作简便，可以即写即播，十分方便。

（2）信息传播范围广，受众面大，而且还不受时间和空间的制约。它是我国最大众化的广告媒体之一。

（3）播放形式灵活，听觉效果明显。它能充分运用语言来吸引广大听众的注意和兴趣，具有其他纸质广告媒体所不具备的现场效应。

（4）广告宣传费用较低。

广播作为广告媒体，也有以下局限性：

（1）有声无形，缺少视觉形象，听众从广告中无法观察到产品的外观、色彩和内部结构，广告的感染力较差。

（2）广告播放转瞬即逝，效果短暂，尤其是在听众毫无心理准备的情况下播放，留给听众的印象不深。

（3）由于广告的播出一听即过，因此，广播广告不容易被存查。

4. 电视

电视作为广告媒体，有以下优点：

（1）直观真实。电视作为广告媒体，最大的特点就是能够直观地、真实地传递产品信息，它既有产品的具体说明，又可以随即展示产品，具有强力的说服力和感染力。

（2）宣传覆盖面广，不受时间和空间的制约，传递速度快。

（3）电视作为我国普通家庭必不可少的大众娱乐工具，普及率高。因此，电视广告的收听收看率高。

电视作为广告媒体，也有其局限性：

（1）信息传播迅速，但消逝也快。

（2）对于目标观众的选择性较低。

（3）广告制作费用较高。

（4）如果广告播放时间不当，极易引起观众反感。

（二）选择广告媒体时应考虑的因素

不同的广告媒体，其特点和作用各不相同。因此，在选择广告媒体时，应根据产品的特性、广告媒体的辐射范围和影响力、消费者对于广告媒体的喜好以及企业促销费用预算等因素全面衡量，通盘考虑。

1. 产品的特性

不同产品的特性应选择不同的广告媒体。对于有款式或色样要求，需要展示的，如服装、鞋帽等产品，应尽可能选择电视或彩色印刷品等作为广告媒体，以突出产品的美感，增强广告宣传的吸引力；对于消费者耳熟能详的，只要稍微一介绍就了解的产品，如日用消费品，则可以选择广播或报纸、杂志，甚至是邮寄品作为广告媒体；对于技术性能强，如机械类产品、电子类产品，则选择报纸、杂志作为广告媒体更为适宜，当然，必要时也可以通过样本说明或直接进行样品展示。

2. 广告媒体的传播范围

广告媒体的具体选择，还要结合企业产品销售范围的大小。如果企业在全国范围内行销自己的产品,应选择覆盖面达全国范围的媒体,如:全国性报刊或中央人民广播电台、中央电视台等;如果仅限于局部地区或本地区销售,则可以选择那些区域性或地方性的报刊、广播、电视,或者是选用户外广告牌、邮寄广告等。

3. 广告媒体的影响力

报纸杂志的发行量大小,广播电视受众的多少,媒体机构声誉的好坏,都是广告媒体影响力的标志。企业在选择广告媒体时,一定要根据企业的目标市场来确定,任何超越目标市场的广告行为都是对广告资源的浪费。

4. 消费者对于广告媒体的喜好

消费者对于广告媒体的喜好决定了广告宣传的实际效果。一般来说,老年人喜爱读报和收听广播,青年人喜欢看电视和上网,男性消费者爱好运动,女性消费者更爱逛街。因此,选择消费者乐于接受的广告媒体,能够将产品信息更有效、更准确地传递给消费者。

5. 企业促销费用预算与广告媒体运用成本

企业选择广告媒体一定要根据自身的经济能力和经济负担,做到"量力而行"。有时候成本费用高的广告媒体未必能带来最有效的结果,相反,成本费用较低的广告媒体却可能达到最为理想的效果。在企业促销费用预算一定的情况下,选择广告媒体应分析比较广告费用支出与广告预计效果的关系,即其产生的相对价值。如:某企业准备在某县城投放广告,如果选择电视作为广告媒体,广告费用需要 40 000 元,预计电视观众能够达到 2 000 000 人;如果选择报纸作为广告媒体,广告费用需要 15 000 元,预计读者 500 000 人。究竟应当选择哪一种广告媒体更为合适呢?以电视作为广告媒体的相对价值是每百人 2 元,而以报纸作为广告媒体的相对价值是每百人 3 元。比较其广告费用支出与广告预计效果的关系,选择电视作为广告媒体可能产生的效果会更好些。

(三) 广告媒体的选择策略

根据以上各种因素,广告媒体选择策略主要有以下三种:

1. 无差别选择策略

就是企业在选择广告媒体时,几乎动用所有的媒体,以此来广泛宣传企业的产品,求得迅速占领市场。这种策略宣传面广,容易取得效果的最大化,但是,运用这一策略代价比较大,而且宣传效率不一定高。

2. 差别选择策略

就是企业根据产品或市场特点,有目的地选择部分广告媒体的策略。选择这种策略,一方面是先进行投石问路,待所选媒体的广告效应有了明显增大后,再继续加大投入;另一方面也是充分节省企业的广告运营成本,提高选用广告媒体的效率。

3. 动态选择策略

所谓动态选择策略就是事先并没有明确的广告媒体选择,而是随着产品在市场中的表现情况,本着"走一步,看一步"的态度,不断调整广告媒体的选择方案。

四、广告设计及其策略运用

（一）广告宣传设计的基本内容

广告宣传的设计内容应该与广告宣传的内容相一致，具体包括：

1. 广告所宣传产品的名称

产品名称要力求简单、易记，字形设计要美观、流畅。

2. 产品的性能与用途

广告宣传的最基本目的是通过宣传产品，促进产品销售。因此，表达产品性能与用途的广告语要让人记忆深刻，容易产生购买的冲动，最好能够做到图文并茂或直接展示产品。

3. 产品的使用方法

对于一般性产品，即无须介绍其使用方法的产品，可以结合产品的使用效果来加以说明，如新"汰渍"洗衣粉的广告宣传。对于某些使用有一定难度的产品，除了配有产品使用说明外，还可以在广告宣传中，通过产品现场演示，让消费者懂得如何使用该产品，如"九阳"牌豆浆机的广告宣传。

4. 产品的使用效果

向消费者介绍产品的使用效果，一定要展现其结果。如目前市场上众多的化妆品广告，经销商为了要强调产品的使用效果，设计时大多采用了使用前和使用后的效果对比。

5. 企业所提供的各种服务

企业为消费者提供的售后服务越完备，对消费者购买的吸引力越大。在广告宣传设计时，一定不要忽视该项内容，要向消费者明确说明产品出售后，企业可以提供各种服务的内容。

6. 企业的基本信息

企业的基本信息包括生产商或中间商的名称、地址和联系方式等。广告宣传设计时，一定要把这些信息介绍给广大消费者，以便于消费者及时联系购买。

（二）广告设计的具体要求

1. 计划性

企业的一切广告宣传活动都是企业营销活动的组成部分。因此，企业事先必须要做好市场调查和市场预测，要有计划地确定广告目标，制定广告策略，开展广告活动。

2. 真实性

广告的生命在于真实。诚实守信是企业最基本的职业道德，任何不真实的广告宣传，虽然能骗得了消费者一时，但是不可能持久性地赢得消费者的信任。真实、可信的广告宣传不仅可以取信于消费者，而且能够为企业的产品促销带来经济利益。

3. 思想性

现代社会的商业广告不仅仅是企业的一种经济行为，更是一种价值行为的体现，它反映的是意识形态的问题。思想性是广告宣传的灵魂。因此，广告宣传的主旨必须符合时代的特征和全社会的道德风尚，广告宣传的内容必须健康向上，适应社会风尚的要求，能为消费者所接受。

4. 艺术性

广告宣传的目的在于唤起消费者对产品的关注并引发其产生兴趣，从而产生购买欲望。因此，广告宣传的设计要讲究艺术性，做到主题鲜明、构思巧妙、布局合理、色彩协调；广告宣传的制作要给消费者以高雅的精神享受，使消费者在获得产品信息的同时，接受更多的艺术熏陶。

5. 效益性

广告宣传与企业的其他经济活动一样，都有一个经济效益的问题，即以最少的费用获取最大化的促销效益。因此，企业在进行广告宣传时，必须要及时掌握市场动态，了解消费者需求，把握宣传时机，选择恰当的媒体，有效测定广告效果等。

总之，企业在广告宣传中，一定要灵活运用上述原则和要求，要以广告宣传的真实性为基础，将计划性与效益性，思想性与艺术性有机地结合起来，实现广告宣传效益的最大化。

（三）广告策略的运用

企业广告宣传策略的运用应与企业整体营销策略的使用相协调，不同企业、不同产品和不同的营销目标，应选择不同的广告宣传策略。

1. 标题策略

标题是广告的名称。一个好的广告必须有诱人注意的广告标题。一个别致、新颖、独特、醒目的广告标题，可以唤取消费者的兴趣，引起消费者注意，突破广告结构单调，起到画龙点睛的作用。因此，企业在广告标题上可以运用以下策略：记事式标题，即只是如实地将广告的要点，或与广告有关的事实凝练地点明即可；新闻式标题，即利用新闻的特点，向读者提供新的事实，给人以新鲜感；问题式标题，即站在消费者的立场上，提出问题，引起消费者的共鸣或思考，并求得答案，从而造成较深印象；祈使式标题，即用礼貌的态度和劝告的言词来勉励消费者进行购买；赞扬式标题，即用赞美的词句，夸耀商品的过人之处（夸耀必须适度）；催促式标题，即说明此货不多，时机难逢，过期不候，催促消费者及早采取购买行动；比较式标题，即把自己所介绍的商品或服务与其他同类商品和服务进行对比，借以烘云托月，衬托出商品的优点；比喻式标题，即用大家熟知的事物来进行比喻，使消费者产生形象化的联想，以加深对商品的印象；悬念式标题，即用布置悬念的方式，满足消费者的好奇心，进一步在广告中抖开包袱；图解式标题，即用图素或图表来代替个别文字，使消费者一览无余，并易于理解。

2. 广告正文策略

广告正文是广告的主要部分和精髓。广告正文是对标题的证实。广告正文策略的运用，就是要求广告者要具有充分的信心，拿出最关键、最有说服力的证据和事实阐明商品的优点，诱导消费者购买。

广告正文的表达方式很多，有布告体正文，即用严肃庄重的文字，将一件事情的事由、条件、手续、过程都十分明白地表达出来；格式体正文，即用相对固定的格式（表格）和项目来撰写；简介体正文，即正文语言文字非常简练，但配以相应图片来表达广告内容；新闻体正文，即利用新闻的表达方式，发掘商品与新闻之间的联系；论说体正文，即采用辩论的姿态，用充分的论据和雄辩的逻辑说服消费者购买商品；问答体正文，即通过两个或两个以上问答的方式表现广告的内容；证书体正文，即搬出权威方面的鉴定、评奖或用名人、可靠人士、消费者的赞扬作为正文主体；幽默体正文，即用幽默的笔法和俏皮的语言，在轻松愉快、活泼逗趣之中完成商品宣传任务；描写体正文，即用优美的文字，具体描写商品的特点和使用情况，使消费者在了解所宣传的商品的过程中得到一种艺术享受；小说体正文，即用故事形式，加以曲折的故事情节，达到宣传商品的目的；戏剧体正文，即通过对话表演形式进行广告宣传；诗歌体正文，即用诗词或歌唱的形式作为广告正文；等等。

企业究竟选择什么样的广告正文，要依据企业性质、营销目标、商品和媒体特点来决定，而不能随心所欲，任意选择。

3. 广告画面策略

一个好的广告，往往有一个好的广告画面。广告画面策略的运用，关键是要通过画面给人带来美感，鼓励消费者加入购买者队伍。优美的广告画面，不仅具有强烈的经营意图和思想，而且具有色彩配合、画面分割、视觉规律等艺术享受。因此，企业只有根据广告的主题、正文进行广告画面创新，才能达到预期的广告促销效果。

广告画面策略有很多，通常可供选择的有：写实式画面，即用画面或图片真实地再现商品的局部、外观和使用商品时的情形；对比式画面，即通过画面，把革新前后的商品加以对照、比较，使消费者产生不同的感触；夸张式画面，即把广告中所宣传的商品在某一特定部分加以夸大，以较为新奇的手法给人以强烈印象；寓意式画面，即广告画面不直接表现广告主题，而是紧紧同所介绍商品的某种含义紧密相联，用象征性手段加深对这种含义的印象；比喻式画面，即用大家熟知和明白的形象，来比喻说明广告中商品的形象或特长；卡通式画面，即通过广告画面中滑稽有趣的人物，充满人情味的小动物进行说明和表演；黑影式画面，即采用黑白相间的色调，表现人物的形态和动作；悬念式画面，即用非常的画面和奇思，造成观众的惊奇和悬念，使人一心想看究竟；连续式画面，即用连环画的形式，以企业或商品为主体，用故事情节加以串联，构成引人入胜的连环画面；装饰式画面，即通过色彩配合，画面分割来烘托、调节整个广告的气氛，使整个广告更具有一种美感。

五、广告效果的测定与评价

（一）广告效果的测定

广告效果就是广告所投入的人力、物力、财力与广告成果之间的比例关系。

1. 广告效果比率

企业重视广告的反馈信息，测定广告效果，有利于降低广告费用，提高广告效益，更有效地制定广告决策。通常把投入的广告支出与得到的销售量增长收入加以比较，用来衡量广告宣传效率。其计算公式是：

$$广告效果比率（E）=\frac{销售额增长率 \Delta S/S}{广告费用增长率 \Delta A/A}$$

其中：ΔS 为广告宣传之后增加的销售量；

S 为原来的销售量；

ΔA 为增加的广告费用支出；

A 为原来的广告费用。

如果 E 大于1，表示广告效果好；如果 E 小于1，表示广告效果不好。当然，在考虑销售额增长率时，应结合考虑其他影响销量的因素。

2. 传播效果的测定

传播效果的测定包括阅读率、视听率、记忆率等。

阅读率是针对报纸、杂志而言的，它是通过报纸、杂志等印刷品，阅读广告的人数与报纸、杂志发行量的比例。

$$阅读率 = \frac{阅读人数}{发行量} \times 100\%$$

视听率是针对电视机、收音机而言的，它是指通过电视机、收音机来收看收听广告的人数与电视机、收音机社会拥有量之间的比例。

$$视听率 = \frac{收听者、收看者人数}{电视机、收音机拥有量} \times 100\%$$

记忆率是针对广告重点内容的记忆，其主要是美誉度和知名度的测定，其目的是为了掌握各类社会公众对广告印象的深刻程度。

$$记忆率 = \frac{记忆广告的人数}{阅读与视听广告的人数} \times 100\%$$

通过对广告效果的测定和评价，企业就可以了解营销促进计划的执行情况，控制整个广告活动过程。

（二）广告效果的评价

广告效果的评价主要是检查和评估广告宣传目标的达成情况。广告效果评价的主要项目有因广告宣传而引发的消费者对于产品的注意度、知名度、理解度、记忆度和企业产品销售的实际变动情况。

案例赏析

1988年由济南化学总厂液洗分厂研制开发的"小鸭"牌超浓缩洗衣粉走上了中国的洗涤品市场。这种洗衣粉高效低泡、去污特强、增白增艳、不伤纤维，其效用性在中国可谓一流。一位有权威的洗涤专家断言：在不长的时间内，它便会随着消费者的认识而叫响整个中国洗涤市场，甚至有可能会打入国际市场。该产品的生产企业对此也充满着自信，该厂厂长亲自为产品撰写了广告词："小鸭小鸭，走进万家"。

然而，事实并非像人们预料的那样。难道是"小鸭"牌洗衣粉的质量不好的缘故吗？答案是否定的。《市场报》根据国家洗涤用品质量监督检测中心的监督检测结果，于1992年2月25日郑重向全国用户推荐"小鸭"洗衣粉为全部项目达标产品，而蜚声海内外的湖北沙市日化的"活力28"，则因部分项目监测未达标，仅被《市场报》评为用户自选产品。

那么既然"小鸭"牌洗衣粉的质量在全国是一流的，可为什么在市场上迟迟叫不响呢？

原来,"小鸭"牌洗衣粉上市后,曾发生这样一件事,一位济南的消费者在使用"小鸭"牌洗衣粉后曾质问厂家:"你们的洗衣粉为何不起泡沫?"殊不知,高效低泡正是"小鸭"优于国内其他同类产品之处。这件事到底是因为消费者的无知呢?还是产品自身宣传不力呢?据统计,"小鸭"牌浓缩洗衣粉自 1988 年开发研制成功以来,广告费用支出仅 15 万元,而且均在外省市电视台播出,致使众多山东济南的消费者至今不知"小鸭"洗衣粉为何物。反之,"活力 28"却成了泉城人心目中的"白天鹅",在山东济南市场上畅销无阻。

回顾这一切,我们不能不佩服湖北沙市日化的市场理念和广告战略。据《消费时报》1992 年 2 月 7 日报道:当"活力 28"的广告首次在中央电视台播放时,该厂厂长曾拍着胸脯说:"只要我们企业生存一天,'活力 28'的广告就一天不下中央电视台。"在该厂厂长的心目中,广告远不是推销产品的"叫卖",而是一种艺术,是软科学,是不断增值的资产。难怪三年前,美国的一位广告商在中国大陆断言:"'活力 28'的品牌值 3 000 万美元。"反观"小鸭"广告,不能不令人心寒。

看了这个案例后人们不禁会问"产品质量过硬就一定能畅销吗?"其实不然,古有"好酒不怕巷子深"之说,可是在竞争激烈的今天,"好酒也怕巷子深"。一个不懂得充分利用广告宣传策略的企业,其产品注定难有生命力。

学习任务四　鉴赏营业推广策略

案 例 导 入

【看一看】　罗德里格斯是美国伊利诺伊州的一位投资商人,长期投资酒店业却业绩平平。有一次,他旅行来到了位于波士顿与纽约中间的罗德岛。在岛上,他发现了一所已经废弃了的监狱,于是突发奇想,决定买下这所监狱,将它改建成为一家"监狱酒店"。

在改建过程中,罗德里格斯特意将酒店的外观设计保留了原有监狱的特点,内部设计上将各个监舍粉刷一新,铺设了地毯,添置了电视、电话,并放上了舒适的席梦思床垫。每位客人的入住价格为每天 125 美元。同时规定:凡是客人入住酒店登记时必须报上"入狱时间""假释时间"和"因何入狱"等,登记后,每位客人会领到一身黑白相间的囚服和一套囚犯平时使用的餐具。总之,所有的一切都与监狱的一模一样,客人入住可以充分体验"监狱生活",大有"住此一回,终生难忘"的感觉。

酒店开业后,吸引了无数的游客,客房天天爆满。

【想一想】　罗德里格斯此举看上去非常荒唐,可是为什么酒店开业后的生意却十分火爆呢?

【说一说】　罗德里格斯的这一突发奇想,以及酒店随后所产生的"监狱"效应,与他的市场细分、目标市场的选择究竟有没有关系呢?

一、营业推广的概念和特点

营业推广，也称特种推销，是为刺激需求，吸引消费者购买而采取的特种促销手段。

营业推广是一种不经常的、无周期的促销活动，目的是为了促使购买者立即采取购买行动。营业推广是对广告、人员推销的一种补充，它不能取代这两种主要的促销方式。企业一般以广告和人员推销为主要促销方式，单凭营业推广去维持其经营的企业是很少见的。

营业推广具有两个特点：

一是可以很快见到成效。因为营业推广向消费者提供了一个特殊的购买机会，能够吸引广泛的注意，在局部市场上能获得较大收益。

二是这种做法有时会降低商品的身价，使人感到卖主急于出售，而且企业人力、物力、财力耗费较大。

二、营业推广的形式

营业推广的形式很多，大致可以分为三大类：第一类是直接对消费者的，第二类是对中间商的，第三类是对推销员的。

（一）对消费者的营业推广形式

对消费者的营业推广形式，常见的有以下几种：

1. 有奖销售

有奖销售是指对购买特定产品的顾客给予一定的实物奖励。奖励方式可以是一次性的，也可以是多次性的。采用多次性奖励，是为了促使顾客能够连续购买。

2. 赠送样品

赠送样品是指在顾客购买产品以前，免费赠送一部分样品，以此介绍产品的性能、特点、使用方法等，这既可使顾客得到经济实惠，又可刺激顾客购买。

3. 折扣赠券

折扣赠券是指产品推销者事先通过多种方式将赠券发到顾客手中，一般是老顾客，或者是企业要争取的新顾客，持赠券的顾客购买产品时，可以得到一定折扣的优待。

4. 赠品印花

赠品印花是指当顾客购买某一种商品时，企业给予一定张数的印花，凑满若干张可以兑换某些产品。这种形式可以刺激那些有好奇心的顾客购买产品，达到扩大推销的目的。

5. 产品展销

产品展销是指通过展览会、陈列品和当场操作表演等形式来促进产品销售。推销产品的企业可以举办地区或城镇的展览会，也可以把展览会布置在机场、旅馆、商业中心等公共场所，边展出边销售。大型的商品展览会，如家庭设施、汽车等展览，可使消费者了解产品，并对产品产生兴趣，增加销售机会。

6. 消费信贷

消费信贷是通过赊销等方式向顾客摊销产品。采用这种方式，顾客不用支付现金即可购买产品。消费信贷的形式有分期付款、信用卡等。

（二）对中间商的营业推广形式

对中间商的营业推广形式主要有：

1. 购货折扣

购货折扣指中间商购货达到一定数量时给予折扣优待。购货折扣有两种形式，一定现金折扣，即购货达到一定数量时，按计划金额给予一定的折扣。二是实物折扣，即购买一定数量的产品，搭送给一定量的同类产品。这种形式可以刺激中间商进行大批量购买。

2. 合作广告

合作广告生产产品的企业同大批量购买或者长期经销自己产品的中间商合作刊登广告，生产企业负担一定的乃至全部的广告费用。这种形式有利于刺激中间商大批量从某一生产企业进货，或负责经销某一产品。

3. 廉价包装

廉价包装就是在商品包装上或招贴上注明，比通常包装减价若干。廉价包装在批量推销中是一种有效的刺激方法，特别是对于刺激短期销路非常有效。

对中间商的营业推广形式除上述三种外，还有陈列津贴、开办联营商店或专柜、技术或资金支援、代培业务技术人员、订货会等。

（三）对推销人员的鼓励形式

对推销人员的鼓励形式主要有：

1. 红利提成

红利提成有两种做法，一是按销售额提成，一是按获得利润额提成。多销售或多得利润提成的红利就多，少销售或获得利润少提成的红利就少，可以鼓励推销人员大力推销产品。

2. 奖金

对能力高贡献大的推销人员，发给奖金或实物，提供直接的金钱和物质鼓励，使其努力提高销售量。

对推销人员的鼓励形式，除以上两种外，还有提高工资、提供公费疗养和旅游等，这些形式对推销人员努力扩大推销也有很大的吸引力。

三、营业推广方案制订与实施

（一）营业推广方案的制订

1. 鼓励的规模

营销管理人员要选择费用有限效率最高的鼓励办法。如果营业推广办法恰当，有一定的规模就够了，超过这个限度，虽然仍会使营业额上升，但它的效率将会递减。有些大公司会专门设有一位营业推广经理，对本公司各种不同推广办法的效率记录下来，把推广费用与营业额的反应进行联系比较，以求找出费用与效果的关系，这样推广经理就可以比较科学地建议合理的鼓励水平。

2. 参加人的条件

鼓励可以针对任何人，也可以选择某一部分人。例如，只对能送回盒盖或其他证明已买过这个商品的顾客给予奖励。又如，抽彩时不准企业职工家属或某个年龄以下的孩子参加。在选择参加人的条件时，企业可以有意识地限制那些不可能成为长期顾客的人参加。但是，限制参加人也不宜过严，否则会影响新顾客的增加。

3. 推广的途径

销售企业必须研究通过什么途径贯彻促销方案，向目标顾客推广。假设推广形式是一张减价50元的代价券，这种代价券既可以放在包装中，也可以附在广告中，还可以在商店里分发。这几种途径，每一种的普及面和费用都不同。比如，放在包装中的代价券只能达到现有的买主手里，但费用较省；而邮寄则可以送给未买过本品牌产品的顾客，但费用又较高。这就要进行权衡，哪一种途径更有利。

4. 推广期限

如果推广时间过短，不少有希望的潜在买主，也许恰好在这个阶段没有买，就不能得益。如果推广时间过长，会给消费者造成一种印象，以为这不过是一种变相减价，因而失去了吸引力，甚至对这个牌号商品的质量产生疑问。至于每一次推广的期限，则以消费者的平均购买周期为依据来确定较为恰当。

5. 确定推广的总预算

推广总预算可通过两种方式拟定。一种方法是由基层做起，估计销售管理人员在一年中计划举办的各种营业推广的费用。营业推广费用，要包括管理费用（印刷费、邮费和活动费）、鼓励费用（鼓励或减价成本）和在交易中估计售出的商品单位数量成本。在运用代价券时，要估计到只有部分消费者会来兑现。对于附在包装中的奖励，应当计算由此而增加的包装费用。

（二）营业推广方案的实施与评估

在营业推广方案具体运用之前，企业如果有条件，应对营业推广方案进行事先测试，以确定所选择的方案是否合适。同时，企业还必须为营业推广方案的具体实施明确准备时间和实施时间。

对营业推广方案的实施进行评估，是一件十分必要的事情。评估方法通常是在营业推广前、营业推广中和营业推广后的三个时期，将其销售额或市场占有率进行比较。如：某产品在企业采取营业推广之前的市场占有率为9%，营业推广过程中市场占有率上升到12%，营业推广结束后市场占有率立刻降至6%，随后，由于企业配合其他促销手段的运用，市场占有率又逐渐回升到9%。这种实施结果表明：企业的营业推广方案，在实施过程中的确能够吸引相当一部分新消费者购买产品，市场占有率由9%增加到12%，但随后的下降，则又表明了受产品使用周期的影响，消费者还没有必要继续购买尚未使用完的产品。至于最终市场占有率又回升到9%，说明该营业推广方案只是改变了消费者的需求时间，但是并没有实际增加该产品的需求量。

案例赏析

日本手表业可谓世界钟表行业的后起之秀，正是凭借着其卓越的技术优势和独特的营销手段，超越了瑞士，被推上了"钟表王国"的宝座。其中，"'西铁城'高空取胜"的推广方式，更是被营销界传为佳话。

1983年，日本西铁城经销商在澳大利亚贴出一幅空中向某广场投放手表的广告，不到一天就立刻传遍了全城。到了投表的那一天，人们从四面八方蜂拥而至，把广场围得个水泄不通。当人们看到一块块手表从天而降，落地后外表不但完好无损，而且手表精度丝毫不减时，都为西铁城表过硬的质量赞叹不止。

"高空投表，完好无损"迅速广为流传。西铁城手表很快在澳大利亚和国际市场上打开了销路。正如西铁城公司董事长山崎所说"每年只有3秒钟误差的西铁城手表，怎么才能让消费者认识，并产生购买欲望呢，这就取决于经销商高超的推销方式"。

西铁城公司的"高空战术"可称得上是日本商人善于打开市场销路的典范。

学习任务五　品味公共关系策略

案例导入

【看一看】　二十世纪八十年代初，我国天津无线电厂生产的"北京"牌黑白电视机，刚投入市场时销路并不是很好。但是有一年夏天，辽宁省岫岩县一个山村遭受水灾，房屋全部倒塌。大水过后，人们从废墟中扒出了电视机等物品，有人出于好奇，将一台"北京"牌电视机接上电源，却吃惊地发现电视图像仍然清晰、伴音宏亮。此后，《人民日报》以整版篇幅，介绍了"北京"牌电视机质量起飞的纪实，同时报道了这件事。从此，"北京"牌电视机名声大振，畅销全国，成为全国名优家电产品。

【想一想】　为什么一个偶然事件和一篇宣传性新闻报道，能够使名不见经传的"北京"牌电视家喻户晓？

【说一说】　公共关系宣传比企业自我宣传更能产生理想的促销效果吗？为什么？

一、公共关系的概念及作用

（一）公共关系的概念

公共关系，指企业面向社会广大公众的一切宣传联系活动。这里所说的公众，既包括企业现实的和潜在的顾客，也包括企业的竞争者、中间商、金融保险机构、政府有关部门以及新闻机构、科研单位、高等院校等。企业开展公共关系的主要目的在于争取公众对企业的支持，提高企业和产品的社会声誉，为企业创造良好的外部环境，从而有利于企业的不断发展。公共关系不同于人际关系，更不是庸俗的"拉关系"，它是以一个企业为支点的网状社会关系。

公共关系活动不是着眼于企业的急功近利,而是着眼于社会公众对企业的关心,着眼于社会舆论对企业的支持和对潜在买主发挥深远的社会影响。

（二）公共关系的作用

利用公共关系促进销售,是现代企业商品经济关系发展的产物。商品经济的发展,打破了自然经济的束缚,使封闭的小生产转变为开放的社会化大生产,企业与社会公众的关系也因商品经济的发展而频繁和复杂化。特别是在现代商品经济条件下,企业之间的市场竞争不仅表现在商品质量竞争、技术竞争、价格竞争,而且扩展到企业声誉和形象的竞争。企业的声誉和形象作为企业的无形财富,成为重要的竞争手段。企业能否生存和发展,不仅取决于企业的产品是否适应市场需要,而且取决于能否获得社会公众的理解与支持。

处理公众关系,已成为企业经营成功不可缺少的重要因素。运用公共关系促进产品销售,也成为企业家经常采用的营销手段和策略。

二、企业公共关系活动的方式

（一）宣传性公众关系

宣传性公共关系也叫作公共关系宣传,是企业利用出版媒介传播有商业价值的新闻或通过广播、电视和舞台等对企业或商品作有益的声誉宣扬。它与广告的不同之处是公共关系宣传一般是由第三者撰写报道文字,通过报纸、电台等宣传机构进行宣传,企业不付报酬,故又称为免费广告。但公共关系宣传比自己出面宣传更能取得大多数读者的信任,因而有时会产生更理想的促销效果。

为什么公共关系宣传能取得好的促销效果呢？主要是因为：第一,它具有新闻价值。凡是有趣味性的企业信息和产品介绍,有关报纸、杂志等编辑人员都愿意接受,而且最适合用文字宣传。第二,刺激推销人员和中间商。公共关系宣传对于刺激推销人员和中间商的热忱非常有用。第三,可信度高。大多数读者都认为新闻报道比较客观,比卖主自己的广告宣传更加可靠。对于新产品和尚未畅销的老产品,这种可信度十分重要。

（二）服务性公共关系

服务性公共关系是指企业向顾客或公众提供各种服务,以实际行动来获得社会公众的了解和好评,从而提高企业声誉的活动。服务性公共关系包括：

1. 提供可靠性服务。顾客在购买某些产品,特别是高档产品时,常担心商品质量有问题,在采取购买行动时产生犹豫,这时就需要向顾客提供可靠性服务,增强顾客安全感。如武汉洗衣机厂生产的"荷花"牌双缸洗衣机,每台都附有一张质量保险信誉证,其质量在保险公司保了险,如果洗衣机质量有问题,由保险公司负责赔偿；

2. 提供及时性服务。这种服务主要是为公众解决急待解决的问题,使顾客和公众对企业产生极大兴趣和好感。例如1978年12月,意大利航空公司的一架DC-9型客机在地中海坠毁,为了不影响公司业务,需要继续购进一架客机替代。意航立即向美国波音飞机公司订购。在通常情况下,订购这种飞机要一年多的时间才能交货。但波音公司设法为意航提供及时服务,仅隔一个多月,就将飞机送到意航使意航减少了损失。为了回报波音公司，6个月后意航取消了购买道格拉斯公司 DC-10 型飞机的原订计划，而转向波音公司订购九架波音 747 客机，其价值达 5 亿 7 千 5 百万美元；

3. 提供指导性服务。由于大部分消费者对商品的知识是有限的，因此，企业要通过各种方式向消费者介绍产品性能和用途，帮助消费者掌握争取的使用方法，特别是对新产品的机器设备等大型产品更需如此；

4. 提供售后服务。当企业售出的产品出现质量问题时，要能提供维修和退换，这是企业对公众负责到底的一种表现，也是维护企业信誉和争取公众的重要手段。

（三）社会活动性公共关系

社会活动性公共关系是以各种社会交往活动为主，为企业广结良缘，建立广泛的社会关系网络，扩大企业的社会影响力。

公共关系活动可分为两类，一类是围绕本企业所开展的各项活动，如召开各种形式的招待会、座谈会、开业庆典、周年纪念活动等，主动地向社会公众自我介绍，使尽量多的公众知道自己，并借开展这些活动与社会各界建立关系。另一类是围绕企业以外的有关社会组织所开展的各种活动，如赞助文化、教育、体育等各种社会公益事业，以此提高企业知名度。

三、公共关系活动的基本要求

（一）以公众利益为出发点

良好的公共关系，必须从社会公众的利益出发，而不只是为了企业的局部利益。例如，必须坚持文明生产、文明经商、治理公害、消除污染、搞好环境卫生等。在这些方面，不能只有口头宣传，而必须要有实际表现和实际效果。企业只有真正为公众做好事，才会改善或提高社会对企业的观感。

（二）以良好企业行为为基础

良好的公共关系，必须有优良的产品与服务作基础。企业高质量的产品与服务，是企业有信心开展公共关系的物质基础；而企业的良好公共关系，又往往转化为企业的产品声誉和实际销售成果。

（三）以针对性的传播为手段

良好的公共关系，必须坚持对象适应的原则。不同对象应建立的公共关系内容是不同的，企业应区别不同的对象，有针对性地建立与之相适应的公共关系。

（四）以树立企业形象为目的

良好的公共关系，必须坚持信誉原则。"人无信不立，店无信不昌"。信誉是企业最宝贵的无形财产，在公共关系工作中，要特别注意维护企业声誉，提高社会各界对企业的信任感。

四、公共关系在企业营销中的运用

公共关系在企业营销中表现为是一种间接的促销方式，其主要任务是沟通和协调企业与消费者之间的关系，以争取获得消费者的理解、合作和支持，从而实现扩大产品销售的目的。

企业利用公共关系活动开展促销的主要方式有：

（一）利用和创造新闻价值

企业界与新闻界看似不同的行当，但是如果企业在开展产品营销时，能够积极主动地与新闻界取得联系，并借助新闻媒体的传播，一定会进一步扩大企业及其产品的影响和知名度。

企业在营销过程中，除了要及时关注和了解新闻报道和新闻动向外，还要经常性向新闻界主动提供有新闻价值的企业信息，甚至是创造一些对自身产品有利的新闻，以吸引新闻界和消费者的"眼球"，增加新闻宣传的频率。如：生产"永生"钢笔的上海新华笔厂，意外地了解到曾有一位消费者的"永生"钢笔，落井十五年仍然"完好无损"，于是便利用新闻媒体大做文章，这为"永生"钢笔的知名度增色不少。

（二）举办和利用各种会议

在现实生活中，企业经常会举办诸如产品推介会、技术发布或研讨会、庆典会等会议，企业不妨可以利用这些会议来提高企业或产品的知名度，借机扩大产品的销售。如：美国苹果公司就曾利用其举办的大型新产品技术发布会，向广大消费者隆重推出 iPhone 系列手机，使得该产品在全球热卖。

（三）组织和参与社会活动

企业是社会的一员，理应融入社会之中。企业积极参与社会公益活动和其他活动，能够帮助企业提高声望，赢得社会公众的好感和信任。如：2008 年，生产王老吉凉茶的加多宝公司向四川汶川地震灾区捐款 1 亿元，受到社会各界的好评，王老吉也因此名利双收。

（四）建设和弘扬企业文化

众所周知，企业塑造良好形象有利于产品的扩大销售。但是，好的企业形象与企业文化建设是密不可分的。当今的企业越来越重视企业文化建设，在提高员工素质、美化企业环境、凝练企业精神、彰显企业特色等方面想尽了办法，做足了文章。

一些知名的企业在其宣传口号或产品广告语中就明显反映了它独特的企业文化和价值观。如：四川长虹电器集团"以产业报国、民族昌盛为己任"的口号，就反映了其民族产业的企业文化而为广大消费者所熟知。

案例赏析

二十世纪八十年代初，南京热水器总厂成功推出了我国第一台燃气热水器，取名为"玉环"牌热水器。产品推出后，因其先进的技术和过硬的质量行销全国各地。

然而，一次突发事件，几乎让"玉环"牌热水器遭受"灭顶之灾"。

1985 年年底，南京某高校一名外籍教师在使用"玉环"牌热水器时不幸中毒身亡。时隔不久，四川成都和甘肃兰州传来消息，又有两位用户在使用该热水器时死亡。接二连三地发生因使用"玉环"牌热水器导致用户中毒身亡的事故，立刻使该厂成了众矢之的，国家有关部门发出紧急通知，要求南京热水器总厂立即停产整顿，全国十多家新闻媒体相继公开指名批评南京热水器总厂。一时间，工厂四面楚歌，声誉一落千丈，用户纷纷提出退货要求，致使数万台产品严重积压，直接或间接的经济损失无法估量。

面对突如其来的遭遇和压力，南京热水器总厂的领导们没有因此而一蹶不振，他们坚信自己的产品是安全可靠的，当务之急是必须弄清楚事故的真相，然后在消费者中消除不良影响。

一个月过后，在国家和省市有关部门的直接参与下，事故调查结果终于出炉了：事故不是因为产品质量造成的，而是由于消费者使用不当所导致的。事故调查结论为企业洗清了冤屈，但是，接下来该怎么办？厂领导经过研究后决定采取"加强宣传，引导消费，合理改进，提高质量"等策略。

首先，在全国许多省会城市举行新闻发布会，向新闻界说明事件真相，分析事故原因，并不失时机地借机宣传使用热水器的注意事项。

其次，把库存积压的产品分发给每一个工厂员工，让员工们使用。厂领导认为，员工是最好的活广告，他们的使用体会更有说服力。果然，在员工们使用和传播下，其亲朋好友纷纷通过关系上门求购，产品的销售开始有了转机。

第三，他们将现有库存产品的包装箱全部打开，在产品外壳的显眼位置贴上"为了您的安全，请安装在浴室外空气流通的地方，以防一氧化碳中毒"的醒目告示。同时，还组织一支庞大的技术人员队伍，分赴全国各地，对用户进行上门维修和检测。

通过以上的公关宣传活动，南京热水器总厂重新赢得了广大消费者的信任，"玉环"牌热水器也就此起死回生。

市场环境是错综复杂的，企业在市场经营中难免会"遭遇不测"。当企业面临突发事件时，企业可以借助公共关系宣传活动这个"魔杖"，帮助企业顺利渡过"难关"，重获新生。

工作任务七　设计产品促销方案

【任务要求】
1. 运用广告宣传策略，设计一份"××公司广告策划方案"。
2. 运用人员推销等策略，设计一份"××产品人员推销方案"。

【情景设计】　临近毕业，你开始寻找就业单位。有一天，你从人才招聘信息上看见了一则招聘企业业务人员的信息。于是，你怀揣着个人简历跨进了这家以生产食品为主的公司准备应聘。该公司新近刚推出一种儿童膨化食品急于投放市场，准备在本地媒体上进行广告宣传。公司人力资源部主管看到你学过《市场营销》，于是作为面试题，要求你为公司设计一份广告策划方案。

几天后，你又来到了另一家商贸公司应聘推销员职位，公司人事部经理在办公桌上随手拿起一件物品，要求你为公司设计一份人员推销方案。

【任务实施】　将学生分成两组，分别模拟两个不同公司的不同人员，其中：一组同学由组长扮演某食品有限公司经理，要求你作为公司营销策略人员，为公司设计一份广告策划方案；另一组同学提前准备好若干商品（如女生准备好化妆品、男生准备好智能手机或其他电子产品），由组长扮演公司人事经理，随机在众多的商品中选择其中之一，请你结合具体产品，设计一份人员推销方案。

【任务实施应具备的知识】
1. 促销组合的基本方式及其策略运用；

2. 广告宣传的内涵及其构成要素；
3. 广告宣传媒体的选择及其设计；
4. 人员推销的步骤与技巧；
5. 人员推销的基本方式和方法；
6. 营业推广的主要形式。

【任务完成后达成的能力】
1. 能正确选择广告媒体；
2. 会进行简单的广告文稿设计；
3. 能够利用所学知识，开展产品推销宣传活动。

【任务完成后呈现的结果】
1. 分组以营销团队为单位，提交一份广告策划方案，字数不低于4 000字。
2. 以个人为单位，提交一份人员推销方案，字数不低于3 000字。

知识宝典

【信息沟通】 信息沟通是指信息由发送人传递到接收人的过程。具体地说，它是人与人之间思想、感情、观念、态度的交流过程，是情报相互交换的过程。准确理解信息沟通的含义，必须注意以下几点：（1）信息沟通首先是信息的传递，如果信息没有被传递，信息沟通就没有发生。（2）成功的信息沟通，不仅需要信息被传递，还要被理解。（3）信息沟通的主体是人，即信息沟通主要发生在人与人之间。（4）管理过程中各种信息沟通相互关联、交错。

【商流】 商流是指物品在流通中发生形态变化的过程，即由货币形态转化为商品形态，以及由商品形态转化为货币形态的过程。随着买卖关系的不断发生，物品的所有权也随之发生了转移。

【物流】 物流是指利用现代信息技术和设备，将物品从供应地向接收地准确、及时、安全地进行转移的服务模式和流程。物流，也通常是指货物在时间和空间上的转移。

【市场占有率】 市场占有率又称为市场份额，是指一个企业的销售量（或销售额）在市场同类产品中所占的比重。它反映了一个企业对市场的实际控制能力。

【受众】 受众是指接受广告的公众，也就是广告的对象。在传播学中，受众是指一切大众传媒的接受对象，比如电视的观众、广播的听众、报纸的读者，是信息传播的终端或次终端。

【公益性广告】 公益性广告是指不以盈利为目的，而是企业或社会团体通过向消费者阐明它对社会的功能和责任，表明自己价值追求的广告，它具有社会的效益性、主题的现实性和表现的号召性三大特点。企业参与公益广告可以借此提高企业的形象，向社会展示企业的理念。

【知名度】 知名度是表示一个企业或经济组织被公众知道、了解的程度，即是评价名气大小的客观尺度。它实质上反映了企业社会影响的广度和深度。

【美誉度】 美誉度是指一个企业或经济组织获得公众信任、好感、接纳和欢迎的程度，这是评价该企业或组织声誉好坏的社会指标，它侧重于从"质"的角度进行评价，即公众对于企业或组织的信任和赞美程度。美誉度不等于知名度。

单元综合练习

一、填空题

1. 促销的主要任务就是将（　　　　）和（　　　　）的信息传递给顾客，以达到扩大销售，增加效益的目的。

2. 现代营销促销的方式包括（　　　　）和（　　　　）两大类，具体分为（　　　　）、（　　　　）、（　　　　）和（　　　　）四种方式。

3. 人员推销的特点是（　　　　）、（　　　　）、（　　　　）、（　　　　）。

4. 人员推销的主要任务有：（　　　　）、（　　　　）、（　　　　）、（　　　　）、（　　　　）。

5. 人员推销的组织形式，一般来说有（　　　　）结构式、（　　　　）结构式、（　　　　）结构式、（　　　　）结构式。

6. 推销人员培训的内容主要有：（　　　　）、（　　　　）、（　　　　）、（　　　　）。

7. 常用的人员推销策略有（　　　　）策略、（　　　　）策略和（　　　　）策略三种。

8. 广告宣传的特点是（　　　　）、（　　　　）和（　　　　）。

9. 广告宣传的基本原则有（　　　　）、（　　　　）、（　　　　）、（　　　　）。

10. 广告宣传的内容至少包括（　　　　）、（　　　　）、（　　　　）、（　　　　）、（　　　　）、（　　　　）。

11. 广告设计的要求是：（　　　　）和（　　　　）。

12. 广告宣传策略主要有（　　　　）、（　　　　）、（　　　　）、（　　　　）。

13. 公共关系促销的特点是（　　　　）、（　　　　）、（　　　　）、（　　　　）。

14. 企业开展公共关系，应遵循的行为准则有（　　　　）、（　　　　）、（　　　　）、（　　　　）。

15. 营业推广的形式主要包括（　　　　）、（　　　　）、（　　　　）、（　　　　）、（　　　　）、（　　　　）。

二、判断题（对的画√，错的画×）

1. 现代促销被认为是一种单项传递信息的沟通活动。（　　）
2. 在现代市场营销中，物流是商流和信息流的前导。（　　）
3. 需求是有弹性的，既可以扩大，也可以缩小，既可以诱发，也可以压抑。（　　）
4. 在激烈竞争的市场中，企业的生存与发展越来越不需要自身的经营特色。（　　）
5. 追求稳定的市场份额是企业营销的重要目标之一。（　　）
6. 广告宣传是商品经济的产物，是随着商品生产的发展而逐渐发展起来的。（　　）
7. 公共关系的核心是通过各种活动，使消费者注意、喜欢本企业的商品，起到立竿见影的作用。（　　）

8. 营业推广的具体形式中不包括鼓励推销人员方面的内容。　　　　　　　　（　　）
9. 人员推销活动是采取间接的促销方式，而非人员推销则采取主动的直接的促销方式。　　　　　　　　　　　　　　　　　　　　　　　　　　　　　　　（　　）
10. 一般来说，高技术的工业品偏向人员促销。　　　　　　　　　　　　　（　　）
11. 消费品市场买主多而分散，主要用广告宣传和营业推广来吸引顾客。　（　　）
12. 一般来说，人员推销的费用较高，广告宣传次之，公共关系花费较小，营业推广的费用最少。　　　　　　　　　　　　　　　　　　　　　　　　　　　（　　）
13. 人员推销过程是从选择目标顾客开始的。　　　　　　　　　　　　　　（　　）
14. 推销人员的工作任务就是挨家挨户地推销企业的现有商品和接受用户的订货要求。　　　　　　　　　　　　　　　　　　　　　　　　　　　　　　　　　（　　）
15. 企业所需要的营销信息，很大一部分源于顾客。　　　　　　　　　　　（　　）
16. 人员推销组织形式中的商品结构式，适宜于顾客的类别复杂而分散的企业。
　　　　　　　　　　　　　　　　　　　　　　　　　　　　　　　　　　（　　）
17. 推销人员为顾客提供的服务主要是推销服务，即利用自己所掌握的商品知识，为顾客排忧解难。　　　　　　　　　　　　　　　　　　　　　　　　　　　（　　）
18. 从气质上来说，推销人员最好是多血质人才，或介于多血质与粘液质之间的气质类型人才。　　　　　　　　　　　　　　　　　　　　　　　　　　　　　（　　）
19. 培训推销员，首先要设计良好的培训内容。　　　　　　　　　　　　　（　　）
20. 人员推销策略中的刺激—反应策略，对于推销日用工业品效果较好。　（　　）
21. 广告传递信息的目的是刺激需求，促成购买。　　　　　　　　　　　　（　　）
22. 市场的地理范围关系到媒体的选择。　　　　　　　　　　　　　　　　（　　）
23. 广告媒体的影响力应到达目标市场的每一角落，但越出目标市场则造成浪费。
　　　　　　　　　　　　　　　　　　　　　　　　　　　　　　　　　　（　　）
24. 广告媒体选择策略中的动态策略的特点是：无一定媒体选择，完全根据需要来确定下一步媒体选择方案。　　　　　　　　　　　　　　　　　　　　　　（　　）
25. 广告就是商品说明书。　　　　　　　　　　　　　　　　　　　　　　（　　）
26. 广告画面创新的关键是通过画面给人一种强烈的刺激效果。　　　　　（　　）
27. 广告效果就是广告所投入的人力、物力、财力与广告的社会成果之间的比例关系。　　　　　　　　　　　　　　　　　　　　　　　　　　　　　　　　　（　　）
28. 从一定意义上说，公共关系是市场营销中的"软件"。　　　　　　　　（　　）
29. 公共关系很难把一个立体的企业形象完整地呈现在公众面前。　　　　（　　）
30. 一个企业周围的公众，主要包括顾客和用户。　　　　　　　　　　　　（　　）
31. 只有信用作保证，商品购销运存的运行才能有序而连续不断。　　　　（　　）
32. 营业推广的形式较多，若选择和运用不当，求售过急，可能会贬低商品，有损形象，导致不良的促销结果。　　　　　　　　　　　　　　　　　　　　　　（　　）
33. 营业推广的对象主要是那些"习惯型"顾客和价格敏感度低的消费者。（　　）

三、辨析题（判断正误，并说明理由）
1. 促销活动的实质是一种沟通、激励活动。　　　　　　　　　　　　　　（　　）
2. 有效的促销活动在于能够诱导和激发需求，却无法创造需求。　　　　（　　）

3. 促销组合实质上是综合运用四种促销方式,使之成为一个整体,发挥其整体功能。（   ）
4. 酒香不怕巷子深。（   ）
5. 企业的经营管理人员都可以从事商品推销工作。（   ）
6. 人员推销的效果如何,关键在于企业产品质量的优劣。（   ）
7. 广告的生命在于效益。（   ）
8. 企业市场营销的成功,仅仅靠自身是不够的。（   ）

四、选择题（选择正确的答案填在括号内）

1. 既传统又现代的促销方式是（   ）。
   A. 人员促销　　B. 广告宣传　　C. 公共关系　　D. 营业推广
2. 在商品市场寿命周期中的饱和期,企业促销的目标是（   ）。
   A. 让消费者认识和了解商品
   B. 进一步引起消费者的购买兴趣
   C. 巩固老主顾,增加消费者对商品的信任感,保持市场占有率
   D. 使一些老用户继续信任本企业的商品,坚持继续购买
3. 一般来说,向小规模本地市场促销,应以（   ）。
   A. 广告宣传为主　　　　　　B. 营业推广为主
   C. 公共关系为主　　　　　　D. 人员推销为主
4. 促销形式中,具有完整性特点的是（   ）。
   A. 人员推销　　B. 广告宣传　　C. 公共关系　　D. 营业推广
5. 适合于类似性较大的商品和市场的人员推销组织形式是（   ）。
   A. 区域结构式　　　　　　　B. 商品结构式
   C. 顾客结构式　　　　　　　D. 复式结构式
6. 各种心理活动和外部动作缓慢而又柔弱的气质类型是（   ）。
   A. 胆汁质　　B. 多血质　　C. 粘液质　　D. 抑郁质
7. 效果较好,但成本较高,效率不高的广告媒体选择策略是（   ）。
   A. 无差别策略　　　　　　　B. 差别策略
   C. 动态策略　　　　　　　　D. 静态策略
8. 信誉是企业的（   ）。
   A. 效益　　B. 效果　　C. 命脉　　D. 命运
9. 广告的主要部分和精髓是（   ）。
   A. 广告标题　　B. 广告正文　　C. 广告西面　　D. 广告音响
10. 在广告效果比率计算公式中,若 E 大于1,表示广告效果（   ）。
    A. 好　　B. 一般　　C. 很好　　D. 差
11. 随着市场竞争的进一步加剧,常常会出现这样的情形:数家企业同时向市场提供规格、型号完全一致,质量、特性也基本相同的商品,当其他各种因素相互抵消以后,决定人们购买倾向的往往是（   ）。
    A. 企业实力　　　　　　　　B. 企业财力
    C. 企业知名度　　　　　　　D. 企业形象

12. 企业运用公共关系特有的技术活动，推动社会公众为实现企业公共关系目标的有效程度，叫作公共关系工作的（　　）。
   A. 社会主义原则　　　　　　　　B. 信用原则
   C. 弹性原则　　　　　　　　　　D. 多形式调节原则
13. 在企业促销方式中，不给人以"王婆卖瓜，自卖自夸"之感的是（　　）。
   A. 人员推销　　B. 广告宣传　　C. 公共关系　　D. 营业推广

五、简答题

1. 各种促销方式的优缺点有哪些？
2. 选择促销策略应考虑哪些因素？
3. 联系实际，谈谈推销人员应具备的素质。
4. 简述人员推销产品的具体方法。
5. 企业应如何选择广告媒体？
6. 企业公共关系促销的途径有哪些？
7. 企业进行营业推广时应考虑的因素是什么？

六、案例分析题（运用所学知识，进行分析）

【案例】　山西省浑源县酒厂生产的"恒山老白干"，驰名神州大地。该酒厂年实现利润超500万元。1992年推出的"恒酒"，荣获国家星火计划奖。该厂经销产品最明显的策略之一就是广告促销。有一次，该酒厂的厂长在去成都参加全国糖酒展销会的路上，对记者说："明年我准备拿出100万元做广告。"事情的缘由是这样的，早在1972年，这个厂生产的"恒山老白干"就被评为山西地方白酒第一名。1984年，又被评为省优质产品，当年，年销售白酒2 000吨，实现利税200万元。这时，在别的酒厂大做广告的时候，他们却大骂这是"王婆卖瓜，自卖自夸"，脸上为人家发烧。过年的对联上也写着"酒好不怕巷子深，只要喝过就登门"，自我陶醉，画地为牢，产品只能在雁北、内蒙古和张家口一带销售。面对激烈的市场竞争，有着得天独厚的泉水和上千年酿酒技术的浑源酒厂，却显得软弱无力。地方想采取点保护主义，但市场经济的洪流，摧毁了一切阻碍商品流通的篱笆。怎么办？该厂一改旧观念，1990年派了两名职工到中国管理学院广告研究所学习。厂长更是走南闯北，国内有啥展销会、新闻发布会都尽量参加，宣传自己的产品。1991年花了广告费2万元，销售白酒4千吨，实现利税331万元。曾经反对做广告的职工也称赞说："看来，花这样的钱值得！"

该厂以拳头产品打开市场大门以后，没有满足于传统工艺，又投资40万元，引进新技术和新工艺，使原酒入库合格率达98%，产品合格率达100%。1992年推出的"恒酒"获奖后，为了吆喝出去，花广告费35万元，销售白酒8 900吨，实现税利700万元。外省许多用户听到广告，抱着试试看的心理，品尝了这个厂的传统酒，都高兴地说："要喝酒浑源州，古人的传言没有错！"

思考分析：

1. 浑源县酒厂采取了什么样的促销策略？你对此有何看法？
2. 广告在企业营销中的地位和作用是什么？

第八单元

规划未来 未雨绸缪

学习目标

【知识目标】
1. 了解营销战略的概念与特点；
2. 熟知战略规划过程及发展战略的内容；
3. 掌握营销规划中的SWOT分析方法。

【能力目标】
1. 能准确运用波士顿法对业务活动进行评价与选择；
2. 能正确选择竞争战略，进行一般性规划的制定；
3. 能独立分析营销活动成败的原因。

学习任务提要

★ 企业营销战略
★ 营销战略分析
★ 企业营销竞争战略

工作任务提要

★ 正确运用SWOT分析法，制定个人职业生涯规划。

建议教学时数

★ 6学时

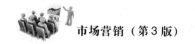

学习任务一　谋划企业营销战略

 案 例 导 入

【看一看】　2003年10月17日,天津开发区《滨海时报》上登出一则消息:"摩托罗拉天津电子有限公司拟向中芯国际(SMIC)出售及转让该公司位于天津西青经济开发区的MOS17芯片厂的资产及相关业务。"这则消息从官方角度正式宣布摩托罗拉将出售其在华投资巨大、被公司和政府寄予厚望的半导体芯片厂。

摩托罗拉芯片厂曾经号称中国首家也是最大的芯片厂。该项目于1995年立项,随后选择在天津西青经济开发区落脚。由于半导体行业的周期性不景气和事业部决策层对投资的信心不足,西青厂的建设项目直到2000年8月才正式进入设备试运行阶段。起初,西青芯片厂的试生产相当顺利,第一批产品于2001年5月15日下线,良品率为82%,这在当时,是一个相当不错的成绩。经过技术人员和管理层的不断努力,5个月后良品率达到98.5%,创下了摩托罗拉有史以来的新纪录。然而,随着2000年年底,整个全球半导体市场的大滑坡,彻底暴露出西青芯片厂完全依靠吃国外订单的致命弱点,从2001年年底到2003年,月产量始终在500片以下,相当于当初设计产能的10%。芯片制造业是一个高投入、高产出的行业。当初,西青半导体厂的合计投资达19亿美元,其中西青芯片厂MOS17的投资为14亿美元,设计月产8英寸硅片2.5万片,主要产品用于无线通信、汽车电子、信息家电等。过低的产量加之不菲的固定成本,导致了企业产品的单位成本远高于同类企业。这不能不说是一个投资和经营上的巨大失败。因此,为形势所逼进行资产转让自然成为顺理成章的事了。

【想一想】　为什么作为一个具有人才优势、政策优势、品牌优势的跨国公司,会遭到如此重大的挫折呢?

【说一说】　你认为该公司的问题与哪些因素有关联呢?

一、企业战略的基本知识

(一) 企业战略与营销战略

"战略"一词最早用于军事领域,其意思是军事方面事关全局的重大部署与谋略。现在,战略已成为一般用语,广泛应用于经济、经营管理、市场营销等领域。

企业战略是指企业为了谋求生存和发展而做出的经营领域事关全局性、长期性、方向性和外部性的重大决定和计划方案。

企业战略关系到为实现企业目标所规定的业务范围内进行企业内部的资源配置,企业战略有助于控制企业的相关部门,如研发部门、生产部门、营销部门、财务部门等,并促使它们通力协作,在保证这些部门的目标与企业目标相一致的基础上,确保它们都围着这同一目标运转。

随着企业战略管理的影响扩大，市场营销理论中提出了企业战略性营销思想，并明确其为制定战术性的市场营销组合的基础条件。企业营销战略，是从总体上对市场营销活动进行规划、指导和约束，是企业生存和发展的根本保证，有利于提高企业资源的有效利用，增强企业营销活动及其他经营活动的科学性、稳定性。

规划未来，确立发展目标是战略计划的核心。目标的确定必须建立在内外部环境分析的基础上，使发展目标与内部条件优势及外部环境的机会相平衡，使企业目标与市场机会相匹配，使企业能力与外部环境的需要相适应。

战略计划具有长期性，不可能一步到位，必须根据战略计划期任务的大小、涉及的范围、任务的繁简划分成若干个发展阶段，并使它们环环相扣、实现企业发展目标。发展重点是为了发挥企业优势、克敌制胜而选择的主攻方向。资源调配是指为实现发展目标而采取的主要对策，是实现发展目标的物质条件。

企业营销战略必须反映企业的目标，并与企业内其他方面的战略保持一致。也就是说，企业营销战略的制定必须参照企业目标，以保证一致性、连贯性和相关性。在一个以营销观念为导向的企业内，顾客需求和竞争力的保持，是决定企业战略方向和优先业务需要考虑的重要因素。企业营销战略在很大程度上影响着企业战略。

（二）企业战略的层次

在一些较大规模的企业，企业战略通常划分为三个层次，即企业层次、部门层次、职能层次。企业总部负责设计整个企业的战略计划，确定每个部门在公司中的地位，决定给每个部门分配多少资源以及要开展哪些新业务或取消哪些旧业务。每个部门也要制订部门层次的计划，将企业给予的资源分配给各个业务。各职能部门则要制定职能战略支持企业层和部门战略的实施。

1. 企业层战略

企业层战略是企业最高层次的战略。根据公司使命，企业战略确定企业的发展方向和途径，其主要任务是回答"我们应该做什么业务"以及"我们怎么样去管理这些业务"。

2. 部门战略

部门战略又称事业战略或分公司战略。在企业层战略指导下，各个战略事业单位制定部门战略，是公司战略之下的子战略。它主要强调经营范围和资源配置问题，研究产品和服务在市场上的竞争问题。从企业外部来看，其目的主要是建立一定的竞争优势。从企业内部来看，其目的主要是统筹安排和协调企业内部各种生产、财务、研发、营销等业务活动。

3. 职能层战略

职能层战略是为贯彻企业层战略与部门战略而在企业特定的职能管理领域制定的战略。职能战略一般可分为营销战略、人事战略、财务战略、生产战略、研究与开发战略、公关战略等。与企业战略和部门战略相比较，职能战略更为详细、具体，且可操作性强。实际上，职能战略是企业层战略、部门战略与实际达成预期战略目标之间的一座桥梁。

（三）企业战略类型

一个典型的企业战略是对企业全局的长远性的谋划，由最高管理层负责制定和组织实施。按照企业战略期限内的资源分配和业务拓展方向，可将企业战略分为稳定型战略、增长型战略、紧缩型战略、混合型战略四种。

美国管理学者格鲁克在对358位企业经理15年中的战略选择进行深入研究之后发现，上述四种战略形态被使用的频率分别为：稳定型9.4%，增长型54.4%，紧缩型7.5%，混合型28.7%。

1. 稳定型战略

稳定型战略是指在内外环境的约束下，企业准备在战略规划期使企业的资源分配和经营状况基本保持在目前状态和水平上的战略。按照稳定型战略，企业的经营方向、经营的产品、面向的市场领域、产销规模和市场地位等都大致不变或以较小的幅度变化。

从企业经营风险的角度来说，稳定型战略的风险是相对较小的，对于那些处于上升趋势行业中的企业和在变化不大的环境中活动的企业会很有效。

2. 增长型战略

增长型战略又称发展型战略或扩张型战略，是采用最广泛的企业战略。它是以发展作为企业的核心内容，引导企业不断开发新产品、开拓新市场，采用新的生产方式和管理方式，以便扩大企业的产销规模，提高竞争地位，增强企业的竞争实力。

实施增长型战略的企业不一定比整个经济增速快，但往往比产品所在市场同类企业增长得快，且往往会取得超过社会平均利润率的利润水平。因此，任何一个想取得成功的企业，都会在一定时期内采取增长型战略，因为只有实施增长型战略才能不断地扩大企业的规模，使企业不断成长，最终从名不见经传的小企业发展成为实力雄厚的知名企业。

3. 紧缩型战略

紧缩型战略指在外部环境对企业不利（如经济衰退、萧条期间）或者企业面临严重的困难（如财务危机）时所不得不采取的从目前的战略经营领域收缩和撤退，且偏离战略起点较大的一种经营战略。实施紧缩型战略的目的是渡过危机，等待时机东山再起。因此，企业采取紧缩型战略只是暂时的、短期的。

4. 混合型战略

混合型战略是稳定型战略、增长型战略和紧缩型战略的组合，事实上，许多有一定规模的企业实行的并不只是一种战略，从长期来看是多种战略的结合使用。

从采用情况来看，一般是较大型的企业采用混合型战略较多，因为大型企业相对来说拥有较多的战略业务单位，这些业务单位很可能分布在完全不同的行业和产业群中，他们所面临的外界环境，所需要的资源条件完全不相同，因而若对所有的战略业务单位都采用统一的战略态势的话，就有可能导致由于战略与具体的战略业务单位不相一致而导致企业的总体效益受到伤害。所以，可以说混合型战略是大型企业在特定的历史阶段的必然选择。

二、影响企业营销战略的因素

（一）组织目标和资源

企业战略需要由整个企业努力实现的目标来指引。一些企业可能有非常远大的发展规划，而某些企业可能满足于相当稳定的增长，甚至不增长，而把巩固阵地作为目标。不同的目标选择意味着不同的战略决策。

资源不仅仅是资金方面的，也包括技术和技能，换句话说，它包括组织的任何一个能增加价值、具有竞争力的区域。

(二) 对变化和风险的态度

企业对变化和风险的态度，通常取决于高层管理的方法。承担风险的能力因人而异，因管理队伍而异。小型业务的管理者，可能不愿意进行高风险的项目，认为公司规模小，资源缺乏，因此项目很容易失败。稍大的公司可能有能力承受各种损失，会认为值得冒一下风险。

(三) 企业对外部环境的依赖性

企业总是生存在一个受到股东、竞争者、客户、政府、行业协会和社会的影响之中。企业对这些环境力量中的一个或多个因素的依赖程度也影响着企业战略管理的过程。对环境的较高的依赖程度通常会减少企业在其战略选择过程中的灵活性。

(四) 企业文化和内部权势关系

任何企业都存在着或强或弱的文化。企业文化和战略态势的选择是一个动态平衡，相互影响的过程。企业在选择战略态势时不可避免地要受到企业文化的影响。企业未来战略的选择只有充分考虑到与目前的企业文化和未来预期的企业文化相互包容和相互促进的情况下才能被成功地实施。另一方面，企业中总存在着一些非正式的组织。由于种种原因，某些组织成员会支持某些战略，反对另一些战略。这些成员的看法有时甚至能够影响战略的选择，因此在现实的企业中，战略态势的决策或多或少都会打上这些力量的烙印。

(五) 竞争者的反应

在战略态势的选择中，还必须分析和预测竞争对手对本企业不同战略方案的反应，企业必须对竞争对手的反击能力做出恰当的估计。在寡头垄断的市场结构中，或者市场上存在着一个极为强大的竞争者时，竞争者反应对战略选择的影响更为重要。

三、企业战略规划过程

战略规划是一个过程，是在组织目标、资源和各种环境机会之间建立与保持一种可行的适应性的管理过程。

企业的战略计划就是企业在开放的动态市场中，跟踪并鉴别市场机会与环境威胁，审视自身的优势和弱点，确定企业发展目标、发展阶段、发展重点及资源调配等重大问题，将企业资源最为有效地配置到各种产品和市场中去，以实现企业的目标。

(一) 明确企业的使命

明确企业使命，即明确企业在中长期内将要做些什么。具体地说，就是明确以下问题：企业是干什么的？顾客是谁？企业的业务将是什么？企业的业务应该是什么？这些问题看似简单，但实质上却十分复杂且非常重要。因为它们关系到企业较长一段时期的发展。

1. 企业使命形成的关键性要素

（1）企业过去的经营特色。企业的经营特色就是有别于其他企业的市场定位，明确企业使命时必须尊重企业自身历史上卓著的特征。现实中，一些企业为了应对竞争草率地改变战略方向，改变企业的任务，结果因为忽视了自身特色，丢掉了老市场，也未能占领新市场。

（2）企业的所有者和管理者的价值取向或偏好。任何一个企业的高层管理人员都有他们自己的目标和信念，这些目标和观念影响着企业任务的制定。

（3）环境因素。环境因素影响着组织的使命，组织的存在是为了在一个较大的环境中完成某些事。组织的特定使命在开始时通常比较明确，但一旦环境发生改变，原有的任务可能就失去了意义，为此，企业必须重新规定自身的任务。

（4）企业资源情况。企业资源是实现目标的物质基础，因此，它制约着企业使命的执行。如果一个企业的资源决定企业只能成为一个二流企业，而决策层却提出要成为世界最大的企业，显然是不自量力的。

（5）企业的核心优势。企业使命的确立应建立在其独有的优势资源上。也就是说，企业规定自己的任务时应扬长避短，发挥自身的优势。

2. 编制使命说明书

在确立了公司的使命后，要制定正式的使命说明书。一份有效的使命说明书将向公司的每一个成员明确地阐明有关机会、发展方向、发展重点和成就等方面的内容。

公司的使命说明书像一只无形的手，引导着广大而又分散的职工一致地朝着同一个方向，为实现公司目标而工作。

一个有效的使命说明书应具有以下特点：

（1）明确组织经营的业务范围。企业业务范围可以从三个方面加以确定：所要服务的顾客群、所要满足的顾客需要、用以满足这些需要的资源。在确定业务范围时还必须以市场为导向，按目标顾客的需要来规定和表述企业任务。

（2）具有号召性。企业使命说明书要能够激起员工的工作激情。让员工喜欢他们的工作，觉得工作是有意义的，不但能够给自己带来幸福和快乐，而且能够为人们的生活做出贡献。

（3）体现公司的重大政策。政策规定员工在对待顾客、供应商、分销商、竞争者以及广大公众的立场、观点、态度和行事准则，以便于公司在重大问题上采取一致行动。

（4）保持一定的稳定性。企业的任务一旦确定，就成为未来一段时间里企业的力量源泉和活动中心，一般应保持相对稳定性。但当这一使命已经失去意义，或者不再是公司的最佳任务时，公司的使命说明书就需改写。

（二）规定企业目标

企业的任务确定后，还要把任务具体化为一系列管理层次的目标。最常见的目标有赢利、销售成长、市场占有率提高、风险分散以及产品创新等。

企业目标应该符合以下要求：

1. 层次性

一家公司往往追求多种目标，但在一定时期，企业的资源是有限的，目标必须按轻重缓急进行排列，以确保重要目标的实现。

2. 可量化

在可能的条件下，目标应该用数量来表示，这样能促进经营管理计划的制订、执行和控制。

3. 可操作性

目标水平的确定应建立在分析市场机会和企业内部资源约束条件的基础上，而不是靠主观愿望，这样目标水平实现的可能性才最大。

4. 协调性

公司总目标与各层次之间的目标应协调一致。有些企业的管理者提出的目标往往是相互矛盾的，这样的目标将会失去指导意义。

（三）制订企业现有业务投资组合计划

企业发展的过程中，会开展不同的产品业务，各个产品业务的增长机会各不相同，制订企业业务经营计划，就是在企业资源的约束条件下，对现有产品业务进行分析、评价、实行分类管理，以确认现有业务中哪些应当发展，哪些应当维持，哪些应当缩减或者哪些应当淘汰，由此做出科学的投资组合计划。

对现有业务进行评价和选择的方法很多。主要有：产品组合分析—波士顿矩阵法、市场吸引力模型——通用电气公司法、谢尔决策指导模型等。

1. 产品组合分析—波士顿矩阵法（BCG 法）

波士顿矩阵法，也被称为波士顿咨询集团模型，该模型是波士顿咨询集团发明的"市场增长率—相对市场份额模型"，如图 8-1 所示。

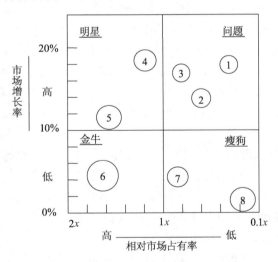

图 8-1 波士顿"增长—份额"矩阵

（1）前提假设。波士顿咨询集团模型有四个主要的前提假设：市场份额变大，有赖于增加有效投资，尤其是营销投资；市场份额变大，可以产生多余的现金，这是规模经济和学习曲线的结果；当产品处于生命周期中的成熟期时，现金盈余更有可能产生；一个市场的增长期，是建立强有力地位的最好机会。

（2）模型说明。该法运用"增长—份额"矩阵，分类评价企业现有业务单位，并由此进行战略投资分配。

① 横轴表示战略业务单位的相对市场占有率，即本单位市场占有率与最大竞争者市场占有率之比。比如，相对市场份额如果是0.2，就意味着该产品只取得了市场最大竞争者20%的销售量，处于较弱的竞争地位；同理，相对市场份额如果是2，意味着该产品有2倍于它的最大竞争者的市场份额；相对市场份额如果是1，意味着该产品与它的最大竞争者有差不多相同的份额，因而该公司与竞争者处于并列的领导地位。

② 纵轴表示市场增长率，即销售额的增长率。市场的增长反映了不同市场中的机会和乐观形势。它也暗示可能的竞争气氛，因为在高增长市场中有足够的扩展空间，所有竞争者都可以赢利。而在低增长市场，竞争会更加激烈，因为只有从竞争对手那里夺走份额，才能实现增长。该模型假定的是零（或负增长）到20%之间的增长率。如果关系到个别行业的话，可以进行一些细微的调整来如实反映市场的状况。

③ 图中的每一个圆代表一个战略业务单位，其面积大小代表不同的业务单位的销售额大小，其位置表示各战略单位的市场增长率和相对市场占有率的变化。由此将所有战略业务单位划分为四类。在图8-1中，我们可以看到产品6是整体销售量的最大贡献者，而产品3的贡献则非常少。

（3）战略业务单位划分。这个模型为公司选择最合适的投资方向或放弃某个方向，提供了指导。"理想"的模型中，产品组合在现有力量和潜在机遇之间达到了合理的平衡。这一模型的最大优点是它使管理者对现在和未来的成绩做出思考。

① 瘦狗类（低增长，低市场份额）。这类业务市场份额低，意味着获得较少的利润，甚至亏损；低增长的市场，意味着较差的投资机会，这类产品也许已进入市场衰退期，或者企业经营不成功，不具备与竞争对手竞争的实力。

是否射掉这只"瘦狗"，也就是是否淘汰这种产品，这在很大程度上取决于这只"瘦狗"正扮演的战略角色和它的未来前景。例如，它可能是一只"看门狗"，正有效地阻止一个竞争者；或者它可能是一只"导盲犬"，可以在最低程度上吸引顾客，而这些顾客可能由此会注意到该组织的更好产品；或者，如果管理者感觉到市场情况很快就会好转，那么这样的"瘦狗"值得保留。但如果盲目持续投资"瘦狗"会造成得不偿失，则可考虑收缩或者淘汰。

② 问题类（高增长，低市场份额）。一个"问题类"产品的高市场增长率是好消息，但低份额却令人担心。相对市场份额低，一种可能是该"问题类"产品也许是一个新产品，正创造自己在市场中的地位。另一种可能它不是新产品，那么它很可能在工厂、设备和营销方面需要更多投资，以与市场增长率保持一致。因此一个"问题"产品可能消耗了大量现金，市场份额却仍在原来位置不动。

企业大多数业务都是从问题类产品开始的。对于"问题类"产品的处理选择，企业必须慎重考虑自己的核心能力和产品的前途，考虑是加大投资还是放弃这类业务，尽快从问题中摆脱。如果感觉到某一"问题类"产品有潜力，那么管理者可以花相当的投资来建立市场份额，或者，如果组织的现金很充裕，它可以收购竞争者，以此来加强市场地位，有效地购买市场份额。

③ 明星类（高增长，高市场份额）。"明星类"产品是增长的市场中的领导者。它需要大量现金来维持地位并击退竞争者的进攻，支持进一步增长，保持市场份额领先。而它自己也将因优势而产生现金，所以它可以是自给自足的。"明星类"产品可能成为将来

的"现金牛"产品。

④ 金牛类（低增长，高市场份额）。当市场增长率变小时，明星类产品可能成为现金牛产品。这些产品不再需要以前那种支持，因为没有新顾客可以被吸引，而且竞争压力也较小。处于该区域的产品占有较高的市场占有率，金牛产品能享受由规模经济带来的主导地位。对"现金牛"产品的管理焦点是保留和保持，而不是寻求增长。管理者可能会注重保持价格优势，那么任何的投资，都是以降低成本，而不是增加销量为目的。

1982年，巴克斯代尔和哈里斯又在此基础上进一步提出了两个新类别的产品，即战马类产品和渡渡鸟类产品。

① 战马类产品（负增长，高市场份额）。战马类产品是市场领导者，但它们产生现金的能力由于市场的负增长而受到威胁。对于战马类产品的取舍，管理者首先要判断，这种负增长是最终的还是暂时的。如果是最终的，那么战略应当是尽可能地收获利润，提供最小的营销支持，因为大部分销量都来自基于顾客信赖的重复销售；如果是暂时的，那么还值得保持对它的支持，使它顺利渡过难关。

② 渡渡鸟产品（负增长，低市场份额）。就像这类业务的名字所暗示的，"渡渡鸟"产品几乎必然要绝种，因为一个正在退化的市场中的低份额，意味着销售量正渐渐缩减，直至为零。管理者需要对所得收益做经常性的回顾，对这种产品采取一个以贡献为基础的处理办法。一旦产品的贡献成为负增长，那么它就应当被及早终止。

（4）战略选择。通过上面对现有业务（产品）的评估和发展前景分析，企业由此得出对原投资组合的调整，通常有四种调查战略可供选择。

① "发展"战略：主要运用于问题类业务。发展战略的目的是扩大市场占有率，需要追加投资，甚至不惜放弃短期利益。

② "维持"战略：主要适用于金牛类业务，维持战略的目的是保持某一战略业务单位的市场份额，不缩减也不扩张。

③ "收缩"战略：适用于处境不佳的金牛业务，也适用于仍有利可图的问题类或瘦狗类业务。收缩战略的目的是获取战略业务的短期效益，不作长远考虑。对很快会由成熟期进入衰退期的前景黯淡的业务，企业需要把眼前收益放在首位。

④ "放弃"战略：常用于瘦狗类或问题类业务，意味着企业应对该业务进行清理、撤销，以减轻企业负担，把资源转换到更有利的投资领域。

波士顿矩阵法（BCG法）也存在局限性，它要求每项分析的业务对象都要达到相同的占有率和增长率，但事实上不同业务，其占有率和增长率是不相等的，如业务所处的市场周期不同，按此法可能会使企业失去富有吸引力的营销机会。

2. 市场吸引力模型——GE模型

这种方法首先是由通用电器公司（简写GE）在波士顿矩阵法的基础上加以改进而创立的，又称为"多因素投资组合矩阵"。市场吸引力—竞争能力组合估计模型是用来克服波士顿模型的局限性的。GE模型认为，在评价分析企业业务时，不应简单考虑市场增长率和相对市场份额两个因素，而要综合考虑多个因素。

（1）模型说明。通用电器公司模型增加了更多变量来估计投资决定。它使用两个主要尺度，如图8-2所示，行业吸引力（纵轴）和业务实力（横轴）。

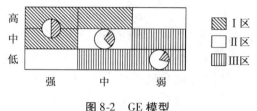

图 8-2 GE 模型

① 第一个尺度，市场吸引力。市场吸引力实际上由 9 个要素组成综合指标，包括总体市场大小、市场成长率、历史毛利率、竞争密集程度、技术要求、通货膨胀、能源要求、环境影响、社会、政治、法律等。市场吸引力大小由市场规模、增长率、竞争程度、技术变化的节奏、新的立法、所实现的利润盈余等因素决定。

② 第二个尺度，业务实力。业务实力实际上是由 12 个要素组成的另一个综合指标，包括市场份额、份额成长、产品质量、品牌知名度、分销网、促销效率、生产能力、生产效率、单位成本、物资供应、开发研究实绩、管理人员等。

③ 在模型内，圆圈大小代表市场大小，圆的阴影部分代表战略业务单位持有的份额。

（2）战略选择。多因素投资组合矩阵根据市场吸引力的大、中、小和业务实力强、中、弱分为九个区域，组成三种战略带，分别代表不同的营销和管理战略。

Ⅰ区（大强、大中、中强）：理想区域。该区域市场吸引力和业务能力都处于较高水平，采取增加资金、发展扩大的战略。

Ⅱ区（小强、中中、大弱）：维持区域。该区域吸引力和业务实力处于中等水平，宜争取维持原投入水平和市场份额的战略。

Ⅲ区（小弱、小中、中弱）：放弃区域。该区域市场吸引力和业务能力弱小，一般企业采用收割或放弃战略。

3. 谢尔决策指导模型

如图 8-3 所示，谢尔决策指导模型有两个维度：竞争能力和行业利润前景。模型中的 9 个格代表不同的机遇与挑战，把每种产品放入适当的格内，就为它的战略发展提供了引导。

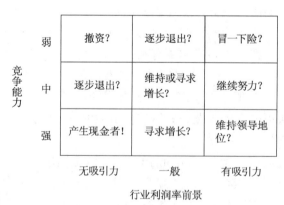

图 8-3 谢尔决策指导模型

（四）制定企业发展战略

企业对现有业务进行评估分析以后，需要对未来发展做出战略规划，对于面临增长机遇并能很好把握住机遇的企业来说，企业发展战略主要有三类：密集型增长，一体化增长，多角化增长。

1. 密集型增长战略。

(1) **市场渗透**。市场渗透，即采取积极的、更具攻击性的营销，充分运用营销组合来赢得更大的影响力，在现有市场上扩大现有产品的销量。具体可运用三种方法：一是设法使现有顾客多次或大量购买本企业产品；二是吸引竞争对手的顾客购买本企业的产品；三是开发潜在顾客，企业可通过提高产品质量，改善包装、服务，加大广告、促销力度，多方面刺激需求，扩大销量。

(2) **市场开发**。市场开发，即向新的市场销售更多的现有产品。这些新市场可以是新的地理区域，企业可把产品从一个地区推进其他地区、全国市场，甚至国际市场；也可以发现新的细分市场（例如以年龄段、产品的使用方法、生活方式等划分），扩大市场范围。

(3) **产品开发**。产品开发又称产品多样化，即向现有市场提供全新产品或者改进产品，满足现有顾客的潜在需求，增加销量。

2. 多角化增长战略。

当企业在原有业务没有更好的发展机会时，企业通过创建新工厂或收购其他企业，生产和经营与企业原有业务无关或关联较小的业务，称为多角化增长战略，又称为多元化战略。多角化增长发生在原有的价值链之外，当一个组织决定超越它现有的局限，去探索新机遇时，多样化就发生了。它意味着在产品和市场两方面进入不熟悉的领域。这一选择的最主要吸引力在于它分散了风险，使组织不再过分依赖一种产品或一个市场。

多角化增长战略有三种形式：

(1) **同心多角化**，又称为关联多角化。即新旧业务之间存在技术上或商业上的联系，企业利用原有技术、生产线和营销渠道开发与原有产品和服务相类似的新产品和新服务项目。例如，一个家电企业可以向它的产品组合中增加不相关的电冰箱产品线或空调产品线，但仍然使用原有的分销网络。

(2) **水平多角化**，又称为横向多角化。即企业研究开发能满足现有市场顾客需要的新产品，而产品技术与原有企业产品技术没有必然的联系。如：原来家电企业，涉足于互联网领域；或者大型百货公司经营餐饮、娱乐等业务。这标志企业在技术和生产上进入一个新的领域，具有较大风险。

(3) **复合多角化**，又称为集团多样化。指企业开发与原有产品的技术无关，同时与原有市场毫无联系的新业务。如美国柯达公司主要经营摄影器材，还经营食品、石油、化工和保险公司，实行多角化增长。国际上的大型集团性企业往往采取复合的经营战略，优点是扩大企业经营领域，有效分散经营风险，但管理难度大大增强。

无论企业考虑实行哪一种多角化战略，必须具备多角化经营的核心能力，诸如资金实力、人力资源、市场网络和管理能力。企业规划实行多元化必须慎重，财力和经营实力较弱的中小型企业不宜轻易采用。

3. 一体化增长战略。

一体化增长战略是指停留在原有价值链内，进入新的角色或过程，或是为了保证对整体过程的更大控制，或是为了取得扩展。企业发展到一定程度，企业所属的行业属于增加潜力大，具有吸引力的行业，在供产、产销方面合并后更有利益，便可考虑采用一体化增长战略，以增加新业务提高盈利能力。具体形式有三种：前向一体化，后向一体化，水平一体化。

（1）前向一体化。当企业自主建立或收购了营销者、分销者、批发商或零售商，从实际供货、存货和销售努力等方面控制分销过程时，就是前向一体化。这也包括控制产品的主要顾客。企业也可以把生产的产品向前延伸，如造纸公司或印刷业经营文件用品，木材公司生产实木家具。

（2）后向一体化。后向一体化意味着对别人提供的原材料、半加工材料、零部件或服务的密切关注，在可接受的成本范围内，保证供货的数量和质量。如制造商收购、兼并原材料供应商，控制市场供应系统。这样做一方面可以避免原材料短缺、成本受制于供应商的局面，另一方面通过盈利高的供应业务争取更多收益。

（3）水平一体化。水平一体化的目标是吸收竞争者来加强市场覆盖面或市场地位。如果产品分销上的重复部分能被取消，并且能使用一个共同的分销网络或实行其他形式的联合经营，可以扩大经营规模增强实力，也可取长补短，争取共赢。

（五）制订企业新的业务计划

新增业务计划制订由以下几个步骤组成：首先，战略业务单位要明确业务在企业中的地位；接着对企业的外部环境和企业内部资源和能力进行分析，即 SWOT 分析；在前两个步骤的基础上，确定新增战略目标；然后选择竞争战略；最后形成新增业务计划。

案例赏析

"海尔"与"TCL"堪称我国家电业最成功的两家企业。如果将这两家企业的战略选择加以对比和研究，能够为更多企业找到适合自己的发展道路提供借鉴。

改革开放以来，中国家电业经过 30 多年的发展，许多企业在单项业务发展上已经相对成熟，其成长和扩张弹性已经非常小，成长环境也随着市场的相对饱和而越发艰难，这个时候企业转向多元化发展似乎是水到渠成的必然选择。一是可以规避单业竞争带来的风险；二是可以使网络和产品形成互补，使效用发挥到最大。"海尔"和"TCL"应该说是单一产业向多元化转型中相对成功的企业，既有相似点又有不同点。

"海尔"——从白色家电进军黑色家电

"海尔"老总张瑞敏谈到"海尔"的发展战略，大致可以分为三个阶段：第一阶段是 1984 年—1991 年间的名牌发展战略，只做冰箱一种产品，七年时间通过做冰箱，逐渐建立起品牌的声誉与信用；第二阶段是 1991 年—1998 年期间的多元化产品战略，按照"东方亮了再亮西方"的原则，从冰箱到空调、冷柜、洗衣机、彩色电视机，每一到两年做好一种产品，七年来重要家电产品线已接近完整；第三阶段是从 1998 年迄今为止的国际化战略发展阶段，即"海尔"到海外去发展。如今，"海尔"已涉足几乎所有的家电制造行业，并进入了相对陌生的手机制造、金融、保险甚至医药行业。

"TCL"——从黑色家电向白色家电进军

"TCL"的多元化也可分为三个阶段：第一阶段是 20 世纪 80 年代到 90 年代中期的原始积累，最初做电话机并成功地通过资本重组并购杀入彩电业，初步塑造出其品牌形象；

第二阶段从 1996 年—2000 年的多元化扩张阶段，利用其在彩电行业的品牌积累，从彩电切入刚刚兴起的手机、通讯、电工、PC 领域；第三阶段，抓住国内产业的整合和国际产业转移的趋势，利用 OEM 等形式进军白色家电，打造新的利润增长点。

学习任务二　巧用战略分析工具

案 例 导 入

【看一看】　联想集团于 1984 年在北京成立，目前已发展成为全球领先的 PC 企业之一。2004 年 4 月，联想集团以 17.5 亿美元（12.5 亿美元以及"IBM"的 5 亿美元欠债）的价格收购"IBM" PC 事业部，并获得在 5 年内使用"IBM"品牌权，成为全球第三大 PC 厂商。

目前"联想"的总部设在纽约的 Purchase，同时在中国北京和美国北卡罗来纳州的罗利设立两个主要运营中心，通过"联想"自己的销售机构、"联想"业务合作伙伴以及与"IBM"的联盟，使得"联想"的销售网络遍及全世界。"联想"在全球有 19 000 多名员工。研发中心分布在中国的北京、深圳、成都、上海和日本东京、美国北卡罗来纳州的罗利。

作为全球个人电脑市场的领导企业，"联想"从事开发、制造并销售最可靠的、安全易用的技术产品及优质专业的服务，帮助全球客户和合作伙伴取得成功。

根据美国《财富》杂志公布的 2008 年度全球企业 500 强排行榜，世界第四大计算机制造商联想集团首次上榜，排名第 499 位，年收入 167.88 亿美元。

对"联想"的 SWOT 分析如下：

（一）市场优势（Strength）

1. 市场份额。据 IDC 数据，2008 年"联想"在亚太 PC 市场（不包括日本）的优势突出，第三季度占据了 21.3% 的市场份额，比上一季度增长 0.5 个百分点。另外，"联想"在本土中国市场的优势更加突出，不论是笔记本市场还是台式机市场，"联想"均是 PC 市场份额排名第一的厂商。

2. 品牌优势。在 PC 市场，"联想"品牌的领导力在中国市场已经超过众多竞争对手，处于行业领导者的地位。自从收购"IBM" PC 以来，"联想"形成的双品牌战略优势日益显现，Lenovo 和 ThinkPad 分别在消费和商务市场占据了领导地位，可以说 Lenovo 和 ThinkPad 使联想笔记本电脑在中国市场拥有强大的组合品牌，形成对消费市场与商务市场的全面覆盖。

3. 区域市场优势。在中国四、五级市场，"联想"的品牌知名度远远超过"戴尔"和"惠普"，这与消费者的认知水平、消费理念有关，他们更依赖于本土化的品牌，尤其是近年来，"联想"通过一系列的奥运营销大大提高了品牌影响力。

4. 本土品牌的经验。"联想"在中国本土有十年的经验，对本土消费者需求能准确把握，这是其他品牌所不具有的优势力量。另外，由于国内品牌企业在渠道架构、成本控制力等方面具有优势,因此能够根据市场发展迅速调整方向和策略,第一时间将自己产品的消费价值传递给消费者,从而赢得时间差优势。

(二)竞争劣势(Weakness)

1. 全球 PC 市场所占份额较少。众所周知,"联想"国际化要想彻底的成功,应该在中国以外的 PC 市场,例如美洲市场、欧洲市场取得比较稳定的市场份额和营运率的增长。但从"联想"最近三个季度的财报来看,"联想"在美洲、欧洲的表现很不稳定。从全球 PC 市场份额来看,"联想"排在第三位,与"惠普"相差较远。而在美国市场上,"联想"与"戴尔"更是差距较大。因此,"联想"要想赶超"惠普""戴尔"绝非轻而易举的事。

2. 15.4 英寸产品线较为单薄。"联想"将 14.1 英寸产品作为主力机型,这完全与市场的发展方向相一致,也在一定程度上大大增强了其市场竞争力。但"联想"在其他产品的布局上存在一定的缺陷,特别是 15.4 英寸产品,"联想"的产品线显得较为单薄。

(三)市场机会(Opportunity)

1. 奥运战略是"联想"国际化最好的机会。"联想"近年来借由体育进行营销的案例很多,包括签约 2005 年世界足球先生罗纳尔迪尼奥;携手 NBA,成为 NBA 官方市场合作伙伴和唯一的 PC 合作伙伴;赞助 F1 威廉姆斯车队等。但是最有前瞻性和影响力的是"联想"的奥运营销。对于中国企业而言,这是一次提高中国本土企业形象和知名度,帮助中国企业进军世界市场的难得机遇。

2. "新农村战略"将成为未来"联想"的王牌。随着农村信息化的深入,"联想"发布了"新农村战略",称将在三年内把"联想"的低价位电脑销售到中国 10 万个行政村,并在 30 万个行政村扩大"联想"的影响力。可见,"新农村战略"将成为未来"联想"的重头王牌。

(四)市场威胁(Threat)

1. 价格战的威胁。目前,国际品牌定位转移,开始挖掘中低端市场。随着价格优势的逐步降低,给联想带来了市场威胁。

2. 面对拥有品牌、规模以及资本明显优势的国际品牌的围攻,如何挖掘在服务、成本、渠道及人才方面的固有优势,同时将技术突破转换为稳定的产品品质,这是"联想"要解决的当务之急。

3. 在中国,"惠普"有一个雄心勃勃的区域扩展计划。2003 年,"惠普"在 20 个城市建立了 330 家销售点。但是,到 2007 年中期,"惠普"已在 420 个城市建立了 2 000 多家销售点,预计其未来的覆盖面积将扩大到 600 个城市。这显然会对"联想"的区域优势构成巨大的威胁。

4. 2007 年 8 月宏碁并购 Gateway 公司后,强化了宏碁在美国市场的地位,再加上宏碁目前在欧洲及亚洲市场的有利地位,宏碁在第二季度立即稳坐全球 PC 市场第三的位子,可见,宏碁与 Gateway 的合并,极大地限制了"联想"在欧洲和美国市场的扩展计划。

【想一想】 "联想"的主要经营战略是什么?

【说一说】 "联想"实施该战略最大的潜在风险有哪些?

一、明确战略业务单位的任务

战略业务单位的战略管理过程，始于明确任务。明确任务是每个战略业务单位制订战略计划的起点，管理者应该明确战略业务单位在公司中的地位，根据公司的总体任务确定自己的任务。

经营任务规定战略业务单位的业务范围和发展方向。战略业务单位既是企业整体的组成部分，又是其中相对独立的战略管理单位，总体战略要靠来自各个单位的共同努力去实现，因此明确任务首先需要考虑总体战略的具体要求。例如，某一业务单位是企业的"明星"产品，战略任务就可能是以有效利用大量现金的投入，击退竞争者的进攻，支持进一步增长、保持领先。如果某一业务单位处于放弃区域，那么战略任务就可能要以保持现有收益为中心，并逐步收缩乃至放弃。

与企业整体的战略使命相似，业务活动范围可从行业范围、市场范围、纵向范围和地理范围中引申，但必须重点阐释清楚三个问题：本业务单位准备满足的是哪些需求；本业务单位重点面向的是哪些顾客群体；本业务单位提供什么产品，或依靠哪些技术，经营什么业务达到目的。例如，一个汽车制造业务单位，可将业务活动范围定为提供省油、节能的小型乘用车（产品与技术），满足中、低收入家庭用户（顾客群）对低成本交通工具的需求（需求）。

二、SWOT 分析

SWOT 分析法又称为态势分析法。主要是通过对内、外部资源环境的分析，把组织的优势和劣势与环境中的机会与威胁相结合，以便发现组织可能发掘的细分市场，制定能够最佳地利用组织资源和充分利用环境机会的战略。

它之所以称为 SWOT 分析法，是因为"S"代表的是企业的"长处"或"优势"（Strength）；"W"代表的是企业的"弱点"或"劣势"（Weakness）；"O"代表外部环境中存在的"机会"（Opportunity）；"T"代表外部环境所构成的"威胁"（Threat）。

（一）外部环境分析——"机会（O）和威胁（T）"分析

1. 环境扫描

随着经济、社会、科技等诸多方面的迅速发展，特别是世界经济全球化、一体化过程的加快，全球信息网络的建立和消费需求的多样化，企业所处的环境更为开放和动荡。这种变化几乎对所有企业都产生了深刻的影响。正因为如此，环境分析成为一种日益重要的企业职能。对环境的分析可以有不同的角度，一种简明扼要的方法就是 PEST 分析，另外一种比较常见的方法就是波特的五力分析。

（1）PEST 分析模型。

该分析模型是战略咨询顾问用来帮助企业检阅其外部宏观环境的一种方法。宏观环境又称一般环境，是指影响一切行业和企业的各种宏观力量。对宏观环境因素作分析，不同行业和企业根据自身特点和经营需要，分析的具体内容会有差异，但一般都应对政治（Politics）、经济（Economic）、技术（Technology）和社会（Society）这四大类影响企业的主要外部环境因素进行分析。简单而言，称之为 PEST 分析法，如图 8-4 所示。

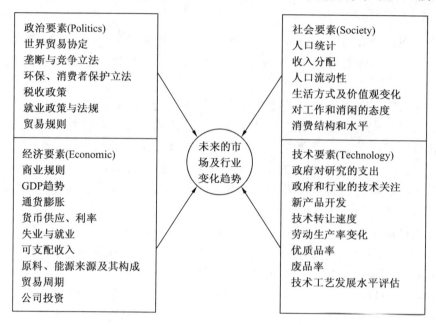

图 8-4　PEST 分析模型

（2）波特五力分析模型。

该模型是迈克尔·波特（Michael Porter）于 20 世纪 80 年代初提出，对企业战略制定产生了全球性的深远影响。波特五力分析模型用于竞争战略的分析，该模型将大量不同的因素汇集在一个简便的模型中，以此分析一个行业的基本竞争态势。五种力量模型确定了竞争的五种主要来源，如图 8-5 所示，即供应商和购买者的讨价还价能力、潜在进入者的威胁、替代品的威胁、来自目前在同一行业的公司间的竞争。一种可行战略的提出首先应该包括确认并评价这五种力量，不同力量的特性和重要性因行业和公司的不同而变化。

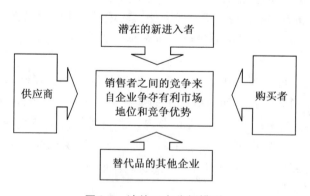

图 8-5　波特五力分析模型

2. 环境发展趋势分析

环境发展趋势分为两大类：一类表示环境威胁，另一类表示环境机会。环境威胁指的是环境中一种不利的发展趋势所形成的挑战,如果不采取果断的战略行为,这种不利趋势将导致公司的竞争地位受到削弱。环境机会就是对公司行为富有吸引力的领域,在这一领域中,该公司将拥有竞争优势。

(1) 机会矩阵。

营销机会可以按其吸引力以及每一个机会可能获得成功的概率来加以分类。如图8-6所示,横坐标表示机会成功的概率,纵坐标表示机会的吸引力,并将成功概率和机会的吸引力大致上分为高、低或大、小两档。根据各环境事件的相应数据在坐标平面上定点,就可以区分事件的影响程度和性质。企业在每一个特定机会中的成功概率不仅取决于其业务实力是否与该行业成功所需要的条件相符合,还取决于业务实力是否超过其竞争者的业务实力。

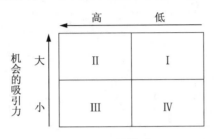

图8-6 机会矩阵

对于区域Ⅰ(成功概率低,机会的吸引力大)的机会,企业应该注意创造条件,力争成功;区域Ⅱ(成功概率高,机会的吸引力大)的机会,是企业应该尽量利用的环境事件;区域Ⅲ(成功概率高,机会的吸引力小)的机会,是企业应注意开发的环境事件;区域Ⅳ(成功概率低,机会的吸引力小)的机会,是企业应该注意回避的环境事件。

(2) 威胁矩阵。

对于环境的分析,不仅要分析机会,也必须关注环境给市场营销活动带来的威胁。企业必须进行环境威胁分析。与机会矩阵同理,可按照环境事件发生的概率及其严重性可能对企业造成的负面影响进行分类。如图8-7所示,横坐标表示威胁出现的概率,纵坐标表示威胁对企业影响的严重性,并将出现概率和潜在威胁的严重性大致上分为高、低或大、小两档。根据各环境事件的相应数据在坐标平面上定点,就可以区分事件的影响程度和性质。

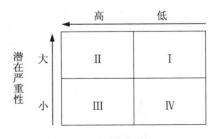

图8-7 威胁矩阵

对于区域Ⅱ(出现概率高,潜在严重性大)的威胁,企业应处于高度警惕状态,并制定相应的措施,尽量避免损失或者使损失降低到最小,因为它的潜在严重性和出现的概率均很高。对于区域Ⅰ（出现概率低，潜在严重性大）、区域Ⅲ（出现概率高，潜在严重性小）的威胁，企业也不应该掉以轻心，要给予充分的重视，制订好应变方案。对于区域Ⅳ（出现概率低，潜在严重性小）的威胁，企业一般可暂时忽略，但应注意其变化，若有向其他象限转移趋势时应及时制定对策。

（3）机会威胁综合矩阵。

企业可以利用机会威胁综合矩阵对企业所处的外部环境进行综合评估，以便能够综合考虑所面临的机会和威胁。如图8-8所示，横坐标表示威胁的强弱程度，纵坐标表示机会的强弱程度，并分为高、低两档。这样，企业业务就会被分为四种类型：理想业务、风险业务、成熟业务和困难业务。

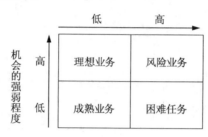

图8-8 机会威胁综合矩阵

（二）内部环境分析——"优势（S）和弱势（W）"分析

识别环境中有吸引力的机会是一回事，拥有在机会中成功所必需的竞争能力是另一回事。每个企业都要定期检查自己的优势与劣势，这可通过"优势/劣势绩效分析检查表"（如表8-1）的方式进行。企业或企业外的咨询机构都可利用这一格式检查企业的营销、财务、制造和组织能力。每一要素都要按照特强、稍强、中等、稍弱或特弱划分等级。

表8-1 营销备忘录：优势/劣势绩效分析检查表

		绩效					重要性		
		特强	稍强	中等	稍弱	特弱	高	中	低
营销能力	1. 企业信誉								
	2. 市场份额								
	3. 产品质量								
	4. 服务质量								
	5. 定价效率								
	6. 分销效率								
	7. 促销效率								
	8. 营销人员效率								
	9. 创新效率								
	10. 地理覆盖区域								

续表

		绩效					重要性		
		特强	稍强	中等	稍弱	特弱	高	中	低
财务能力	11. 资金利用率								
	12. 现金流量								
	13. 资金稳定								
制造能力	14. 设备								
	15. 规模经济								
	16. 生产能力								
	17. 具有奉献精神的劳动力								
	18. 按时交货的能力								
	19. 技术和制造工艺								
组织能力	20. 有远见的领导								
	21. 具有奉献精神的员工								
	22. 创业导向								
	23. 弹性/适应能力								

当两个企业处在同一市场或者说它们都有能力向同一顾客群体提供产品和服务时，如果其中一个企业有更高的赢利率或赢利潜力，那么，我们就认为这个企业比另外一个企业更具有竞争优势。换句话说，所谓竞争优势是指一个企业超越其竞争对手的能力，这种能力有助于实现企业的主要目标——赢利。但值得注意的是，竞争优势并不一定完全体现在较高的赢利率上，因为有时企业更希望增加市场份额，或者多奖励管理人员或雇员。

竞争优势在消费者眼中是指一个企业或它的产品有别于其竞争对手的任何优越的东西，它可以是产品线的宽度、产品的大小、质量、可靠性、适用性、风格和形象以及服务的及时性、态度的热情等。虽然竞争优势实际上指的是一个企业比其竞争对手有较强的综合优势，但是明确企业究竟在哪一个方面具有优势更有意义，因为只有这样，才可以扬长避短，或者以实击虚。

由于企业是一个整体，而且竞争性优势来源十分广泛，所以，在做优劣势分析时必须从整个价值链的每个环节上，将企业与竞争对手做详细的对比。如产品是否新颖，制造工艺是否复杂，销售渠道是否畅通，以及价格是否具有竞争性等。如果一个企业在某一方面或几个方面的优势正是该行业企业应具备的关键成功要素，那么，该企业的综合竞争优势也许就强一些。需要指出的是，衡量一个企业及其产品是否具有竞争优势，只能站在现有潜在的用户角度上，而不是站在企业的角度上。

企业在维持竞争优势过程中，必须深刻认识自身的资源和能力，采取适当的措施。因为一个企业一旦在某一方面有了竞争优势，势必会吸引到竞争对手的注意。一般地说，企业经过一段时期的努力，建立起某种竞争优势，然后就处于维持这种竞争优势的态势，竞争对手开始逐渐做出反应，而后，如果竞争对手直接进攻企业的优势所在，或采取其他更为有力的策略,就会使这种优势受到削弱。

显然,公司不应去纠正它的所有劣势,也不是对其优势不加利用。主要的问题是公司应研究它究竟是应只局限在已拥有优势的机会中,还是去获取和发展另外一些优势以找到更好的机会。有时,企业发展慢并非因为其各部门缺乏优势,而是因为它们不能很好地协调配合。

波士顿咨询公司提出,能获胜的公司是取得公司内部优势的企业,而不仅仅是只抓住公司核心能力。每一公司必须管好某些基本程序,如新产品开发、原材料采购、对订单的销售引导、对客户订单的现金实现、顾客问题的解决时间等。每一程序都创造价值和需要内部部门协同工作。虽然每一部门都可以拥有一个核心能力,但如何管理这些优势能力仍是一个挑战。

(三)绘制 SWOT 矩阵

这是一个以外部环境中的机会和威胁为一方,以企业内部环境中的优势和劣势为另一方的二维矩阵。

SWOT 分析	
优势: ……	劣势: ……
机会: ……	威胁: ……

- 内部的
- 可控制的

- 外部的
- 不可控制的

图 8-9 SWOT 矩阵

在这个矩阵中,有四个象限或四个 SWOT 组合。它们分别是优势—机会(SO)组合;优势—威胁(ST)组合;弱势—机会(WO)组合;弱势—威胁(WT)组合。对于每一种外部环境与企业内部条件的组合,企业可能采取的一些策略如下:

1. 弱势—威胁(WT)组合

企业应尽量避免处于这种状态。然而一旦企业处于这样的位置,在制定战略时就要降低威胁和弱势对企业的影响。事实上,这样的企业为了生存下去必须要奋斗,否则可能要选择破产。而要生存下去可以选择合并或缩减生产规模的战略,以期能克服弱势或使威胁随时间的推移而消失。

2. 弱势—机会(WO)组合

企业已经鉴别出外部环境所提供的发展机会,但同时企业本身又存在着限制利用这些机会的组织弱势。在这种情况下,企业应遵循的策略原则是,通过外在的方式来弥补企业的弱势以最大限度地利用外部环境中的机会。如果不采取任何行动,实际上等于将机会让给了竞争对手。

3. 优势—威胁(ST)组合

利用企业的长处避免或减轻外在威胁的打击。

4. 优势—机会(SO)组合

这是一种理想的组合,任何企业都希望凭借企业的长处和资源来最大限度地利用外部环境所提供的多种发展机会。

三、确立战略目标

在进行 SWOT 分析后，企业就应该把任务具体化为企业各管理层的目标，形成一套完整的目标体系。

大多数战略业务单元都同时追求几个目标，这些目标包括产品销售额、销售增长率、市场份额、利润等。

通过战略环境和战略条件的分析，战略任务应该转化为特定的经营目标。战略计划的制订和实施，都要以特定目标为依据。

确定战略目标要注意以下几个问题：

（一）目标体系具有层次化

分析各个目标之间的因果关系或主次关系，明确各个目标项目的相对重要性，并分成若干层次顺序排列。较低层次的目标应该服从较高层次的目标，为最终的目标做出贡献。

（二）目标之间应该协调一致

多个目标之间，有时会不尽协调，甚至存在相互消长的关系。如最低的成本与最高的质量、最低的营销费用与最大的销量、最大的销量与最大的利润之间都是矛盾的。在实践中往往是鱼与熊掌不可兼得。

（三）目标制定要具有合理性

目标值的决定要依据外部环境和内部条件，并参照其他标准。通常可以结合社会平均值、同行业优秀企业和国际上相似的优秀企业的标准考虑，一般来说要先进合理。比如高于社会平均值，并尽可能向优秀企业的基准挑战，这样有利于保持竞争力。目标应该高低适中，太高的目标会挫伤员工的积极性，太低的目标则缺乏激励员工的作用。

（四）目标应该量化，以便于考核

目标不能只是概念化，还要以数量表达。比如提高投资收益率，若加上数量、时间，如"年底以前提高到 10%"，目标就会非常明确。目标成为指标，更有利于战略规划和管理、控制。

四、进行战略选择

目标指出向何处发展，战略选择则说明达到目标的基本打算。美国学者波特认为，有三种一般性竞争战略可供选择，这三种战略分别是成本领先战略、差异化战略和集中性战略。企业必须从这三种战略中选择一种，作为其主导战略。要么把成本控制到比竞争者更低的程度；要么在企业产品和服务中形成与众不同的特色，让顾客感觉到本企业提供了比其他竞争者更多的价值；要么企业致力于服务某一特定的市场细分、某一特定的产品种类或某一特定的地理范围。这三种战略架构上差异很大，成功地实施它们需要不同的资源和技能，由于企业文化混乱、组织安排缺失、激励机制冲突，夹在中间的企业还可能因此而遭受更大的损失。

（一）成本领先战略

成本领先战略也许是三种通用战略中最清楚明了的。在这种战略的指导下企业决定成为所在产业中实行低成本生产的厂家。企业经营范围广泛，为多个产业部门服务甚至可能经营属于其他有关产业的生意。企业的经营面往往对其成本优势举足轻重。成本优势的来源因产业结构不同而异，它们可以包括追求规模经济、专利技术、原材料的优惠待遇和其他因素。

如果一个企业能够取得并保持全面的成本领先地位，那么它只要能使价格相等或接近于该产业的平均价格水平就会成为所在产业中高于平均水平的超群之辈。当成本领先的企业的价格相当于或低于其竞争厂商时，它的低成本地位就会转化为高收益。然而，一个在成本上占领先地位的企业不能忽视使产品别具一格的基础，一旦成本领先的企业的产品在客户眼里不被看作是与其他竞争厂商的产品不相上下或可被接受时它就要被迫削减价格，使之大大低于竞争厂商的水平以增加销售额。这就可能抵销了它有利的成本地位所带来的好处。

成本领先战略的成功取决于企业日复一日地实际实施该战略的技能。成本不会自动下降，也不会偶然下降。它是艰苦工作和持之以恒的重视成本工作的结果。企业降低成本的能力有所不同，可以使企业总成本降低的措施包括：努力获取较高的市场份额；努力寻找良好的原材料；设计便于制造的产品；保持一个较宽的相关产品系列；购买可以降低成本的先进生产设备；有效地利用企业的生产经验；严格控制成本与管理费用；最大限度地减少研发、服务、推销、广告等方面的成本；为所有主要顾客群进行服务以扩大产量和销量。尽管质量、服务以及其他方面也不容忽视，但贯穿于整个战略之中的是使成本低于竞争对手。一旦赢得了总成本领先的地位，企业可以使用所获得的较高利润购买能进一步降低成本的先进生产设备，以维持成本上的领先地位。

（二）差异化战略

差异化战略又称别具一格战略，是指为使企业产品、服务、企业形象等与竞争对手有明显的区别，以获得竞争优势而采取的战略。

这种战略的重点是创造被全行业和顾客都视为是独特的产品和服务。差异化战略的方法多种多样，如产品的差异化、服务差异化和形象差异化等。实现差异化战略，可以培养用户对品牌的忠诚。因此，差异化战略是使企业获得高于同行业平均水平利润的一种有效的竞争战略。

实现差异化战略可以有许多方式：设计或品牌形象、技术特点、外观特点、客户服务、经销网络及其他方面的独特性，最理想的情况是公司使自己在几个方面都差异化。

差异化战略追求的最高目标是"鹤立鸡群"，即本企业为顾客所提供的产品在功能、质量、服务、营销等方面具有"不完全替代性"。现代营销理论的产品整体概念说明，顾客对产品或服务价值的定位有五个层次：核心价值、形式价值、期望价值、附加价值和潜在价值。这个"五层次"或称"五合一"的产品整体概念的提出奠定了差异化竞争战略的理论基础。

1. 产品差异化

在同行业中，产品的核心价值基本相同，所不同的主要是有形价值和附加价值。在满足顾客基本需要的情况下，谁的产品更具实用性特色谁就更能够脱颖而出赢得顾客。如果产品本身在质量、性能和功能等方面明显优化于其竞争对手的同类产品，就可以在市场上独占鳌头。不同的产品差异化战略使不同企业特色鲜明，各自又获得了不同的顾客群。

2. 形象差异化

这是指企业通过强化品牌意识、成功实施 CI 战略，在消费者心目中形成关于企业的独特形象，并对其产品产生偏好而乐意购买。如果说，产品差异化是以内在品质服务于顾客的话，那么形象差异化就是以诚信和别具一格的外在形象来占据消费者心目中最好的位置。

3. 市场差异化

市场差异化是指通过产品的销售价格、分销渠道、售后服务等符合具体市场环境条件而形成差异。在销售价格方面，在同类产品中，价格有高中低之分，企业可以根据产品的市场定位、自身实力以及产品生命周期等因素，或者选择高级礼品包装形式以高价出售，给消费者以物有所值的感觉；或者选择简易包装以低价出售，让消费者感到经济实惠。在分销渠道方面，根据经营层次或环节不同，有长渠道与短渠道之分，宽渠道与窄渠道之别。

(三) 集中性战略

集中性战略是主攻某个特殊的顾客群、某产品线的一个细分区段或某一地区市场。正如差别化战略一样，集中性战略可以具有许多形式。低成本与差别化战略都是要在全产业实现其目标，集中性战略的整体却是围绕着很好地为某一特殊目标服务这一中心建立的，它所开发推行的每一项职能化方针都要考虑这一领域中心思想的崭新焦点。

集中性战略有两种形式，即企业在目标细分市场中寻求成本优势的成本集中和在细分市场中寻求差异化的差异集中。这种战略的核心是取得某种对特定顾客有价值的专一性服务，侧重于从企业内部建立竞争优势，要做到人无我有、人有我精、人精我专，掌握主动权。

集中性战略实质上是针对不同的顾客群或专门的特殊市场而采取的成本领先战略或者差别化战略。或者说，集中性战略是以成本领先战略和差别化战略为基础的竞争战略，在特殊市场中形成成本优势或者差别化优势。成本领先战略与差别化战略在很多地方是相互矛盾的，而集中性战略又是以这两种通用战略为基础，能否正确地分析企业所处的竞争环境即产业竞争结构，寻找其战略优势，合理选择、使用竞争战略，加强其优势和竞争能力，是企业成功的关键。若采用集中性战略的企业既能拥有差别化优势，又能在扩大市场规模而实现低成本时不抵消差别化，使这一对矛盾的战略恰到好处地揉合在一起，这个企业一定会极其成功。

案例赏析

2009 年 12 月 9 日，武汉至广州的高速铁路客运专线（又称"武广高铁"）试运行。从武汉发车至广州不到 3 小时，其间跑出了 394 公里的时速，创下了当时世界高速铁路最高运营速度。

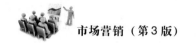

武广高铁北起武汉，南到广州，全长 1 068 公里。全线采用国产"和谐号"高速动车组，行车密度可达 3 分钟一列。从武汉到广州，比现有的传统列车缩短 10 小时。

12 月 26 日武广高铁正式运营，一等车票价 780 元，二等车票价 490 元。许多顾客表示，"速度上绝对能够满足大家，可是我们最关心的是价格"，"500 块贵了，若是三四百还能接受"。虽然省时不少，但价格相当于现在硬座近三倍，一家两口乘坐就得上千元。普通列车虽然 10 小时，但卧铺票价差不多只有高铁的一半。

铁道部回应：与普速铁路比，武广高铁投资规模和运营成本更高，要考虑收回投资。武广高铁有运行速度第一、硬件设施第一、服务水平第一等很多优势，不能和其他出行方式相比。高铁只是出行方式之一，乘客可以选择其他更适于自己的方式。

据了解，武广之间的列车，春运期间运送的基本是湖北、湖南等地南下广东的打工人群。武广高铁价格偏高，无疑对打工者的承受能力是一个较大的考验。有分析指出，如果票价过高，令普通打工者无法承受，高铁将有可能变成"白领专列"或是出差人士的首选。

武广高铁全程 3 个多小时。与飞机这种出行方式相比，算上进出机场、候机的时间，乘高铁甚至比坐飞机还快。因此，各大航空公司的武汉—广州、长沙—广州航线推出特价机票，低价吸引旅客。12 月份，多数航空公司长沙飞广州的航线推出 3～5 折的特惠机票，最低价格 271 元，最高价格也只有 369 元。武汉—深圳航线的机票也直线下滑，跌破 300 元，比火车卧铺还便宜。除去燃油附加费和机场建设费，最低甚至只有 260 元。

面对武广高铁的压力，各航空公司认为，只有低廉票价才能抢回旅客、保住市场份额。业内人士表示，票价是否还会浮动，要视武广高铁客流情况，不排除继续推出超低价票的可能。也有分析人士认为，高速铁路对航班的冲击没有那么严重，"平时航班提前预订的话，折扣也非常低，票价也很低，甚至会低于武广高铁的定价。逢年过节等铁路运输高峰期，选择航空出行的人不见得会减少"。上述人士表示，"高速铁路票价也可以淡季打折，这样会吸引更多旅客"。

12 月 18 日，南方航空公司携手广州白云机场、武汉天河机场、长沙黄花机场，同时召开新闻发布会，宣布"武广空中快线""长广空中快线"开通运行。即日起南航每日有 30 个航班分别穿梭于广州和武汉、广州和长沙之间，为旅客提供"公交式"便捷的航空服务。武广空中快线后期将调至每天 16～20 班，全程飞行 90 分钟；长广空中快线飞行时间 1 小时。

学习任务三　实施营销竞争战略

 案 例 导 入

【看一看】　美国柯达（Kodak）摄影器材公司是世界上最大的摄影器材生产商，创立于 19 世纪 80 年代，目前年销售额已经超过 200 亿美元。而日本富士公司（FUJIFILM）无论历史和实力均不如柯达公司，迄今不过只有几十年的历史，但在日本企业家不懈的努力下，目前年营业额为 130 亿美元，成为仅次于柯达公司的世界第二大摄影器材公司。

柯达胶卷在 1899 年已在日本市场畅销，直至 1946 年，它在日本市场还占有绝对的垄断地位，但随着二战后日本公司的逐步发展及日本富士公司的兴起，到 70 年代，柯达的产品几乎已经被富士逐出日本市场，仅占有日本 15% 的市场，而富士占有近 80% 的份额。

富士公司进入美国市场的契机在 1984 年的洛杉矶奥运会。当时奥运会开幕在即，而大会的指定胶卷还尚未最后确定，柯达公司对最后的结果相当自信，认为依仗柯达的信誉，再者奥运会又是在美国举行，指定胶卷非柯达莫属。因此，柯达公司对会场外各家厂商的激烈夺标战无动于衷，甚至认为花 400 万美元在奥运会上做广告费用太高，并与美国奥委会讨价还价，甚至要求组委会降低赞助费。富士公司乘虚而入，出价 700 万美元，争到奥运会指定彩色胶卷的专用权。随后，富士公司倾尽全力展开强大的奥运攻势。奥运期间，美国各地富士的标志铺天盖地。富士公司成功把握了契机，一举进入了原来固若金汤的美国市场，给柯达公司带来了巨大的冲击。

【想一想】 面对富士公司的挑战，柯达公司采取了何种战略以保住其市场领先者战略地位的？

【说一说】 富士公司打入美国市场的销售战略，其成功之处在哪里？

一、竞争者分析

（一）识别竞争者类型

企业参与市场竞争，不仅要了解谁是自己的顾客，而且还要弄清谁是自己的竞争对手。从表面上看，识别竞争者是一项非常简单的工作，但是，由于需求的复杂性、层次性、易变性，以及技术的快速发展和演进、产业的发展，使得市场竞争中的企业面临复杂的竞争形势，一个企业可能会被新出现的竞争对手打败，或者由于新技术的出现和需求的变化而被淘汰。

1. 行业竞争者

从行业的角度来看，企业的竞争者有：

（1）现有竞争厂商。指本行业内现有的与企业生产同样产品的其他厂家，这些厂家是企业的直接竞争者。

（2）潜在加入者。当某一行业前景乐观、有利可图时，会引来新的竞争企业，使该行业增加新的生产能力，并要求重新瓜分市场份额和主要资源。另外，某些多元化经营的大型企业还经常利用其资源优势从一个行业侵入另一个行业。新企业的加入，将可能导致产品价格下降，利润减少。

（3）替代品厂商。与某一产品具有相同功能、能满足同一需求的不同性质的其他产品，属于替代品。

随着科学技术的发展，替代品将越来越多，某一行业的所有企业都将面临与生产替代品的其他行业的企业进行竞争。

2. 市场竞争者

从市场方面看，企业的竞争者有：

（1）需求竞争者。提供不同产品，满足消费者的不同愿望，但目标消费者相同的企业称为需求竞争者。如很多消费者收入水平提高后，可以把钱用于旅游，也可用于购买汽车或购置房产，因而这些企业间存在相互争夺消费者购买力的竞争关系，消费支出结构的变化，对企业的竞争有很大影响。

（2）形式竞争者。提供不同种类的产品，但满足和实现消费者同种需要的企业称为形式竞争者。如航空公司、铁路客运、长途客运汽车公司都可以满足消费者外出旅行的需要，当火车票价上涨时，乘飞机、坐汽车的旅客就可能增加，相互之间争夺满足消费者的同一需要。

（3）同行业竞争者。企业把提供同种或同类产品，但规格、型号、款式不同的企业称为行业竞争者。所有同行业的企业之间存在彼此争夺市场的竞争关系。如家用空调与中央空调的厂家、生产高档汽车与生产中档汽车的厂家之间的关系。

（4）品牌竞争者。企业把同一行业中以相似的价格向相同的顾客提供类似产品或服务的其他企业称为品牌竞争者。如家用空调市场中，生产格力空调、海尔空调、三菱空调等厂家之间的关系。品牌竞争者之间的产品相互替代性较高，因而竞争非常激烈，各企业均以培养顾客品牌忠诚度作为争夺顾客的重要手段。

（二）确定竞争者的目标

在识别了主要竞争者之后，企业经营者接着应回答的问题是：每个竞争者在市场上追求的目标是什么？竞争者实现目标的动力是什么？虽然，竞争者无一例外关心其企业的利润，但以此推测所有的竞争者都追求利润最大化，并以此为出发点采取各种行动就显得过于简单和片面。不同的企业对长期利益与短期利益各有侧重。有些竞争者更趋向于获得"满意"的利润而不是"最大利润"。尽管有时通过一些其他的战略可能使他们取得更多利润，但它们往往并不把利润作为唯一的或首要的目标，它们有自己的利润目标，只要达到既定目标就满足了。

在利润目标的背后，竞争者的目标是一系列目标的组合，对这些目标竞争者各有侧重。所以，我们应该了解竞争者对目前盈利的可能性、市场占有率的增长、资金流动、技术领先、服务领先和其他目标所给予的重要性权数。了解了竞争者的这种加权目标组合，我们就可以了解竞争者目前的财力状况如何，他对各种类型的竞争性攻击会做出什么样的反应等。企业必须跟踪了解竞争者进入新的产品细分市场的目标。若发现竞争者开拓了一个新的细分市场，这对企业来说可能是一个发展机遇；若企业发现竞争者开始进入本公司经营的细分市场，这意味着企业将面临新的竞争与挑战。对于这些市场竞争动态，企业若了如指掌，就可以争取主动，有备无患。

（三）评估竞争者的优势、劣势及能力

在市场竞争中，企业需要分析竞争者的优势与劣势，做到知己知彼，才能有针对性地制定正确的市场竞争战略，以避其锋芒、攻其弱点、出其不意，利用竞争者的劣势来争取市场竞争的优势，从而来实现企业营销目标。

在评估竞争对手的优劣势时，SWOT方法是有效的，同时，企业还必须收集反映竞争者业务绩效的关键数据，如销售额、销售额增长、市场份额、市场份额增长、毛利、投资回报率、现金流量、新投资力度、设备利用状况、发展战略等。除此之外，还应考察那些反映消费者偏好、态度、知觉等心理特征的重要指标，如心理份额、情感份额、价值感知等指标状况，了解竞争对手在目标客户心目中的偏好水平、知名度和美誉度等。竞争者优、劣势分析的内容包括：

1. 产品

竞争企业产品在市场上的地位；产品的适销性；产品系列的宽度与深度。

2. 销售渠道

竞争企业销售渠道的广度与深度；销售渠道的效率与实力；销售渠道的服务能力。

3. 市场营销能力

竞争企业市场营销组合的水平；市场调研与新产品开发的能力；销售队伍的培训与技能。

4. 生产与经营

竞争企业的生产规模与生产成本水平；设施与设备的技术先进性与灵活性；专利与专有技术；生产能力的扩展；质量控制与成本控制；区位优势；员工状况；原材料的来源与成本；纵向整合程度等。

5. 研发能力

竞争企业内部在产品、工艺、基础研究、仿制等方面所具有的研究与开发能力；研究与开发人员的创造性、可靠性、简化能力等方面的素质与技能。

6. 资金实力

竞争企业的资金结构；筹资能力；现金流量；资信度；财务比率；财务管理能力等。

7. 组织

竞争企业组织成员价值观的一致性与目标的明确性；组织结构与企业策略的一致性；组织结构与信息传递的有效性；组织对环境因素变化的适应性与反应程度；组织成员的素质。

8. 管理能力

竞争企业管理者的领导素质与激励能力；协调能力；管理者的专业知识；管理决策的灵活性、适应性、前瞻性。

（四）判断竞争者的反应模式

在确定竞争者类型、战略、目标选择和优势劣势之后，企业一定要预测到竞争者面对可能的市场竞争压力会有怎样的反应。如果能够预知竞争对手可能采取的反击策略，企业就可以提前做好应对准备，甚至设下陷阱，防患于未然，并采取较为积极的行动。

一般而言，竞争对手的反应模式可以归为以下四种类型：从容型竞争者、选择型竞争者、凶狠型竞争者、随机型竞争者。

1. 从容型竞争者

从容型竞争者对市场竞争措施的反应不强烈，行动迟缓。这可能是因为竞争者受到自身在资金、规模、技术等方面的能力的限制，无法做出适当的反应；也可能是因为竞争者对自己的竞争力过于自信，不屑于采取反应行为；还可能是因为竞争者对市场竞争措施重视不够，未能及时捕捉到市场竞争变化的信息。

2. 选择型竞争者

选择型竞争者对不同的市场竞争措施的反应是有区别的。如一个追求低成本领先的竞争者对于他的竞争对手因技术性突破而使成本降低所做出的反应，比对同一位竞争对手增加广告宣传所做出的反应强烈得多。

3. 凶狠型竞争者

凶狠型竞争者对市场竞争因素的变化十分敏感,一旦受到来自竞争挑战就会迅速地做出强烈的市场反应,进行激烈的报复和反击,势必将挑战自己的竞争者置于死地而后快。这种报复措施往往是全面的、致命的,甚至是不计后果的,不达目的决不罢休。这些竞争者通常都是市场上的领先者,具有某些竞争优势。一般企业轻易不敢或不愿挑战其在市场上的权威,尽量避免与其作直接的正面交锋。

4. 随机型竞争者

随机型竞争者对市场竞争所做出的反应通常是随机的,往往不按规则出牌,使人感到不可捉摸。随机型竞争者在某些时候可能会对市场竞争的变化做出反应,也可能不做出反应;他们既可能迅速做出反应,也可能反应迟缓;其反应既可能是剧烈的,也可能是柔和的。

二、企业的竞争位置

企业在进行市场分析后,还必须明确自己在同行竞争中所处的位置。现代市场营销理论也根据企业在市场上的竞争地位,把企业分为四种类型:市场领先者、市场挑战者、市场跟随者、市场补缺者,如表8-2所示。

表8-2 企业竞争位置与战略选择

竞争位置	战略和策略的选择	
市场领先者	扩大总需求	发现新的用户,开辟产品的新用途,增加用户的使用量
	保护现有市场份额	阵地防御、侧翼防御、以攻为守、反攻防御、机动防御、撤退防御
	扩大市场份额	但凡扩大份额能带来利润增加的战略都可采用
市场挑战者	攻击市场领先者	
	攻击与自身实力相当的企业	
	攻击实力较弱的企业	
市场跟随者	紧密跟随	
	距离跟随	
	选择跟随	
市场补缺者	专业化市场营销	
	创造补缺市场、扩大补缺市场、保护补缺市场	

（一）市场领先者

一般来说,市场领先者是指在相关产品的市场上市场占有率最高的企业。它在价格调整、新产品开发、配销覆盖和促销力量等方面处于主导地位。它是市场竞争的导向者,也是竞争者挑战、效仿或回避的对象。占据市场领先者地位的公司常常成为众矢之的。

市场领先者要击退其他公司的挑战,保持第一位的优势,必须从三个方面去努力:扩大总需求,保护现有市场份额,扩大市场份额。

1. 扩大市场需求总量

处于市场主导地位的领先企业,其营销战略首先是扩大总市场,即增加总体产品需求数量。通常可以运用三条途径:

(1) 发现新的用户。通过发现新用户来扩大市场需求量,其产品必须具有能够吸引新的使用者,增加购买者数量的竞争潜力。可以运用市场渗透、市场开发、地理扩展等有效策略找到新的使用者。

(2) 开辟产品的新用途。通过开辟产品的新用途扩大市场需求量。领先者企业往往最有能力根据市场需求动态,为自己的产品寻找和开辟新的用途。美国杜邦公司不断开辟尼龙产品的新用途就是一个公认的成功范例。

(3) 增加用户的使用量。通过说服产品使用者增加使用量也是扩大市场需求量的有效途径。说服产品的使用者增加使用量的办法有许多,但最常用的主要有:促使消费者在更多的场合使用该产品;增加使用产品的频率;增加每次消费的使用量。

2. 保持现有市场份额

市场领先者企业必须防备竞争对手的进攻和挑战,保护企业现有的市场阵地。最佳的战略方案是不断创新,以壮大自己的实力,应抓住竞争对手的弱点主动出击。当市场领先者不准备或不具备条件组织或发起进攻时,至少也应使用防御力量,坚守重要的市场阵地。

防御战略的目标是使市场领先者在某些事关企业领导地位的重大机会或威胁中采取最佳的战略决策。防御对手进攻和保护市场份额的战略有阵地防御、侧翼防御、以攻为守、反击防御、机动防御和收缩防御等。

3. 扩大市场份额

市场领先者实施这一战略是设法通过提高企业的市场占有率来增加收益、保持自身成长和市场主导地位。在实施扩大市场份额的战略过程中,应当考虑经营成本、营销组合和国家的反垄断法、反对不正当竞争等因素。

需要注意的是,扩大市场份额不一定能给企业增加利润。只有当具备以下两项条件时利润才会增加:

第一,产品的单位成本能够随市场占有率的提高而下降,市场领先者常常拥有较高的生产和经营能力,能够通过提高市场占有率来获得规模经济成本,追求行业中的最低成本,并以较低的价格销售产品。

第二,产品价格的提高超过为提高产品质量所投入的成本。通常,具有较高质量的产品才能得到市场的认可,并有可能获取较高的市场占有率。但高质量并不意味过高的投入成本。美国管理学家克劳斯比指出,质量是免费的,因为质量好的产品可减少废品损失和售后服务的开支,所以保持产品的高质量并不会花费太多的成本,而且,高质量的产品会受到顾客的欢迎,使顾客愿意付较高的价格。

(二) 市场挑战者

市场挑战者是指那些相当于市场领先者来说在行业中处于第二、第三和以后位次的企业。如美国汽车市场的福特公司、软饮料市场的百事可乐公司等企业,处于次要地位的企业如果选择"挑战"战略，向市场领先者进行挑战，首先必须确定自己的策略目标和挑战对象，然后选择适当的进攻策略，即该公司以积极的态度，提高现有的市场占有率。

大多数市场挑战者的战略目标是提高市场占有率，进而达到提高投资收益率和利润率的目标。挑战者在明确战略目标时，必须确定谁是主要竞争对手。一般来说，挑战者可以选择下列几种类型的攻击目标。

1. 攻击市场领先者

这是一种既有风险又具潜在价值的战略。一旦成功，挑战者企业的市场地位将会发生根本性的改变，因此颇具吸引力。企业采用这一战略时，应十分谨慎，要周密策划以提高成功的可能性。进攻领先者需要满足的基本条件：

（1）拥有一种持久的竞争优势。比如成本优势或创新优势，以成本优势创造价格之优，继而扩大市场份额；或以创新优势创造高额利润。

（2）在其他方面程度接近。挑战者必须有某种办法部分或全部地抵消领先者的其他固有优势。

（3）具备某些阻挡领先者报复的办法。必须使领先者不愿或不能对挑战者实施旷日持久的报复。

2. 攻击与自身实力相当的企业

抓住有利时机，向那些势均力敌的企业发动进攻，把竞争对手的顾客吸引过来，夺取它们的市场份额，壮大自己的市场。这种战略风险小，若几番出师大捷或胜多败少的话，可以对市场领先者造成威胁，甚至有可能改变企业的市场地位。

3. 攻击实力较弱的企业

当某些中小企业出现经营困难时，可以通过兼并、收购等方式，夺取这些企业的市场份额，以壮大自身的实力和扩大市场占有率。

（三）市场跟随者

市场跟随者是指安于次要地位，不热衷于挑战的企业。在大多数情况下，企业更愿意采用市场跟随者战略。市场跟随者的主要特征是安于次要地位，在"和平共处"的状态下求得尽可能多的收益。

在资本密集的同质性产品的行业中，如钢铁、原油和化工行业中，市场跟随者策略是大多数企业的选择。

市场跟随者不是盲目、被动地单纯追随领先者，其任务是确定一个不致引起竞争性报复的跟随战略，在不同的情形下有自己的策略组合和实施方案。其跟随战略要达到这样的目标，必须懂得如何稳定自己的目标市场，保持现有顾客，并努力争取新的消费者或用户；必须设法创造独有的优势，给自己的目标市场带来如地点、服务、融资等某些特有的利益；还必须尽力降低成本并提供较高质量的产品和保证较高的服务质量，提防挑战者的攻击，因为市场跟随者的位置是挑战者的首选攻击目标。

1. 紧密跟随

战略突出"仿效"和"低调"。跟随企业在各个细分市场和市场营销组合，尽可能仿效领先者。以至于有时会使人感到这种跟随者好像是挑战者，但是它从不激进地冒犯领先者的领地，在刺激市场方面保持"低调"，避免与领先者发生直接冲突。有些甚至被看成是靠拾取主导者的残余谋生的寄生者。

2. 距离跟随

战略突出在"合适地保持距离"。跟随企业在市场的主要方面，如目标市场、产品创新与开发、价格水平和分销渠道等方面都追随领先者，但仍与领先者保持若干差异，以形成明显的距离。对领先者既不构成威胁，又因跟随者各自占有很小的市场份额而使领先者免受独占之指责。采取距离跟随策略的企业，可以通过兼并同行业中的一些小企业而发展自己的实力。

3. 选择跟随

战略突出在选择"追随和创新并举"。跟随者在某些方面紧跟领先者，而在另一些方面又别出心裁。这类企业不是盲目跟随，而是择优跟随，在对自己有明显利益时追随领先者，在跟随的同时还不断地发挥自己的创造性，但一般不与领先者进行直接竞争。采取这类战略的跟随者之中有些可能发展成为挑战者。

（四）市场补缺者

在市场经济发展中，人们非常关注成功的企业，往往忽略每个行业中存在的小企业，却正是这些不起眼的星星之火，在大企业的夹缝中求得生存和发展后，成为燎原之势，这些小企业就是所谓的市场补缺者。理想的补缺基点应具备以下特征：

第一，理想的补缺基点应该有足够的市场潜力和购买力。这种市场应该拥有众多的人口，他们具有很强的需求欲望，有为满足这种需求的极强的购买能力，缺一不可。只有三者结合起来才能决定市场的规模和容量，才能组成有潜力的大市场。如果补缺基点具备了这些条件，剩下的是企业应该生产足以引起人们的购买欲望的产品，使其成为理想的补缺基点，使潜在市场转变为现实的市场。

第二，理想的补缺基点应该有利润增长潜力。这个潜力是利润增长的速度要大于销售增长的速度，销售增长的速度大于成本增长的速度。它应该由企业来发掘，即企业将潜在的市场需求转变为现实的市场。值得注意的是必须讲究经济核算，加强管理，改进技术，提高劳动生产率，降低成本，在判断理想的补缺基点是否具有利润增长潜力时，预先考虑利润发生的时间，考虑资金的时间价值，考虑风险问题，克服短期行为。

第三，理想的补缺基点对主要竞争者不具有吸引力。作为企业应该建立竞争情报系统，从产业、市场两个方面识别自己的竞争者，确定竞争对象；判定竞争者的战略、战术原则与目标；评估竞争者的实力与反应，从而推断出自己选定的补缺基点是否对竞争者具有吸引力，以此预测这个补缺基点对企业的理想程度。

第四，企业应该具备占有理想补缺基点所需的资源、能力和足以对抗竞争者的信誉。企业发掘补缺基点时，需要考虑自身的突出特征；周围环境的发展变化及会给企业造成的环境威胁或市场机会；企业的资源情况和特有能力、信誉。只有掌握资源，企业才能确定以市场为导向，寻找切实可行、具体明确的理想的补缺基点，否则，即使是很好的补缺基点，也不是该企业的理想的补缺基点。

1. 市场补缺者的主要战略是专业化市场营销

专业化市场营销包括：专门致力于为某类最终用户服务的最终用户专业化；专门致力于分销渠道中的某些层面的垂直层面专业化；专门为那些被大企业忽略的小客户服务的顾客规模专业化；只对一个或几个主要客户服务的特定顾客专业化；专为国内外某一

地区或地点服务的地理区域专业化；只生产一大类产品的某一种产品或产品线专业化；专门按客户订单生产预订的产品的客户订单专业化；专门生产经营某种质量和价格的产品的质量和价格专业化；专门提供某一种或几种其他企业没有的服务项目专业化；专门服务于某一类分销渠道的分销渠道专业化。

2. 创造补缺市场、扩大补缺市场、保护补缺市场

企业不断开发适合特殊消费者的产品，这样就开辟了无数的补缺市场。每当开辟出这样的特殊市场后，针对产品生命周期阶段的特点扩大产品组合，以扩大市场占有率，达到扩大补缺市场的目的。最后，如果有新的竞争者参与时，应保住其在该市场的领先地位，保护补缺市场。作为补缺者选择市场补缺基点时，多重补缺基点比单一补缺基点更能增加保险系数，分散风险。因此，企业通常选择多个补缺基点，以确保企业的生存和发展。

总之，只要善于经营，随时关注市场上被大企业忽略的细小部分，通过专业化经营，精心服务于顾客，小企业总有机会获利。

三、企业竞争姿态

（一）进攻战略

进攻型战略是指在一个竞争性的市场上，主动挑战市场竞争对手的战略。采取进攻型战略的既可以是行业的新进入者，也可以是那些寻求改善现有地位的既有公司。

1. 正面进攻

市场挑战者集中优势兵力向竞争对手的主要市场阵地正面发动进攻，即进攻竞争对手的强项而不是它的弱点。当一家公司拥有卓越的组织资源和能力的时候，攻击竞争对手的强势很可能就会取得成功。直接对竞争对手的强势提出挑战的得失取决于进攻性行动的成本以及进攻性行动的收益二者之间的平衡。

如果采用此战略需要进攻者必须在提供的产品（或劳务）、广告、价格等主要方面大大超过竞争对手，才有可能成功；如果进攻性行动不能增强公司的盈利水平，不能增强公司的竞争地位，那么采取这种竞争性行动就是不明智的。为了确保正面进攻的成功，进攻者需要有超过竞争对手的实力优势。

2. 侧翼进攻

侧翼进攻是指市场挑战者集中优势力量攻击竞争对手的弱点。此战略进攻者可采取"声东击西"的做法，佯攻正面，实际攻击侧面或背面，使竞争对手措手不及。

在这种进攻策略之下，企业往往瞄准竞争对手的弱点采取竞争行动，最终占领市场。利用竞争对手的弱势来取得竞争上的成功有很多途径：

（1）在那些竞争对手市场份额很弱或者竞争力量不多的地理区域集中自己的竞争力量。

（2）特别关注竞争对手所忽视的或者竞争对手不能很好服务的购买者群体。

（3）对于那些产品质量、特色或者产品性能滞后的竞争对手，追逐他们的客户，在这种情况下，那种有着更好的产品的挑战者常常能够将那些对产品性能很敏感的客户游

说过来，转向自己的品牌。

（4）对于那些其客户服务水平低于平均水平的竞争对手，向他们的客户展开特别的销售攻势：一个以服务为导向的挑战公司赢得竞争对手的理性客户来说相对容易一些。

（5）对于那些广告及品牌认知度很低的竞争对手，向他们发动重大的竞争攻势。一个营销技巧强大和品牌被广泛认知的挑战公司常常可以从那些相比较之下不出名的竞争对手那里赢得客户。

（6）推出新的模型或改进型产品以充分挖掘和利用竞争对手产品线中的缺口，有时填补空缺的行动能够取得巨大的市场成功，进入新的细分市场。

一般来说，利用竞争对手的弱点，采取进攻性行动，相对于挑战竞争对手的强势来说，更有取得成功的希望，特别是在竞争对手比较脆弱或者竞争对手疏于防范时，"攻其不备"常常会有意想不到的收获。

3．围堵进攻

围堵进攻是指市场挑战者开展全方位、大规模的进攻策略。市场挑战者必须拥有优于竞争对手的资源，能向市场提供比竞争对手更多的质量更优、价格更廉的产品，并确信围堵计划的完成足以能成功时，可采用围堵进攻策略。

企业采取大型的竞争进攻性行动也有一定的优点，这种进攻性行动往往跨越很宽的地理领域，涉及多种行动（降价、加强广告力度、推出新产品、免费使用样品、店内促销、折扣等）。如此全面出击可以使竞争对手失去平衡，措手不及，在各个方向上分散它的注意力，迫使其同时保护客户群的各个部分。如果发出挑战的企业不仅能够推出特别有吸引力的产品或服务，而且有着很好的品牌声誉来保证广泛的分销和零售，那么，四面出击的进攻性行动就有可能取得成功。

4．迂回进攻

迂回进攻是指市场挑战者完全避开竞争对手现有的市场阵地而迂回进攻。迂回进攻所追求的是避免面对面的挑战，如挑衅性的削价，加大广告力度，或者花费昂贵的代价在差别化上压倒竞争对手。其中心思想是与竞争对手进行周旋，抓住那些没有被占领或者竞争不够激烈的市场领域，改变竞争规则，并使其行动的发出者有利。

迂回进攻的具体做法有：在直接竞争对手介入不深入或者没有介入的地域市场采取措施建立强大的市场地位；使推出的产品有着不同的属性和性能，能够很好地满足特定购买者的需要，从而创造出一个新的细分市场；或者加快步伐快速进入下一代的技术和产品。

5．游击进攻

游击进攻是指以小型的、间断性的进攻干扰对方，使竞争对手的士气衰落，不断削弱其力量。其要点是向较大竞争对手市场的某些角落发动游击式的促销或价格攻势，逐渐削弱对手的实力。

游击进攻战略的特点是不能依仗每一个别战役的结果决出战局的最终胜负。游击行动特适合小的挑战型企业，因为他们既没有足够的资源，也没有足够的市场透明度来对行业的领导者发起完全的攻击。游击性进攻行动所秉承的原则是"打一枪换一个地方"，有选择性地攫取销售和市场份额。发动游击性进攻的方式通常有：

（1）追寻那些对主要竞争对手很不重要的顾客。

（2）追求那些对竞争对手品牌忠诚度最弱的顾客。

（3）对竞争对手鞭长莫及且资源分布很稀薄的地区集中资源和精力。

（4）运用一些策略，如定价方面不经常出现的随机性降价（以获取大宗订货或者挖走竞争对手的关键客户），对竞争对手进行小型、分散、随机的攻击。

（5）出其不意地采取一些临时但是集中的促销活动抓住那些如果不采取促销活动就会选择竞争对手的顾客。

（6）如果竞争对手采取了一些不符合道德规范或者不合法的竞争战略，并且这些竞争策略给竞争对手带来了好处，那么就控告它违反了反托拉斯法、侵犯了专利或者进行了不公平的广告活动。

（二）防御战略

领先者企业必须防备竞争对手的进攻和挑战，保护企业现有的市场阵地。最佳的战略方案是不断创新，以壮大自己的实力。还应抓住竞争对手的弱点主动出击。当市场领先者不准备或不具备条件组织或发起进攻时，至少也应使用防御力量，坚守重要的市场阵地。防御战略的目标是使市场领先者在某些事关企业领导地位的重大机会或威胁中采取最佳的战略决策。如图8-10所示，领先者企业有六种防御战略可供选择。

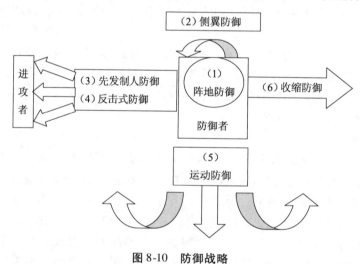

图8-10 防御战略

1. 阵地防御

阵地防御是指市场领先者在其现有的市场周围建造一些牢固的防卫工事，以各种有效战略、战术防止竞争对手侵入自己的市场阵地。这是一种静态的、被动的防御，阵地防御是最基本的防御形式。

2. 侧翼防御

侧翼防御是指市场领先者建立一些作为防御的辅助性基地。对挑战者的侧翼进攻要准确判断，改变营销战略战术，用以保卫自己较弱的侧翼，防止竞争对手乘虚而入。

3. 先发制人防御

先发制人防御是指在竞争对手尚未动作之前，先主动攻击，并挫败竞争对手，在竞争中掌握主动地位。具体做法是当某一竞争者的市场占有率达到对本企业可能形成威胁的某一危险高度时，就主动出击，对它发动攻击，必要时还须采取连续不断的正面攻击。

4. 反击式防御

反击式防御是指面对竞争对手发动的降价或促销攻势，主动反攻入侵者的主要市场阵地。可实行正面回击战略，也可以向进攻者实行"侧翼包抄"或"钳形攻势"，以切断进攻者的后路。

5. 运动防御

运动防御是指市场领先者把自己的势力范围扩展到新的领域中去，而这些新扩展的领域可能成为未来防御和进攻的中心。市场扩展可通过市场扩大化和市场多角化两种方式实现。

6. 收缩防御

收缩防御是指市场领先者逐步放弃某些对企业不重要的、疲软的市场，把力量集中用于主要的、能获取较高收益的市场。

案例赏析

奥克斯集团是中国500强企业之一，现拥有总资产82亿元、员工1.8万名，涉足家电、通讯、地产、医疗、服务业等诸多领域。奥克斯集团经历了24年的历程，取得了跨越1 000倍的发展。2008年，实现销售收入164亿元，上缴税收5亿元。

2000年至2002年几年的时间里，发展速度已经将奥克斯空调推向了一个十分关键的节点。奥克斯空调毫不犹豫地选择了进攻，而且选择了中国空调市场最难以把握的广东市场——以广东市场为代表的华南市场一贯以其成熟市场固有的稳定性在中国空调市场中占有很高的位置。只要攻下了广东市场，那么就能够在华南其他市场中迅速地扩容。

"奥克斯"将广东的营销目标定为：将广东空调市场一线品牌现有的价格拉下1 000元左右，使广东空调市场的价格格局获得改变；在2003年全面进入广东市场的大商场和大卖场，做到哪里有空调卖，哪里就有"奥克斯"；在2003年实现5个亿的销售，2005年内则达到10个亿。

战略：奥克斯空调在湖南市场已连续多年实现行业冠军地位，2002年9月，奥克斯空调抽调原湖南分公司经理毛绍辉出任新一届广州分公司经理。与此同时，一批在全国各地市场取得较佳成绩的分公司经理成为广东市场的营销新军。为更好地保证2003年在广东市场的精耕细作，奥克斯空调决策者果断决定将原广东一个分公司模式变阵为六个分公司两个办事处（广州、深圳、佛山、中山、汕头、湛江分公司，东莞、海南办事处）。考虑到一系列市场活动之后，市场可能会出现一个井喷式的增长，提早将原有3人的售后服务人员增加至10人，并完善了相关的服务标准。紧接着，"奥克斯"打出了一系列组合拳：祭出价格武器、发动事件营销、巧打"非典"牌、启用免费年检、发"白皮书"等。"奥克斯"以挑战者的身份，在中国空调品牌数量最多、本土品牌基础最好的广东市场向一个强势群体发起攻击，从价格、传播、服务、渠道、技术等多方面下手。

成效：奥克斯空调因为以广东市场为代表的区域实现了高速增长，2004年1月7日被中国企业联合会评选为"2003年中国最具成长型企业"之一；奥克斯空调因在广东市场的良好表现，在2003年年底由《羊城晚报》组织的"广东家电风云榜"评选中被评为"2003年度最具潜力空调品牌"；奥克斯空调因率先发布《中国空调技术白皮书》，广东省消费者协会授予奥克斯空调"2003年度最诚信家电品牌"称号；奥克斯在广东市场启动的"中巴之战"，被中国空调权威机构《空调商情》及其他媒体评为"2003年中国空调十大营销事件"之一；奥克斯空调销售总经理吴方亮因为广东市场的成功运作，2004年1月被《南风窗 新营销》评为"影响中国2003的50位营销操盘手"之一；奥克斯空调全国市场总监李晓龙因为成功参与策划"中巴之战"，2004年1月被《成功营销》评为"中国十大营销操盘手"之一；奥克斯空调广州分公司经理毛绍辉因为广东市场的成功运作，被《中国电子报》《中国家电网》等单位评为"2003年度家电杰出十大职业经理人"之一。

工作任务八 制定个人职业生涯规划

【任务要求】 运用SWOT分析法，制定个人职业生涯规划。

【情景设计】 最近，学校准备组织全体学生参加全国职业学校"文明风采"竞赛中的职业生涯规划设计比赛。你刚好学完了"企业战略规划"这部分内容，老师要求你根据战略规划的程序，运用SWOT分析法，为自己制定一份精美的职业生涯规划。

【任务实施】 学生根据个人兴趣爱好及发展的实际，以书面形式撰写个人今后若干年的职业成长及发展规划方案。

【任务实施应具备的知识】

1. 对自身情况进行SWOT分析。

（1）分析你的现状；

（2）分析你的经验、知识和个人特点；

（3）对本专业的职业前景、就业状况进行深入分析；

（4）绘制SWOT矩阵图。

2. 发掘你内心的愿望。

3. 制定你的职业目标。

4. 完成个人职业发展规划方案。该发展规划方案应与个人的成长及就业实际紧密结合。

【任务实施应具备的知识】

1. 企业战略规划流程；

2. 运用SWOT分析法。

【任务完成后达成的能力】

具备基本的规划意识和规划能力，能够独立地进行个人职业生涯规划。

【任务完成后呈现的结果】

学生以个人为单位，每人提交一份个人"职业生涯规划"设计方案，字数不低于4 000字。

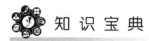 知 识 宝 典

【企业战略】 企业战略是指企业为了谋求生存和发展而做出的经营领域事关全局性、

长期性、方向性和外部性的重大决定和计划方案。

【竞争战略】 竞争战略决定企业怎样在一个市场内竞争，尤其是面对着相关竞争者的定位。

【营销战略】 营销战略是指企业在现代市场营销观念下，为实现其经营目标，对一定时期内市场营销发展的总体设想和规划。

【营销计划】 营销计划是一个详细的书面陈述，定义预算内的目标市场、营销活动、责任、时间表和要用的资源。绝大多数营销计划是以年为单位的。

【战略规划】 战略规划是指依据企业外部环境和自身条件的状况及其变化来制定和实施战略，并根据对实施过程与结果的评价和反馈来调整、制定新战略的过程。

【战略业务单位】 战略业务单位是指企业的一部分，其产品或服务与其他业务单位有不同的外部市场。业务单位不是按企业的组织结构划分的，而是按市场划分的。业务单位可能是一个事业部，也可能不是一个事业部。

【波士顿矩阵（BCG）】 波士顿矩阵又称市场增长率—相对市场份额矩阵、波士顿咨询集团法、四象限分析法、产品系列结构管理法等，是由美国著名的管理学家、波士顿咨询公司创始人布鲁斯·亨德森于1970年首创的一种用来分析和规划企业产品组合的方法。

【GE 矩阵】 GE 矩阵又称通用电器公司法、麦肯锡矩阵、九盒矩阵法、行业吸引力矩阵。GE 矩阵可以用来根据事业单位在市场上的实力和所在市场的吸引力对这些事业单位进行评估，也可以表述一个公司的事业单位组合判断其强项和弱点。在需要对产业吸引力和业务实力作广义而灵活的定义时，可以以 GE 矩阵为基础进行战略规划。

【SWOT 分析法】 SWOT 分析法是一种企业内部分析方法，即根据企业自身的既定内在条件进行分析，找出企业的优势、劣势及核心竞争力之所在。其中，S 代表 strength（优势），W 代表 weakness（弱势），O 代表 opportunity（机会），T 代表 threat（威胁），其中，S、W 是内部因素，O、T 是外部因素。按照企业竞争战略的完整概念，战略应是一个企业"能够做的"（即组织的强项和弱项）和"可能做的"（即环境的机会和威胁）之间的有机组合。

单元综合练习

一、选择题

1. 某火车站与煤炭公司联办煤炭转运站，从战略角度分析这属于（　　）。
    A. 后向一体化　　　　　　　　B. 前向一体化
    C. 横向一体化　　　　　　　　D. 综合一体化

2. 铁路运输企业兼并某汽车运输公司，积极开展联运业务，从战略角度分析这属于（　　）。
    A. 后向一体化　　　　　　　　B. 前向一体化
    C. 横向一体化　　　　　　　　D. 综合一体化

3. 某车站为满足旅客需求积极开展商、旅、餐、饮一条龙服务,从多角化战略角度分析,其属于（　　）。
   A. 同心多角化　　　　　　　　　B. 横向多角化
   C. 纵向多角化　　　　　　　　　D. 综合多角化

4. 某车站为安置下岗职工和职工子女就业而开展土木工程施工和土石方运输业务,这属于（　　）。
   A. 同心多角化　　　　　　　　　B. 横向多角化
   C. 纵向多角化　　　　　　　　　D. 综合多角化

5. 某经营型货场在原有运输业务基础上积极开拓业务领域,先后开展了运输工具维修租赁、商贸经营和房地产开发等业务,该货场采取的是（　　）。
   A. 同心多角化　　　　　　　　　B. 横向多角化
   C. 纵向多角化　　　　　　　　　D. 综合多角化

6. 在长途列车上普及开展贵重物品寄存是属于（　　）战略。
   A. 同心多角化　　　　　　　　　B. 横向多角化
   C. 纵向多角化　　　　　　　　　D. 综合多角化

二、填空题

1. 企业的增长战略主要有（　　）增长战略、（　　）增长战略和（　　）增长战略三类。
2. （　　）、（　　）和（　　）是密集性增长战略的三种方式。
3. 一体化增长战略有（　　）一体化、（　　）一体化和（　　）一体化三种具体方式。
4. 多角化增长战略可分为（　　）多角化、（　　）多角化和（　　）多角化三种形式。

三、案例分析题（运用所学知识,进行分析）

【案例】　启智公司是一家在国内智力玩具市场居领先地位的成熟企业,它拥有先进的生产设备和稳定的员工队伍,良好的财务业绩以及稳定的现金流,确保了公司的产品在市场上十分畅销。最初,该公司只生产游戏拼图,后来渐渐涉足"智力娱乐游戏"领域,如棋类游戏、谜语书等,近年来,公司又推出了计算机游戏。

最近,该公司创始人兼CEO徐放刚刚退休,假如你被公司董事会任命为新一任公司CEO,你将如何为公司制定未来三年的战略规划？以下是一些有关启智公司的基本信息：

徐放在任时,与出版界和书店等零售分支机构建立了一个稳定的关系网。正是由于这些关系,使启智公司总是能够成功地将新产品在玩具店和书店最显眼的货架上被摆放出来。

经过10年的经营,启智公司的印刷裁切技术在市场上获得了良好的声誉和相当高的品牌知名度,该公司生产的拼图游戏产品销量在市场上一直名列前茅,其产品因印刷精美被许多消费者当作收藏品,公司内部拥有一大批经验丰富、技术优秀的印刷裁切方面的人才,但公司还没有为印刷裁切技术注册专利。

徐放在公司员工中是个很有威信和个人魅力的老板,过去10年来,他总是能够准确把握行业动态,清楚地知道公司中将会发生什么,他也总是乐于听取每一个员工的意见和建议,在公司内部培养了一种"大家庭"式的企业文化,员工对企业的忠诚度较高。徐放也懂得如何激励员工,使他们完成更好的业绩。由于员工对徐放的管理风格十分认可,CEO 的更换或多或少会给员工士气带来一些影响,如何稳定军心,是摆在你面前的一个难题。

计算机技术的迅速发展引起了游戏的变化,传统的棋类游戏已经向计算机类游戏转变,而计算机游戏的销售渠道完全不同于传统游戏,需要重新建立和培育,公司在这方面的实力较弱,而且这项业务需要大量投资。在计算机游戏产品开发方面,一些竞争对手已经走在了启智公司的前头,他们已培育出了一批优秀的图形设计人员,图形设计从二维转向三维,这在计算机游戏中非常重要,由于启智公司多年来以拼图游戏作为其主营业务,对图形设计人员培养不够,目前公司这方面的人才比较缺乏,只有一小部分员工掌握图形设计技术,而这些人才还随时可能流失,因为目前的人才市场对图形设计人员求贤若渴。

根据市场预测,未来几年内拼图游戏的市场份额将呈现下降趋势,启智公司的一个竞争对手最近已经遇到了严重的财务危机,但对启智公司而言,在产品差异化方面似乎还有许多文章可做,比如,可将拼图游戏开发成为一种生日礼品,为客户量身订制生日照片。

思考下列问题:
1. 用产业竞争五力理论分析启智公司的竞争力。
2. 列出 SWOT 分析表,并做出其战略选择。

第九单元

运筹帷幄　决胜千里

学习目标

【知识目标】
1. 理解评估、控制和实施营销计划的必要性；
2. 了解营销计划过程对计划实施的贡献；
3. 掌握构建市场营销组织可供选择的方法；
4. 掌握营销控制的常用知识，把握营销审计的任务和内容。

【能力目标】
1. 能独立制订营销计划并构建市场营销组织；
2. 能处理市场营销计划执行过程中的常见问题；
3. 能处理企业营销绩效问题，具有一定的市场营销管理能力。

学习任务提要

★ 市场营销计划
★ 市场营销组织
★ 市场营销控制

工作任务提要

★ 运用营销综合知识，编制"××公司市场营销计划书"。

建议教学时数

★ 6学时

学习任务一　编制市场营销计划

案 例 导 入

【看一看】　中国电子消费市场的迅速增长正在引起跨国巨头们的注意,来自"飞利浦"的消息就是一个很好的例证。

据了解,作为世界最大电子公司之一的"飞利浦"将在中国启动一项"全球营销计划",这一计划的侧重点是将"飞利浦"的品牌重新定位。来自"飞利浦"的内部消息说,在即将与中国消费者见面的"全球营销计划"中,"飞利浦"新的品牌定位将是"为您设计""方便使用"和"领先技术"。据说"飞利浦"重新定位的目的在于,要从以前的以技术主导,转变为市场主导。

"飞利浦"有关人士说,根据设想,"飞利浦"将把原来的家电、小家电、照明、半导体、医疗系统这五个部门重新归类为时尚生活、医疗保健、核心技术三个领域。具体分法是:家电、小家电等消费类产品归为时尚生活部门;原有的医疗系统属医疗保健部门;手机芯片、半导体等技术含量高的产品属于核心技术部门。

【想一想】　"飞利浦"公司这样考虑的出发点是什么?

【说一说】　"飞利浦"的"全球营销计划"有何特点?我们应该从中学到些什么?

一、市场营销计划的基本知识

（一）市场营销计划的含义

计划就是对未来的打算。企业要在激烈的市场竞争中求得生存和发展,必须不断地为自己明确前进的目标以及为实现目标而采取的策略。

市场营销计划是指在研究目前市场营销环境状况,分析企业所面临的主要机遇与威胁、优势与劣势以及存在问题的基础上,对财务目标、市场营销目标、市场营销战略、市场营销行动方案以及预计损益表的确定与控制。

市场营销计划是企业战略计划在营销领域里的具体化,它不仅是企业最重要的部门计划之一,而且在很大程度上影响着其他各项相关计划的制订与实施。

市场营销计划清晰、明确地表述了应该实施什么样的战略行动,由谁实施,何时实施,以及实施结果应该是什么等问题。

（二）"市场营销计划"和"市场营销计划过程"

"市场营销计划"是"市场营销计划过程"的产物;"计划过程"是制订计划的过程。计划过程是相当规范的,并且能跨职能、跨企业地被借鉴,但实际用来指导战略和行为的"计划",还是常常存在广泛差异的。这部分是因为同一个"计划过程"可能导致几个不同类型的计划。

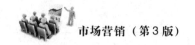

（三）市场营销计划的地位

首先，营销计划是营销管理的首要职能和中心内容。营销管理是营销管理人员所从事的一种有目的、有意识的社会实践活动，在从事营销管理活动以前，必须要明确营销活动的目标及实现目标的手段，这正是营销计划要解决的问题，没有营销计划，营销管理就是一种盲目的活动，就会导致营销活动的混乱和效率的低下。因此，营销计划是营销管理的首要职能，也是营销管理的中心内容。

其次，营销计划是营销管理的起点和基础。这是因为营销管理是以营销计划为依据的，在确定采用什么样的组织结构、选用什么样的人员、如何对营销人员加以引导和激励、采取什么样的控制手段以前，首先要考虑计划所确定的营销目标是什么。否则，再好的战略行为和实施行为也是不协调、重点不突出的，得不到良好的实施。最糟的情况是，企业将毫无目标地、混沌地从一种危机状态过渡到另一种危机状态，直到最终被竞争对手的优势所击垮，企业的需求降到最低，企业继续经营将无法生存。因此，制订计划是一种行为，是一种商业过程，它提供了一个系统的结构和框架，以便预测未来、评估各种可行方法，之后选择和实施能有效、迅速地达到上述目的的必要行为。

尽管会有这些好处，我们仍不能假定所有的企业都制订市场营销计划。制订市场营销计划的企业也不一定能够达到预期效果。制订营销计划这一行为本身并不确保成功。成功与否，很大程度上依赖制订的每个计划的质量，它在企业内部作为基础动力被接受的情况，以及与最终计划的相关性。这一过程很容易出错。制订计划的主要缺陷是倾向以技术为向导，而忽视了制订计划的实质。技术带来了清晰完美的过程，所有事情都有条有理地分门别类，经理们就可能过于注重表面现象，寻找程式化的解决方案。这种态度限制了创造力，忽视了客观世界的复杂性。

二、市场营销计划的特点与分类

（一）市场营销计划的特点

1. 整体性

企业是由生产、营销、财务、人事等众多部门构成的企业各部门之间相互联系、相互影响、相互制约。因此，企业在制订营销计划时必须统筹营销活动的各个方面，全盘考虑，整体安排，使营销计划与其他各部门的计划协调一致，相互配合。

2. 可行性

营销计划所规定的任务、目标，做出的各项决策必须是可行的，即是企业的主客观条件所能达到的。

3. 经济性

企业制订的营销计划必须遵循经济效益原则，以较少的费用支出实现较大的营销效果。

4. 灵活性

营销计划是关于未来营销活动的行动方案，而未来充满着众多事先难以预料的不确定因素，因此，在编制营销计划时一定要留有余地，一旦环境因素发生变化，能对原定计划加以修订或调整。例如，西方国家一些企业坚持每季或每半年对中、长期计划修订一次，有的甚至每月检查一次。

另外，有的企业根据对未来的预测和判断，针对可能出现的几种主要情况制订几套计划和方案，以保持计划的灵活性。

5. 连续性

连续性是指计划要前后衔接，成龙配套。为此，中期计划的制订必须以长期计划为指导，与长期计划相衔接，短期计划的制订必须以中、长期计划为指导，与中、长期计划相衔接。

（二）市场营销计划的分类

1. 按市场营销计划制订的层次分

（1）战略营销计划。战略营销计划是市场的整体战略，考虑到消费者、竞争对手、管理能力等因素，是在分析当前市场情景和机会的基础上，描绘范围较广的市场营销目标和战略。

战略营销计划不仅在市场营销领域，而且在整个企业内部引导所有的计划和行为。战略营销计划倾向于公司或战略业务单位层次。

（2）战术营销计划。战术营销计划通常是营销组合的策略，为的是在市场中赢得优势，是具体描绘一个特定时期的营销战术，包括广告、商品、定价、渠道、服务等。

战术营销计划与产品和市场的联系更紧密些。战术营销计划应告知管理人员应当如何实施计划。

2. 按计划的时间跨度分

（1）短期计划。短期通常指组织经营的最短合适时间，通常是 1 年，在诸如服装之类的行业则为 1 个季度。短期计划与实施有关，涉及具体目标的实现和具体职责的分摊。一些短期计划制订的时候，并不是作为年度计划的一部分，而是针对一些特定的活动、项目和环境的。

（2）中期计划。中期计划为 1～3 年，焦点不再集中于日常经营安排和详细的战略成果。中期计划涉及对活动的再制定和再定义，以创造、保持、利用竞争优势的行为，比如开发一个新市场、新产品或联合战略伙伴，以提高市场地位。

（3）长期计划

长期计划则可以覆盖 3～20 年，具体的则由投资期决定。如果需要花 10 年委托、建造一个主要投资项目才能收回成本，比如建立一个新的工厂或购进新机器，那么计划需要考虑到可能影响项目可实施性的各种因素。

长期计划总是有重点的、战略性的，考虑资源配置和利润的。大多数长期计划会有年度回顾，看是否取得进展。

3. 按计划涉及的范围分

（1）总体营销计划。这种计划是企业营销活动的全面、综合性计划，它反映企业的总体营销目标，以及实现总体目标所必须采取的策略和主要的行动方案，是制订各种专项营销计划的依据。

（2）专项营销计划。专项营销计划是为解决某一特殊问题或销售某一产品而制订的计划，如市场调研和预测计划、产品计划、渠道计划、定价计划、促销计划、储运计划等。

专项计划通常比较单一，涉及的面较窄，较容易制订，但在制订时要特别注意与总体营销计划相衔接，否则会出现各单项计划彼此之间发生冲撞并与总体计划相抵触的现象。

三、市场营销计划过程

(一) 市场营销计划的要素

1. 内容提要

营销计划首先要有一个内容提要，即对本计划的主要目标及执行方法和措施作一概括的说明，目的是让高层管理者了解掌握计划的要点，并以此检查研究和初步评定计划的优劣。

2. 营销现状分析

在内容提要之后，营销计划的第一个主要内容是提供该产品当前营销状况的简要而明确的分析，主要包括以下几方面的内容：

(1) 市场状况。市场状况指市场范围的大小，包括哪些细分市场，近几年细分市场的营业额有多少，市场的增长率、利润率，市场竞争的激烈程度，消费者的需求状况及影响消费者行为的各种环境因素等。

(2) 产品状况。产品状况指产品的质量、档次、知名度，产品组合中每个品种的价格、销售额、市场占有率、利润率，产品的生命周期、需求弹性等。

(3) 竞争状况。竞争状况指主要竞争者都是谁，竞争对手产品的销量和市场占有率，竞争品牌的优缺点、市场区隔及市场定位，各个竞争者在产品质量、定价、分销、促销等方面都采取哪些策略等。

(4) 分销渠道状况。分销渠道状况指各种产品的主要分销渠道，各分销渠道近期销售额及各分销渠道的相对重要性变化等。

(5) 宏观环境状况。宏观环境状况指政治形势、经济政策、营销法规、人口数量、人口结构、家庭状况、消费者收入与支出、消费习俗等。

3. 机会与威胁

在营销状况分析的基础上，营销管理人员还应进一步对市场营销中所面临的主要机会和威胁进行分析。

所谓机会，是指营销环境中对企业营销的有利因素，亦即给企业的发展提供有利条件。

所谓威胁，就是有碍企业开展营销活动的各种不利因素，使企业的优势难以发挥。

要求营销管理者设法找出企业面临的主要机会和威胁，并对机会和威胁的程度加以分析，目的是使企业能充分利用机会，同时预见到那些将影响自身兴衰的重大事态的发展变化，以便采取相应的市场营销决策和手段，趋利避害，保证企业的顺利发展。

4. 市场预测

为了确定企业的营销目标，在对市场营销状况、机会与威胁分析的基础上，还必须运用科学的方法对市场的规模和发展前景、供需变化规律和发展趋势进行预测。市场预测的内容包括市场需求预测、市场供给预测、商品价格预测、竞争形势预测等。

市场预测是制定企业营销目标和计划的前提和依据,一方面需要以市场调查为基础,另一方面需要采用科学的方法,只有对市场需求状况和发展前景有了正确的认识,才能对各种市场机会做出合理的选择。

5. 确定营销目标

营销目标是营销计划的核心部分,是在营销现状、机会与威胁分析以及市场预测的基础上结合自身的条件和实力制定的。企业制订或调整营销计划时,应阐明企业的总目标和一些具体目标。

(1) 总目标。总目标是指企业打算经营何种商品,争取进入何种市场。计划中的其他各项内容都得围绕这一总目标。编制计划还应扼要说明选择该商品和该市场的理由,市场潜力的过去、现在和将来发展趋势,竞争形势,消费者情况及商品类型、品种、规格、质量、包装、价格等要求。

(2) 财务目标。根据以提高经济效益为中心的要求,利润目标是财务目标的核心。财务目标包括利润额、投资收益率、销售利润率等。

(3) 市场目标。市场目标包括市场占有率、销售额、消费者知晓度、分销覆盖面、广告覆盖率等。例如:本期计划要使市场占有率提高15%。如果目前市场占有率只有10%,那么管理者就应考虑采取哪些措施,如何使市场占有率达到计划所要求的目标。

6. 制定营销策略

营销策略是实现营销目标的途径或手段,包括目标市场的选择和市场定位策略、竞争策略以及产品、定价、渠道、促销等营销组合策略。实现某种营销目标有时有多种策略可供选择。例如,增加销售收入的目标可通过增加销售量或提高产品销售价格来实现,也可两种手段同时采用。因此,营销管理人员面对多种选择应权衡利弊,做出明智的选择。同时,还要说明采取各种不同策略的理由以及所必需的营销费用。

7. 筹划行动方案

筹划行动方案是指依据预期目标和营销策略,制订具体行动方案。行动方案包括营销活动的具体分工,营销人员的组成,行动的时间和地点,以及行动的路线等。例如,如果想把加强促销行动作为提高市场占有率的主要策略,那么就要制订相应的促销活动计划,列出许多具体行动方案,包括广告公司的选择、广告题材的决定等。

8. 编制营销预算

编制营销预算是指在营销行动方案的基础上,进行营销费用的预算,确定达到预期目标所需的费用。编制营销预算最简便的一种方法是目标利润计划法,就是在确保目标利润的前提下,根据预计的毛利的多少来决定各项营销支出费用数额。

营销预算表明营销计划在经济上是否可行,如果预算过高,超过了企业财务承受能力,则应考虑加以修改和调整。预算一经企业高层主管审查、批准,便成为原料采购、生产安排、人员计划和市场营销业务活动的依据。

9. 营销计划控制

营销计划的最后一部分,是对计划执行过程的控制。一般是将计划规定的目标和预算按月份或按季度分解,并规定计划执行、控制的方法。如开展目标管理、推行经济责任制、奖惩办法，以便于企业上层管理部门进行有效的监督与检查，确保市场营销计划的顺利完成。

市场营销计划就是由以上9个部分构成的，企业的市场营销计划制订并经审核批准后，就成为企业营销部门一定时期内的行动纲领，成为各项营销活动的主要依据。

（二）制订市场营销计划的原则

1. 系统性原则

企业是一个由营销、生产、财务、人事等众多子系统构成的大系统。这些子系统相互联系、相互影响，对营销目标的实现起着促进的制约作用。因此，在制订市场营销计划时，不能孤立考虑问题，而应全面、综合地考虑问题，使营销计划与其他部门的计划协调一致。

2. 灵活性原则

市场营销计划是关于未来营销活动的行动方案，而未来充满着难以预料的不确定因素，所以在编制营销计划时，一定要留有一定的余地，保持一定的灵活性。在营销计划执行过程中，更应随着环境的变化和不确定因素的出现，对原定计划加以修订或调整。

3. 连续性原则

所谓连续性，是指市场营销计划要前后衔接，成龙配套。为了保持计划的连续性，中期计划的制订必须以长期计划为指导，与长期计划相衔接；短期计划的制订必须以中长期计划为指导，与中长期计划相衔接。

（三）制订市场营销计划的过程

市场营销计划不仅为企业经营指明了方向，还为企业实现营销目标乃至整体目标制订了具体的行动方案，因此，制订好市场营销计划，对于实现企业经营目标，促进企业的发展有着重大的意义。制订市场营销计划的步骤有以下几个方面，如图9-1所示。

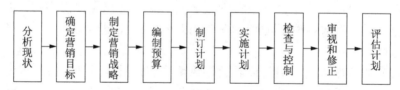

图9-1 市场营销计划过程

第一步，分析现状。

作为营销计划背景的一部分，业务回顾为营销计划提供信息决策基础，也为战略营销决策提供依据。在这一步骤，实质上是进行环境分析，通过对企业记录、数据、行业报告、调查资料等进行研究，了解企业市场情况、产品情况、竞争情况、销售情况和宏观环境状况等，找出问题与发现机遇的过程。

第二步，确定营销目标。

市场营销目标是在分析企业的威胁与机遇的基础上，对影响企业业务的内外部因素提出假设，最终确定的可以量化的标准，这是制订市场营销计划的整个过程中关键的一步。

第三步，制定营销战略。

市场营销战略是实现市场营销目标的方法，要解决的是如何利用这些营销因素实现企业的营销目标。通常涉及产品、价格、促销和分销等几个方面的基本策略。

第四步，编制预算。

营销计划是否可行，必须在经济层面上进行衡量。如果预算过高，超过了企业的财务承受能力，则应考虑加以修改和调整。

第五步，制订计划。

计划书应遵循市场营销计划书的一般格式，根据收到的相关信息，把解决问题的方法以书面的形式表现出来。计划书应该清晰、简洁和便于阅读。

第六步，实施计划。

营销计划的实施要做到全面、协调和统一，时刻与参加者保持沟通，确保他们理解计划的目标和构成，对他们的工作活动以及整体营销努力的成果提出反馈意见。

第七步，检查与控制。

市场营销计划的控制要求计划的执行能沿着既定目标推进。通过销售分析、赢利分析以及市场营销活动的内外部各因素的综合考察，对计划的执行情况进行实时监控。

第八步，审视和修正。

营销计划在制订时，应保持一定的弹性，因为影响营销计划执行的环境和条件都是在不断发生变化的，尤其是对于计划期较长的营销计划，其影响就更大。因此，计划需要定期根据变化的环境和条件进行审视和修正。

第九步，评估计划。

评估可以分为计划实施前评估、计划实施中评估和计划实施后评估。计划实施前评估是为了判断营销计划能否成功，依据过去的数据和资料，利用有效的评估方法来获取营销计划各元素取得成功的水平。计划实施中的评估是指在营销计划实施中，通过数据的分析来确定发展趋势，并为修正计划提供依据。计划实施后评估是对营销计划实施前后进行比较，总结出成功和失败的经验和教训，为今后的计划做好准备。

四、市场营销计划的实施

在市场营销过程中，把市场营销计划转化为市场营销业绩的"中介"因素是市场营销计划的实施。如果计划不能实施，再好的计划也只能是"纸上谈兵"。

（一）制订行动方案

为了有效实施市场营销计划，市场营销部门以及有关人员需要制订详细的行动方案。方案必须明确市场营销计划中的关键性环节、措施和任务，并将任务和责任分配到个人或小组。行动方案还应包含具体的时间表，即每一项行动的确切时间。

（二）健全组织结构

在市场营销计划的实施过程中，组织结构起着决定性的作用。它把计划实施的任务分配给具体的部门和人员，规定明确的职权界限和信息沟通路线，协调企业内部的各项决策和行动。组织结构应当与计划的任务相一致，同企业自身的特点、环境相适应。也就是说，必须根据企业战略、市场营销计划的需要适时改变、完善组织结构。

(三) 建立规章制度

为了保证计划能够落在实处，必须设计相应的规章制度。在这些规章制度当中，必须明确与计划有关的各个环节、岗位、人员的责权利，各种要求以及衡量、奖惩条件。

(四) 实行目标管理

市场营销计划中的经营目标包括利润目标、销售额目标、市场占有率目标、销售增长率目标、客户增长目标、产品与市场开发目标、渠道与网点建设目标和促销目标等。

实行目标管理，把企业的上述经营目标进行层层分解，落实到每一个相关部门或责任人，使之明确在实现企业整体目标中各自的职责和应完成的任务，并提出可行的具体措施，拟定出行动的确切时间。通过层层落实，将计划目标分解到每一个人，确保企业经营目标的实现。

(五) 协调各种关系

为了有效实施市场营销战略和计划，行动方案、组织机构、规章制度等因素必须协调一致，相互配合。

1. 处理好计划与实际的关系

一般来讲，市场营销计划通常是由公司上层的专业计划人员制订的，实施则主要靠基层的市场营销管理人员。所以，要想处理好市场营销执行中计划与实际的关系，企业就要意识到不能仅靠专业计划人员为市场营销人员制订计划，应让计划人员协助市场营销人员制订计划。因为一线的营销管理人员更了解市场的实际，让他们参与计划，会更有利于市场营销计划的执行。

2. 处理好长期目标与短期目标的关系

市场营销计划通常着眼于企业的长期目标，涉及今后的经营活动。但具体执行这些计划的市场营销人员通常是根据他们的短期工作绩效，如销售量、市场占有率或利润率等指标来评估或奖励的，因此市场营销人员常选择短期行为。公司应当采取适当措施，克服这种长期目标和短期目标之间的矛盾，设法取得两者的和谐。

3. 处理好传统和创新之间的关系

企业当前的经营活动往往是为了实现既定的战略目标，新的战略如果不符合企业的传统和习惯就会遭到抵制。新、旧战略的差异越大，执行新战略可能遇到的阻力也就越大，要想执行与旧战略截然不同的新战略，常常需要改变企业传统的组织机构和各种关系，建立起与新战略相适应的组织机构和各种管理制度。

案例赏析

二十世纪八十年代末，由于日本日立公司选择了廉价电视与立体声设备商店作为它的分销渠道，加上它的低价和促销性的折扣，使得日立公司在盒式录像机市场经营得十分出色。随着盒式录像机市场趋于成熟，并且各个竞争对手纷纷崛起，为争夺市场占有率而不断竞争。日立公司重新设计了盒式录像机在美国市场上的营销计划书。

一、整体计划概要

1991年市场营销计划试图保证公司的销售和利润比前几年有所增长。具体营销目标为：销售额为24 100万美元；毛利为6 748万美元；毛利率为28%；净利润为650万美元；市场占有率为 6.6%。这一目标可以通过实施防御性定位和提高顾客对产品的满意度来实现。需要的营销预算为 657 万，比去年增加 0.5%。

二、市场营销现状分析

（一）市场背景

盒式录像机市场的成长已经停止，该市场领域内的大多数公司都在为维持盈利而奋斗。日立公司过去一直采用低零售价和高零售折扣的策略，日立的销售情况一直不错，但它的长期获利能力却值得怀疑。在许多消费者看来，他们眼中的各种牌号的盒式录像机的差异是不明显的。美国无线电公司、泛美音响公司和索尼公司的产品都一样。产品差异性的缺乏迫使那些知名度低的公司，如日立公司不得不把市场营销的重点放在零售商店。由于零售店经营的品牌数量有限，一般为 5~8 个，所以那些知名度低的公司便为了争夺零售商店而展开了相互厮杀。

（二）市场竞争分析

1. 像许多其他日本公司一样，因为日元的坚挺，日立面临涨价的压力。
2. 韩国低价产品，如三星与金星等品牌的进入，使市场竞争加剧。
3. 盒式录像机产品差异性小。

（三）价格分析

各竞争公司之间的价格关系是难以评价的。各公司的盒式录像机都有类似的功能特征，价格似乎只是公司形象、产品声誉的函数。由于产品是无差异的，消费者选择过程中可能模糊不清、拿不定主意，最终购买的原因可能完全是因为他们对某一商标名称的偏爱。

三、问题与机会

（一）存在的问题

1. 调查发现，日立商标名称的知名度很低。
2. 日立盒式录像机没有任何显著产品特性区别。日立也难以开发出不可能被竞争对手迅速模仿的产品特性。
3. 日立拥有的分销商无论是在数量上还是在质量上都次于它的大多数竞争对手。
4. 大约只有 3% 的分销商认为日立是一个重要的品牌。

（二）具有的机会

1. 调查表明，在二流电子消费品制造企业中，没有一家实施防御性市场定位，因此，日立可以把三洋、弗西尔、夏普从它们占领的某些销售网点中挤出去，取而代之。
2. 大多数消费者对盒式录像机《使用说明书》的质量不满意。
3. 由于电子消费品零售商店也面临着激烈竞争，因此它们乐于接受任何能给它们带来竞争优势的计划。

四、营销目标

1991 年，日立在美国市场的营销目标为：销售额为 24 100 万美元；毛利为 6 748 万美元；毛利率为 28%；净利润为 650 万美元；市场占有率为 6.6%。

五、营销战略

（一）建立一个既有顾客又有零售商的防御性市场定位体系

（二）提高产品价格以保证一定的利润率水平

当年的市场营销计划将以建立一个更强的防御性市场定位体系为中心。对顾客来说，主要通过大力改善产品说明书来满足他们的需要；对零售商来说，则以开展独一无二的促销活动为重点来满足他们的需要。下一年，日立的市场定位应该有所改观，使之成为提高价格的基础。

六、行动方案

（一）引进易于理解的《使用说明书》

日立已经委托公司外部的专家与该公司工程部专家一道编制一份新的《使用说明书》。为了使顾客容易理解说明书，日立将对盒式录像机进行更新以使其首先做到易于操作。这些更新正在进行当中，配有易于理解的《使用说明书》的新型盒式录像机将于1990年12月准备就绪。日立必须在对新的易于操作的说明书开展一系列活动之前十天，将新型盒式录像机运到目标市场，以便留出时间让各零售商店妥善处理店内现存所有日立盒式录像机。

（二）零售商折扣

日立公司将在第二年继续执行今年的数量折扣策略。

（三）推销人员培训

对推销员的培训将从12月1日开始直到要进行新的推销活动为止。

（四）开设热线电话

1991年2月1日起公司将开设800次24小时免费热线电话，与顾客讨论有关日立盒式录像机的问题。

（五）店内陈设

店内陈设将委托一家广告代理商设计制作。陈设台有4英尺高，有20台盒式录像机，最大限度地利用楼层空间，以充分吸引顾客的注意，使顾客从四方八面都能看到。

（六）展示宣传活动

这一活动将在每一零售店组织进行。这些宣传活动包括反复播放消费者使用日立盒式录像机的录像和他们对新型录像机表现出的极大兴趣，以及对新型易于理解的说明书的强烈反响。录像中还将展示日立公司对盒式录像机产品所做的全部更新并加以说明，以期达到顾客易于理解和便于操作日立盒式录像机的目的。

（七）使用广告

如果零售商在合作广告基金上投资的话，他们将获得购买额2%的收益。不过这是有条件的，只有当他们将广告宣传的内容集中在介绍日立公司新型《使用说明书》方面时，零售商才有可能获得这2%的盈利。合作广告基金占广告费用的一半。

（八）公共关系

公司发布新型易于掌握的《使用说明书》的新闻，并把新闻送到销售日立公司盒式录像机产品的零售商所在当地报刊及有关杂志上发表。

（九）刺激销售商计划

对那些购买日立盒式录像机价值在5万美元以上并付了款的零售商，日立公司向他们提供一年两次，持续一周的激励活动。其具体内容包括：（1）在激励活动期内，如果零售商出资达到合作广告基金的50%，零售商将获得额外的以激励期内购买额为基准5%的合作广告津贴。（2）零售商在激励期的购买额将按额外的5%进行贴现。（3）日立公司的销售人员将于星期六和星期天带着日立公司宣传录像带在零售店工作。

七、活动时间表以及费用预算

（略）

八、实施控制

（略）

学习任务二　构建市场营销组织

案 例 导 入

【看一看】　耐克（Nike）公司成立于1964年，由一位会计师菲尔·奈特和一位运动教练比尔·鲍尔曼共同创立，现已成为领导性的世界级品牌。当年奈特先生仅仅花了35美元请一位学生设计了耐克的标志，如今那个著名的标志价值已超过100亿美元。耐克的成功之道就是虚拟生产的商业模式，耐克以优良的产品设计和卓越的营销手法控制市场，而将生产环节外包。

在过去的几年里，耐克大力扩张产品线，并增加了新的品牌。耐克的主力商品原来以篮球鞋为主，最近几年则推出高尔夫运动用品系列，并以高尔夫运动员"老虎"伍兹为代言人，同时加强足球鞋的推广，以迎合足球运动人口的增加。目前足球运动用品系列的营业额每年已高达10亿美元，占有全球25%的市场，在欧洲市场更高达35%的市场占有率。耐克先后并购了高级休闲鞋名牌COLEHAAN、曲棍球名牌BAUER、第一运动鞋名牌CONVERSE和滑溜板名牌HURLY，并放手让各名牌独自经营，取得了不俗的成绩。

根据最新公布的公司财务年报，2017年耐克公司的年营业收入达到343.20亿美元，同比增长6%，净利润达42.40亿美元，同比增长13%。公司董事长和首席执行官迈克·帕克（Mark.Parker）充满自信地说：耐克现在正面临着前所未有的发展机遇，我们具有将关于消费者的洞察力转化为优势产品的独特能力，这正是耐克成为全球行业领袖的重要原因。

【想一想】　公司董事长和首席执行官何以对耐克充满了自信？

【说一说】　耐克公司是如何运用营销手段成功地控制市场的呢？

一、市场营销组织的演变

企业的市场营销计划和其他营销活动必须通过相应的、高效率的市场营销组织或机构来执行与实施。

企业的市场营销组织是执行市场营销计划、服务顾客的职能部门。市场营销部门的组织形式，主要受营销环境、管理体制、企业规模、产品种类、经营范围、产品销售方式以及企业市场营销观念等因素的影响。

市场营销组织要保证企业营销计划和经营目标的实现，就必须随着市场营销环境、市场营销观念和企业任务与目标的变化而不断变化。

（一）市场营销组织的演进

现代市场营销组织是从简单的销售部门演变而来的，其演变过程反映了市场营销组织在企业经营活动中的地位和作用日益增强。其发展过程，大致可以划分为以下四个阶段：

1. 单纯的销售部门

20世纪20年代前，西方企业主并不重视市场营销，也没有营销部门这个概念，销售职能多由企业主本人或雇佣一两个推销人员承担；20世纪20年代后期，渐渐出现了简单的销售部门，它是由销售主管负责几位推销人员，并同时兼顾其他营销职能。

在这个阶段，销售部门的职能仅仅是推销生产部门生产出来的产品，生产什么，销售什么；生产多少，销售多少。产品生产、库存管理等完全由生产部门决定，销售部门对产品的种类、规格、数量等问题，几乎没有任何发言权。

2. 兼有附属职能的销售部门

20世纪30年代大萧条以后，市场竞争日趋激烈，企业大多数以推销观念作为指导思想，需要进行经常性的市场营销研究、广告宣传以及其他促销活动。

在这个阶段，营销组织的功能扩大了，比第一阶段增加了两方面的职能：一是市场调研、营业推广和广告宣传等职能；二是人员培训、销售分析及售前售后服务活动。随着企业规模扩大、业务增多，企业除了需要雇佣销售人员外，还需要聘请富有经验的营销主管来处理除销售以外的其他营销业务，包括广告宣传、市场调研、销售服务等一些新增加的营销功能，营销组织结构也随之调整。

3. 独立的市场营销部门

随着企业规模和业务范围的进一步扩大，原来作为附属性工作的市场营销研究、新产品开发、广告促销和为顾客服务等市场营销职能的重要性日益增强。于是，市场营销部门成为一个相对独立的职能部门，作为市场营销部门负责人的市场营销副总经理同销售副总经理一样直接受总经理的领导，销售和市场营销成为平行的职能部门。但在具体工作上，这两个部门是需要密切配合的。这种组织安排常常为许多工业企业所用，它向企业总经理提供了一个全面各角度分析企业面临的机遇与挑战的机会。

这种组织结构的优点是加强了营销活动及其管理，但缺点也很突出，即两个并立的部门经常发生冲突，销售活动与其他营销活动往往脱节。

4. 现代市场营销部门

销售部门和营销部门虽然根本目标是一致的，销售副总经理和市场营销副总经理之间需要配合默契和互相协调，但在实际运作中，仍有着种种难以调和的矛盾，双方都刻意扩大自己在企业中的重要性。

一般来讲，销售副总经理趋向于短期行为，侧重于取得眼前的销售量；而市场营销副总经理则多着眼于长期效果，侧重于制定适当的产品计划和市场营销战略，以满足市场的长期需要。为解决销售部门与营销部门分设而产生的矛盾与冲突，这两个部门又逐渐被合并，成立以市场营销为中心的市场营销部，由市场营销副总经理负责，下设销售、市场调研、新产品开发、广告宣传等分部。这时，营销组织在企业的地位大大提高，并受到高度重视。在这一阶段，有的大型企业还成立了专业的营销公司。

（二）企业营销组织地位的演进

伴随着企业营销组织形式的演变，企业中营销组织的地位也在变化。这些变化对应于企业市场观念的演进。

最初的企业一般都是生产导向的，因为产品供不应求，这时企业的生产部门是企业的核心部门，其他机构处于较为次要的地位。随着市场环境的改变，企业不得不更多地贴近并了解市场，于是营销部门的地位日益提升，从较为重要的部门成为主要部门，企业的其他部门均围绕营销部门开展工作。但这种结构导致了一种不平衡，同时不能很好地为顾客服务，于是出现了将营销部门的地位调整为紧密围绕顾客，而其他部门围绕营销部门的现代企业组织结构。

当然，并非所有的成功企业均是将营销组织放置在如此重要位置上的，这还取决于企业所处的产业类型。如高技术企业，一方面要将营销组织摆在一个相当重要的地位，另一方面，新技术和新产品的开发对这种企业而言同样重要，也需给予足够的重视，于是就形成了现代企业的所谓"哑铃型结构"，即技术或产品研发部门和营销部门是哑铃的两头，而生产环节以及其他相关职能部门是哑铃的柄，两头大、中间小。

总之，营销部门在企业中的地位是从无到有，从次要到主要，再到成为关键性的部门，这正体现了企业经营理念的变化。

二、市场营销组织机构的主要职能

企业组织机构体现了企业内部的业务分工、各部门的职责范围及协作关系，是企业进行各项生产经营活动的基本保证。完善的组织机构，可以促进生产经营的顺利开展；反之，不健全的组织机构，却会阻碍各项生产经营活动的正常进行。

市场营销组织机构是完成企业市场营销计划的重要保障，而健全市场营销组织机构则是实现市场营销计划的关键。因为市场营销组织机构的主要职能就是组织企业营销活动，保证市场营销系统的持续、协调、高效运行，在满足消费者需求、创造企业利润的同时，维护社会公共利益。

实际上，传统营销组织与现代营销组织在承担的营销功能与任务上是很不相同的，简单的销售部门和兼有其他功能的销售部门等传统型营销组织的主要任务仅仅局限于将企业生产出来的产品销售出去。而现代营销组织是一个复杂的多功能群体，其职能是多方面的，其中最主要的职能有以下几点：

（一）计划职能

计划职能是现代市场营销组织的首要职能。现代营销组织通过制订严密的营销计划协调各部门的营销工作，使企业经营战略得以细化，使现代营销理念在企业经营管理和营销活动中得以有效体现，使经营目标得以顺利实现。

（二）销售职能

销售职能是营销组织的基本职能。主要包括：销售商品、选择分销渠道、划分销售市场、构建分销渠道、调整产品结构、更新换代产品、产品包装配送、货运仓储管理以及积极开展促销工作等。

（三）管理职能

管理职能包括执行职能和控制职能，是保证营销活动按照既定目标有效运行的保障功能。

1. 执行职能

执行职能主要包括：销售活动管理、销售进度管理、营销风险管理、销售成本管理、销售利润管理、销售信息管理、市场开发管理、营销资源配置管理和推销、促销管理等。

2. 控制职能

控制职能主要包括：年度计划控制、盈利能力控制、营销效率控制、营销风险控制和战略目标控制等。

（四）服务职能

服务职能是现代营销组织的必备功能，也是企业争取竞争优势的重要法宝。至今，服务职能已经成为构成企业产品的第三要素。它包括：为企业计划决策进行的市场调查与信息服务，直接为顾客提供的产品售前、售中、售后服务，以及为消费者或顾客提供的"三包"服务等。随着市场经济的发展和市场竞争的加剧，服务功能将越来越重要，其开发潜力越来越大，产品满足市场的程度也越来越高。

三、市场营销组织设置

（一）建立现代营销组织的基本原则

现代管理理论认为，企业应该是因事设职、因职用人，也就是根据任务的需要才安排岗位，并且根据岗位的需要安排合适的人员从事这项工作，即先设岗，再进行人员配备。

但在现实生活中，不少企业组织都是先引进人员，再安排职位，所以经常出现人比事多、事却没人做的现象。因此，建立现代营销组织应以服务顾客为中心，一般应遵循以下原则：

1. 以顾客为中心，服务顾客原则

从市场调研到产品促销，以及售后服务的每个环节，都要从方便顾客出发，建立有关组织来实施这些功能。一些顾客所需的咨询建议、技术服务和信息沟通功能应该进一步得到加强。

2. 有利于提高企业效率原则

市场营销组织的构建要有利于企业市场营销目标的实现，有利于提高系统运转的工作效率。因此，市场营销组织要努力做到权责结合，精简机构，下放权限，加快决策速度，减少推诿现象，努力降低成本、节约费用，以提高企业办事效率与经济效益。

3. 有利于市场信息传递原则

现代化的营销组织要能保证营销信息在企业内部的流动和传递畅通无阻。这就要求营销组织中要建立相应的市场信息传递与反馈渠道，使企业各部门都能对市场的变化做出及时、灵敏的反应，迅速地采取应变策略。

4. 合理分工原则

建立市场营销组织应从市场营销和业务管理的性质出发，明确各种业务职能的分工与协作关系，划清各自的职责范围，在合理分工的基础上，形成一个良好的上下衔接、横向协调的市场营销组织。

(二) 市场营销组织机构的基本形式

1. 按职能设置营销组织

职能型组织结构是最常见的市场营销组织形式。这种方法是按营销所要完成的职能来设置营销机构，即在最高营销主管之下，分设营销调研与计划、新产品研制开发、市场研究、广告、产品销售、客户服务等营销部门。

职能型组织的主要优点是行政管理简单、方便。但是随着产品的增多和市场扩大，这种组织形式会逐渐暴露其弱点。在这种组织形式中，没有一个人对一种产品或者一个市场全盘负责，因而可能缺少按产品或市场制订的完整计划，使得有些产品或市场被忽略；各个职能科室之间为了争取更多的预算，得到比其他部门更高的地位，相互之间进行竞争，市场营销副总经理可能经常处于调解纠纷的"漩涡"之中。

职能型组织结构如图 9-2 所示。

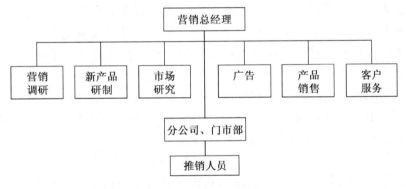

图 9-2　职能型组织结构

2. 按地区设置的营销组织

销售范围涉及全国营销乃至更大范围的企业，可以按地理区域设置营销机构、管理营销人员。在企业最高营销主管之下，设大区营销经理、地区营销经理、地方营销经理，地区型组织结构是按地理区域来划分工作范围，每个销售人员分工负责一定地域范围内的商品销售工作。设置这种组织结构的优点是可以考虑不同地区主客观环境的差异性，有针对性地开展营销活动。缺点是可能会引起机构的设置重复，地区与地区之间产生利益冲突等。此组织结构适用于市场范围广、销售业务重的企业。

地域型组织结构如图 9-3 所示。

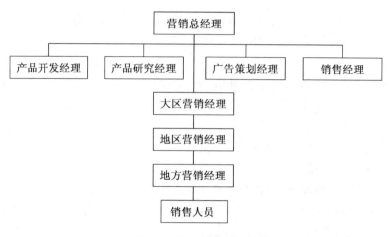

图 9-3 地域型组织结构

3. 按产品设置的营销组织

产品型组织结构则是指在保留职能管理的基础上，根据产品（或品牌）的类别不同来划分销售人员职责，每位销售人员分工负责特定产品（或品牌）的营销工作。这种形式又称产品经理制或品牌经理制。

产品型组织结构能够被接受并且广泛采用，是因为它具有以下几方面的优越性：通过设立产品经理，有助于协调产品的营销组合；与专家委员会相比，产品经理对产品在市场上出现的各种问题，能够做出迅速的反应，由于有了产品负责人，那些名气较小品牌的产品就不会被轻易忽略；产品型组织结构的运转涉及企业活动的各个领域，这就为那些年轻的负责人提供了一个学习和锻炼的机会。

产品经营组织结构虽然具有这些优越性，但也掩盖不了它所存在的部分缺陷。产品型组织结构不能消除企业内部的矛盾和冲突。由于产品经理贯彻职责缺乏应有的权威，虽然被称为"准总经理"，却不得不充当低级协调者的角色，为了使工作能够顺利进行，获得广告、销售、生产以及其他部门的合作，需要不断地游说。产品经理对于自己所负责的产品能够熟知和通晓，但对其他职能领域就可能不甚了解，很难成为职能专家。这种管理模式的费用通常较高。产品经理往往只任职一个短时期就被调走，使市场营销计划缺乏长期连续性。

产品型组织结构如图 9-4 所示。

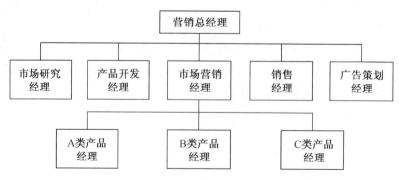

图 9-4 产品型组织结构

4. 按市场（顾客）设置营销组织

面向不同市场、生产多种产品的企业在确定市场营销组织结构时经常面临两难抉择：是采用产品管理型组织结构，还是采用市场管理型组织结构？能否吸收这两种形式的优点，扬弃它们的不足之处？所以有的企业建立了一种既有产品经理，又有市场经理的矩阵组织，以求解决这个难题。但是矩阵组织的管理费用高，容易产生内部冲突，因此又产生了新的两难抉择：一是如何组织销售力量，究竟是按每种产品组织销售队伍，还是按各个市场组织推销队伍？二是谁负责定价，是产品经理还是市场经理？

绝大多数大企业认为，只有相当重要的产品和市场才需要同时设置产品经理和市场经理。也有的企业认为，管理费用高的潜在矛盾并不可怕，只要这种组织形式能够带来效益，并远远超过需要为它付出的代价。这种组织结构的优点是避免了各自为政的缺陷，缺点是容易遇到职责不清而相互推诿的问题。

矩阵型组织结构如图 9-5 所示。

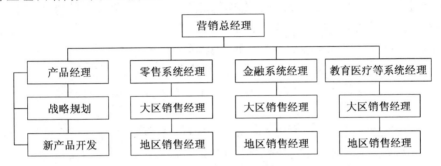

图 9-5　矩阵型组织结构

案例赏析

联合利华集团是一家国际著名的家庭及个人卫生用品生产企业。长期以来，"联合利华"采用高度分权化的组织结构，各国的子公司均享有高度的自治权。1990 年该集团进行了彻底的重组，公司开始引入了新的创新和战略流程，同时清理其核心业务。直到 1996 年，由荷兰和英国的董事长以及他们的代表组成的一个特别委员会和一个包括职能、产品和地区经理的 15 人董事一直独揽着公司的决策大权，整个结构是矩阵式的，其中产品"协调人"（经理）负有西欧和美国的利润责任，地区经理则负有其他地区的利润责任。责任经常是模糊不清的，一份内部报告称："我们需要明确的目标和角色：董事会使自己过多地卷入了运营，从而对战略领导造成了损害。"

1996 年，公司启动的"杰出绩效塑造计划"使得公司结构发生了实质性改变。"杰出绩效塑造计划"废除了特别委员会和地区经理这一层级，代之以一个 8 人（后变为 7 人）的董事会，由董事长加上职能和大类产品（即食品、家庭和个人卫生用品）的经理组成。向他们报告的是 13 位负有明确盈利责任的业务集团总裁，后者在特定地区对其管理的产品类别负有完全的利润责任。全球战略领导被明确到执委会一级；运营绩效则是业务集团的直接责任。

在这种结构调整之后，国际协调是由许多正式和半正式的网络促成的。研究和发展

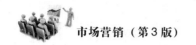

由国际网络创新中心负责实施,其领导责任通常属于中心的专家而不是自动的属于英国或者荷兰的总部机构。产品和品牌网络(国际业务小组)在全球范围内协调品牌和营销。同时,职能网络也开展一系列计划以便就一些关键问题实现全球协调。所有这些网络均大大依赖于非正式的领导和社会过程,同时也依赖于电子邮件和内部网络方面投入的增加。是否参与这种协调在很大程度上是由业务集团而非公司总部确定并资助。

学习任务三　进行市场营销控制

 案 例 导 入

【看一看】　某糖果公司是一家中等规模的企业。最近两年,它的销售额和利润仅够维持公司生存。总经理认为问题出在销售部门不努力工作或"不够机灵",为此准备采取增加报酬、雇用新人及用现代技术、设备训练推销人员的措施。不过,在采取行动之前,公司决定先请专家做一次全面的营销审计,以判断问题到底出在哪里。

审计人员通过对管理人员、顾客、推销员和经销商的大量调查及查阅各种资料,发现以下情况:

1. 公司的产品线包括18种主要产品,其中占领先地位(占公司总销量76%)的两个品牌处于产品生命周期的成熟阶段。公司开始注意正在急剧扩大的巧克力糖果市场,但还未采取任何行动。

2. 该公司产品特别受低收入层和老年人欢迎,消费者评价它的产品与竞争对手相比"质量中等,有点老式"。

3. 公司主要通过糖果批发商和大型连锁店出售产品。它特别重视小零售商的市场渗透能力,因此,它的推销人员经常访问各种小零售商。而它的竞争对手主要依靠大众传播媒介做广告,在百货公司、大型连锁商店方面取得更大成功。

4. 该公司的市场营销费用占总销售额的15%,而竞争对手的同类费用比率多为20%。该公司的营销预算大多给了推销部门,余下的用于广告,其他促销方式所得极为有限。广告预算又主要用在了两项领先产品上,新产品得不到经常的宣传,只能靠推销员向零售商介绍。

5. 市场营销工作受市场副总裁领导,但他的精力主要用在了推销部门,很少注意其他营销职能。

【想一想】　该企业的问题出在哪里?
【说一说】　营销控制在营销管理中具有怎样的作用?

一、市场营销控制的程序

市场营销控制是企业市场营销管理过程的重要组成部分,是通过市场营销计划执行情况的监督和检查,发现和提出计划实施过程中的缺点和错误,提出竞争和防止重犯错误的对策建议，以保证营销战略目标的实现。

（一）确定控制对象

企业首先应该确定对营销活动的哪些方面进行控制。一般来说，控制的内容越多、范围越广，控制的效果越明显。但是控制工作如同其他管理活动一样需要费用，为了使营销控制更有效率，在确定控制的范围、内容以及程度时，应考虑其经济性，对控制可能得到的效益与费用做出全面比较。通常情况下，企业是将销售收入、销售成本、销售利润、销售人员工作绩效、广告效果、新产品开发、顾客服务、市场调研等作为控制对象。

（二）设置控制目标

企业的销售收入、销售成本和销售利润一般为营销控制的常规目标，其他项目可根据情况列为临时性目标。

营销控制目标的设立是以计划为基础的，计划管理好的企业完全可以借助计划设置控制目标。

（三）建立衡量标准

评价工作要有一个总的尺度，控制标准就是评定营销组织或个人营销活动成效的尺度，也可以说是检查和衡量营销目标和计划的完成情况。由于企业计划的复杂和详尽程度不同，所以在制定目标和计划时，就要考虑到如何衡量工作完成的好坏。

营销控制的衡量标准是企业的主要战略目标，以及为达到战略目标而规定的战术目标，如利润、销售量（销售额）、市场占有率、顾客满意程度等各种指标。不论定性标准还是定量标准都应该是可以衡量的，控制标准可以按企业目前可接受的水平制定，也可以按激励营销人员的工作达到更高层次的水平来制定。标准的制定应广泛听取各方面的意见，以得到各方面的认可。

（四）评价工作绩效

依照标准检查实际工作绩效，是把控制标准和实际执行结果进行比较。

为了使绩效的衡量具有客观性和公平性，应该建立一套规范的检查方式，最基本的方法是企业建立并积累营销活动及与此相关的原始资料，如营销信息系统中存储的信息，包括各种资料报告、报表、原始账单等。它们能准确、及时、全面、系统地记载并反映企业营销的绩效。还有一种重要的检查方法，即直接观察法。

企业采用哪种检查方法，应根据实际情况而定。适当的检查方法对正确结果的获得是至关重要的，对下一步控制也起着十分重要的作用。

（五）分析偏差原因

通过检查和衡量，会发现营销的实际结果不同程度地脱离了计划目标或要求，实际结果和计划目标存在偏差。产生偏差的原因可能有两种：一是实际实施过程中出现了问题；二是计划在决策时就存在失误。前者容易识别，后者在认识和判断上存在一定难度。尤其令人感到困难的是，两种偏差常常是交织在一起的。这就要求营销控制执行者要加强对背景资料的了解和分析，搞清原因，抓住问题的实质。在企业里一般是采用观察法、实验法、询问法等方法进行营销调研。

（六）采取改进措施

采取改进措施就是对产生的偏差和存在的问题进行有针对性的调整。可以通过重新制订计划或修改目标来落实，也可以通过其他的组织工作职能来实现。例如，可通过委派专门人员或进一步明确职责来纠正偏差，也可以通过训练在岗人员来实现。如果在制订计划的同时也制定相应的措施，则可使改进更迅速，调整的范围更小。

企业在履行市场营销控制职能时必须注意：第一，控制必须与企业的组织系统相协调；第二，控制必须符合经济原则；第三，控制必须客观；第四，控制必须着眼于未来；第五，控制的指标要有可比性；第六，控制必须迅速报告差异；第七，控制必须表明是否贯彻到行动上并使偏差得到纠正。

二、营销控制的方法

（一）年度计划控制

年度计划控制是由企业高层管理者和中层管理者负责完成的，其目的是确保年度计划所确定的销售、利润和其他目标的实现。

1. 年度计划控制的步骤

年度计划控制的中心是目标管理，控制过程分为四个步骤：

（1）管理者必须把年度计划分解为季度目标或月目标。

（2）管理者要随时监测计划在市场上的执行情况。

（3）当执行过程偏离计划时，要及时对产生的原因进行分析判断。

（4）采取措施，或调整行为，或修订计划，弥合目标与实际之间的缺口。这一控制模式适用于企业内部各个层次，区别仅仅在于最高层管理者控制的是整个企业的年度执行结果，而各个部门或地区经理只控制各个局部计划的执行结果。

2. 年度计划控制的内容

年度计划控制的主要内容是对销售额、市场占有率、费用率等进行控制。

（1）销售额分析。销售分析就是衡量并评估实际销售额与计划销售额之间的差距。这种分析具体有两种方法：

① 销售差距分析。这种方法主要用来衡量造成销售差距的不同因素的影响程度。例如，某企业年度计划中规定，某产品第一季度销售4 000件，每件20元，即销售额80 000元。在季度结束时，只销售了3 000件，每件16元，即实际销售额只有48 000元，比计划销售额少40%，差距为32 000元。显然，造成这种情况，既有售价下降方面的原因，也有销量减少的因素。但是，两者各自对总销售额的影响程度如何呢？

售价下降的差距：$(20-16) \times 3\,000 = 12\,000$（元）

售价下降的影响：$(12\,000 \div 32\,000) \times 100\% = 37.5\%$

销量减少的差距：$(4\,000 - 3\,000) \times 20 = 20\,000$（元）

销量减少的影响：$(20\,000 \div 32\,000) \times 100\% = 62.5\%$

由此可见，无法完成销售计划的相当一大部分原因（62.5%）是由销售量减少造成的。企业应对造成销售量下降的原因进行深入分析，采取纠正措施。

② 地区销量分析。这种方法用来衡量产生销售差距的具体产品和地区。例如，某企业在甲、乙、丙三个地区的计划销售量分别为1 500件、500件和2 000件，共4 000件。

但是,各地实际完成的销售量分别为1 400件、525件和1 075件,与计划的差距分别为-6.67%、+5%和-46.25%。显然,引起差距的主要原因在于,丙地区销售量大幅度减少。利用地区销售分析方法,有利于分析评价各地区对实现销售计划的贡献,进而确定有问题的重点地区或产品。

(2) 市场占有率分析。仅凭销售额的大小还不能完全说明企业所获得的业绩究竟比其他竞争企业是多还是少,因为一个企业销售额的增长可能是由于整个宏观经济环境的改善使市场上所有的企业都获得发展所致,而某公司和竞争对手之间的相对关系并无变化。也可能是由于企业计划实际执行得比竞争者更好所致。只有企业的市场占有率才能真正反映企业相对于其他竞争对手的业绩。

企业的市场占有率提高,说明企业从其竞争者手中夺取了部分市场;如果市场占有率减少,则表明被竞争对手夺走了部分市场。因此,销售量必须结合市场占有率才能正确评价其业绩的大小。

市场占有率分析通常有三种指标。一是市场绝对占有率,指企业销售额或销售量占整个行业的比重,它反映本企业在本行业中的实力地位;二是目标市场占有率,即企业的销售额或销售量在其目标市场上所占的比重,它是企业首先要达到的目标;三是相对市场占有率,指企业销售额占市场主导者销售额的百分率,该指标可反映企业与主要竞争者之间的力量对比关系。

市场占有率分析还应考虑下列情况:外界环境因素对于所有参与竞争的企业的影响方式和程度是否始终一样;是否有新的企业加入本行业的竞争;企业为提高利润而采取的某种措施是否不当,从而导致市场占有率下降等。

(3) 市场营销费用率分析。营销费用率是指营销费用占销售额的百分比。该指标是以一定营销费用获得的销售额来评价营销活动效率,或确定营销费用支出的合理性。营销费用通常由人员推销费、广告费、推广费、市场调研费、营销管理费组成。

计算营销费用率时,营销费用可以是上述几部分费用之和,也可以是单项费用。市场营销费用率主要包括:销售人员费用率(销售队伍费用与销售额之比);广告费用率(广告费用与销售额之比);促销费用率(促销费用与销售额之比);调研费用率(营销调研费用与销售额之比);销售管理费用率(销售管理费用与销售额之比)等。营销管理人员的工作,就是密切注意这些比率,以发现是否有任何比率失去控制。

当一项费用对销售额比率失去控制时,必须认真查找问题的原因。例如,假如某企业在年度计划中规定广告费占销售额比率为10%。但年终发现该比率达到15%,说明企业广告费支出过多。企业应该分析产生这种情况的原因是企业自身造成的还是市场环境造成的,以便采取相应措施。

(二) 盈利控制

盈利能力控制是用来测定不同产品、不同销售区域、不同顾客群体、不同渠道以及不同订货规模盈利能力的方法。由盈利能力控制所获取的信息,有助于管理人员决定各种产品或市场营销活动是扩展、减少还是取消。

1. 市场营销成本

市场营销成本直接影响企业利润,它由如下项目构成:

(1) 直销费用。直销费用包括直销人员的工资、奖金、差旅费、培训费、交际费等。

（2）品牌宣传费用。包括企业 CIS 导入费用、各类公关费用、展览会费用。

（3）促销费用。包括广告费、产品说明书印刷费用、赠奖费用、促销人员工资等。

（4）仓储费用。包括租金、维护费、折旧、保险、包装费、存货成本等。

（5）运输费用。包括托运费用等，如果是自有运输工具，则要计算折旧、维护费、燃料费、牌照税、保险费、司机工资等。

（6）其他市场营销费用。包括市场营销人员的工资、办公费用等。

营销费用和生产成本构成了企业的总成本，直接影响到企业的经济效益。其中有些与销售额直接相关，称为直接费用；有些与销售额并无直接关系，称为间接费用。有时二者也很难划分。

2. 盈利能力的考察指标

取得利润是每一个企业最重要的目标之一，正因为如此，企业盈利能力历来为市场营销人员所重视，因而盈利能力控制在市场营销管理中占有十分重要的位置。在对市场营销成本进行分析之后，应该考察盈利能力指标。

（1）销售利润率。销售利润率是指利润与销售额之间的比率，表示每销售 100 元使企业获得的利润，它是评估企业获利能力的主要指标之一。

$$销售利润率 =（本期利润÷销售额）\times 100\%$$

（2）资产收益率。资产收益率是指企业所创造的总利润与企业全部资产的比率。

$$资产收益率 =（本期利润÷资产平均总额）\times 100\%$$

（3）净资产收益率。净资产收益率是指税后利润与净资产的比率。净资产是指总资产减去负债总额后的净值。

$$净资产收益率 =（税后利润÷净资产平均余额）\times 100\%$$

（4）资产管理效率。可通过资产周转率和存货周转率来分析。

① 资产周转率是指一个企业以资产平均总额去除产品销售收入净额而得出的比率。资金周转率可以衡量企业全部投资的利润效率，资产周转率高说明投资的利用效率高。

$$资产周转率 = 产品销售收入净额÷资产平均占用额$$

② 存货周转率是指产品销售成本与产品存货平均余额之比。存货周转率是说明某一时期内存货周转的次数，从而考核存货的流动性。存货平均余额一般取年初和年末余额的平均数。一般来说，存货周转率次数越高越好，说明存货水准较低，周转快，资金使用效率较高。

$$存货周转率 = 产品销售成本÷产品存货平均余额$$

（三）效率控制

如果盈利能力分析显示出企业某一产品或地区所得的利润很差，那么企业就应该考虑该产品或地区在销售人员、广告、分销等环节的管理效率问题。

1. 销售人员效率

各级销售经理都应该掌握自己所管辖区域的销售人员效率的一些关键指标：每个销售人员平均每天进行的拜访次数；销售人员每次拜访平均所需的时间；每次销售人员拜访的平均收入；每次销售人员拜访的平均成本；每次销售人员拜访的招待费用；每 100 次销售拜访的订单百分比；每一周期新的客户数目；每一周期丧失的客户数目；销售人员成本占总成本的百分比。通过对这些指标的测评，可以发现一系列可以改进的地方。

2. 广告效率

企业可以通过进行更加有效的产品定位、确定广告目标、寻找较佳的媒体以及进行广告后效果测定等步骤来改进广告效率。具体来说，企业应该做好如下控制：媒体类型、媒体工具接触每千名购买者所花费的广告成本；顾客对媒体工具注意、联想和阅读的百分比；顾客对广告内容和效果的意见；广告前后顾客对产品态度的衡量；受广告刺激而引起的询问次数；每次调查的成本。

3. 促销效率

为了改善销售促进的效率，企业管理者应该对每一促销的成本和销售影响作记录，做好如下控制：由于优惠而销售的百分比；每一销售额的陈列成本；赠券收回的百分比；因示范而引起询问的次数。同时企业应观察不同促销手段的效果，并使用最有效果的促销手段。

4. 分销效率

分销效率主要是对企业存货水平、仓库位置及运输方式进行分析和改进，以达到最佳配置并寻找最佳运输方式和途径。

效率控制的目的在于提高人员推销、广告、促销和分销等市场营销活动的效率，市场营销经理必须关注若干关键比率，这些比率表明上述市场营销职能执行的有效性，显示出应该如何采取措施改进执行情况。

三、市场营销审计

菲利普·科特勒、加里·阿姆斯特朗在《营销学原理》一书中将市场营销审计定义为："营销审计乃是对公司（或业务单位）的营销环境、目标、战略及营销活动进行全面、系统、独立及定期的检查，期望能发掘出问题与机会，并建议改正行动，以增进公司的整体营销成效。"

菲利普·科特勒在《营销管理——分析、计划、执行和控制》一书中写道："战略控制有两种工具可以利用，即营销效益等级评核和营销审计。"可见，市场营销审计不仅是对市场营销的一种评价行为，也是对市场营销的一种控制工具。

(一) 市场营销审计的职能

1. 评价职能

审计产生的基础是资产所有者与资产经营者之间存在的委托与受托经济责任关系，审计是为评价这种委托与受托责任关系而进行的。随着企业规模的扩大，等级分权制管理在现代企业内部广泛推行，这样受托经营企业的经营者就把自己身上的受托责任层层分解给下级，上下级之间就形成了委托与受托的管理责任关系。上级需要了解下级对受托责任的履行情况，下级要解除自己承担的受托责任，营销审计因此在营销活动领域产生了，它要在授权者与受托者之间执行受托责任履行情况的评价职能。

2. 控制职能

市场营销审计在执行评价职能时，首先要制定恰当的标准，然后收集和整理证据，再进行衡量与判断，最后做出一个评价结论，同时提出建设性的建议。这一评价过程就是要避免营销活动出现偏差,保证原来营销战略与计划的贯彻执行,或发现原有的战略与计划和企业的外部环境或内部资源不相适应,对原有营销战略与计划进行修正后,再帮助落实新战略与新计划。这个过程中市场营销审计的控制职能是明显存在的。也就是说,市场营销审计有标准、有证据、有评价判断、有结果和建议,市场营销审计是为了保证标准的执行,实现营销目标,从而提高营销绩效。

3. 营销增值职能

市场营销审计的营销增值职能主要是通过营销审计,能有效地提高市场营销绩效。没有营销审计的市场营销是一个不完整的、有头无尾的营销方案。从这个意义上说,营销审计带来的利益超出营销本身所带来的利益。因为营销审计可以找出潜在的新业务,建议新的客户服务种类,揭示公司在人员、产品、价格、市场渠道、广告、顾客等方面与目标及竞争对手的差距,并提出相应的可行的建议,促使营销战略和计划的正确制定,有利于使企业内部资源和企业外部环境相匹配,从而实现市场营销增值职能。另一方面,通过对营销效绩的评价,尤其是营销费用的审计,可以有效地揭露营销管理中的资源分配不合理及控制失职、费用浪费,甚至贪污等不良行为,帮助节约营销资源和降低营销费用,实现营销增值职能。

(二) 营销审计的特点

1. 营销审计是从顾客立场出发而进行的有计划的市场营销控制或诊断,目的是检查评价企业营销活动有哪些薄弱环节,确定原因,提出改正措施。

2. 营销审计是一种面向企业全部营销活动及其成果的全面的、系统的检查评价过程,其范围既包括影响企业营销的外部因素,也包括影响企业营销的内部因素。营销审计必须按一定的标准和程序进行。

3. 营销审计可以根据需要由企业自己来进行,也可以由企业外部人员、部门来进行,但必须坚持独立性,即审计人员应与被审计部门或活动无直接责任,这样才能保证对营销活动及其成果的检查与评价能公正、客观。

4. 营销审计应定期进行。营销审计是企业对营销活动及其成果的自我诊断、自我调整、自我改善的一种重要控制方式。它应该定期持续地执行,其间隔期一般是事先规定好的。当营销环境发生重大变化时,也可以不按照规定的时间进行审计。

(三) 市场营销审计的内容

1. 营销环境审计

营销环境审计主要通过对影响企业发展的政治、法律、经济、文化、技术、人口等宏观环境和市场、顾客、竞争者、经销商、供应商等微观环境进行全面分析审计。

营销环境审计主要审计其营销环境中关键组成部分的现状及变化趋势,分析企业的适应性,面对环境给企业带来的机会或威胁,审查企业是否采取恰当的适应环境、利用环境及创造环境的营销策略,并评估其有效性。

2. 营销战略审计

营销战略审计包括企业使命与经营理念、营销目标与目的、营销策略审计。审计的目的是评价营销战略制定的科学性和合理性,以及营销战略的实施控制情况。

营销战略审计,首先审查营销目标是否明确,与公司的环境、资源情况、市场机会是否相适应;其次要审计营销战略能否明确指导营销目标的实现,营销战略与产品所处寿命周期阶段是否相适应。主要分析考察企业营销目标、战略是否适应内外环境的变化，包括企业经营是否以市场为导向，市场营销目标是否清楚明确，在企业现有条件下，企业所定目标是否恰当，企业的营销战略与竞争者战略相比有何优势与劣势，企业达到目标市场的关键策略是否正确可靠，市场营销资源是否按各种不同细分市场、地区和产品作了适当的配置等。

3. 营销组织审计

营销组织审计包括对营销组织结构，责、权、利的配置，营销职能部门的效率，与其他职能部门的协调性等方面的审计。评价营销组织在实施预期环境下的战略和策略方面所具备的能力。

营销组织审计主要审查公司的营销组织结构是否使既定营销目标与营销战略相适应。具体审查主管的权责范围及适应程度、营销部门与营销职能是否匹配，检查营销机构人员的素质是否与公司营销活动相适应。对营销职能要审查有无良好的激励机制，有无科学的职工培训和有效的监督和评价方法。检查营销部门与市场及其他相关部门的沟通是否有效，合作是否良好。

4. 营销系统审计

营销系统审计包括对营销信息系统、营销规划系统、营销控制系统、新产品开发系统等方面的审计，评价各子系统的有效性和系统之间的协调性。审查公司的营销信息系统的有效性，即能否及时、准确地提供有关顾客、经销商、竞争者、供应商、政府及社会公众对公司产品市场发展的动态信息；检查公司对信息的利用情况，采用的分析、预测方法及效果；审查营销计划系统的有效性，一要审计计划的执行情况，即销售、市场份额、营销费用、资金占用等计划的执行结果，二要审计计划本身的正确程度，各计划指标是否科学合理；审查营销控制系统的有效性，控制系统信息反馈是否及时，控制方法是否有效，特别是对新产品设计投资有无调查研究和可行性研究分析，新产品试销后的市场反馈渠道是否畅通。

5. 营销功能审计

营销功能审计主要是对产品、定价、渠道、广告、公关、销售队伍、其他销售促进等方面进行审计。审查对营销组合的各要素是否实施了有效管理：产品组合能否满足市场需求，有无新产品开发；产品价格与竞争者的差距如何，是否有利于竞争和占领市场；分销渠道实现销售情况如何，是否需要进一步改进；促销活动开展是否有效。

在营销功能审计时还应将这些内容与竞争对手及企业资源情况结合起来，寻求最佳营销组合。

6. 营销绩效审计

营销绩效审计是营销审计的核心，所有的营销活动都是为了提高营销绩效。它主要包括：审查不同产品、市场地区、分销渠道和营销实体的盈利水平如销售利润率、毛利率等，企业进入、扩展、收缩和撤出一些细分市场对短期和长期利润影响；检查成本费用情况，如销售成本率、营销费用额，同时检查费用与效益情况，如广告效益、促销收益、分销效益，比较各种营销活动的开支情况和取得的成效，比较各营销实体、各地区的营销费用，找出不合理的成本费用开支和效益低下的营销活动，分析原因，提出降低成本费用的措施。

案例赏析

"有路必有丰田车"这句广告词已是尽人皆知,但对于拥有近10万员工的"丰田销售军团"恐怕知之不多。"丰田"汽车驰骋神州,除产品质量上乘之外,其独特的销售策略也功不可没。

在日本丰田汽车公司,人们信奉:"用户第一,销售第二,制造第三"。为贯彻这一销售理念公司制定了一系列的配套措施。在丰田汽车销售公司下设"计划调查部",配备了数学、统计、机械工程等方面的专家,准确及时地汇集、筛选各地的调查资料,为决策提供依据。调查内容达60多项,不仅对"丰田"本身的销售数量、品种、油耗、部件等动态需求做周密调查,对其他公司的车辆类别、颜色、车型、销售情况也十分关注,同时还对社会情况,如城市设施、道路状况、人口、户数、机关团体、工厂、企事业数、收支情况等,都做了广泛的调查。

丰田汽车公司将汽车产品全部批发给丰田销售公司,销售公司用银行贷款和一部分期票作结算,而销售公司再用销售现款和用户支票作抵押,取得银行贷款,完成资金短期拆借与还款,使汽车生产和销售顺利进行。

为确保客户满意,丰田汽车公司制定了与众不同的规定:一是每售出一辆汽车,都要相应建立"车历卡片",登记汽车故障等各种资料,并迅速反馈到制造公司,促使其改进制造技术,提高质量;二是新车售出后,规定保修期为2年或5万千米,修理费用全由制造部门负责,同时,在保修期内还为客户提供代用车辆,尽量避免因检修停驶给客户带来的不便和损失;三是每当一种新型汽车上市,在售出后的3个月之内,必须挨家挨户进行质量调查,听取用户意见。

为了让"丰田"深入到社会各个阶层以至每个家庭,销售人员挖空心思在人们经常接触到的小物件上做文章,比如在香烟、火柴、打火机、小玩具上,印上设计精美的"丰田标志",作为销售人员联系客户的馈赠礼品;买车时为用户拍摄照片留作纪念等,花样繁多,不胜枚举。

丰田公司的销售人员主要以大学毕业生为主,也有少量具备特殊推销能力的高中生。录用后,销售人员在进入公司的3天前,先被送进丰田汽车公司的培训中心培训,以后每年的4～6月份定期参加培训。在培训期内,销售人员要吸收从推销入门到交货全部过程的知识。随后进入实践阶段,此时不规定销量,主要工作是每天必须拜访20～30位客户,把访问内容写在"销售日记"上。如此1个月之后,开始下达一个月销售1辆车的指标。到了第二年,增加到每月销售2辆车,从第三年起,每月目标增加为3辆,此时,销售人员才算可以独当一面。经过3年,仍未能保持每月平均销售3辆车的销售人员,则会自动辞职。与此同时,从第二年起,销售人员要编制"客户卡"。这类卡片分为三级:第一级只知道客户姓名、住址和使用车辆,采用红色卡;第二级还要知道客户眷属的出生日期,采用绿色卡;第三级要加上现在所使用汽车的购买日期、前一部车的种类、下次检车时间、预定何时换车、要换哪种车、现在汽车是从哪家经销商处购买等更详细的资料,使用金色卡。

正因为丰田汽车公司深谋远虑的销售策略和精明干练的销售队伍,丰田公司才创造了"无债经营""零库存"产销和"有路必有丰田车"的神话。

工作任务九 编制企业市场营销计划书

【任务要求】 运用所学知识，编制"××公司市场营销计划书"（公司名称自拟）。

【情景设计】 ××公司经过十几年的发展，已成为当地比较出名的矿泉水饮品生产企业。年销售额达到5 000多万元。公司生产的矿泉水茶饮品，结合了深层矿泉水和高山茶的双重特征，具有保健和减肥双重功效，属于国家专利产品。为了拓展市场，该公司决定重点开发省内市场，放眼全国市场，打造品牌知名度，以实现企业飞跃式发展。现在企业将具体的市场营销计划书的编制任务交给了你，请你在对市场分析和竞争分析的基础上，为××公司制定一份市场营销计划书。

【任务实施】 将学生分成两组，各组分别拟定不同的公司名称、产品名称、品牌名称等，然后，在对市场分析和竞争分析的基础上，为××公司制订一份市场营销计划。

具体组织流程：

一、在网络上搜索一份完整的市场营销计划书，作为写作参考范本。

要求：

1. 要说明选择该市场营销计划书的理由。
2. 能清晰表达出市场营销计划书的内容。
3. 能简要归纳该计划书的特点和值得借鉴的地方。

二、进行市场调研，完成市场分析和竞争分析。

三、对市场调研收集的资料进行加工整理，设计营销目标和计划方案。

四、撰写出符合格式要求的市场营销计划书。

【任务实施应具备的知识】

1. 市场营销计划要素；
2. 制订市场营销计划的过程。

【任务完成后达成的能力】

1. 具备市场调研能力、分析能力、决策能力、创新能力；
2. 市场营销计划书的撰写能力。

【任务完成后呈现的结果】

个人完成一份《××公司市场营销计划书》，字数不低于5 000字。

知识宝典

【营销计划】 营销计划是指在研究目前市场营销环境状况，分析企业所面临的主要机遇与威胁、优势与劣势以及存在问题的基础上，对财务目标、市场营销目标、市场营销战略、市场营销行动方案以及预计损益表的确定与控制。

【营销执行】 营销执行是指将市场营销计划转化为行动方案的过程，并保证这种任务的完成，以实现计划的既定目标。

【营销控制】 营销控制是指市场营销管理者经常检查市场营销计划的执行情况,看看计划与实际是否一致,如果不一致或没有完成计划,就要找出原因所在,并采取适当措施和正确行动,以保证市场营销计划的完成。

【营销审计】 营销审计是对一个企业市场营销环境、目标、战略、组织、方法、程序和业务等作综合的、系统的、独立的和定期性的核查,以便确定困难所在和各项机会,并提出行动计划的建议,改进市场营销管理效果。

【年度计划控制】 年度计划控制是指企业在本年度内采取控制步骤,检查实际绩效与计划之间是否有偏差,并采取改进控制,以确保市场营销计划的实现与完成。

【盈利能力控制】 盈利能力控制是指企业衡量各种产品、地区、顾客群、分销渠道和订单规模等方面的获利能力,以帮助管理者决定哪些产品或者营销活动应该扩大、收缩或取消。

【效率控制】 效率控制是指企业不断寻求更有效的方法来管理销售队伍、广告、促销和分销等绩效不佳的营销实体活动。效率控制的目的是提高销售人员推销、广告、销售促进和分销等市场营销活动的效率。

单元综合练习

一、填空题

1. 市场营销计划的实施,涉及相互联系的五项内容,分别为(　　　)、(　　　)、(　　　)、(　　　)和(　　　)。
2. 市场营销控制的方法主要有(　　　)、(　　　)、(　　　)。
3. 企业的组织的演进经历了(　　　)、(　　　)、(　　　)、(　　　)四个阶段。

二、单项选择题

1. 现阶段企业计划一般处于(　　)阶段。
   A. 无计划　　　　B. 年度计划　　　C. 长期计划
2. (　　)是各类组织中最常采用的一种结构模式。
   A. 金字塔　　　　B. 矩阵型　　　　C. 循环型　　　　D. 扁平型

三、多项选择题

1. SWOT分析就是对(　　)情况进行全面的分析和评估。
   A. 生命周期　　　B. 市场地位　　　C. 优势　　　　　D. 劣势
   E. 机会　　　　　F. 威胁　　　　　G. 人力资源
2. 营销审计的特点有(　　)。
   A. 非经常性　　　B. 长期性　　　　C. 全面性　　　　D. 系统性
   E. 独立性　　　　F. 交互性　　　　G. 定期性

四、判断题(判断正误,并说明理由)

1. 实际上,企业内部各部门间的确存在激烈的竞争和严重的误解,表现为部门利益与公司总体利益相冲突，部门之间有偏见，相互配合差，从而削弱了公司总体战斗力。
（　　）

2. 企业按市场营销各职能设置组织部门是最常见、最古老的营销组织形式。（　　）

五、简答题

1. 市场营销计划大致包括哪些内容？
2. 市场营销计划的主要作用表现在哪些方面？
3. 实施市场营销计划过程中需要注意什么？
4. 什么是营销组织？建立营销组织的目的是什么？
5. 市场营销部门职能是如何演变的？
6. 如何理解营销部门与其他部门之间的关系？
7. 什么是营销审计？有何特点？
8. 市场营销控制有哪些基本方法和途径？

六、案例分析题（运用所学知识，进行分析）

【案例】 1998年12月8日，中央电视台在《焦点访谈》之前的黄金时段播出了一则广告，引起了不少人的兴趣。这则广告竟然是为了一本定价28元的书——《学习的革命》。

广告播出后的第二天，出版商"科利华"在北京的梅地亚宾馆宣布了这本书的推广计划，那就是要在100天斥资1个亿，卖掉1 000万册。北京一家书店的董事长认为，这简直是"疯狂的举动"。他说：书没有这样做的，一本书也不值得这样做。何况这本书也不一定有1 000万册的市场容量。另一位图书公司董事长说，发行1 000万册太夸张。如果真能实现，销售总额则为2.8亿元。可是1997年全国图书销售码洋，包括书籍、招贴画才275亿元，品种一共12万。一本书的销量要达到全国所有图书发行量的1%，这绝对是不可能的。

事实上，连"科利华"自己对1 000万册的目标也没有抱太大的信心。"科利华"的老总也曾对部下说过：卖500万册我们就庆功。不过，在接受记者采访时，该老总还是叙述了此次策划的思路：

第一步，先树立一个梦，提出销售1 000万册的目标。既然是梦，就无须用科学逻辑的道理去批驳、推翻它。

第二步，弄清楚梦想的意义。为此，"科利华"开了多次会议，从开始的十几人到后来的上百人参加，提出了实现该目标的200多条意见。这些都是今后落实工作的动力和信心。

第三步，让梦想变成现实的具体手段。要想成功推广1 000万册，一定要让这本书家喻户晓，于是就有了中央台一套黄金段的广告。据说，尽管有著名电影导演谢晋的无偿"支援"，"科利华"还是筹备了3个月，花费200万的广告制作费。

第四步，则是分析如果梦想失败，原因是什么。

为了推广，"科利华"还制作了100本高76厘米、宽52厘米、重14.8千克的"书王"，制作了12米高、9米宽的中国最大的图书模型，并成为国内第一家为一本书开设一个网站的单位。从12月12日开始，名为"学习的革命"的展览在全国30多个城市举行；同时，《学习的革命》一书也在几十个城市的办事处开始批发。据悉，该书头两天的销量即达38万册。这在图书市场低迷的大环境下,也确实算得上一个小"奇迹"。此番"科利华"不惜血本地投入宣传,目的当然不仅仅是卖书而已。公司老总曾经表示:"'科利华'是滚动投入。毕竟卖一本书'科利华'还有起码10元的毛利,投入1亿元发行1 000万本书,'科利华'最多是赚点现金而已。但39个城市的展览将会有300万人左右参加,收到门票和海报等宣传品的将有3 000万人,间接波及的人口更会有3亿,照此计算,'科利华'的无形资产会增长5到10倍。"

思考下列问题:

1. 你认为此次"科利华"推广《学习的革命》的营销目标是什么?
2. 根据案例中的有关资料,企业为《学习的革命》一书制订了一份怎样的营销计划和具体行动方案?
3. 你认为在计划实施过程中,"科利华"还需要注意什么问题?

第十单元

与时俱进 拓宽视野

学习目标

【知识目标】
1. 正确认识网络营销的内涵;
2. 理解网络营销与传统营销和电子商务的区别;
3. 掌握网络营销的基本职能、基本策略与基本方法。

【能力目标】
1. 能准确识别现实经济生活中企业的网络营销行为;
2. 能分析不同网络营销行为的效果;
3. 能够运用基本的网络营销方法与策略。

学习任务提要

★ 网络营销及其特点
★ 网络营销的基本职能
★ 网络营销的基本方法
★ 网络营销的基本策略

工作任务提要

★ 运用网络营销基本策略的知识,小组成员研究制定模拟企业的营销策划。

建议教学时数

★ 8学时

学习任务一 了解不一样的营销

案 例 导 入

【看一看】 媒体逐渐有失公正的公关，已经让消费者对传统媒体广告信任度下降。互联网是消费者学习的最重要的渠道，在新品牌和新产品方面，互联网的重要性第一次排在电视广告前面。例如 VANCL（凡客诚品）推出新产品时采用广告联盟的方式，首先将广告遍布大小网站，再采用"VANCL 试用啦啦队"——免费获"新品试穿"写体验活动的策略，用户只需要填写真实信息和邮寄地址，就有机会体验新品试用装。当消费者试用过 VANCL（凡客诚品）产品后，就会对此评价，并且和其他潜在消费者交流。而消费者对潜在消费者的推荐或建议，往往能够促成潜在消费者的购买决策。

【想一想】 互联网对 VANCL（凡客诚品）推广新品有什么促进作用？

【说一说】 传统企业如何针对消费者心态，利用新媒体工具进行有效的网络营销推广？

一、网络营销及其特点

（一）网络营销的概念

网络营销是以现代营销理论为基础，借助网络、通信和数字媒体技术实现营销目标的商务活动，它由科技进步、顾客价值变革、市场竞争等综合因素促成，是信息化社会的必然产物。网络营销根据其实现方式有广义和狭义之分，广义的网络营销指企业利用一切计算机网络进行营销活动，而狭义的网络营销专指国际互联网营销。

一般而言，网络营销的主要内容包括网上市场调查、网上消费者行为分析、网络营销策略制定、网上产品和服务策略、网站推广等。

（二）网络营销的特点及优势

随着信息产业的高速发展，以 Internet 为传播媒介的网络营销成为当今最热门的营销推广方式。与传统推广方式相比，网络营销具有得天独厚的优势，是实施现代营销媒体战略的重要一部分。随着因特网技术发展的日渐成熟，信息传播与交换更加便捷，成本也大为降低。网络营销的开展必须以网络为依托，而上网人数的迅速增加，覆盖的受众面越来越全面，使得网络营销的影响力越来越大，因而具有自身的特点及优势。

1. 传播范围广、不受时空限制

通过国际互联网络，网络营销可以将广告信息 24 小时不间断地传播到世界的每一个角落。只要具备上网条件，任何人在任何地点都可以阅读。这是传统媒体无法达到的。

2. 网络营销具有交互性和纵深性

交互性是互联网络媒体的最大优势，它不同于传统媒体的信息单向传播，而是信息互动传播。通过链接，用户只需简单地点击鼠标，就可以从厂商的相关站点中得到更多、更详尽的信息。另外，用户可以通过广告位直接填写并提交在线表单信息，厂商可以随时得到宝贵的用户反馈信息，进一步减少了用户和企业、品牌之间的距离。同时，网络营销可以提供进一步的产品查询需求。

3. 成本低、速度快、更改灵活

网络营销制作周期短，即使在较短的周期进行投放，也可以根据客户的需求很快完成制作，而传统广告制作成本高，投放周期固定。另外，在传统媒体上做广告发布后很难更改即使可以改动往往也须付出很大的经济代价。而在互联网上做广告能够按照客户需要及时变更广告内容。这样，经营决策的变化就能及时实施和推广。

4. 网络营销是多维营销

纸质媒体是二维的，而网络营销则是多维的，它能将文字、图像和声音有机地组合在一起，传递多感官的信息，让顾客如身临其境般感受商品或服务。网络营销的载体基本上是多媒体、超文本格式文件，广告受众可以对其感兴趣的产品信息进行更详细的了解，使消费者能亲身体验产品、服务与品牌。这种图、文、声、像相结合的广告形式，将大大增强网络营销的实效。网络营销能进行完善的统计，可以跟踪和衡量营销效果。

5. 网络营销的投放更具有针对性

通过提供众多的免费服务，网站一般都能建立完整的用户数据库，包括用户的地域分布、年龄、性别、收入、职业、婚姻状况、爱好等。这些资料可帮助广告主分析市场与受众，根据广告目标受众的特点，有针对性地投放广告，并根据用户特点作定点投放和跟踪分析，对广告效果做出客观准确的评价。另外，网络营销还可以提供有针对性的内容环境。不同的网站或者是同一网站不同的频道所提供的服务是不同质且具有很强烈的分别的，这就为密切迎合广告目标受众的兴趣提供了可能。

6. 网络营销的受众关注度高

据资料显示，电视并不能集中人的注意力，电视观众40%的人同时在阅读，21%的人同时在做家务，13%的人在吃喝，12%的人在玩赏它物，10%在烹饪，9%在写作，8%在打电话。而网上用户55%在使用计算机时不做任何它事，只有6%同时在打电话，只有5%同时在吃喝，只有4%同时在写作。

7. 网络营销缩短了媒体投放的进程

广告主在传统媒体上进行市场推广一般要经过三个阶段：市场开发期、市场巩固期和市场维持期。在这三个阶段中，厂商要首先获取注意力，创立品牌知名度；在消费者获得品牌的初步信息后，推广更为详细的产品信息。然后是建立和消费者之间较为牢固的联系，以建立品牌忠诚。而互联网将这三个阶段合并在一次广告投放中实现：消费者看到网络营销，点击后获得详细信息，并填写用户资料或直接参与广告主的市场活动甚至直接在网上实施购买行为。

8. 网络营销具有可重复性和可检索性

网络营销可以将文字、声音、画面完美地结合之后供用户主动检索，重复观看。而与之相比电视广告却是让广告受众被动地接受广告内容。如果错过广告时间，就不能再得到广告信息。另外，显而易见，较之网络营销的检索，平面广告的检索要费时、费事得多。

（三）网络营销与传统营销的异同

1. 网络营销与传统营销的相同点

网络营销与传统营销所涉及的范围都是企业中的营销活动，根本目的是为了实现企业的既定目标，以满足消费者的需求为核心打造品牌差异，形成具有特色的共同策略。具体对企业而言，两者的营销本质相同，均是努力扩大销售，实现经济效益最大化。

2. 网络营销与传统营销的不同点

（1）营销理念不同。传统市场营销以顾客满意为原则，其根本目标是通过满足顾客的需求而实现企业价值，先有顾客的需求而后才有以需求为基础的营销活动。传统营销是滞后的。

（2）营销目标不同。传统营销策略的核心主要是围绕产品、价格、销售渠道和促销展开，它强调的是企业利润的最大化；而网络营销更加关注顾客、成本、便利、沟通，强调以顾客为中心，通过满足顾客需求，为顾客提供优质、便利服务而实现企业价值，通过满足顾客的个性化需求，最终实现企业利润。

（3）营销方式不同。传统的营销方式以销售者的主动推销为主，使得顾客与企业之间的关系变得非常僵化，甚至于一些传统的营销方式给顾客带来很多不便利，这是不利于企业长期发展的；网络营销方式更加强调以消费者为中心，企业提供优质服务，而消费者在需求的驱动之下主动通过网络寻求相关信息，从而使企业与顾客的关系变为真正的合作关系，有利于长期发展。

（4）营销媒介不同。传统的营销活动主要是依靠营销人员与顾客的直接接触与通过广告的形式对顾客进行轰炸，使顾客被动接受；而网络营销主要是以网络为基本平台，可以通过计算机、手机、电视机等网络终端为顾客提供服务而实现营销的目的。

（四）网络营销与电子商务的区别

1. 关注范围不同

电子商务的核心是电子化交易，强调交易方式和交易全过程的各个环节。电子商务分为交易前、交易中、交易后。而网络营销注重以互联网为主要手段的营销活动，主要关注的是交易前的各种宣传推广。

2. 关注重点不同

电子商务的重点是实现了电子化交易，强调交易方式和交易全过程的各个环节；而网络营销是注重以互联网为主要手段的营销活动，重点在交易前的各种宣传推广以及交易后的售后及二次推广。

3. 应用阶段和层次不同

从某种意义上讲，电子商务可以看作是网络营销的高级阶段，企业在开展电子商务前可以开展不同层次的网络营销活动。

二、网络营销的基本职能

实践证明，网络营销可以在八个方面发挥作用：网络品牌、网站推广、信息发布、销售促进、销售渠道、顾客服务、顾客关系、网上调研。这八种作用也是网络营销的八大职能，网络营销策略的制定和各种网络营销手段的实施也以发挥这些职能为目的。

（一）网络品牌

网络营销的重要任务之一就是在互联网上建立并推广企业的品牌，以及让企业的网下品牌在网上得以延伸和拓展。网络营销为企业利用互联网建立品牌形象提供了有利的条件，无论是大型企业还是中小企业都可以用适合自己企业的方式展现品牌形象。网络品牌建设是以企业网站建设为基础，通过一系列的推广措施，达到顾客和公众对企业的认知和认可。

网络品牌价值是网络营销效果的表现形式之一，通过网络品牌的价值转化实现持久的顾客关系和更多的直接收益。

（二）网站推广

获得必要的访问量是网络营销取得成效的基础，尤其对于中小企业，由于经营资源的限制，发布新闻、投放广告、开展大规模促销活动等宣传机会比较少，因此通过互联网手段进行网站推广的意义显得更为重要，这也是中小企业对于网络营销更为热衷的主要原因。即使对于大型企业，网站推广也是非常必要的，事实上许多大型企业虽然有较高的知名度，但网站访问量也不高。因此，网站推广是网络营销最基本的职能之一，是网络营销的基础工作。

（三）信息发布

网络营销的基本思想就是通过各种互联网手段，将企业营销信息以高效的手段向目标用户、合作伙伴、公众等群体传递，因此信息发布就成为网络营销的基本职能之一。

互联网为企业发布信息创造了优越的条件，不仅可以将信息发布在企业网站上，还可以利用各种网络营销工具和网络服务商的信息发布渠道向更大的范围传播信息。

（四）销售促进

市场营销的基本目的是为最终增加销售提供支持，网络营销也不例外，各种网络营销方法大都直接或间接具有促进销售的效果，同时还有许多针对性的网上促销手段，这些促销方法并不限于对网上销售的支持。事实上，网络营销对于促进网下销售同样很有价值，这也就是为什么一些没有开展网上销售业务的企业一样有必要开展网络营销的原因。

（五）销售渠道

网上销售是企业销售渠道在网上的延伸，一个具备网上交易功能的企业网站本身就是一个网上交易场所，网上销售渠道建设并不限于企业网站本身，还包括建立在专业电子商务平台上的网上商店，以及与其他电子商务网站不同形式的合作等，因此网上销售并不仅仅是大型企业才能开展，不同规模的企业都有可能拥有适合自己需要的在线销售渠道。

（六）顾客服务

互联网提供了更加方便的在线顾客服务手段，从形式最简单的FAQ（常见问题解答），到电子邮件、邮件列表，以及在线论坛和各种即时信息服务等，在线顾客服务具有成本低、效率高的优点，在提高顾客服务水平方面具有重要作用，同时也直接影响到网络营销的效果，因此在线顾客服务成为网络营销的基本组成内容。

（七）顾客关系

顾客关系对于开发顾客的长期价值具有至关重要的作用，以顾客关系为核心的营销方式成为企业创造和保持竞争优势的重要策略。网络营销为建立顾客关系、提高顾客满意和顾客忠诚提供了更为有效的手段，通过网络营销的交互性和良好的顾客服务手段，增进顾客关系成为网络营销取得长期效果的必要条件。

（八）网上调研

网上市场调研具有调查周期短、成本低的特点，网上调研不仅为制定网络营销策略提供支持，也是整个市场研究活动的辅助手段之一，合理利用网上市场调研手段对于市场营销策略具有重要价值。网上市场调研与网络营销的其他职能具有同等地位，既可以依靠其他职能的支持而开展，同时也可以相对独立进行，网上调研的结果反过来又可以为其他职能更好的发挥提供支持。

网络营销的各个职能之间并非相互独立的，而是相互联系、相互促进的，网络营销的最终效果是各项职能共同作用的结果。网络营销的职能是通过各种网络营销方法来实现的，同一个职能可能需要多种网络营销方法的共同作用，而同一种网络营销方法也可能适用于多个网络营销职能。网络营销的八项职能也说明，开展网络营销需要用全面的观点，充分协调和发挥各种职能的作用，让网络营销的整体效益最大化。

案例赏析

"士力架"巧克力广告由憨豆先生罗温·艾金森主演、《地心引力》团队制作完成，讲述了憨豆先生穿越到中国唐朝，意外卷入一场江湖斗争，惹出各种乌龙事件，最终却意外完成任务的故事。错误频出的憨豆先生，靠着"士力架"才得以化险为夷。之前网上曾传出过憨豆先生复出接拍武打片《FIST OF BEAN》，更曝光过一部憨豆先生武打片的预告。如今"士力架"官方放出这部60秒的微电影，将当时片中模糊部分补齐，观众才知道原来是"士力架"的品牌推广微电影。

"士力架"广告给我们的启示是：找准目标客户的定位，借助社交媒体的路径，融入中间商机构的网络间接渠道。网络营销已经成为网络经济时代的新型企业营销模式。

学习任务二　以新手段敲开企业与消费者的沟通大门

案例导入

【看一看】 小米手机在本质上是一个电子商务的平台，而其电商系统的本质是对用户需求的把握。据了解，小米在米聊论坛建成了一个"荣誉开发组"，从几万人的论坛中抽选一批活跃度相当高的用户，大概200～300人，他们会和小米内部同步拿到软件更新的版本。最后，内部和外部的人一起同步测试，发现问题随时修改。这样一来，小米就借助了外力，把复杂的测试环节很好地解决了。同时，通过MIUI论坛、微博、论坛等进行营销,对发烧友级别的用户单点突破,成功实现口碑营销,避免了电视广告、路牌广告等"烧钱"式营销。此外,小米自己开发了微信操作后台,通过微信联系的米粉极大地提升了对小米的品牌忠诚度。"我们是把微信服务当成一个产品来运营的。"小米分管营销的副总裁黎万强表示。小米手机每周会有一次开放购买活动,每次活动的时候就会在官网上放微信的推广链接,以及微信二维码。据了解,通过官网发展粉丝效果非常之好,最多的时候一天可以发展3~4万个粉丝。

【想一想】 小米手机在经营过程中,为反映产品或服务的种类和本质以及消费者的独特个性选择了何种营销组合?

【说一说】 通过对小米手机的营销策略进行分析,尝试分析其营销手段。

一、网络营销的基本方法

网络营销是利用数字化的信息和网络媒体的交互性来辅助营销目标实现的一种新型的市场营销方式。常见方法有搜索引擎推广、电子邮件推广、资源合作推广、信息发布推广、病毒性营销、快捷网址推广、网络广告推广、综合网站推广等。

(一)搜索引擎推广

搜索引擎推广是指利用搜索引擎、分类目录等具有在线检索信息功能的网络工具进行网站推广的方法。由于搜索引擎的基本形式可以分为网络蜘蛛型搜索引擎(简称搜索引擎)和基于人工分类目录的搜索引擎(简称分类目录),因此搜索引擎推广的形式也相应地有基于搜索引擎的方法和基于分类目录的方法,前者包括搜索引擎优化、关键词广告、竞价排名、固定排名、基于内容定位的广告等多种形式,而后者则主要是在分类目录合适的类别中进行网站登录。随着搜索引擎形式的进一步发展变化,也出现了其他一些形式的搜索引擎,不过大都是以这两种形式为基础。搜索引擎推广的方法又可以分为多种不同的形式,常见的有:登录免费分类目录、登录付费分类目录、搜索引擎优化、关键词广告、关键词竞价排名、网页内容定位广告等。

(二)电子邮件推广

以电子邮件为主要的网站推广手段,常用的方法包括电子刊物、会员通讯、专业服务商的电子邮件广告等。

基于用户许可的Email营销与滥发邮件(Spam)不同,许可营销比传统的推广方式或未经许可的Email营销具有明显的优势,比如可以减少广告对用户的滋扰、增加潜在客户定位的准确度、增强与客户的关系、提高品牌忠诚度等。根据许可Email营销所应用的用户电子邮件地址资源的所有形式,可以分为内部列表Email营销和外部列表Email营销,或简称内部列表和外部列表。内部列表也就是通常所说的邮件列表,是利用网站的注册用户资料开展Email营销的方式,常见的形式如新闻邮件、会员通讯、电子刊物等。外部列表Email营销则是利用专业服务商的用户电子邮件地址来开展Email营销,也就是以电子邮件广告的形式向服务商的用户发送信息。许可Email营销是网络营销方法体系中相对独立的一种,既可以与其他网络营销方法相结合,也可以独立应用。

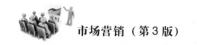

（三）资源合作推广

资源合作推广是指通过网站交换链接、交换广告、内容合作、用户资源合作等方式，在具有类似目标网站之间实现互相推广的目的。其中最常用的资源合作方式为网站链接策略，利用合作伙伴之间网站互为推广。

每个企业网站均可以拥有自己的资源，这种资源可以表现为一定的访问量、注册用户信息、有价值的内容和功能、网络广告空间等，利用网站的资源与合作伙伴开展合作，实现资源共享，共同扩大收益的目的。在这些资源合作形式中，交换链接是最简单的一种合作方式，调查表明也是新网站推广的有效方式之一。交换链接或称互惠链接，是具有一定互补优势的网站之间的简单合作形式，即分别在自己的网站上放置对方网站的LOGO或网站名称并设置对方网站的超级链接，使得用户可以从合作网站中发现自己的网站，达到互相推广的目的。交换链接的作用主要表现在几个方面：获得访问量、增加用户浏览时的印象、在搜索引擎排名中增加优势、通过合作网站的推荐增加访问者的可信度等。交换链接还有比是否可以取得直接效果更深一层的意义，一般来说，每个网站都倾向于链接价值高的其他网站，因此获得其他网站的链接也就意味着获得了与合作伙伴和一个领域内同类网站的认可。

（四）信息发布推广

信息发布推广是指将有关的网站推广信息发布在其他潜在用户可能访问的网站上，利用用户在这些网站获取信息的机会实现网站推广的目的。适用于这些信息发布的网站包括在线黄页、分类广告、论坛、博客网站、供求信息平台、行业网站等。信息发布是免费网站推广的常用方法之一，尤其在互联网发展早期，网上信息量相对较少时，往往通过信息发布的方式即可取得满意的效果，不过随着网上信息量爆炸式的增长，这种依靠免费信息发布的方式所能发挥的作用日益降低，同时由于更多更加有效的网站推广方法的出现，信息发布在网站推广的常用方法中的重要程度也有明显的下降。

（五）病毒性营销

病毒性营销方法并非传播病毒，而是利用用户之间的主动传播，让信息像病毒那样扩散，从而达到推广的目的。病毒性营销方法实质上是在为用户提供有价值的免费服务的同时，附加上一定的推广信息，常用的工具包括免费电子书、免费软件、免费FLASH作品、免费贺卡、免费邮箱、免费即时聊天工具等可以为用户获取信息、使用网络服务、娱乐等带来方便的工具和内容。如果应用得当，这种病毒性营销手段往往可以以极低的代价取得非常显著的效果。

（六）快捷网址推广

快捷网址推广，即合理利用网络实名、通用网址以及其他类似的关键词等网站快捷访问方式来实现网站推广的方法。快捷网址使用自然语言和网站URL建立其对应关系，这对于习惯使用中文的用户来说，提供了极大的方便，用户只需输入比英文网址要更加容易记忆的快捷网址就可以访问网站，用自己的母语或者其他简单的词汇为网站"更换"一个更好记忆、更容易体现品牌形象的网址，例如选择企业名称或者商标、主要产品名称等作为中文网址，这样可以大大弥补英文网址不便于宣传的缺陷，因此在网址推广方面有一定的价值。随着企业注册快捷网址数量的增加，这些快捷网址用户数据也相当于一个搜索引擎。当用户利用某个关键词检索时，即使与某网站注册的中文网址并不一致，同样存在被用户发现的机会。

（七）网络广告推广

网络广告是常用的网络营销策略之一，在网络品牌、产品促销、网站推广等方面均有明显作用。网络广告的常见形式包括：BANNER广告、关键词广告、分类广告、赞助式广告、Email广告等。BANNER广告所依托的媒体是网页，关键词广告属于搜索引擎营销的一种形式，Email广告则是许可Email营销的一种，可见网络广告本身并不能独立存在，需要与各种网络工具相结合才能实现信息传递的功能。因此，网络广告存在于各种网络营销工具中，只是具体的表现形式不同。网络广告用户网站推广，具有可选择网络媒体范围广、形式多样、适用性强、投放及时等优点，适合于网站发布初期及运营期的任何阶段。

（八）综合网站推广

除了前面介绍的常用网站推广方法之外，还有许多专用性、临时性的网站推广方法，如有奖竞猜、在线优惠券、有奖调查、针对在线购物网站推广的比较购物和购物搜索引擎等，有些甚至采用建立一个辅助网站进行推广。有些网站推广方法可能别出心裁，有些网站则可能采用有一定强迫性的方式来达到推广的目的，例如修改用户浏览器默认首页设置、自动加入收藏夹、甚至在用户电脑上安装病毒程序等。然而真正值得推广的是合理的、文明的网站推广方法，应拒绝和反对带有强制性、破坏性的网站推广手段。

二、网络营销的基本策略

网络营销策略是企业根据自身所在市场中所处地位不同而采取的一些网络营销组合。它是以国际互联网络为基础，利用数字化的信息和网络媒体的交互性来辅助营销目标实现的一种新型的市场营销方式。

（一）网络营销导向的企业网站建设和维护

企业网站建设与网络营销方法和效果有直接关系，没有专业化的企业网站作为基础，网络营销的方法和效果将受很大限制，因此网络营销策略的基本手段之一，就是建立一个网络营销导向的企业网站。也就是以网络营销策略为导向，从网站总体规划、内容、服务和功能设计等方面为有效开展网络营销提供支持。

（二）网站推广策略

网站推广的基本目的是为了让更多的用户了解企业网站，并通过访问企业网站内容、使用网站的服务来达到提高网站访问量、提升品牌形象、促进销售、增进顾客关系、降低顾客服务成本等。常用的方法包括搜索引擎营销、网络广告、资源合作、信息发布、病毒性营销等。

（三）网络品牌策略

与网络品牌建设相关的内容包括专业性的企业网站、域名、搜索引擎排名、网络广告、电子邮件、会员社区等。

（四）信息发布策略

信息发布需要一定的信息渠道资源，这些资源可分为内部资源和外部资源，内部资源包括企业网站、注册用户电子邮箱等,外部资源则包括搜索引擎、供求信息发布平台、网络广告服务资源、合作伙伴的网络营销资源等。掌握尽可能多的网络营销资源,并充分了解各种网络营销资源的特点,向潜在用户传递尽可能多的有价值的信息,是网络营销取得良好效果的基础。

(五)网上促销策略

网上促销是在以网上销售为标志的电子商务未普及之前,即对整体销售提供支持,是网络营销的主要作用之一,网上促销效果是各种网络营销活动综合作用的效果,包括网站推广、信息发布、网站内部广告、邮件列表、大型网站和专业网站的网络广告、Email 营销、搜索引擎营销等。

(六)网上销售策略

网上销售的实现包括建设完整在线销售管理系统的企业网站,以及通过专业电子商务平台开展在线销售等方式。

(七)顾客服务策略

在线服务的主要手段包括 FAQ、电子邮件、在线表单、即时信息、论坛等。其中既有事先整理出供用户自行浏览的信息,也有用户提出问题征求企业解答。

(八)顾客关系策略

顾客关系是与顾客服务相伴而产生的一种结果,良好的顾客服务才能带来稳固的顾客关系,因此顾客服务策略和顾客关系策略是一致的。

(九)网上市场调研策略

网上市场调研主要的实现方式包括通过企业网站设立的在线调查问卷、通过电子邮件发送的调查问卷,以及与大型网站或专业市场研究机构合作开展专项调查等。

(十)网站流量统计分析

对企业网站流量的跟踪分析不仅是有助于了解和评价网络营销效果,同时也为发现其中所存在的问题提供了依据,网站流量统计既可以通过网站本身安装统计软件来实现,也可以委托第三方专业流量统计机构来完成。

网络营销的基本职能是通过各种网络营销方法来实现的,同一个职能可能需要多种网络营销方法的共同作用,而同一种网络营销方法也可能适用于多个网络营销职能,因此完全将网络营销职能与方法之间建立一一对应的关系是不合适的。因此对于某项具体的网络营销策略,往往也需要多种网络营销方法共同实现,当我们从网络营销策略需要的层面来看待网络营销方法时,更容易了解网络营销方法所带来的整体效果,因而也使得网络营销方法更为有效。

案例赏析

随着中国男士使用护肤品习惯的转变,男士美容市场的需求逐渐上升,整个中国男士护肤品市场也逐渐走向成熟,近年来的发展更为迅速,越来越多的中国年轻男士护肤已从基本清洁开始发展为美容护理,美容的成熟消费意识逐渐开始形成。

2012 年欧莱雅中国市场分析显示,中国男性消费者初次使用护肤品和个人护理品的年龄已经降到 22 岁,男士护肤品消费群区间已经获得较大扩张。虽然消费年龄层正在扩大，即使是在经济最发达的北京、上海、杭州、深圳等一线城市，男士护理用品销售额也只占整个化妆品市场的10%左右，全国的平均占比则远远低于这一水平。作为中国男士护肤品牌，欧莱雅对该市场的上升空间充满信心，期望进一步扩大在中国年轻男士群体的市场份额，巩固在中国男妆市场的地位，特推出新品巴黎欧莱雅男士极速激活型肤露，即欧莱雅男士BB霜，希望迅速占领中国年轻男士BB霜市场，树立该领域的品牌地位。

2012年，麦肯旗下的数字营销公司MRM携手欧莱雅将关注点放在中国年轻男性的情感需求上，具体做法如下：

1. 在新浪微博上引发了针对男生使用BB霜的接受度的讨论，发现男生以及女生对于男生使用BB霜的接受度都大大高于人们的想象，为传播活动率先奠定了舆论基础。

2. 邀请代言人"阮经天"加入，发表属于他的"先型者"宣言"我负责有型俊朗，黑管BB负责击退油光、毛孔、痘印，我是先型者阮经天"，号召广大网民通过微博申请试用活动，发表属于自己的先型者宣言。微博营销产生了巨大的参与效应，更将微博参与者转化为品牌的主动传播者。

3. 在京东商城建立了欧莱雅男士BB霜首发专页，开展"占尽先机，万人先型"的首发抢购活动，设立了欧莱雅男士微博部长，为男士BB霜使用者提供一对一的专属定制服务。另外，特别开通的微信专属平台，每天即时将从新品上市到使用过程、前后对比等信息均通过微信推送给关注巴黎欧莱雅男士公众微信的每一位用户。

该活动通过网络营销引发了在线热潮，两个月内，在没有任何传统电视广告投放的情况下，该活动覆盖人群达到3 500万用户，共307 107位用户参与互动，仅来自新浪微博的统计，微博阅读量即达到560万。在整个微博试用活动中，一周内即有超过69 136位男性用户申请了试用，在线的预估销售库存在一周内即被销售一空。

这则案例告诉我们：企业在网络营销策划过程中应针对"功能性"诉求的网络传播，设立创意理念打造产品的网络知名度，开展依靠社交网络和在线电子零售平台的在线营销活动。

工作任务十　模拟编写公司网络营销实施方案

为模拟企业的产品策划网络营销策略，尝试通过某种互动营销方式，寻找目标客户，实现销售或流量的倍增。

【任务要求】　运用网络营销基本策略的知识，小组成员研究制定模拟企业的营销策划。

【情景设计】　结合本单元网络营销基本方法和基本策略的相关案例，填写下列表格并制订实施方案。

网络营销基本方法、策略分析

问题	分析结果	问题	分析结果
VANCL凡客诚品		小米手机	
士力架广告		欧莱雅男士BB霜	

【任务实施】 1. 小组成员根据讨论结果、针对模拟企业制订网络营销实施计划；2. 各小组选派一至两名代表在全班汇报，交流本小组的商定结果；3. 各小组成员认真讨论，对交流情况进行互评和自评，再选派一至两名代表在全班发言、交流；4. 任课教师对各小组的讨论结果做出评价和指导，并组织评选出优胜组。

【任务实施应具备的知识】 网络营销的概念；网络营销的基本方法；网络营销的基本策略。

【任务完成后达成的能力】 能正确认识网络营销与传统营销的区别，能够运用网络营销基本方法和策略。

【任务完成后呈现的结果】 模拟编写公司网络营销实施方案，字数不低于2 000字。

知识宝典

【无站点网络营销】 无站点网络营销是指企业没有建立自己的网站，而是利用互联网上的资源（如电子邮件、邮件列表和新闻组等），开展初步的网络营销活动，属于初级网络营销。

【在线黄页】 在线黄页是指将传统黄页搬到网上，利用互联网为载体，在网上发行、传播、应用的电话号码簿。简单地说，"在线黄页服务"就是将企业名录和简介、联系方式等基本信息，利用互联网来发布。

【网络会员制营销】 网络会员制营销是通过利益关系和互联网将无数个网站连接起来，将商家的分销渠道扩展到地球的各个角落，同时为会员网站提供了一个简易的赚钱途径。

【网站资源合作】 网站资源合作是指具有一定互补优势的网站之间的简单合作形式，即分别在自己的网站上放置对方网站的LOGO或网站名称，并设置对方网站的超级链接，使得用户可以从合作网站中发现自己的网站，达到互相推广的目的。

【网络消费者】 网络消费者是指通过互联网在网上市场进行消费和购物等活动的个体消费者，是网民中的一部分，也可以说是网民中的现实消费者群体。

【在线调查问卷】 在线调查问卷是指在网站上设置调查表，访问者在线填写并提交到网站服务器，这是网上调查最基本的形式，也是在线获取信息最常用的在线调研方法之一。

【网络商务信息】 网络商务信息是指存储于网络，并在网络上传播的与商务活动有关的各种信息的集合。网络商务信息限定了商务信息传递的媒体和途径，信息在网络空间的传递称为网络通信，在网络上停留时称为存储。

【网络目标市场定位】 网络目标市场定位是指勾画企业产品/服务在网络目标市场即网络目标顾客心目中的形象，使企业提供的产品/服务具有一定特色，适应一定顾客的需要和偏好，并与竞争者的产品/服务有所区别。

【在线客户服务】 在线客户服务是通过在线客服沟通工具，实现网民在访问网站或网页时，企业可以直接与服务营销人员进行文字实时交流和语音点击呼叫互动沟通的一种网络营销方法，简称在线客服。

【搜索引擎类广告】 搜索引擎类广告是指基于搜索引擎及其细分产品的各类广告，

包括排名类产品广告（竞价排名和固定排名）、内容定向广告（如百度精准广告）、品牌广告等多元广告。

【FAQ】 FAQ也叫作常见问题解答，是指主要为客户提供有关产品、公司情况等常见问题的现成答案，也能帮助有目的的顾客迅速找到他们所需要的信息。

【呼叫中心】 呼叫中心是指通信与计算机技术的集成，以信息技术为核心，支持多种通信手段，为各种组织和个人提供交互式服务的集成系统。呼叫中心是建立客户关系、提供客户服务的一种基本形式。

【流媒体】 流媒体又叫流式媒体，它是指商家用一个视频传送服务器把节目当成数据包发出，传送到网络上，用户通过解压设备对这些数据进行解压后，节目就会像发送前那样显示出来。

单元综合练习

一、填空题

1. 网络营销是以（　　　　）为基础，借助网络、通信和数字媒体技术实现营销目标的商务活动，由（　　　　）、（　　　　）、（　　　　）等综合因素促成，是信息化社会的必然产物。

2. 网络营销的八大职能为（　　　　）、（　　　　）、（　　　　）、（　　　　）、（　　　　）、（　　　　）、（　　　　）、（　　　　），网络营销策略的制定和各种网络营销手段的实施也以发挥这些职能为目的。

3. 搜索引擎推广是指利用（　　　　）、（　　　　）等具有在线检索信息功能的网络工具进行网站推广的方法。

4. 网站流量统计既可以通过网站本身（　　　　）来实现，也可以委托（　　　　）来完成。

5. 网上市场调研策略主要的实现方式包括通过企业网站设立的（　　　　）、通过（　　　　）发送的调查问卷，以及与大型网站或专业市场研究机构合作开展（　　　　）等。

二、辨析题（判断正误，并说明理由）

1. 互联网可将广告主在传统媒体上的市场推广三阶段（市场开发期、市场巩固期和市场维持期）合并在一次广告投放中实现。　　　　　　　　　　　　　　　（　　）

2. FAQ（在线论坛）即时信息服务，具有成本低、效率高的优点。　　（　　）

3. 重视顾客的长期价值是实施网络营销个性化服务的重要手段。但对于大家电或不易碎坏品的销售商来说可以忽略顾客的长期价值。　　　　　　　　　　　　（　　）

4. 信息发布的内部信息渠道资源包括搜索引擎、供求信息发布平台、网络广告服务资源。　　　　　　　　　　　　　　　　　　　　　　　　　　　　　　　（　　）

5. 病毒性营销即在网络用户之间传播病毒，让信息像病毒那样扩散，从而达到推广的目的。　　　　　　　　　　　　　　　　　　　　　　　　　　　　　（　　）

三、问答题

1. 如何理解网络营销的内涵?
2. 网络营销与电子商务有什么区别?
3. 网络营销的基本策略主要有哪些?

四、案例分析题（运用所学知识，进行分析）

【案例】 亚马逊书店是世界上销售量最高的书店。它可以提供310万册图书目录，比全球任何一家书店的存书要多15倍以上。而实现这一切既不需要庞大的建筑，又不需要众多的工作人员，亚马逊书店的1 600名员工人均年销售额37.5万美元，比全球最大的拥有2.7万名员工的Barnes & Noble图书公司要高3倍以上。接下来让我们看看这个零售网站的商业战略和提供的功能。

一、页面布置（Site-map）

该公司的页面布置非常合理，例如在其书籍销售页面中，整个页面主要分为三列，左边一列是当日的礼物介绍和一些进入其他页面的超级链接，中间一列是一系列的主题分明的广告和最佳书籍简介以及购物指南，右边一列是其他两个主页（音乐类和影视类）的最新动态和产品排行榜。这种菜单和页面布置方式，使得产品分类清晰，便于用户购买。同时，不同类别和主页之间又有相互交叉，有助于公司对多种产品的推销。另外，在每个页面左上角最显眼的地方都放置了Search功能按钮，使得用户能够方便查询和购买。

二、运作活动

由于亚马逊书店是一家书籍和电子音像产品的零售业公司，本身并不涉及产品生产，所以，从网页中很少能够看到涉及生产价值活动的部分。值得注意的是，我们仍旧可以从其网页上看到产品的客户化职能。它是如何运作的呢？如果用户要在amazon.com站点买一本书并再次访问该站点，屏幕上就会出现欢迎回访的内容。通过分析用户当前购买习惯及已经做出的对其他书的估量，屏幕上将建议可能喜欢的新书，而且系统在下次购书时能根据顾客号识别个人信息。

三、购买过程

进入亚马逊书店站点后，顾客通过各种检索手段找到图书→放入手推车→选择继续或付款→进入付款主页→附上赠言→选择礼品包装→选择交货方式和地点。

四、进货

进货通常是企业面对特定的供应商的，包括对原材料（书籍、CD等）的搬运、质量检查、仓储、库存管理、车辆调度和向供应商退货等。由于这一部分的电子商务主要面向供应商和公司的内部事物，所以在网上很少能看到这一方面的内容。据了解，亚马逊书店的进货比传统书店有很大的优势，传统书店一般要配足160天的库存才能提供足够的购书选择，而进来的图书45天至90天后必须向分销商或出版社付款，因此必须承担4个月的图书成本。而亚马逊书店只保留15天的库存，且买主又是用信用卡立即付款，因此持有1个月左右的免息流动资金。

五、发货

发货是在顾客购买了商品之后，公司对商品的订货处理、库存管理、发送货物、车辆调度等。这一部分的功能在亚马逊书店的网页上有所体现。在运输管理中，亚马逊书店会给顾客多种运输方法的选择。对于不同的运输方法，货物运输需要的时间和运费是不同的，顾客可以灵活地选择所需要的运输方式。

六、电子支付

亚马逊书店提供了多种支付方式，目前有信用卡支付、离线支票支付。在亚马逊书店的主页中，有专门对其安全可靠性的说明页，它对电子支付系统做了100%的保证："我们的安全服务软件是符合工业标准并且是现今安全商贸软件中最好的一个，它对你的所有的个人信息进行加密，包括信用卡账号、姓名、地址等。因此，这些信息在因特网上传送时都是不可读的。"有了这种保证，为了避免顾客还是不能放心使用，该公司还提供了另外一种方法："还是不想用信用卡吗？没问题，只要你填一张在线表，填入你的信用卡的最后五位数字和它的到期日，一旦你提交了你的定单，你就会被提供一个电话号码，你能打此电话告诉我们你的信用卡的其余号码。"可见，亚马逊书店在使用户订货方便和安全上下了不少的功夫。

七、经营销售

亚马逊书店的营销活动在其网页上体现得最为充分，在营销方面的投资也引人注目：现在，亚马逊书店每收入1美元就要拿出24美分用来营销，而传统的零售商店则仅仅花费4美分。

（一）产品策略

亚马逊书店根据所售商品的种类不同，分为三大类：书籍、音乐和影视产品，每一类都设置了专门的页面，它将书店中不同的商品进行分类，并对不同的电子商品实行不同的营销对策和促销手段。

（二）定价策略

亚马逊书店采用了折扣价格策略。所谓折扣价格策略是指企业为了刺激消费者增加购买而在商品原价格上给以一定的回扣。它通过扩大销售量来弥补折扣费用和增加利润。亚马逊书店对大多数商品都给予了相当数量的回扣。例如在音乐类商品中，书店承诺："对CD类给40%的折扣，其中包括对畅销CD的30%的回扣。"

（三）促销策略

常见的促销方式，即企业和顾客以及公众沟通的工具主要有四种：广告、人员推销、公共关系和营业推广。在亚马逊书店的网页中，除了人员推销外，其余部分都有体现。

（四）多媒体广告和新闻

广告是营销中所包含的一项重要的价值活动，它作为企业同目标顾客和公众沟通的四种主要工具之一，具有高度的公开性和强烈的渗透性，它可以迅速地把信息传递给顾客，有助于人们了解商品和扩大销售。在亚马逊书店的网页上，精美的多媒体图片、明了的内容简介和权威人士的书评都可以使人有身临其境的感觉。该书店的广告还有一大特点就在于其动态实时性。每天都更新的广告版面使得顾客能够了解到最新的出版物和最权威的评论。不但广告每天更换，还可以从"Check out Amazon.com Hot 100. Updated hourly!"中读到每小时都在更换的消息。

（五）营业推广

营业推广是鼓励消费者增加购买和提高中间商交易效益的又一种促进销售的策略。营业推广中常又可以分为消费者的营业推广和中间商的交易推广两种。交易推广主要是制造商针对中间商采用的促销策略。例如，亚马逊书店免费向首次或大额购买的零售商、批发商提供一定数量的产品，组织销售竞赛并奖励购货领先的中间商，等等。由于拥有众多合作伙伴和中间商，使得顾客进入网点的方便程度和购物机会都大大增加，它甚至慷慨地做出如下承诺：只要你成为亚马逊书店的合作伙伴，那么由贵网点售出的书，不管是否达到一定的配额，亚马逊书店将支付给你15%的介绍费。

（六）消费者营业推广

为了鼓励顾客购买产品，亚马逊书店专门设置了一个 gift 页面，为大人和小孩都准备了各式各样的礼物。这实际上是价值活动中促销策略的营业推广活动。它通过向各个年龄层的顾客提供赠券或者精美小礼品的方法吸引顾客长期购买本商店的商品。另外，亚马逊书店还为长期购买其商品的顾客给予优惠，这也是一种营业推广的措施。

（七）公共关系

所谓公共关系，其基本目标是在公众中树立良好的形象，谋求公众对企业的理解、信任、好感和合作，并获得共同的利益。在亚马逊书店的很多地方也体现了这一促销手段。首先，是处理好企业和公众的关系。例如，亚马逊书店专门的礼品页面，为网上购物的顾客（包括大人和小孩）提供小礼品（这既属于一种营业推广活动，也属于一种公共关系活动）；再有，是做好企业和公众的消息沟通，它虚心听取、搜集各类公众以及有关中间商对企业和其商品、服务的反映，并向他们和企业的内部职工提供企业的情况，经常沟通信息；公司还专门为首次上该书店网的顾客提供一个页面，为顾客提供各种网上使用办法的说明，帮助顾客尽快熟悉。

八、售前售后服务

（一）搜索引擎

亚马逊书店设置搜索引擎和导航器以方便用户的购买，它提供了各种各样的全方位的搜索方式，有对书名的搜索、对主题的搜索、对关键字的搜索和对作者的搜索，同时还提供了一系列的如畅销书目、得奖音乐、最卖座的影片等的导航器，而且在书店的任何一个页面中都提供了这样的搜索装置，方便用户进行选购。这实际上也是一种技术服务，归结为售前服务中的一种。

（二）顾客的技术问题解答

除了搜索服务外，书店还提供了对顾客的常见技术问题解答这项服务。例如，公司专门提供了一个 FAQ（Frequently Asked Questions）页面，回答用户经常提出的一些问题。例如如何进行网上的电子支付？对于运输费用顾客需要支付多少？如何订购脱销书？等等。而且，如果你个人有问题，公司还会有人专门为你解答。

（三）用户反馈

亚马逊书店的网点提供了电子邮件、调查表等获取用户对其商务网点的反馈。用户反馈既是售后服务，也是经营销售中的市场分析和预测的依据。电子邮件中往往有顾客对商品的意见和建议。书店一方面解决用户的意见，这实际上是一种售后服务活动；另一方面，也可以从电子邮件中获取大量有用的市场信息，常常可以作为指导今后公司经营策略的基础，这实际上是一种市场分析和预测活动。另外，它也经常邀请用户在网上填写一些调查表，并用一些免费软件、礼品或是某项服务来鼓励用户发来反馈的电子邮件。

（四）读者论坛

亚马逊书店的网点还提供了一个类似于BBS的读者论坛，这个服务项目的作用是很大的。企业商务活动站点中开设读者论坛的主要目的是吸引客户了解市场动态和引导消费市场。在读者论坛中可以开展热门话题讨论。以一些热门话题，甚至是极端话题引起公众兴趣，引导和刺激消费市场。同时。开办网上俱乐部，通过俱乐部稳定原有的客户群，吸引新的顾客群，通过对公众话题和兴趣的分析把握市场需求动向，从而经销用户感兴趣的书籍和音像产品。

思考题：

1. 比较亚马逊书店与一般传统书店的不同点，并分析其优势。
2. 谈谈亚马逊书店的营销组合。
3. 分析亚马逊书店在营销中采用了哪些营销方法？
4. 亚马逊书店在美国取得了巨大的成功，如果是在中国，你认为这种模式能成功吗？为什么？

参考文献

[1] 菲利普·科特勒. 营销管理（第11版）[M]. 上海：上海人民出版社，2006.

[2] 菲利普·科特勒. 市场营销教程（第6版）[M]. 北京：华夏出版社，2008.

[3] 菲利普·科特勒. 水平营销 [M]. 北京：中信出版社，2005.

[4] 苏兰君. 现代市场营销 [M]. 北京：高等教育出版社，2007.

[5] 许开录，郑继军. 市场营销学 [M]. 北京：北京大学出版社，2009.

[6] 苏兰君. 现代市场营销能力培养与训练 [M]. 北京：北京邮电大学出版社，2005.

[7] 吴勇，车慈慧. 市场营销 [M]. 北京：高等教育出版社，2003.

[8] 魏玉芝. 市场营销 [M]. 北京：清华大学出版社，2008.

[9] 张岩松. 现代市场营销案例教程 [M]. 北京：清华大学出版社，2010.

[10] 林文杰. 市场营销原理与实训 [M]. 北京：北京理工大学出版社，2009.

[11] 王晟，唐细语. 市场营销理论与实务 [M]. 北京：北京理工大学出版社，2010.

[12] 杨群祥. 市场营销概论 [M]. 北京：高等教育出版社，2010.

[13] 王丽丽. 市场营销策划 [M]. 北京：高等教育出版社，2010.

[14] 毕思勇. 市场营销 [M]. 北京：高等教育出版社，2007.

[15] 方光罗. 市场营销学 [M]. 沈阳：东北财大出版社，2004.

[16] 乔均. 市场营销学 [M]. 南京：河海大学出版社，1999.

[17] 杨如顺. 市场营销 [M]. 北京：中国物资出版社，1994.

[18] 吕一林. 现代市场营销学 [M]. 北京：清华大学出版社，2007.

[19] 王晓萍. 市场营销学 [M]. 北京：科学出版社，2008.

[20] 王军旗. 市场营销：基本理论与案例分析 [M]. 北京：中国人民大学出版社，2009.

[21] 吕化周. 市场营销学 [M]. 武汉：武汉理工大学出版社，2006.

[22] 张可成. 市场营销学 [M]. 北京：中国农业出版社，2007.

[23] 黄彪虎. 市场营销原理与操作 [M]. 北京：北京交通大学出版社，2008.

[24] 刘禹宏. 市场营销学 [M]. 北京：中国农业科技出版社，2001.

［25］曹成喜. 市场营销学［M］. 上海：立信会计出版社，2004.

［26］杨坚争. 网络营销教程［M］. 北京：中国人民大学出版社.

［27］王慧彦. 市场营销案例新编. 北京：清华大学出版社，2008.

［28］中国管理传播网：http：//manage.org.cn/

［29］中国营销传播网：http：//www.emkt.com.cn/

［30］第一营销网：http：//www.cmmo.cn